1941년 10월, 베를린에서 유대인이 추방당하기 시작하자, 이들을 방첩대 요원으로 위장해 구출하는 "작전7"을 수행하다.

1943년 1월 13일, 37세에 마리아 폰 베데마이어와 약혼하다.

4월 5일, 게슈타포의 가택수색으로 한스 폰 도나니 부부, 요제프 뮐러 부부와 함께 체포되다.

1944년 1월, 수사책임자 뢰더가 교체되어 기소가 무기한 연기되다.

7월 20일, 슈타우펜베르크가 히틀러 암살을 시도하다.

9월 22일, 게슈타포 수사관 존더레거가 초센 방첩대 방공호에서 히틀러의 범죄성을 입증할 증거자료로 보관하던 문서철을 적발하다.

10월, 프린츠-알브레히트-슈트라세 게슈타포 지하 감옥으로 이송되다.

1945년 2월 7일, 부헨발트 강제수용소로 이송되다.

4월 3일, 부헨발트에서 레겐스부르크로 이송되다.

4월 6일, 쇤베르크(바이에른 삼림지대)로 이송되다. 이틀 뒤 플로센뷔르크로 이송되어, 야간에 즉결재판을 받다.

4월 8일, 플로센뷔르크로 이송되어, 야간에 즉결재판을 받다.

4월 9일 새벽, 플로센뷔르크 강제수용소에서 39세의 나이로 교수형에 처해지다. "이로써 끝입니다. 하지만, 나에게는 삶의 시작입니다"라는 마지막 말을 남기고 떠난 그의 묘비에 "디트리히 본회퍼, 그의 형제들 가운데 서 있는 예수 그리스도의 증인"이라는 비문이 새겨지다.

1951년 9월, 뮌헨의 카이저 출판사가 유고 문서집 『옥중서신 — 저항과 복종』(Widerstand und Ergebung)을 출간한다.

1996년 8월 1일, 베를린 지방법원이 본회퍼의 복권 탄원건에 대해 "본회퍼의 행동은 결코 국가를 위태롭게 할 의도가 아니었으며, 오히려 나치의 폐해로부터 국가와 국민을 구한 행동이었다"는 취지로 판결하다.

복 있는

오직 여호와의 율법을 즐거워하여 그 율법을 주야로 묵상하는 자로다.
저는 시냇가에 심은 나무가 시절을 좇아 과실을 맺으며 그 잎사귀가 마르지 아니함 같으니
그 행사가 다 형통하리로다.(시편 1:2-3)

오늘날 교회에서 '나를 따르라'는 예수의 부름은 '나를 믿으라'는 요구로 탈바꿈된 채 그 급진성을 상실하고 말았다. 값싼 위로와 평안을 희구하는 이들은 세상의 아픔과 정의롭지 못한 현실에 눈을 감은 채 신앙을 사적으로 소비하는 일에 몰두한다. 위험을 무릅쓸 생각이 없을 때 신앙은 무력해지게 마련이다. 세상의 권세자들은 예수께서 앞서 걸어가신 길을 따르는 이들에게 불온하다는 표를 붙이곤 한다. 하지만 그 표야말로 예수께 속해 있다는 징표가 아니던가.

김기석 청파교회 담임목사

오늘날 한국 교회에 본회퍼만큼 절실히 필요한 사람이 또 있을까? 『나를 따르라』는 예수 그리스도에 대한 나의 열정을 뜨겁게 해준 책이며, 『성도의 공동생활』은 나의 목회의 교본이다. 또한 『옥중서신—저항과 복종』은 나의 영혼을 비추어 보게 하는 맑은 거울이다. 이 세 권만 가져도 기독교 신앙의 정수를 맛볼 수 있다. 원본에 충실하고 유려한 번역 또한 본회퍼의 영혼을 직접 만나기에 부족함 없이 큰 도움이 된다.

김영봉 와싱톤사귐의교회 담임목사

이 책은 핑켄발데의 고백교회 지하신학원이 나치 앞잡이인 히틀러에 의해 폐쇄되던 1937년 즈음에 쓰인 산상수훈 강해서로서, 값싼 은혜주의에 맞서 값비싼 은혜와 제자도를 통한 은혜로 응답할 것을 강조한 책이다. 나치와 히틀러에게 순응하는 체제 순응적인 탈제자도 기독교가 대세가 되어 가던 엄혹한 시절에 청년 목회자 본회퍼는 마가복음 8:31-34의 제자도를 가감 없이 선포함으로써 나사렛 예수의 제자도 부르심에 전적으로 응답했다. 소위 한국 교회의 주류인 보수교회는 주류 이데올로기인 신자유주의적 무한경쟁주의에 편승해 순풍에 돛 단 듯 순항하는 것 같지만, 정작 엄청난 광풍을 맞아 난파될 수밖에 없다. 머지않아 닥칠 이 난파를 막고 다음 세기의 기독교 신앙 부흥을 꿈꾸게 할 책 중 하나가 바로 『나를 따르라』이다. 이 책은 시대가 악한 자들의 손에 장악된 것처럼 보일 때, 급진적인 제자도로 표현되는 곳에 참된 기독교 신앙이 살아 있음을 확신하게 한다.

김회권 숭실대학교 기독교학과 교수

나를 따르라

Dietrich Bonhoeffer

Nachfolge

Dietrich Bonhoeffer
나를 따르라
Nachfolge

디트리히 본회퍼 지음

김순현 옮김

복 있는 사람

나를 따르라

2016년 9월 19일 초판 1쇄 발행
2024년 9월 27일 초판 13쇄 발행

지은이 디트리히 본회퍼
옮긴이 김순현
펴낸이 박종현

(주) 복 있는 사람
주소 서울특별시 마포구 연남동 246-21(성미산로23길 26-6)
전화 02-723-7183(편집), 7734(영업·마케팅)
팩스 02-723-7184
이메일 hismessage@naver.com
등록 1998년 1월 19일 제1-2280호

ISBN 979-11-92675-23-7 04230

Nachfolge
by Dietrich Bonhoeffer

Originally published in 1937 in German under the title
Nachfolge by Chr. Kaiser Verlag
All rights reserved.
This Korean translation edition © 2016 by The Blessed People Publishing Inc.,
Seoul, Republic of Korea.

차례

일러두기　　이 책의 성경 인용은 『새번역』을 따랐다.

해설의 글

본회퍼의 『성도의 공동생활』, 『나를 따르라』, 『옥중서신—저항과 복종』이 세 권을 새롭게 번역하여 출판하게 된 것을 매우 기쁘게 생각한다. 신학 수준이나 논의의 넓이나 깊이에서 보면 신학자 본회퍼의 다른 저서인 『성도의 교제』, 『존재와 행위』, 『창조와 타락』, 그리고 사후에 출판된 『윤리학』이 보다 중요할 것이다. 그러나 책이 담고 있는 메시지의 강도나 기독교 신앙의 뿌리를 파고드는 근본성이나 철저성, 둥치를 붙잡고 씨름하는 본회퍼의 치열함의 관점에서 보면 이번에 출판하는 세 권의 책은 우리를 압도하고, 경악하게 하고, 우리 자신을 예수 그리스도 앞에 무릎을 꿇지 않고는 견딜 수 없게 만든다.

본회퍼의 이 세 권의 책은 군사 독재와 유신 독재가 진행되던 1960년대 말과 1970년대 초 한국 교회에 일정한 이바지를 하였다. 많은 젊은이가 이 책들을 통해 본회퍼를 알게 되었고 그의 영향을 받았다. 우리말로는 『옥중서간』이라 번역된 본회퍼의 독일어판 *Widerstand und Ergebung*을 1971년 부산 보수동 헌책방 골목에서 발견하고는 그해 겨울 탐독한 기억이 난다. 그 당시 나는 신학 대학에 몸을 담고 있었다. 『성도의 공동생활』*Gemeinsames Leben*과 『나를 따르라』*Nachfolge*를 읽게 된 것은 그뒤였다. 본회퍼와의 만남은 나에게는 고등학교 시절 키르케고르를 읽으면서 배운 질문인 '어떻게 참된 그리스도인이 될 것인가'를 다시 일깨워 준 계기가 되었다. 지금도 이 물음은 나에게 여전히 남아 있다. 어떻게 참된 그리스도인이 될 것인가?

본회퍼를 한국 기독교 대중들이 처음 읽게 되었을 때는 존 로빈슨의 『신에게 솔직히』, 루돌프 불트만의 『성서의 실존론적 이해』와 『역사와 종말론』, 파울 틸리히의 『궁극적 관심』, 『문화의 신학』, 『흔들리는 터전』, 『존재의 용기』 등이 번역되어 같이 읽히던 때였다. 이때는 아무래도 실존적 관심이 크게 작용하지 않았나 싶다. 본회퍼는 불트만이나 틸리히와 같은 실존 신학자에 넣을 수 없겠지만, 그가 이 실존적 맥락에서 읽혔던 것을 우리는 부정하기 힘들다. 본회퍼 신학에는 분명히 실존적인 면이 있기에 이러한 방식이 완전한 오독이라 할 수 없다. 그럼에도 본회퍼 신학이 지닌 철저성, 근원성, 근본성을 제대로 이해하는 데는 걸림돌이 되었다고 생각한다.

1960년대와 1970년대 본회퍼가 읽히기 시작할 때 국내에 들어온 또 다른 신학 사조는 '세속화 신학'이었다. 그 당시 토마스 알타이저나 반 뷰렌의 이른바 '사신 신학'이 소개되고 하비 콕스의 『세속도시』가 번역되어 읽혔다. 『옥중서간』에서 본회퍼는 '종교 없는 기독교'를 이야기하고 세상·세속성에 대한 관심을 강하게 드러내기 때문에 그를 후대의 신학자들은 '세속화 신학'의 선구자로 여겼다. 그의 관심이 탈종교, 심지어는 탈기독교에 있다고 보고 어떤 이들은 그를 종교다원주의자 중의 한 사람으로 보기까지 하였다. 이것도 완전히 오독이라 할 수는 없을 것이다. 그러나 본회퍼를 세속화 신학자로 읽는 것은 매우 일면적이라 하지 않을 수 없다. 이와 나란히 1960년대와 1970년대 한국 상황에서 본회퍼가 사람들에게 매력의 대상이 된 것은 히틀러 암살 음모에 가담했다는 이유로 급기야 죽임을 당한 일이었다. 본회퍼는 그의 생애에서 보듯이 안락한 삶을 선택하기보다는 언제나 자신의 생명을 감수해야 할 정도로 위험한 삶을 선택했으며, 그가 선택한 삶에 대한 신학적 사고 작업에 누구보다 철저하였다. 본회퍼가 소개될 당시는 박정희 대통령이 정권을 잡고 있었고 민주화에 대한 열망이 크게 일고 있었다. 이러한 맥락에서 본회퍼는 남미의 해방 신학자 구티에레스와 더불어 민중 해방 신학의 선구자로 읽히게 되었다. 본회퍼 사상에 이런 면이 없지 않지만 이러한 방식의 독해 또한 오독의 여지가 컸다고 말할 수밖에 없다.

오늘날 한국 교회가 처한 상황에서 본회퍼를 다시 새롭게, 새로운 번역으로 읽게 되는 의미가 무엇일까? 나는 한국 교회가 처한 세 가지 근본적인 상황이 다시 본회퍼 읽기를 필연적인 과제로 제공한다고 생각한다.

　　우선 무엇보다도 한국 교회는 어느 다른 시대, 어느 다른 지역에 비해 자본주의에 깊이 물든 교회의 모습을 하고 있다. 오늘날 한국 교회는 타인과의 경쟁이 삶의 방식이 되고, 돈이 주인이 되며, 욕구와 욕망이 삶을 추동하는 힘이 되고, 작은 것보다 큰 것이, 질보다는 양이, 거저 줌이나 나눔보다는 거래가 오히려 삶을 지배하는 가치가 된 자본주의 체제에 종속되어 버렸다. 여기에는 공동체가 들어설 자리가 없고 예수를 따르는 제자도는 기대할 수 없다. 예수 그리스도를 통해 받은 은 혜는 손쉽게 유통되고 거래되고, 값싸게 소비된다. 본회퍼의 글은 이런 한국 교회의 현실을 적나라하게 드러내고 꾸짖고, 예수 그리스도를 우리의 삶 속에서 회복할 수 있는 길을 보여 준다. 이것이 본회퍼를 오늘 이 땅에서, 참된 그리스도인이 되 기를 희망하는 그리스도인이 읽어야 할 이유라 생각한다.

한국 교회의 두 번째 문제는 다른 사상, 다른 종교, 다 른 삶의 방식을 가진 사람들과 함께 살아가는 방식을 모른다 는 것이다. 기독교 아닌 다른 것에 대해서, 특별히 기독교 아 닌 다른 종교에 대해서는 지극히 배타적인 삶의 방식을 그리 스도인들은 어느 사이 몸에 익혔다. 이렇게 보는 태도는 한국 인 특유의 문제라기보다 나와 남, 우리 것과 남의 것, 우리 지 역과 다른 지역으로 구별하여 언제나 나 중심, 우리 중심으로 보는 인간의 습성에 뿌리를 두고 있다고 할 수 있겠으나, 우리 의 경우에는 심하다고 하지 않을 수 없다. 이러한 상황에서 나 는 본회퍼를 통해서 삶과 사상과 종교와 문화를 철저히 그리 스도 중심적으로 보는 태도를 새롭게 배울 수 있다고 생각한 다. 세상의 학문이나 세상의 예술, 세상의 종교를 만물을 구속 하시고 회복하시는 그리스도 안에서 보고, 가려내고, 수용하고, 누리는 법을 우리가 본회퍼를 통해 배울 수 있으므로 나는 우리가 다시 본회퍼를 읽어야 한다고 생각한다.

한국 교회의 세 번째 문제로 나는 교회 안에 만연한 '실천적 무신론'을 지목하고자 한다. 입으로나 말로는 하나님의 존재를 인정하고 예배를 드리고 전도를 하지만 행실로는 삶에 열매가 크게 보이지 않는 것이 우리의 문제다. 믿지 않는 사람으로부터 '이기적이고', '배타적이며', '자기들끼리'만이라는 비난을 받게 되었다. 그 까닭을 생각해 보면 믿음으로 의롭게 된다는 가르침이 마치 삶 따로 믿음 따로인 것처럼 오해된 것이 무엇보다 큰 이유이고, 예수 그리스도를 믿는 믿음이 예수 따라 사는 삶임을 무시했기 때문이다. 입으로는 말로는 유신론자이지만, 실제로는 무신론자를 무수히 생산한 것이 현재 한국 교회의 현실이 되어 버렸다. 이러한 삶의 현실을 우리는 본회퍼와 더불어 생각하고, 본회퍼와 더불어 극복할 수 있다고 생각하기 때문에 나는 우리가 본회퍼를 다시 읽을 필요가 있다고 생각한다.

그렇다면 본회퍼를 어떻게 읽을 것인가? 본회퍼의 책은 수많은 정보를 담은 책이 아니다. 그러므로 예컨대 전화번호부나 신문을 읽듯이 찾고 싶은 것을 찾거나, 무슨 일이 일어났는지 알고 싶은 마음으로 읽어서는 안 된다. 또한, 본회퍼의 책은 수험서와도 다르다. 첫째, 둘째, 셋째 하면서 핵심 정리를 해야 할 그런 책이 아니다. 본회퍼의 책은 사도들의 서신과 같고, 구약 선지자들의 글과 같다. 무엇보다 우리 자신을 그분 앞에 내어놓기를 요구한다. 멀찌감치 뒤따라 걸어가거나 강 건너 불 보듯 할 것이 아니라 내 자신을 그분 앞에 내어놓고 나에게 하는 말로, 나의 삶을 보여주는 말로, 나의 모습을 비추는 거울로 생각하고 읽어야 한다. 나에게 절실한 마음으로, 나의 삶과 관련지어 읽어야 한다.

　　나에게 절실한 내용이 되도록 읽으려면, 무엇보다도 천천히 읽어야 한다. 빠르게 스쳐 가는 것이 아니라 마치 입안에 넣은 고기를 천천히 시간을 들여 씹듯이, 천천히 씹고 또 씹어, 그 맛이 완전히 입안에 녹아나도록 읽어야 한다. 그러고는 천천히 삼켜서 내 몸에 피가 되고 살이 되게 읽어야 한다. 둘째는 공감적인 읽기가 필요하다. 그가 하고자 하는 말, 그가 초대하는 생각, 그가 안타까워하는 일에 내 가슴을 내어놓고 같이 아파하고, 같이 슬퍼하고, 같이 기뻐하고 즐거워하는 마음으로 읽어야 한다. 셋째는 이러한 과정을 거치면서 비판적으로, 다시 말해 제대로 가려서 읽어야 한다. 제대로 잘 가려 읽으려면 본회퍼의 글을 먼저 이것과 저것, 이 구절과 저 구절을 잘 가려 구별하면서 읽어야 하고, 우리의 현실 상황에 비추어 비판적으로 읽어야 한다. 이렇게 할 때 본회퍼의 책은 나 자신과 우리의 현실, 한국 교회의 실제 모습을 보게 만들어 주고, 힘과 지혜를 얻게 하고, 성경을 다시 읽게 해주고, 그리하여 참된 그리스도인, 참된 공동체를 희망하게 해줄 것이라고 확신한다.

강영안 서강대학교 철학과 명예교수

서문

교회 개혁의 시대에는 성서가 더 풍부한 원천으로 다가오게 마련이다. 교회 논쟁이 불가피하게 외치는 시사時事 구호와 투쟁 구호의 이면에는 독보적으로 중요한 분, 곧 예수 자신에 대한 탐구와 질문이 자리하고 있다. 예수께서 우리에게 하려고 하신 말씀은 무엇인가? 그분은 오늘 우리에게 무엇을 원하시는가? 그분은 어떻게 우리를 도와 참된 그리스도인이 되게 하시는가? 우리에게 결정적으로 중요한 것은 교회의 이런저런 사람이 바라는 것이 아니다. 우리가 알고 싶은 것은 예수께서 원하시는 것이 무엇이냐다. 설교를 들으러 갈 때, 우리가 듣고 싶어 하는 것은 그분 자신의 말씀이다. 우리가 그분의 말씀을 소중히 여기는 것은 우리를 위한 것이기도 하지만, 교회와 그 메시지를 잘 모르는 다수의 사람을 위한 것이기도 하다. 예수께서 직접, 그리고 예수만이 설교 속에서 자신의 말씀으로 우리 가운데 계신다면, 그 말씀을 귀담아듣는 이들도 있을 것이고, 다시 외면하는 이들도 있을 것이다. 우리 교회의 설교가 이제는 하나님의 말씀이 아니라는 말은 아니다. 하지만 불순한 소리가 얼마나 크고, 인간의 완고한 율법은 얼마나 많으며, 거짓 희망과 위로는 또 얼마나 많은가! 그러한 것들이 예수의 순수한 말씀을 흐리게 하여 참된 결단을 방해하고 있지 않은가! 전적으로 그리스도의 설교가 되고자 하는 우리의 설교를 다른 이들이 어렵고 난해한 것으로 여기고, 그 이유가 우리의 설교에 그들이 잘 모르는 공식과 개념들이 담겨 있기 때문이라면, 이는 그들의 책임만은 아니다. 우리의 설교를 겨냥한 모든 비판의 말이 그리스도를 거부하거나 기독교를 반대하는 발언이라는 것도 사실이 아니다. 우리는 다수의 사람, 곧 우리의 설교단 앞으로 나아와 우리의 설교를 귀 기울여 들으려 하다가도, 자기들이 예수께 이르는 길을 우리가 막고 있다고 거듭거듭 슬프게 토로할 수밖에 없는 사람들과의 친교를 포기할 셈인가? 그들은 자신들이 피하는 것은 예수의 말씀 자체가 아니라고 생각하되, 지나치게 인간적인 것, 제도적인 것, 교의적인 것이 자신들과 예수 사이에 끼어들고 있다고 여긴다. 곧바로 모든 답을 알아서 이 자리에서 그것들을 제시하여 저들에 대한 책임을 쉽게 면할 사람이 우리 가운데 있기나 한 것인지 모르겠다. 우리가 특정한 표현들을 너무 강하게 고수하고, 예수의 시대, 예수의 자리, 예수의 사회구조에 한정된 설교 유형을 고집하고, "교리"를 지나치게 많이 설교하면서 "삶을 지향하는" 설교는 너무 적게 하고, 성서의 특정한 사상을 되풀이하기를 즐기면서도 다른 중요한 말씀들은 무시한 채 간과하고, 자기의 견해들과 확신들은 지나치게 많이 설교하면서도 예수 그리스도 자체는 너무 적게 설교함으로써, 우리 자신이 예수의 말씀을 가로막고 있는 것은 아닌지 자문하는 것도 하나의 대답이 되지 않을까? 예수께서 부르시는 수고하고 무거운 짐 진 자들을 인간의 부담스러운 교의들로 괴롭혀, 그들을 그분에게서 쫓아내는 것만큼 우리 자신의 의도와 모순되면서 동시에 우리의 선포에 해가 되는 것도 없을 것이다. 그렇게 되면 예수 그리스도의 사랑이 그리스도인들과 비非그리스도인들 앞에서 얼마나 조롱을 당하겠는가! 그러나 이 자리에서 일반적인 질문을 던지고 자책한다고 해서 도움이 되는 것도 아니니, 성서 곧 예수 그리스도의 말씀과 부르심 자체로 되돌아가도록 하자. 이 자리에서 우리는 우리 자신의 빈약하고 협소한 확신과 질문에서 벗어나 예수 안에서 우리에게 수여된 드넓고 풍부한 것을 탐색하고자 한다.

우리는 "나를 따르라"^{Nachfolge}는 예수의 부르심에 관해 이야기하려고 한다. 이런 이야기들로 인해 우리는 사람들에게 새로운 멍에, 더 무거운 멍에를 지우는 것은 아닐까? 영혼과 육신을 탄식하게 하는 인간의 모든 교의에다 더 완고하고 더 엄격한 교의를 추가하는 것은 아닐까? 예수 따르기를 상기시킴으로써 더 날카로운 가시로 불안하고 상처 입기 쉬운 양심들을 찌르는 것은 아닐까? 교회 역사상 몇 번째인지도 모를 만큼 불가능하고 성가시고 별난 요구들을 제시하는 것은 아닐까? 소수의 사람은 그 요구들에 복종함으로써 경건한 사치를 부리겠지만, 생계와 직업과 가족을 염려하며 일하는 사람들은 그 요구들을 가장 불경한 하나님 시험^{Gottversuchen}으로 여겨 배척하지 않겠는가? 일시적인 징계와 영원한 벌로 인간을 마음대로 협박하고, 구원을 받으려면 무엇이든 믿고 행하라고 인간에게 명령하면서, 인간을 대상으로 영적인 독재를 하는 것이 진정으로 교회에 중요한 일인가? 교회의 말씀이 영혼에 대한 새로운 폭정과 억압을 초래해서야 되겠는가? 상당수의 사람이 그러한 압제를 갈망할는지도 모른다. 하지만 교회가 그러한 갈망을 충족시켜 주어도 되는가?

성서는 예수 따르기에 관해 말하는데, 이는 인간의 모든 교의로부터, 곧 부담을 주고 억압하고 걱정과 극심한 양심의 가책을 주는 모든 것으로부터 인간을 해방하려는 것이다. 인간은 예수를 따르는 가운데 자기 율법의 딱딱한 멍에를 벗고 예수 그리스도의 부드러운 멍에를 지게 된다. 이것은 예수의 진지한 계명들을 손상하는가? 그렇지 않다. 그렇기는커녕 예수의 온전한 계명인 무조건 따르라는 부르심이 계속되는 곳이라야 인간 해방이 온전히 이루어져 예수와의 친교가 가능해진다. 예수의 계명을 온전히 따르고, 예수의 멍에를 아무 저항 없이 짊어지는 사람은 자기의 짐을 가볍게 짊어지고, 이 멍에의 부드러운 압박 속에서 옳은 길을 지치지 않고 걸어갈 힘을 얻는다. 예수의 계명을 거부하는 자는 그 계명을 가혹한 것으로, 대단히 가혹한 것으로 여기겠지만, 예수의 계명을 기꺼이 따르는 자는 그 계명을 부드럽고 가벼운 것으로 여길 것이다. "하나님의 계명은 무거운 짐이 아닙니다."요일 5:3 예수의 계명은 강압적인 영혼 치료제가 아니다. 예수께서는 우리에게 힘을 주지 않은 채 무언가를 하라고 요구하지 않으신다. 예수의 계명은 결코 생명을 파괴하려 하지 않고, 생명을 보존하고 강화하고 치유하려고 한다.

그런데도 여전히 우리를 괴롭히는 질문들이 남아 있다. "나를 따르라"는 예수의 부르심은 오늘날 노동자, 상인, 농부, 군인에게 무엇을 의미하는가? 바로 이 물음에서 이 세상에서 노동하는 사람의 삶과 그리스도인의 삶에 참을 수 없는 균열이 생기지는 않는가? 예수를 따르는 기독교는 극소수의 사람이 이상으로 삼는 것은 아닌가? 그런 기독교는 민중 대다수를 배척하고, 약자와 가난한 자들을 업신여기는 것을 의미하지 않는가? 그것은 죄인과 세리들, 약자와 가난한 자들, 길을 잃은 자와 절망에 빠진 자들에게 다가가신 예수 그리스도의 고귀한 자비를 부인하는 것이 아닌가? 우리는 이것에 대해 뭐라고 말할 것인가? 예수의 사람들은 소수인가, 다수인가? 예수께서는 자기 제자들에게 버림받은 채 십자가에서 홀로 죽으셨다. 그분과 나란히 십자가에 달린 두 사람은 그분의 추종자가 아니라 살인자였다. 그러나 십자가 아래에는 원수와 신자들, 의심 많은 자와 두려워하는 자들, 조롱하는 자와 패배자들이 서 있었고, 예수께서는 그 시간에 그들 모두를 용서해 달라고, 그들의 죄를 용서해 달라고 기도하셨다. 하나님의 자비로운 사랑은 원수들 한가운데에 살아 있다. 은혜로 말미암아 "나를 따르라"며 우리를 부르시는 예수 그리스도와, 최후의 시간에 십자가에 달린 강도에게 은혜를 베풀어 구원하시는 예수 그리스도는 같은 분이시다.

"나를 따르라"는 부르심은 그분을 따르는 이들을 어디로 인도하는가? 그 부르심은 어떤 결단과 분리를 요구하는가? 우리는 이 물음을 품고, 홀로 답을 알고 계시는 분께 나아가야 한다. "나를 따르라"고 명령하시는 예수 그리스도만이 길이 어디로 이어지는지를 아신다. 그러나 우리는 그 길이 대단히 자비로운 길이 되리라는 것을 알고 있다. 그분을 따르는 것은 기쁨이다.

오늘날 온전한 확신 속에서 교회의 결단이라는 좁은 길을 걸으면서, 모든 인간에 대한 그리스도의 한없는 사랑, 하나님의 인내와 자비와 "인류애"("사람을 사랑하심")딛 3:4, 개역개정 속에서 약자와 무신론자들과 함께 사는 것은 어려운 일로 여겨진다. 그러나 우리는 두 길을 병행해서 걷지 않으면 안 된다. 그렇지 않으면 우리는 인간의 길을 걷게 될 것이다. 그분을 진지하게 따르는 우리에게 하나님께서 기쁨을 주시기를, 죄는 반대하고 죄인은 받아들여 주시기를, 원수들의 온갖 적대 속에서도 그들을 극복하고 이겨 내는 복음의 말씀을 주시기를. "수고하며 무거운 짐을 진 사람은 모두 내게로 오너라. 내가 너희를 쉬게 하겠다. 나는 마음이 온유하고 겸손하니, 내 멍에를 메고 나한테 배워라. 그리하면 너희는 마음에 쉼을 얻을 것이다. 내 멍에는 편하고, 내 짐은 가볍다."^{마 11:28-30}

I.

값비싼
은혜

값싼 은혜는 우리 교회의 숙적宿敵이다. 오늘 우리의 투쟁은 값비싼 은혜를 얻기 위한 투쟁이다.

값싼 은혜란 투매投賣 상품인 은혜, 헐값에 팔리는 용서, 헐값에 팔리는 위로, 헐값에 팔리는 성찬, 교회의 무진장한 저장고에서 무분별한 손으로 거침없이 무한정 쏟아내는 은혜, 대가나 희생을 전혀 요구하지 않는 은혜를 의미한다. 언제든지 쓸 수 있도록 미리 계산을 치렀으니 선급한 계산서를 토대로 무엇이나 공짜로 얻을 수 있는 것이 은혜의 본질이고, 미리 지급한 대가가 무한히 큰 까닭에 사용 가능성과 낭비 가능성도 무한히 크며, 은혜가 값싸지 않다면 그것이 어찌 은혜이겠냐는 것이다.

값싼 은혜는 교리, 원리, 체계로 통칭하는 은혜, 보편적인 진리로 통칭하는 죄의 용서, 기독교의 하나님 관념으로 통칭하는 하나님의 사랑이다. 그 은혜를 긍정하는 이는 자기의 죄를 용서받는다. 그 은혜를 가르치는 교회는 그 가르침을 통해 그 은혜를 공유한다. 그런 교회에서 세상 사람들은 자기의 죄를 은폐해 주는 값싼 덮개를 발견한다. 그러고는 자기의 죄를 뉘우치지도 않고, 죄에서 벗어나려 하지도 않는다. 그러므로 값싼 은혜는 하나님의 생생한 말씀을 부정하고, 하나님의 말씀이 사람이 되었다는 사실을 부정한다.

값싼 은혜는 죄인을 의롭다 인정하는 것이 아니라, 죄를 의롭다 인정하는 것이라고도 말할 수 있다. 은혜가 홀로 모든 것을 알아서 처리해 주는 까닭에, 무엇이든 케케묵은 상태로 있어도 된다는 것이다. "어차피 우리의 행위는 쓸데없다"는 것이다. 세상은 언제까지나 세상이고, 우리는 "아무리 최선의 삶을 살아도" 여전히 죄인에 지나지 않는다는 것이다. 따라서 그리스도인도 세상 사람들과 똑같이 살고, 무슨 일을 하든지 세상 사람들과 똑같이 하고, 은혜 아래 있을 때—광신의 이단이 될지언정!—죄 아래 있을 때와 다르게 생활하지 않도록 조심하라는 것이다. 은혜를 거스르지 않도록, 위대한 값싼 은혜에 흠집을 내지 않도록, 예수 그리스도의 계명들에 순종하는 삶을 시도한답시고 또다시 문자 숭배를 격려하지 않도록 조심하라는 것이다! 세상이 은혜를 통해 의롭다고 인정받았으니―이 은혜의 진지함을 위해, 그리고 이 대체할 수 없는 은혜를 거스르지 않도록!―그리스도인도 여타의 세상 사람들과 똑같이 살라는 것이다. 물론 그는 비범한 일을 하고 싶을 것이고, 그래서 그런 일을 하지 않고 세속적으로 살아야 하는 것을 가장 힘든 포기로 여길 게 뻔하지만, 그래도 포기하고 자기부정을 실행하며, 세상과 구별되지 않도록 살아야 한다는 것이다. 이를테면 은혜를 참으로 은혜 되게 하여, 이 값싼 은혜에 대한 세상의 믿음을 파괴하지 말고, 차라리 자신의 세상 속에서, 자신이 세상 때문에―아니, 은혜 때문에!―실행해야 하는 이 불가피한 포기 속에서, 모든 것을 홀로 처리하는 이 은혜를 소유하는 것으로 위로받고 안심하라securus, 세쿠루스는 것이다. 곧, 예수 그리스도를 따르지 말고, 은혜로 만족하라는 것이다! 바로 이것이 죄를 의롭다 인정하는 값싼 은혜다. 이것은 죄에서 손을 끊고 전향하여 참회하는 죄인을 의롭다고 인정하는 것도 아니고, 죄의 용서, 곧 죄와 갈라서게 하는 용서도 아니다. 값싼 은혜는 우리가 스스로 취한 은혜에 지나지 않는다.

값싼 은혜는 회개 없는 용서의 설교요, 공동체의 징계

가 없는 세례요, 죄의 고백이 없는 성찬이요, 개인의 참회가 없는 죄 사함이다. 값싼 은혜는 본받음이 없는 은혜, 십자가 없는 은혜, 살아 계신 예수 그리스도, 사람이 되신 예수 그리스도가 없는 은혜다.

값비싼 은혜는 밭에 숨겨진 보화다. 사람은 그 보화를 얻으려고 가서 자기가 가진 모든 것을 기꺼이 팔아서 그 밭을 산다. 값비싼 은혜는 귀중한 진주다. 상인은 자기의 모든 상품을 값으로 내어 주고 그 진주를 산다. 값비싼 은혜는 그리스도의 왕권이다. 사람은 그것을 얻기 위해서라면 자기를 넘어지게 하는 눈까지 뽑아 버린다. 값비싼 은혜는 예수 그리스도의 부르심이다. 이 부르심을 받은 제자는 그물을 버리고 그분을 따른다.

값비싼 은혜는 우리가 되풀이해서 찾아야 할 복음, 우리가 구해야 할 은사, 우리가 두드려야 할 문이다.

은혜가 값비싼 것은 따르라고 부르기 때문이다. 그것이 은혜인 것은 **예수 그리스도**를 따르라고 부르기 때문이다. 은혜가 값비싼 것은 사람에게 목숨을 요구하기 때문이다. 그것이 은혜인 것은 사람에게 생명을 선사하기 때문이다. 은혜가 값비싼 것은 죄를 비난하기 때문이다. 그것이 은혜인 것은 죄인을 의롭다고 인정하기 때문이다. 은혜가 무엇보다도 값비싼 것은, 그것이 하나님께 소중하기 때문이고, 이를 위해 하나님이 자기 아들의 목숨을 대가로 지급하셨기 때문이다—"여러분은 여러분 자신의 것이 아닙니다. 여러분은 하나님께서 값을 치르고 사들인 사람입니다."^{고전 6:19-20} 하나님께 소중한 것이 우리에게 값싼 것이 될 수 없기 때문이다. 은혜가 무엇보다도 은혜인 것은 하나님이 자기 아들을 우리의 생명보다 더 귀하게 여기지 않고 우리를 위하여 내어 주셨기 때문이다. 하나님이 사람이 되신 것이야말로 값비싼 은혜다.

값비싼 은혜는 하나님의 거룩한 것으로 통칭하는 은혜다. 우리는 그것을 세상 사람들의 손을 타지 않도록 보호하고, 개에게 던져 주어서는 안 된다. 그러므로 값비싼 은혜는 살아 있는 말씀, 곧 하나님의 말씀으로 통칭하는 은혜다. 이 말씀은 하나님이 자기 뜻대로 하시는 말씀이다. 그것은 예수를 따르라는 은혜로운 말씀으로 우리에게 다가오고, 근심하는 영혼과 지친 마음에 용서의 말씀으로 다가온다. 은혜가 값비싼 까닭은 사람에게 예수 그리스도를 따르라는 멍에를 씌우기 때문이고, 그것이 은혜인 것은 예수께서 "내 멍에는 편하고, 내 짐은 가볍다"^{마 11:30}라고 말씀하시기 때문이다.

베드로는 "나를 따르라!"는 부르심을 두 차례 받는다. 이것은 예수께서 제자들에게 하신 첫 말씀이자 마지막 말씀이었다.[막 1:17, 요 21:22] 베드로의 생애 전체는 이 두 부르심 사이에 자리하고 있다. 첫 번째의 경우, 베드로는 게네사렛 호숫가에서 예수의 부르심을 받고 자기의 직업인 그물질을 그만두고 말씀대로 그분을 따른다. 마지막 경우에는 부활하신 그분께서 게네사렛 호숫가에서 옛 직업에 종사하던 베드로를 만나서서 이렇게 말씀하신다. "나를 따르라!" 이 두 경우 사이에 그리스도를 따르는 일에 뛰어든 한 제자의 생애 전체가 놓여 있었다. 그 생의 한가운데에는 하나님이신 그리스도 예수에 대한 신앙고백이 자리한다. 그리스도는 주님이시요 하나님이시라는 말씀이 베드로에게 세 차례, 곧 그가 첫 부르심을 받을 때와 마지막 부르심을 받을 때, 그리고 한 번은 빌립보 가이사랴에서 선포된다. "나를 따르라!"며 베드로를 부르시는 그리스도의 은혜와, 하나님의 아들에 대한 신앙고백 속에서 베드로에게 계시된 그리스도의 은혜는 동일한 은혜다.

은혜는 베드로의 인생 여정에 세 차례나 임했다. 같은 은혜가 세 번에 걸쳐 다르게 선포된 것이다. 그것은 그리스도 자신의 은혜였지, 그 제자가 자기에게 수여한 은혜가 아니었다. 그 제자를 압도하여 모든 것을 버리고 따르게 하신 그리스도의 은혜와, 온 세상 사람들에게 신성모독으로 비칠 것이 틀림없는 신앙고백을 그 제자 속에서 일으키신 그리스도의 은혜, 그리고 불성실한 베드로를 순교라는 궁극적 친교 속으로 부르셔서 그의 모든 죄를 용서해 주신 그리스도의 은혜는 같은 은혜였다. 베드로의 생애에서 예수를 따르는 것과 은혜는 떼려야 뗄 수 없는 단짝이었다. 그가 받은 은혜는 값비싼 은혜였다.

　　값비싼 은혜의 인식은 기독교의 확장과 교회의 점진적 세속화로 점차 사라졌다. 세상 사람들이 기독교로 개종했고, 은혜는 기독교 세계의 공공 자산이 되었다. 그것은 헐값으로 얻을 수 있는 은혜가 되어 버렸다. 그런데도 로마 가톨릭교회는 처음부터 알고 있던 값비싼 은혜에 대한 생각을 유산으로 간직하고 있었다. 수도원 제도는 교회와 결별하지 않았고, 신중한 교회는 수도원 제도를 참아 주었다. 그것이 결정적으로 중요했다. 은혜는 값비싼 것이어서 이 은혜에는 예수를 따르는 것이 포함된다는 인식이 바로 여기에, 곧 교회의 언저리에 남아 있었다. 사람들은 그리스도를 위해 자기들이 가진 모든 것을 버렸고, 일상의 훈련 속에서 예수의 엄중한 명령들을 따르려고 애썼다. 이처럼 수도원 제도는 기독교의 세속화에 맞서고, 은혜를 값싼 것으로 만드는 것에 맞서는 생생한 저항이 되었다. 그러나 교회는 이 저항을 참아 줌으로써 이 저항이 결정적으로 폭발하지 못하게 하고, 오히려 그것을 상대화했다. 실로 교회는 이로부터 자신의 세속화된 생활을 정당화할 길을 얻었다. 왜냐하면, 수도원 생활은 이제 소수의 사람이 수행하는 별난 행위, 곧 대다수 교인이 의무로 짊어지지 않아도 되는 행위가 되었기 때문이다. 예수께서 내리신 명령의 유효성을 위험천만하게도 특별한 자격을 갖춘 사람들의 특정한 집단에 국한함으로써 그리스도인들에게 부과된 복종의 행위를 가장 높은 수준과 가장 낮은 수준으로 구분하는 일이 빚어졌다. 이는 로마 가톨릭이 자신들의 세속화에 대한 공격을 받을 때마다 자기 교회 안에서 수도의 길을 걸을 수도 있음을 지적함과 동시에 더 쉬운 길의 가능성도 철두철미 정당화했기 때문이다. 로마 가톨릭교회는 수도원 제도를 통해 초기 기독교가 가졌던 값비싼 은혜에 대한 이해를 유지한 것 같지만, 어처구니없게도 이는 교회의 세속화를 다시 최종적으로 정당화해 준 셈이 되고 말았다. 하지만 수도원 제도가—예수의 말뜻을 내용상 오해하여—예수를 엄격히 따르는 은혜의 길을 걸어간

것은 결정적인 실책은 아니었다. 수도원 제도가 참된 기독교로부터 멀어진 것은, 그 제도가 자신의 길을 소수의 사람이 자발적으로 수행하는 특별 행위가 되게 하고, 이것을 자기의 특별 공로로 주장했기 때문이다.

하나님은 종교개혁 시대에 자기의 종 마르틴 루터를 통해 순수하고 값비싼 은혜를 다시 일깨우실 때 수도원을 통해 그를 인도하셨다. 루터는 수도사였다. 그는 모든 것을 버리고 완전한 복종 속에서 그리스도를 따르려고 했다. 그는 세상을 버리고 기독교도의 일을 시작했다. 그는 그리스도와 그분의 교회에 대한 복종을 배웠다. 복종하는 사람만이 믿을 수 있다는 사실을 알고 있었기 때문이다. 루터는 수도사가 되라는 부름을 받자마자 자기의 인생 전부를 걸었다. 하지만 루터와 그의 길은 하나님 자신 때문에 실패하고 말았다. 하나님은 성서를 통해 그에게 다음의 사실을 알려 주셨다. 이를테면 예수를 따르는 것은 몇몇 사람의 칭찬할 만한 특별한 업적이 아니라, 하나님께서 모든 그리스도인에게 내리신 명령이라는 것이다. 수도원에서는 예수를 따르는 겸손한 행위가 성인聖人들의 칭찬할 만한 행위로 변질하였고, 따르는 자의 자기부정은 경건한 자들의 최종적이고 영적인 자기주장으로 둔갑했다. 그 때문에 세상이 수도사의 생활 한가운데로 들어와, 가장 위험한 방식으로 다시 활동하고 있었다. 루터는 수도사의 세상 도피가 가장 정교한 세상 사랑이라는 것을 간파했다. 그는 경건한 삶의 마지막 가능성이 물거품이 되자 은혜를 붙잡았다. 붕괴한 수도사 세계 속에서 그는 하나님이 그리스도 안에서 구원의 손을 내미시는 것을 보았다. 그러고는 "아무리 최선의 삶을 살아도 우리의 행위는 헛되다"고 여기며 그 손을 붙잡았다. 그것은 그에게 선사된 값비싼 은혜였다. 그 은혜가 그의 전 존재를 압도했고, 그는 또 한 번 자기의 그물을 버리고 따를 수밖에 없었다. 수도원에 들어갈 때는 자기의 모든 것을 버리되, 자기 자신 곧 자기의 경건한 자아만은 버리지 않았다. 하지만 이번에는 그 자아마저 버렸다. 그는 자기의 공로를 따르지 않고 하나님의 은혜를 따라갔다. "너는 죄를 지었지만, 이제 그 모든 것이 용서를 받았으니, 네가 있는 곳에 계속 머무르면서, 용서받은 것으로 만족하라!"는 말씀이 그에게는 들리지 않았다. 루터는 수도원을 떠나 세상으로 돌아가야 했다. 이는 세상 자체가 선하고 거룩해서가 아니라, 수도원도 세상과 다를 바 없었기 때문이다.

수도원을 떠나 세상으로 돌아가고 나서 보인 루터의 행

보는, 초기 기독교 이래로 세상에 가해진 공격 중에서 가장 맹렬한 공격이었다. 수도사가 세상에 건넨 절교 선언은, 세상이 자기에게로 돌아온 사람을 통해 들은 절교 선언에 비하면 아이들의 장난에 지나지 않았다. 이제 공격은 전면전이 되었다. 예수를 따르는 것이 이제는 세상 한복판에서 삶으로 실행되어야 했다. 수도원 생활의 특수 환경과 여러 편익 속에서 특별 행위로 실행되던 것이, 이제는 세상에서 살아가는 모든 그리스도인에게 꼭 필요한 것이자 그들에게 요구되는 것이 되었다. 예수의 명령에 대한 전적인 복종은 일상의 직업 활동 속에서 실행되지 않으면 안 되었다. 그 결과, 그리스도인의 생활과 세상 사람들의 생활 사이에서 충돌이 예측할 수 없는 방식으로 심화되었다. 그리스도인이 세상 사람들을 공격했다. 그것은 근접전近接戰이었다.

'루터는 순수한 은혜의 복음을 발견함으로써 세상에서 예수의 명령에 대한 복종 의무 면제를 선언했다'거나, '종교개혁자가 발견한 것은 용서하는 은혜를 통한 세상의 거룩함 선언, 세상의 칭의稱義였다'고 생각하는 것만큼, 루터의 업적을 치명적으로 오해하는 것도 없지 싶다. 루터는 그리스도인의 세속 직업은 세상에 대한 맹렬한 저항을 표명함으로써만 그 정당성을 얻고, 예수를 따르는 가운데 수행되는 직업 활동만 이 복음으로부터 새로운 권리를 얻는다고 여겼다. 루터가 수도원을 뒤로하고 세상으로 귀환한 것은 죄가 의롭다는 인정을 받는 것이 아니라, 죄인이 의롭다는 인정을 받는다는 사실을 깨달았기 때문이다. 루터가 선물로 받은 것은 값비싼 은혜였다. 그 은혜는 메마른 땅 위에 흐르는 물, 불안을 해소하는 위로, 스스로 택한 종살이로부터 해방됨, 모든 죄의 용서였기 때문이다. 그 은혜가 값비쌌던 까닭은, 그것이 행위를 면제해 주기는커녕 "나를 따르라"는 부르심을 끝없이 강조했기 때문이다. 그 은혜는 값비싸서 은혜였고, 은혜여서 값비쌌다. 이것이 종교개혁자가 찾아낸 복음의 비밀이었고, 죄인의 칭의가 간직한 비밀이었다.

그런데도 순수하고 값비싼 은혜에 대한 루터의 인식이 아니라, 은혜를 가장 싼 값에 얻을 수 있는 곳을 찾아내는 인간의 용의주도한 종교적 본능이 종교개혁사의 승리자 행세를 하고 있다. 그렇게 하는 데는 남이 알아채지 못할 정도로 강조점을 살짝 옮기기만 하면 되었다. 그 결과, 가장 위험하고 가장 해로운 일이 빚어지고 말았다. 루터는 아무리 경건한 길을 걷고 아무리 경건한 일을 해도 인간은 하나님 앞에 설 수 없으며, 이는 인간은 항상 자신을 추구하기 때문이라고 가르쳤다. 루터는 이 궁지 속에서 은혜를 붙잡았다. 믿음 안에서 모든 죄를 값없이, 그리고 아무 조건 없이 용서하는 은혜였다. 그러면서 루터는 이 은혜가 그의 생명을 요구하고, 그것도 날마다 요구한다는 사실을 알았다. 그에게서 예수 따르기를 면제해 주기는커녕, 오히려 그를 예수 따르기 속으로 밀어 넣는 은혜였기 때문이다. 루터는 은혜에 관해 말했는데, 이는 그 자신의 삶이 은혜를 통해서 비로소 그리스도께 완전히 복종하게 되었음을 염두에 두고 말한 것이었다. 그는 은혜에 관해 그런 식으로밖에는 달리 말할 수 없었다. 루터는 오직 은혜만이 그렇게 한다고 말했다. 그의 제자들도 그 말을 똑같이 되풀이했지만, 다른 점은 그들이 루터가 늘 당연하게 생각했던 것을 아주 빨리 생략한 채, 그것을 생각하지도 말하지도 않았다는 것이다. 루터가 당연하게 생각했던 것은 예수를 따르는 것이었다. 그가 예수 따르기를 딱히 말할 필요가 없었던 것은, 그가 자신을 일컬어, 은혜로 말미암아 가장 중대한 예수 따르기에 들어선 사람이라고 늘 말했기 때문이다. 루터의 제자들이 세운 교리가 루터의 가르침에서 왔음은 틀림없는 사실이다. 하지만 그들의 교리는, 하나님이 지상에 내려 주신 값비싼 은혜의 계시

값비싼
은혜

I.   41

인 종교개혁을 끝장내고 무효화시키고 말았다. 세상 안에 있는 죄인의 칭의가 죄의 칭의와 세상의 칭의로, 이를테면 값비싼 은혜가 예수를 따르지 않는 값싼 은혜로 바뀌고 만 것이다.

루터는 우리가 아무리 최선의 삶을 살아도 우리의 행위는 헛되며, "죄를 용서하는 은혜와 은총이 아니면" 하나님께는 그 어떤 것도 가치가 없다고 말했는데, 이는 그가 그 순간까지 그리고 이미 그 순간에 예수를 다시금 새롭게 따르라는 부름을 받고 있음을 의식하고, 자기의 모든 것을 버린 한 사람으로서 한 말이었다. 그에게 은혜의 인식은 자기 삶의 죄와 최종적으로 철저히 단절하는 것이었지, 결코 죄의 칭의가 아니었다. 은혜를 안다는 것은 용서를 붙잡되, 제멋대로 살기를 최종적으로 철저히 포기하는 것이었다. 그 속에서만 은혜는 "나를 따르라"는 진지한 부르심이 될 수 있었다. 그에게 은혜는 그때그때의 "결과"였다. 물론 그것은 인간이 일으키는 결과가 아니라, 하나님이 일으키시는 결과였다. 그런데도 루터의 후예들은 이 결과를 추정의 원칙적인 전제로 삼고 말았다. 바로 여기서 모든 재앙이 시작되었다. 은혜가 그리스도께서 직접 선사하시는 기독교적인 삶의 "결과"라면, 이 삶은 한순간도 예수를 따르는 것과 떼려야 뗄 수 없게 될 것이다. 하지만 은혜가 나의 기독교적인 삶의 원칙적인 전제라면, 이는 내가 세상에 살면서 짓는 죄가 이미 의롭다는 인정을 받은 셈이 될 것이다. 그러므로 이제 나는 이 은혜를 믿고 죄를 지어도 될 것이고, 세상 또한 원칙적으로 이 은혜를 통해 의롭다고 인정받게 될 것이다. 그런 이유로 나는 종래와 같이 나의 속물적이고 세속적인 생활을 계속하게 될 것이고, 모든 것이 옛날 그대로일 것이다. 그리고 나는 하나님의 은혜가 나를 감싸 줄 것이라고 믿어도 될 것이다. 온 세상이 이 은혜 아래서 "기독교화"될 것이고, 기독교는 이 은혜 아래서 전례 없는 방식으로 세상이 될 것이다. 그리하여, 그리스도인의 직업 활동과 시민의 세속 직업 활동 사이에 일던 갈등이 중지될 것이다. 그리스도인의 삶은 다음과 같은 것이 될 것이다. 이를테면 세상 속에서 세상과 똑같이 살고, 세상과 조금도 구별되지 않고, 실로—은혜로 말미암아!—세상과 전혀 구별되지 않아도 되며, 그러면서도 적당한 시간에 세상의 구역에서 교회의 구역으로 찾아가 자기 죄의 용서를 확인받고, 예수 따르기의 숙적, 곧 예수를 진정으로 따르는 것을 증오하고 모욕하는 값싼 은혜를 통해 예수 따르기를 면제받는 것이다. 전제인 은혜는 가장 값싼 은혜이고, 결과인 은혜는 값비싼 은혜다. 무엇이 문제의 핵심인지, 복음의 진리가 어떻게 표현되고 사용되는지를 아는 것은 놀라운 일이다. 오직 은혜로만 의롭다고 인정받는다는 말씀은 동일한 말씀이다. 하지만 동일한 문장을 잘못 사용하면 그 문장의 본 뜻을 완전히 파괴하게 된다.

파우스트Faust가 인식 활동에 종사하다가 생의 말년에 "나는 우리가 아무것도 알 수 없다는 것을 알고 있다"고 한 말은 결과로써 한 말이다. 그것은 한 학생이 첫 학기를 마치면서 자기의 태만을 정당화하려고 인용하는 동일한 문장과는 전혀 다른 말이다.Kierkegaard, 키르케고르 그 문장은 결과로서는 참말이지만, 전제로서는 자기기만에 지나지 않는다. 이 말은 인식이 그것을 획득하는 존재와 불가분의 관계임을 의미한다. 자기의 모든 것을 포기하고 예수를 따르는 사람만이 자기는 오직 은혜로만 의롭게 된다고 말할 수 있다. 그는 나를 따르라는 부르심 자체를 은혜로 인식하고, 은혜를 이 부르심으로 인식한다. 그러나 이 은혜를 받았으면서도 예수 따르기를 면제받으려고 하는 자는 자기를 기만하는 자다.

그러나 루터 자신도 은혜를 파악하다가 이처럼 완전한 왜곡에 가장 아슬아슬하게 다가가지 않았던가? "대담하게 죄를 지어라. 그러나 더 대담하게 그리스도를 믿고 즐거워하라!"^{Pecca fortiter, sed fortius fide et gaude in Christo, 페카 포르티테르, 세드 포르시우스 피}
데 에트 가우데 인 크리스토는 루터의 말은 무엇을 의미하는가?¹ 그의 말
은 이런 뜻이다. '여러분은 원래 죄인이며, 죄에서 벗어날 수
도 없다. 여러분이 수도사든 세속의 사람이든, 여러분이 경건
한 사람이 되려고 하든 악한 사람이 되려고 하든 간에, 여러분
은 세상의 올가미에서 벗어나지 못하고 죄를 짓는다. 그러니
이미 입은 은혜를 믿고 대담하게 죄를 지어라!' 이것은 값싼
은혜의 적나라한 선포, 범죄 특별 허가증, 예수 따르기의 파기
가 아닐까? 이것은 은혜를 믿고 일부러 죄를 지으라는 악마적
요구가 아닐까? 하나님이 선사해 주신 은혜를 믿고 죄를 짓는
것보다 더 고약한 은혜 모독이 있을까? 이것을 성령을 거스르
는 죄로 여기는 가톨릭교회의 교리문답서가 옳은 게 아닐까?

　　여기서 결과와 전제를 구별하는 것이 이해에 전적으로
중요하다. 루터의 명제를 은혜 신학의 전제로 삼으면, 이는 값
싼 은혜를 부르는 것이 되고 만다. 하지만 루터의 명제는 처음
이 아니라 끝으로, 결과로, 완결로, 최후의 말로 이해해야 옳
다. 루터의 명제를 전제로 이해하면, "대담하게 죄를 지어라"
가 윤리적 원리가 되고, 은혜의 원리에 "대담하게 죄를 지으
라"는 원리가 따라붙을 수밖에 없다. 바로 이것이 죄의 칭의

다. 이는 루터의 명제를 정반대로 왜곡한 것이다. "대담하게 죄를 지어라." 이 말은 예수를 따르는 길에서 자기가 죄 없는 자가 될 수 없음을 아는 사람, 죄를 무서워하여 하나님의 은혜를 의심하는 사람에게 루터가 주는 최후의 정보이자 다정한 충고였을 뿐이다. "대담하게 죄를 지어라." 이 말은 루터가 자신의 불순종하는 삶을 원칙적으로 확인하는 말이 아니라, 하나님의 은혜의 복음, 우리에게 언제 어디서나 자신이 죄인임을 깨닫게 하는 복음, 무엇보다도 죄인인 우리를 찾아와 의롭다고 인정하는 복음이다. 이를테면 "대담하게 그대의 죄를 인정하고, 그대의 죄에서 벗어나려 하지 마라. 그리하되 '훨씬 더 대담하게 믿어라.' 그대는 죄인이다. 그러니 여전히 죄인이 되고, 죄인 이외의 무언가가 되려고 하지 말고, 날마다 다시 죄인이 되고, 대담하게 그 속에 머무르라"는 것이다. 이것이 날마다 죄를 진심으로 거절하는 사람, 예수를 따르지 못하도록 방해하는 모든 것을 날마다 거절하는 사람, 자신의 일상적인 불성실과 죄에 대해 위로를 받지 못하는 사람에게 주는 말이 아니라면 누구에게 주는 말이겠는가? 그러한 위로를 통해 자신이 다시 그리스도를 따르라고 부름받고 있음을 아는 사람이 아니라면, 누가 자기의 믿음을 위해 그런 말을 안심하고 들을 수 있겠는가? 이처럼 루터의 명제는 결과로 이해될 때 값비싼 은혜가 된다. 값비싼 은혜만이 은혜다.

원리로 통칭하는 은혜, "대담하게 죄를 지어라"를 원리로 인식하는 은혜, 곧 값싼 은혜는 결국 새로운 율법, 곧 도움도 주지 못하고 해방도 주지 못하는 율법에 지나지 않는다. 살아 있는 말씀으로 통칭하는 은혜, 불안 속에 주어진 위로와 "나를 따르라"는 부르심으로 통칭하는 "대담하게 죄를 지어라", 곧 값비싼 은혜만이 순수한 은혜, 실로 죄를 용서하고 죄인을 해방하는 은혜다.

까마귀처럼 우리는 "값싼 은혜"라는 시체 주위에 모여, 그 시체로부터 독毒을 받아 마셨다. 그 결과, 예수 따르기가 우리에게서 사라지고 말았다. 순수한 은혜에 관한 교리가 비할 데 없이 신격화되었고, 은혜에 관한 순수한 교리가 하나님 자체, 이를테면 은혜 자체가 되었다. 루터의 말들이 곳곳에서 인용되고 있지만, 진리인 그 말들이 자기기만으로 변질하고 있다. 흔히들 '우리 교회는 칭의 교리만 가지고 있으면, 확실히 의롭다 인정받는 교회가 된다!'고 한다. 이를테면 사람들이 은혜를 아주 값싼 것으로 만든 것에서 루터의 진정한 유산을 알아볼 수 있다는 것이다. 사람들이 은혜를 위해 예수 따르기를 율법적인 사람들과 개혁교회 신자들과 광신자들에게 전적으로 떠넘긴 것, 세상을 의롭다 인정한 것, 따름의 길에 들어선 그리스도인들을 이단자로 만든 것이야말로 루터교다운 일이라는 것이다. 한 민족이 그리스도인이 되고 루터교도가 되었지만, 정작 이는 예수 따르기를 희생하고 가장 싼 값을 치러서 된 것이다. 결국, 값싼 은혜가 이긴 것이다.

　　그러나 우리는 이 값싼 은혜가 우리에게 극도로 무자비했다는 사실을 알고 있는가? 오늘날 헐값에 얻은 은혜의 필연적인 결과로 제도권 교회가 붕괴하고 있는데, 이는 우리가 치를 수밖에 없는 대가가 아닐까? 말씀 선포와 성례전을 헐값에 제공하고, 묻지도 않고 무조건 세례를 주고, 견신례를 베풀고, 한 민족 전체의 죄를 용서하고, 조롱하는 자들과 믿지 않는 자들에게 인간적인 사랑으로 거룩한 것을 주고, 은혜의 강물을 끝없이 흘려보냈지만, 그리스도를 따르라고 엄중히 부르는 소리는 좀처럼 들리지 않았다. 세례 지원 기간에 교회와 세상의 경계에 대해, 값비싼 은혜에 대해 꼼꼼히 가르치던 옛 교회의 인식은 어디에 있는가? 불경스럽게 살아가는 자들을 안심시키는 복음 선포에 대한 루터의 경고들은 어디에 있는가? 세상이 지금보다 더 끔찍하게, 지금보다 더 절망적으로 기독교 세상이 된 적이 있었는가? 카를 대제가 3,000명의 작센 사람들을 죽인 것과 오늘날 수백만 명의 영혼을 죽게 하는 것에 무슨 차이가 있는가? 아비들의 죗값으로 삼사 대 자손까지 벌을 받는다는 말이 우리에게서 참말이 되었다. 값싼 은혜는 우리 개신교회에 대단히 무자비했다.

값싼 은혜는 실로 우리 대다수에게 무자비했다. 그것은 그리스도께 이르는 길을 우리에게 열어 주지 않고 도리어 차단하기만 했다. 그것은 우리에게 예수를 따르라고 부르기는커녕 우리를 둔하게 만들어 불순종하게 했다. 언젠가 예수를 따르라고 부르는 소리를 그리스도의 은혜의 부르심으로 알아듣고, 명령에 대한 복종의 규율 속에서 예수를 따르는 첫발을 과감히 떼었을 법한 곳에서 우리가 값싼 은혜의 말씀에 기습당한 것은 무자비하고 가혹한 일이 아니었는가? 값싼 은혜의 말씀은 우리의 길을 막고서 세상의 가장 온건한 길로 우리를 부른다. 그것은 모든 것이 은혜 안에서 이미 마련되고 성취되었으니 우리가 하는 모든 일은 우리가 스스로 택한 불필요하고 실로 가장 위험한 길, 힘의 낭비, 노력과 훈련에 지나지 않는다고 말함으로써, 우리 안에서 싹터 오르는 예수 따르기의 기쁨을 질식시키고 말았다. 그런데도 우리는 이 값싼 은혜의 말씀을 다른 식으로 들었단 말인가? 값싼 은혜의 말씀은 희미하게 타오르던 심지(불씨)마저 무자비하게 꺼버리고 말았다. 인간에게 그렇게 말하는 것은 무자비한 일이었다. 인간은 그러한 헐값에 마음이 혼란스러워져서, 그리스도께서 걸으라고 하신 길을 버릴 수밖에 없었고, 값비싼 은혜에 대한 인식을 영원히 차단하는 값싼 은혜를 향해 손을 뻗었다. 허약해서 속아 넘어갔으면서도 인간은 값싼 은혜를 소유했다는 이유로 갑자기 자기가 강하다고 느꼈다. 하지만 실제로는 복종의 힘과 따르는 힘을 잃고 말았다. 값싼 은혜의 말씀은 공로(선행)를 요구하는 그 어떤 계명보다도 그리스도인들을 더 많이 파멸시켰다.

우리는 이어지는 모든 장에서 바로 이 때문에 괴로워하는 모든 이들, 은혜의 말씀을 대단히 공허하게 여기는 이들에게 주시는 말씀을 붙잡고 씨름하고자 한다. 그 이유는 우리끼리 이야기지만, 값싼 은혜 때문에 그리스도 따르기를 잃어버리고, 이와 함께 값비싼 은혜의 이해도 잃어버렸다고 고백하는 사람들에게 정직하기 위해서다. 요컨대 우리가 이제는 그리스도를 제대로 따르고 있지 않다는 사실, 우리가 은혜를 순수하게 가르치는 정통 교회의 일원인지는 모르지만, 이제는 그리스도를 따르는 교회의 일원은 아니라는 사실을 부인하고 싶지 않아서, 그리스도를 따르는 것과 은혜를 다시 올바른 관계 속에 놓고 이해하려는 것이다. 오늘날 우리는 이것을 더는 회피해서는 안 된다. 오늘날 우리가 그리스도인으로 살아가려면 어찌해야 하는가? 이 물음만큼 우리 교회의 곤경을 분명하게 드러내는 것도 없을 것이다.

우리가 걷고자 하는 길의 끝에 이미 도달하여, 참으로 이해하기 어려워 보이는 것, 곧 은혜가 값비싼 까닭은 그것이 순수한 은혜이기 때문이며, 또한 예수 그리스도 안에 나타난 하나님의 은혜이기 때문이라는 사실을 깨닫는 사람은 복이 있다. 예수 그리스도를 우직하게 따르는 가운데 이 은혜에 압도되어, 유일한 효력을 지닌 그리스도의 은혜를 겸손한 마음으로 찬양하는 사람은 복이 있다. 그러한 은혜를 깨달아 세상에서 살아가되, 그 은혜 때문에 길을 잃지 않는 사람들, 예수 그리스도를 따르는 가운데 하늘 아버지의 나라를 확신하며, 이 세상에서 참으로 자유롭게 살아가는 사람은 복이 있다. 예수 그리스도 따르기를 은혜에 의한 삶으로 여기고, 은혜를 예수 그리스도 따르기로 여기는 사람은 복이 있다. 이런 의미에서 그리스도인이 된 사람들, 은혜의 말씀을 받고 자비로운 사람이 되는 이들은 복이 있다.

"나를 따르라"는
부르심

예수께서 길을 가시다가, 알패오의 아들 레위가 세관에 앉아 있
는 것을 보시고 말씀하셨다. "나를 따라오너라." 레위는 일어나
서, 예수를 따라갔다.^{막 2:14}

부르심이 있자, 부름받은 자의 복종 행위가 즉각 이어진다. 제
자는 예수에 대한 신앙고백으로 응답하지 않고 복종의 행위로
응답한다. 부르심과 복종이라는 이 직접적인 대응 관계는 어떻
게 가능한가? 그 관계는 자연 이성에 크게 어긋난다. 자연 이성
은 이 엄격한 상응 관계를 갈라놓으려 애쓰게 마련이다. 이를테
면 둘 사이에 무언가가 들어 있음이 틀림없으니 그것이 설명되
어야 한다는 것이다. 무슨 일이 있어도 매개, 곧 심리적 매개나
역사적 매개를 찾아내야 한다는 것이다. 어떤 사람은 세리가 이

미 전부터 예수를 알고 있어서 그분의 부르심을 믿고 따를 준비가 되어 있지 않았겠냐며 어리석은 질문을 하기도 한다. 하지만 본문은 이 물음에 관해 끝까지 침묵한다. 본문은 부르심과 복종의 직접적인 대응만을 중시할 뿐, 한 사람이 내린 경건한 결단의 심리적 근거를 대는 일에는 관심이 없다. 어찌하여 관심이 없는가? 부르심과 복종이라는 이 대응의 유일하게 타당한 근거가 있기 때문이다. 그 근거는 **예수 그리스도 자신**이시다. 그분은 부르는 분이시다. 세리가 따라나서는 것은 그래서다. 예수의 권위는 절대적이고, 직접적이고, 근거를 댈 필요가 없는 것이라는 사실이 이 만남에서 증명된다. 이 만남에는 선행하는 것이 전혀 없고, 부름받은 이의 복종만이 이어진다. 예수께서는 전권을 가지고 제자를 부르시고 자기의 말씀에 복종할 것을 요구하시는데, 이는 그분이 그리스도이시기 때문이다. 예수께서는 스승이나 모범으로서가 아니라, 하나님의 아들 그리스도로서 "나를 따르라"고 부르신다. 이 짧은 본문은 예수 그리스도와 인간에 대한 그분의 요구를 공식적으로 알리기만 하고, 그 밖의 것은 전혀 알리지 않는다. 제자를 칭찬하지도, 그의 결연한 기독교 신앙을 칭찬하지도 않는다. 제자를 주시하지 않고, 부르시는 분과 그분의 전권만을 주시한다. 믿음에 이르는 길, 제자의 신

분이 되는 길을 가리키지도 않는다. 예수의 부르심에 복종하는 것 이외에 믿음에 이르는 다른 길은 존재하지 않는다.

본문은 예수를 따르는 것에 관해 어떤 내용을 말하는가? 나를 따르라, 내 뒤를 따라오너라! 이것이 전부다. 그분의 뒤를 따르는 것, 그것은 아예 내용이 없는 일이다. 그것은 실현이 중요해 보이는 인생 계획도 아니고, 추구해야 할 목표나 이상도 아니다. 또한, 그것은 인간이 무언가를 걸거나 자기 자신을 걸어야 보람이 있다고 생각하는 대의大義도 아니다. 그렇다면 여기서 일어난 일은 무엇인가? 부름받은 자는 특별히 값진 일을 하기 위해서가 아니라 그저 부르심 때문에 자기의 모든 것을 버린다. 그렇지 않으면 예수의 뒤를 따라갈 수 없기 때문이다. 이 복종 자체는 최소한의 가치도 부여받지 못한다. 그것 자체는 완전히 무의미한 것, 중요하지 않은 것으로 머문다. 다리는 끊어졌고, 그저 전진하는 수밖에 없다. 불러냄을 받았으니, 지금까지의 생활에서 "걸어 나오는", 단어의 엄밀한 의미에서 "실존하는"existieren 수밖에 없다. 옛것을 뒤로하고 포기하는 수밖에 없다. 제자는 상대적으로 안전한 삶으로부터 철저한 불안전 속으로(실제로는 절대적으로 안전하고 최고의 보호를 받는 예수와의 친교 속으로), 전망할 수 있고 예측할 수 있는 것(실제로는 전혀 전망할 수 없는 것)으로부터 전혀 전망할 수 없는 뜻밖의 것(실제로는 꼭 필요한 한 가지이자 예측이 가능한 것) 속으로, 무한한 가능성(실제로는 유한한 가능성)의 영역으로부터 유한한 가능성의 영역(실제로는 유일하게 해방하는 현실) 속으로 던져진다. 그것은 보편적인 율법도 아니다. 오히려 그것은 모든 율법의 정반대다. 예수를 따르는 것은 오로지 예수 그리스도께 매이는 것, 곧 모든 목표 설정, 모든 이상, 모든 율법을 완전히 깨뜨리는 것이다. 그런 까닭에 더 이상의 내용은 있을 수 없다. 예수가 유일한 내용이시기 때문이다. 예수 외에는 더 이상의 내용이 존재하지 않는다. 예수 자체가 내용이시다.

그러므로 "나를 따르라"는 부르심은 오직 예수 그리스도의 인격에만 매이는 것, 부르시는 분의 은혜를 통해 모든 율법을 깨뜨리는 것이기도 하다. 이 부르심은 은혜로운 부르심이자 은혜로운 명령이다. 그것은 율법과 복음의 적대 관계를 초월하는 부르심이다. 그리스도께서는 부르시고, 제자는 뒤를 따른다. 그것은 은혜와 명령이 하나가 된 부르심이다. "내가 주님의 법도를 열심히 지키니, 이제부터 이 넓은 세상을 거침없이 다니게 해주십시오."시 119:45

그리스도를 따르는 것은 그리스도께 매이는 것이다. 그

리스도가 계시니 따르기도 있는 것이다. 그리스도에 관한 이념, 교리 체계, 은혜나 죄의 용서에 대한 보편적인 종교적 인식은 그리스도 따르기를 꼭 필요한 것으로 삼기는커녕 그것을 배제하고 적으로 여긴다. 이념과 관계를 맺는 사람은 그것을 인식하고 그것에 열광하고 그것을 실현하기도 하지만, 그것을 개인적으로 순종하며 따르지는 않는다. 살아 계신 예수 그리스도가 없는 그리스도교는 따르기가 없는 그리스도교에 지나지 않고, 따르기가 없는 그리스도교는 언제나 예수 그리스도가 없는 그리스도교에 지나지 않는다. 그것은 이념, 곧 신화에 지나지 않는다. 아버지 하나님만 있고, 살아 계신 아들 그리스도가 없는 그리스도교는 바로 따르기를 폐기해 버린다. 하나님을 믿는 신앙은 있는데, 따르기가 없는 것이다. 하나님의 아들이 사람이 되셨고, 그분께서 **중보자**이시기 때문에 오직 그때 따르기는 그분과 맺는 올바른 관계가 된다. 따르기는 중보자와 결부되어 있고, 따라서 따르기가 제대로 언급되는 곳에서라야 중보자 예수 그리스도, 하나님의 아들 예수 그리스도도 언급될 수 있다. 중보자, 곧 신·인간^{Gottmensch}이신 그분만이 "나를 따르라"고 부르실 수 있다.

예수 그리스도 없는 따르기는 스스로 택한 이상적인

길, 스스로 택한 순교자의 길일 수는 있어도 약속 있는 길은 아니다. 예수께서는 그런 길을 거부하신다.

> 그들이 길을 가고 있는데, 어떤 사람이 예수께 말하였다. '나는 선생님이 가시는 곳이면, 어디든지 따라가겠습니다.' 예수께서 그에게 말씀하셨다. '여우도 굴이 있고, 하늘을 나는 새도 보금자리가 있으나, 인자는 머리 둘 곳이 없다.' 또 예수께서 다른 사람에게 '나를 따라오너라' 하고 말씀하셨다. 그러나 그 사람이 말하였다. '주님, 내가 먼저 가서 아버지의 장례를 치르도록 허락하여 주십시오.' 그러나 예수께서는 그에게 말씀하셨다. '죽은 사람들을 장사하는 일은 죽은 사람들에게 맡겨두고, 너는 가서 하나님 나라를 전파하여라.' 또 다른 사람이 말하였다. '주님, 내가 주님을 따라가겠습니다. 그러나 먼저 집안 식구들에게 작별 인사를 하게 해주십시오.' 예수께서는 그에게 말씀하셨다. '누구든지 손에 쟁기를 잡고 뒤를 돌아다보는 사람은 하나님 나라에 합당하지 않다.' 눅 9:57-62

첫 번째 제자는 자기가 따르겠다고 말씀드리지만, 예수께서는 그를 부르지 않으신다. 예수께서 그 고무된 사람에게 하신 대답은 다음의 사실을 암시한다. '너는 네가 하려고 하는 일이 무엇인지 모른다. 너는 그 일을 결코 알지 못할 것이다.' 바로 이것이 예수께서 자기와 함께하는 삶의 현실을 제자에게 보여주며 하신 대답의 의미다. 여기서 말씀하시는 분은 십자가를 향해 나아가는 분이시다. 사도신경은 그분의 생애 전체를 "고난을 받아"라는 말로 표현한다. 그것은 사람이 자청해서 할 수 있는 것이 아니다. 예수께서는 누구도 자기 자신을 부를 수 없다고 말씀하신다. 그분의 말씀에 제자는 아무 대답도 하지 않는다. 자발적으로 따르겠다는 제안과 실제적인 따르기 사이에 틈이 벌어진 채 그대로 남아 있다.

그러나 예수께서 친히 부르시면 가장 깊은 틈도 극복된다. **두 번째** 제자는 아버지의 장례를 치르고 나서 따르려고 한다. 율법이 그를 속박하고 있다. 그는 자기가 하고자 하는 일과 자기가 해야만 하는 일이 무엇인지를 안다. 먼저 율법을 이행한 다음에 따르겠다는 것이다. 율법의 분명한 명령이 부름받은 자와 예수 사이에 가로놓여 있다. 예수의 부르심은 그 명령에 강력히 맞서고, 가장 위대한 것이든, 가장 거룩한 것이든, 율법이든 간에, 예수와 부름받은 자 사이에 무언가가 절대로 끼어들지 못하게 한다. 바로 이 순간 참견하려고 하는 율법은

"나를 따르라"는
부르심

I. 59

예수를 위해 위반될 수밖에 없다. 율법은 예수와 부름받은 자 사이에 끼어들 권리가 조금도 없기 때문이다. 이처럼 예수께 서는 율법에 맞서며, "나를 따르라" 명령하신다. 오직 그리스 도만이 그렇게 말씀하실 수 있다. 그분만이 최종 발언권을 쥐 고 계신다. 누구도 거역할 수 없다. 이 부르심, 이 은혜는 저항 하기 어려운 은혜다.

세 번째 제자는 첫 번째 제자와 마찬가지로 따르겠다는 제안을 자기만이 할 수 있는 제안으로, 곧 자기가 스스로 선택 한 인생 계획으로 여긴다. 그러면서도 그는 첫 번째 제자와 달 리 자기 쪽에도 조건을 제시할 권리가 있다고 생각한다. 그 바 람에 그는 완벽한 모순에 빠진다. 그는 예수를 따르려고 하면 서도 동시에 자신과 예수 사이에 무언가를 끼워 넣는다. "내가 먼저……하게 허락하여 주십시오." 그는 따르려고 하면서도 스스로 따르기의 조건을 붙이려고 한다. 그는 따르기를 하나 의 가능성으로, 곧 조건과 전제들이 충족되어야 실행될 가능 성으로 여긴다. 그렇게 되면 따르기는 인간이 전망할 수 있고 이해할 수 있는 어떤 것이 되고 만다. 이를테면 이 일을 먼저 하고 그런 다음 저 일을 해야 하며, 모든 일에는 나름의 권리 와 때가 있고, 제자는 자기 뜻대로 하면서 조건들을 내세울 권리도 갖고 있다는 것이다. 바로 그 순간 따르기는 따르기가 되기를 멈춘다. 이를테면 내가 나의 판단에 따라 나 스스로에게 부과하고, 합리적으로 그리고 도덕적으로 정당화할 수 있는 인간의 계획이 되고 마는 것이다. 이 세 번째 제자는 따르기를 원하지만, 따르겠다는 뜻을 표하기만 하고 더는 따르려고 하지 않는다. 그는 자기의 제안 자체를 통해 따르기를 취소한다. 따르기는 예수와 복종 사이에 어떠한 조건이 끼어드는 것을 용납하지 않기 때문이다. 이 세 번째 제자는 예수뿐만 아니라 자기 자신과도 모순된다. 그는 예수께서 원하시는 대로 할 마음도 없고, 자기가 원하는 대로 할 마음도 없다. 그는 자기를 향하다가 스스로 무너진다. 이 모든 것이 "내가 먼저……하게 허락하여 주십시오"라는 청 때문에 빚어진 일이다. 예수께서는 다음과 같이 대답하심으로써 그가 스스로 무너져 따르기를 내쳤음을 입증하신다. "누구든지 손에 쟁기를 잡고 뒤를 돌아다보는 사람은 하나님 나라에 합당하지 않다."

　　따른다는 것은 단호한 조치를 취한다는 뜻이다. 부르심의 결과로 일어나는 첫 행보는 따르는 자를 그의 이전 생활로부터 분리한다. "나를 따르라"는 부르심은 곧바로 새로운 상황을 창출한다. 옛 상황에 머물면서 따른다는 것은 어불성설이다. 예수를 따르는 것은 무엇보다도 대단히 가시적인 일이었다. 예수의 뒤를 바짝 따르기 위해, 세리는 세관을 떠나고 베드로도 그물을 버릴 수밖에 없었다. 우리의 시각에서 보면, 그것은 이미 그 당시에 다른 것이 될 수도 있었을 것이다. 예수께서는 세리에게 하나님에 대한 새로운 인식을 전하시고 그를 옛 상황 속에 내버려 두실 수 있었을 것이다. 예수께서 사람이 되신 하나님의 아들이 아니었다면, 그런 일이 가능했을 것이다. 그러나 예수께서는 그리스도이시기 때문에, 다음의 사실을 처음부터 노골적으로 말씀하실 수밖에 없었다. 이를테면 그분의 말씀은 교리가 아니라 새로운 실존의 창조라는 것이다. 실제로 예수와 함께 가는 것이 중요했다. 예수께서 누군가를 부르셨다면 부름받은 그 사람이 예수를 믿는 단 하나의 가능성은, 모든 것을 버리고 사람이 되신 하나님의 아들과 함께 가는 것뿐이라는 말씀을 들은 것이나 다름없었다.

　　따르는 자는 첫걸음을 뗌으로써만 믿을 수 있는 상황에 놓이게 된다. 그가 따르지 않고 뒤에 머문다면, 그는 믿는 법을 배우지 못하게 될 것이다. 부름받은 자는 믿음을 가질 수 없게 하는 자신의 상황에서 벗어나, 믿음을 가장 잘 유지할 수 있게 해주는 상황으로 들어가지 않으면 안 된다. 이 걸음 자체는 인생 계획의 가치를 전혀 고려하지 않는다. 그것은 이미 얻은 예수 그리스도와 친교를 통해서만 정당성을 인정받는다. 레위가 세관에 머무르고 싶어 하고 베드로가 여전히 그물질하고 싶어 했다면, 그들은 자기들의 직업에 성실히 종사하면서 하나님에 대한 옛 인식이나 새 인식을 얻으려고 했을 것이다. 하지만 그들은 믿는 법을 배우고 싶어서, 사람이 되신 하나님의 아들을 따르고 그분과 함께 갈 수밖에 없었다.

전에 그들은 다른 생활을 했다. 시골의 은자隱者처럼 남들에게 알려지지 않은 채 자기 일을 하면서 살았고, 율법을 지키며 메시아를 기다렸다. 그러나 바야흐로 메시아가 나타나셨고, 그분께서 부르셨다. 이제 믿음은 더는 고요히 살면서 기다리는 것이 아니라, 그분의 뒤를 따르면서 그분과 함께 가는 것을 의미했다. "나를 따르라"는 그분의 부르심은 모든 속박을 풀고, 예수 그리스도의 속박만 받게 했다. 모든 다리를 끊고, 끝없는 불안 속으로 걸음을 옮겨, 예수께서 요구하시는 것이 무엇이고, 예수께서 주시는 것이 무엇인지를 알지 않으면 안 되었다. 만일 세리 레위가 예수를 온갖 곤경에서 도와주시는 분으로만 여기고 자기의 생명을 통째로 내어드려야 할 주님으로 알아 모시지 않았다면, 그는 믿는 법을 배우지 못했을 것이다. 예수를 사람이 되신 하나님으로 믿게 하는 상황이 조성되지 않으면 안 되었다. 그것은 모든 것을 한 방에 결판내는, 다시 말해 예수의 말씀으로 결판내는 불가능한 상황이었다. 베드로는 배에서 파도치는 물로 뛰어내려 자기의 무능과 주님의 전능을 경험하지 않으면 안 되었다. 그가 뛰어내리지 않았다면, 믿는 법을 배우지 못했을 것이다. 도저히 불가능하고 윤리적으로 전혀 책임질 수 없는 상황이 물결치는 바다 위에서 빚어지고 나서야 믿는 것이 가능하게 되었다. 믿음에 이르는 길은 그리스도의 부르심에 대한 복종을 거친다. 걸음을 떼는 것이 필요하다. 그러지 않으면 예수의 부르심은 헛수고가 되고 만다. 예수께서 요구하시는 이 행보 없이 허위로 수행하는 모든 따르기는 허무맹랑한 광신이 되고 만다.

믿음을 갖게 하는 상황과 믿음을 갖지 못하게 하는 상황을 구분하는 것은 대단히 위험하다. 이 경우에 다음의 사실을 분명히 알아야 한다. 첫째, 상황 자체가 중요한 것도 아니고 그 상황이 어떤 것인지를 알 수도 없다. 예수 그리스도의 부르심만이 어떤 상황을, 믿음을 갖게 하는 상황으로 규정한다. 둘째, 믿음을 갖게 하는 상황은 결코 인간이 조성할 수 있는 것이 아니다. 따르겠다는 제안은 결코 따르기가 아니다. 부르심만이 상황을 조성한다. 셋째, 이 상황 자체는 어떤 가치도 지니고 있지 않다. 부르심을 통해서만 그 상황은 정당성을 인정받는다. 마지막으로, 특히 믿음에 이르게 하는 상황 자체도 언제나 믿음 안에서만 가능하게 된다.

믿음에 이르게 하는 상황이란 개념은 다음의 두 명제, 똑같이 참된 두 명제를 유효하게 하는 사태를 달리 표현한 것이다. **믿는 사람만이 복종하고, 복종하는 사람만이 믿는다.**

우리가 두 번째 명제를 배제한 채 첫 번째 명제만 허용한다면, 이는 성서의 엄정함을 크게 해치는 것이 될 것이다. 우리는 믿는 사람만이 복종한다는 말을 이해하고 있다고 여겨, 좋은 나무에 좋은 열매가 열리듯이 믿음 뒤에 복종이 이어진다고 말한다. 믿음이 먼저고, 복종은 그다음이라는 것이다. 만일 이것이 믿음만이 의롭게 하고, 복종의 행위는 그렇게 하지 못한다는 사실만을 증명한 것이라면, 이것은 당연히 다른 모든 것의 필연적이고 명백한 전제라고 할 수 있을 것이다. 하지만 만일 이것이 믿음이 먼저 있어야 하고 그런 다음 복종이 이어져야 한다는 식의 시간적 순서를 정한 것이라면 믿음과 복종은 분리될 테고, 그러면 언제 복종이 시작되어야 하느냐는 대단히 실제적인 질문이 미결 상태로 남게 될 것이며, 복종은 믿음에서 동떨어진 것이 되고 말 것이다. 의롭다는 인정을 받기 위해서는 믿음과 복종을 분리해야 하지만, 그렇다고 믿음과 복종의 일치를 폐기해도 되는 것은 아니다. 믿음은 복종 속에서만 존재하고, 복종이 없으면 존재하지 못한다. 믿음은 복종의 행위 속에서만 믿음일 수 있다.

복종을 믿음의 결과로 말하는 것은 부적절한 까닭에, 그리고 믿음과 복종의 확고한 일치를 언급했으므로, 이제는 믿는 사람만이 복종한다는 명제에 또 하나의 명제, 곧 복종하는 사람만이 믿는다는 명제를 맞세우지 않으면 안 된다. 저 명제에서는 믿음이 복종의 전제고, 이 명제에서는 복종이 믿음의 전제다. 우리는 복종을 믿음의 결과라고 부르는 것과 똑같이 복종을 믿음의 전제라고 부를 수도 있다.

복종하는 사람만이 믿는다. 구체적인 명령이 떨어지면 복종해야 한다. 그래야 믿음이 가능하게 된다. 믿음이 경건한 자기기만인 값싼 은혜가 되지 않으려면, 복종의 첫걸음을 떼야 한다. 첫걸음이 중요하다. 첫걸음은 이어지는 모든 걸음과 질적으로 다르다. 복종의 첫걸음이 베드로를 그물에서, 배에서 잇달아 끌어내고, 청년을 재물에서 끌어내는 것임이 틀림없다. 복종을 통해 창출된 이 새로운 생활 속에서만 믿음은 가능하다.

　　우선 이 첫걸음은 외적인 행위로 간주할 수 있다. 이 외적인 행위의 본질은 한 생활양식에서 다른 생활양식으로 바뀌는 데 있다. 이 걸음은 누구나 뗄 수 있다. 인간은 그럴 자유가 있다. 그것은 시민의 의justitia civilis, 유스티시아 치빌리스 안에서[2] 이루어지는 행위다. 이 의 안에서 인간은 자유롭다. 이를테면 베드로가 전향하지 않으면서도 그물을 버리는 것이다. 복음서들은 이 첫걸음과 함께, 생애 전체와 관련된 행위를 실질적으로 요구한다. 로마 가톨릭교회는 그러한 걸음을 수도사의 특별한 가능성으로서만 요구하고, 여타의 신자들에게는 교회와 그 명령들에 무조건 복종할 준비가 되어 있으면 그만이라고 말한다. 루터교회의 신앙고백서들도 첫걸음의 중요성을 다음과 같이 의미심장하게 여긴다. 신인神人 협력설이라는 위험한 오해를 원칙적으로 제거하기만 하면, 믿음을 위해 요구되는 저 외적인 첫 행보의 여지는 남겨둘 수 있고, 의당 그래야 한다는 것이다. 이 신앙고백서들은 구원의 말씀이 선포되는 교회로 걸음을 떼는 것을 첫 행위로 여긴다. '교회로 나아오라! 그대는 그대의 인간적 자유에 따라 그리할 수 있다. 그대는 일요일에 그대의 집을 떠나서 설교를 들으러 올 수 있다. 그대가 그리하지 않으면, 이는 믿음을 가능하게 하는 곳에서 멋대로 탈퇴하는 것이 될 것이다.' 바로 이것이 루터교회 신앙고백서들이 '우리는 믿음을 가능하게 하는 상황과 불가능하게 하는 상황을 알고 있다'고 증언하는 방식이다. 루터교회 신앙고백서들은 이러한 인식을 창피하다는 듯이 깊숙이 감추고 있지만, 이 인식은 첫걸음의 의미를 외적인 행위로 여기는 것과 동일한 인식이다.

이 인식을 확보했다면, 다음과 같은 두 번째 사실을 언급하지 않으면 안 된다. 이를테면 이 첫걸음은 순수 외적인 행위로서, 율법의 죽은 행위에 불과하다는 것이다. 이 행위 자체로는 결코 그리스도께 이르지 못한다. 외적인 행위로서의 새로운 생활은 끝까지 옛 생활로 머물고 만다. 그것은 기껏해야 새로운 생활규범과 새로운 생활양식만 얻을 것이다. 하지만 그것은 그리스도와 동행하는 새로운 삶과는 무관한 생활양식이다. 술을 끊는 술꾼, 남에게 돈을 주는 부자는 술과 돈에서 벗어나 자유로운 몸이 될 수는 있어도, 자기 자신에게서 벗어날 수는 없을 것이다. 그는 자기 자신을 고집하고, 어쩌면 예전보다 더 고집할지도 모른다. 그는 행위의 요구를 받으며 옛 삶이라는 죽음 속에 머무를 것이다. 행위는 이루어져야 하지만, 그것 자체로는 죽음, 불순종, 불신앙에서 벗어날 수 없다. 우리가 우리의 첫걸음을 은혜와 믿음의 전제로 이해할 경우, 우리는 우리의 행위를 통해 심판을 받고 은혜로부터는 완전히 단절되고 말 것이다. 우리가 신념과 선한 의도로 부르는 모든 것, 로마 가톨릭교회가 "자기 안에 있는 것을 행하라"facere quod in se est, 파체레 쿼드 인 세 에스트고 말하는 모든 것도 외적인 행위에 포함된다. 우리가 믿음을 가능하게 하는 상황 속으로 옮겨 가기 위해 첫걸음을 뗄 경우, 이 믿음을 가능하게 하는 것도 다시 하나의 행위, 곧 우리의 옛 생활 속에서 새로운 삶을 가능하게 하는 것으로 완전히 오해될 것이고, 우리는 불신앙 속에 머물러 있게 될 것이다.

그래도 외적인 행위는 이루어져야 하고, 우리도 믿음을 가능하게 하는 상황으로 들어가야 한다. 우리는 걸음을 떼야 한다. 이 말은 무슨 뜻인가? 이 말은 우리가 꼭 행해야 하는 우리의 행위에 의해서가 아니라, 오직 우리를 부르시는 예수 그리스도의 말씀을 믿고 뗄 때만 이 걸음을 제대로 뗄 수 있다는 뜻이다. 베드로는 자기가 배에서 독단적으로 내려서는 안 된다는 것을, 자기가 첫걸음을 떼면 가라앉으리라는 것을 알고 이렇게 외친다. "나더러 물 위로 걸어서, 주님께로 오라고 명령하십시오." 그러자 그리스도께서 "오너라" 하고 대답하신다. 그리스도께서 부르셔야만 그분의 말씀을 믿고 걸음을 뗄 수 있다. 이 부르심은 죽음에서 복종이라는 새로운 삶으로 부르시는 그분의 은혜다. 그리스도께서 부르신 지금, 베드로는 배에서 내려 그리스도께로 갈 수밖에 없다. 그리하여 복종의 첫걸음은 실제로 그리스도의 말씀에 대한 믿음의 행위가된다. 그러나 이미 믿음이 있다는 이유로 첫걸음이 이제는 필요하지 않다고 다시 결론을 내린다면, 이는 믿음을(복종이 아니라) 완전히 오인하는 것이 되고 말 것이다. 우리는 이에 맞서곧바로 다음과 같은 명제를 과감히 제시하지 않으면 안 된다. 이를테면 먼저 복종의 걸음을 떼어야 믿음이 가능해진다는 것이다. 복종하지 않는 자는 믿을 수 없다.

"나는 믿음에 이를 수 없다"며 그대는 한탄하는가? 어떤 자리에서 고의로 불복종하며 예수의 명령을 거역하거나 멀리하여 믿음에 이르지 못하는 것은 이상한 일이 아니다. 그대는 죄스러운 열정, 소망, 인생 계획, 이성理性 등을 예수의 명령에 굴복시키고 싶지 않은가? 성령을 받지 못했다고, 기도할수 없다고, 믿음을 얻으려고 기도해도 보람이 없다고 이상하게 여기지 마라! 오히려 가서 그대의 형제자매와 화해하고, 그대를 사로잡고 있는 죄에서 떠나라. 그러면 다시 믿을 수 있게 될 것이다! 그대가 하나님의 요구하시는 말씀을 내치려고 한다면, 그대는 그분의 은혜로운 말씀도 받지 못할 것이다! 그대가 그 어떤 자리에서 그분을 고의로 회피하면서, 어떻게 그분과 친교를 맺겠다는 것인가? 복종하지 않는 사람은 믿을 수 없다. 복종하는 사람만이 믿는다.

여기서 "나를 따르라"는 예수 그리스도의 은혜로운 부르심은 엄격한 율법이 된다. "이렇게 해라! 그러지 마라! 배에서 내려 내게로 오너라!" 믿음이 있건 없건 간에 예수의 부르심에 실제로 복종하지 않아서 죄송해하는 사람에게 예수께서는 이렇게 말씀하신다. "먼저 복종해라! 외적인 행위를 해라! 너를 속박하는 것을 버려라! 하나님의 뜻에서 멀어지게 하는 일을 포기해라! '나는 그렇게 할 만한 믿음이 없습니다' 하지 마라. 복종하지 않는 한, 첫걸음을 떼려고 하지 않는 한, 너는 믿음을 얻지 못할 것이다. '나는 믿음이 있어서 이제는 첫걸음을 뗄 필요가 없습니다' 하지 마라. 첫걸음을 떼려 하지 않고, 겸손한 믿음을 가장하면서 불신앙을 완강히 고수하기에 믿음을 얻지 못하는 것이다." 부족한 복종에서 부족한 믿음으로 그리고 부족한 믿음에서 다시 부족한 복종으로 오가는 것은 악한 도피다. 복종이 요구되는 자리에서 자신들의 믿음 없음을 고백하고, 이 고백^{막 9:24}을 놀리는 것은 "믿는 자들"의 불복종이다. 믿거든, 첫걸음을 떼어라! 첫걸음이 예수 그리스도께로 인도한다. 믿지 않더라도, 첫걸음을 떼어라! 그대는 첫걸음을 명령받았다! 그대가 믿는지 믿지 않는지를 따지는 것은 그대에게 맡겨진 일이 아니다. 그대가 명령을 받은 것은 복종의 행위이니, 즉각 실행에 옮겨라. 믿음을 가능하게 하고 실제로 존재하게 하는 상황은 그 행위 속에서만 주어진다.

그러므로 그대의 믿음을 가능하게 하는 상황은 **따로** 있는 것이 아니라, 그분께서 주시는 것이다. 믿음이 자기기만이 되지 않고 올바른 믿음이 되려면 그 상황으로 들어갈 필요가 있다. 그 상황이 필수적인 까닭은 예수 그리스도에 대한 올바른 믿음만이 중요하고 믿음만이 목적이기 때문이다.("믿음으로 믿음에") 롬 1:17, 개역개정 이 대목에서 너무 성급하게 그리고 너무 개신교도답게 이의를 제기하는 사람이 있을지도 모르겠다. 그런 사람은 "당신이 두둔하는 것은 값싼 은혜가 아닌가요?"라는 질문을 받을 수밖에 없다. 두 명제가 병존하면 올바른 믿음에 방해가 되지 않지만, 각각의 명제 자체로는 방해되기 십상이다. 믿는 사람만이 복종한다—이것은 믿고 복종하는 사람에게 건네는 말이다. 복종하는 사람만이 믿는다—이것은 복종하고 믿는 사람에게 건네는 말이다. 첫 번째 명제만 성립되면, 믿는 자는 값싼 은혜라는 저주를 받게 될 것이다. 두 번째 명제만 성립되면, 믿는 자는 공로라는 저주를 받게 될 것이다.

　　이쯤에서 우리는 기독교 목회를 살펴볼 필요가 있다. 목회자는 두 명제를 알고 말하는 것이 대단히 중요하다. 그는 "나는 믿음이 없다"는 불평은, 고의적이든 그렇지 않든 언제나 불복종에서 비롯되며, 이 불평은 너무나 쉽게 값싼 은혜의 위로에 직결됨을 알아야 한다. 하지만 그렇게 직결되어도 불복종은 꺾이지 않고 지속된다. 은혜의 말씀은 복종하지 않는 자가 자신에게 건네는 위로, 자신에게 베푸는 죄 용서가 된다. 하지만 이 때문에 그에게는 설교가 공허하게 들린다. 그는 더는 설교를 경청하지 않는다. 그는 자기 죄를 수없이 용서해도, 자기가 진짜 용서를 받았다고 생각하지 못한다. 진짜 용서를 받은 적이 없기 때문이다. 불신앙은 불복종을 고집하는 까닭에 값싼 은혜로 연명한다. 이것은 오늘날 기독교 목회에서 빈발하는 상황이다. 인간은 자기 스스로 베푼 죄 용서를 통해 불복종을 고집하고, 하나님의 선하심과 하나님의 계명을 알지 못하겠다고 둘러대는 쪽으로 가고 있음이 틀림없다. 하나님의 선하심과 하나님의 계명은 뜻이 불명확해서 여러 가지 해석을 허락한다는 것이다. 그래도 처음에는 불복종에 대한 지식이 명확했지만, 갈수록 모호해져서, 이제는 그 모호함이 굳어진 상태다. 여기서 불복종하는 자는 자기에게 붙잡혀 있어서 말씀을 더는 들을 수 **없게 된다**. 여기서 믿음은 사실상 불가능해진다. 그러면 목회자와 완고한 사람 사이에 다음과 같은 대화가 오가게 될 것이다. "말씀을 귀담아들어 보세요. 말씀이 선포되고 있잖아요!" "듣고 있지만, 말씀이 내게 아무것도 말해 주지 않아요. 공허하게 있다가 그냥 나를 지나치고 맙니다." "당신은 듣고 싶어 하지 않는군요." "아니, 듣고 싶습니다." 이쯤 되면 목회 상담은 중단되고 만다. 자기의 문제가 무엇인지를 목회자가 모르기 때문이다. 그가 아는 것은 믿는 사람만이 복종한다는 명제뿐이다. 이 명제로는 믿음을 갖지 못한 사람, 믿음을 가질 수 없는 완고한 사람을 더는 도울 수 없다. 목회자는 하나님이 어떤 사람에게 선사하시는 믿음을 다른 사람에게는 선사하시지 않는 이유가 무엇이냐는 궁극적인 수수께끼 앞에 서 있다고 여긴다. 그러고는 이 명제만을 붙잡은 채 상담을 포기하고 만다. 완고한 사람은 홀로 남아 자기의 곤경을 계속 한탄하며 낙담한다. 하지만 바로 여기에 대화의 전환점이 자리하고 있다. 전환은 총체적이다. 이제는 논쟁하지 않고, 상대방의 물음들과 곤경들을 더 이상 중시하지 않는다. 그 물음들과 곤경들 뒤에 숨는 상대방 자신만을 중시한다. 이제는 그 상대방이 쌓아올린 성채를 파괴하는 일이 이루어진다. 복종하는 사람만이 믿는다는 명제가 그 무기가 된다. 대화가 중단되고, 목회자는 다음과 같은 주장을 펼친다. "당신은 복종하지 않고 있어요. 당신은 그리스도께 복종하기를 거절하고 있어요. 당신은 스스로 당신에 대한 지배권을 쥐려 하고 있어요. 당신이 그리스도의 말씀을 듣지 못하는 까닭은 당신이 불복종하기 때문이에요. 당신이 은혜를 믿지 못하는 까닭은 당신이 따르려 하지 않기 때문이에요. 당신은 당신 마음의 어떤 자리에 숨어서 그리스도의 부르심에 맞서고 있어요. 당신이 곤경에 처한 것은 당신의 죄 때문이에요." 이제 그리스도께서 친히 등장하셔서, 그 상대방 속에 있는 악마, 곧 이제까지 값싼 은혜 뒤에 숨어 있던 악마를 공격하신다. 이제 모든 것은 목회자가 다음의 두 명제, 곧 "믿는 사람만이 복종하고, 복종하는 사람만이 믿는다"는 명제를 갖추고 있느냐에 달려 있다. 그는 예수의 이름으로 복종, 행위, 첫걸음을 촉구하지 않으면 안 된다. "당신을 속박하고 있는 것을 버리고, 그분을 따르십시오!" 이 순간 모든 것이 이 걸음에 달려 있다. 복종하지 않는 자는 자기가 취해 온 입장을 꺾지 않으면 안 된다. 그러한 태도를 고수하면 그리스도의 말씀을 더는 들을 수 없기 때문이다. 도피자는 자기가 세운 은신처에서 나와야 한다. 밖으로 나와야만 비로소 다시 실제로 보고 듣고 믿을 수 있다. 사실, 행위 자체로는 그리스도 앞에서 얻을 것이 없다. 행위 자체는 죽은 공로일 뿐이다. 그런데도 베드로는 물결치는 바다로 내려서지 않으면 안 된다. 그래야 믿음이 가능하기 때문이다.

요컨대 인간은 "믿는 사람만이 복종한다"는 명제로 값싼 은혜에 중독되고 말았다. 그는 여전히 불복종하면서 자신에게 건네는 용서로 만족하고, 하나님의 말씀을 외면한다. 그에게 그 명제만 되풀이되고, 그가 그 명제 뒤로 숨는 한 성채는 파괴되지 않는다. 전환이 일어나야 한다. "복종하는 사람만이 믿는다!"며 그에게 복종을 촉구해야 한다.

이것은 그를 자기 공로의 길로 이끌지 않을까? 그렇지 않다. 오히려 그는 자기의 믿음이 결코 믿음이 아니라는 사실을 암시받고서, 자기 안에 똬리를 틀고 있던 상태에서 벗어나게 될 것이다. 그는 자유로운 결단의 분위기 속으로 들어갈 수밖에 없고, "믿어라, 따라오라"는 예수의 부르심을 새로이 들게 될 것이다.

이로써 우리는 부자 젊은이 이야기 한가운데 들어선 셈
이다.

그런데 한 사람이 예수께 다가와서 물었다. "선생님, 내가 영원
한 생명을 얻으려면, 무슨 선한 일을 해야 합니까?" 예수께서 그
에게 말씀하셨다. "어찌하여 너는 나에게 선한 일을 묻느냐. 선
한 분은 한 분이다. 네가 생명에 들어가기를 원하면, 계명들을
지켜라." 예수께서 길을 떠나시는데, 한 사람이 달려와서, 그 앞
에 무릎을 꿇고 그에게 물었다. "선하신 선생님, 내가 영원한 생
명을 얻으려면, 무엇을 해야 합니까?" 예수께서 그에게 말씀하
셨다. "어찌하여 너는 나를 선하다고 하느냐? 하나님 한 분 밖에
는 선한 분이 없다." 그가 예수께 물었다. "어느 계명들을 지켜
야 합니까?" 예수께서 대답하셨다. "살인하지 말아라. 간음하지
말아라. 도둑질하지 말아라. 거짓 증언을 하지 말아라. 아버지와
어머니를 공경하여라. 그리고, 네 이웃을 네 몸과 같이 사랑하여
라." 그 젊은이가 예수께 말하였다. "나는 이 모든 것을 다 지켰
습니다. 아직도 무엇이 부족합니까?" 예수께서 그에게 말씀하
셨다. "네가 완전한 사람이 되려고 하면, 가서 네 소유를 팔아서,

가난한 사람에게 주어라. 그리하면, 네가 하늘에서 보화를 차지하게 될 것이다. 그리고, 와서 나를 따라라." 그러나 그 젊은이는 이 말씀을 듣고, 근심하면서 떠나갔다. 그에게는 재산이 많았기 때문이다.^{마 19:16-22, 막 10:17-18 참조}

영생에 관한 젊은이의 질문은 구원에 관한 질문이자 유일하게 중대한 질문이다. 그러나 이 질문을 제대로 하기는 쉽지 않다. 다음의 사실이 이 점을 여실히 보여준다. 젊은이는 이 질문을 명백히 염두에 두고도 실제로는 전혀 다른 물음을 던져, 사실상 구원에 관한 질문을 회피한다. 이를테면 자기의 물음을 "선한 선생님"에게 던지는 것이다. 그는 이 물음에 대한 선한 선생님, 위대한 스승의 견해, 충고, 판단을 듣고 싶어 한다. 이로써 그는 두 가지 속셈을 드러낸다. 첫째, 그에게는 자기의 질문이 가장 중요하니, 예수께서 그 질문에 무언가 의미심장한 내용을 말씀해 주셔야 한다는 것이다. 둘째, 그가 선한 선생님, 위대한 스승에게 기대하는 것은 본질적인 의견 표명이지, 무조건 의무를 지우는 신적 지시가 아니라는 것이다. 영생에 관한 질문은 젊은이에게 그저 하나의 질문에 지나지 않는다. 그는 그 질문을 놓고 "선한 선생님"과 이야기를 나누며 토론하기를 바랄 뿐이다. 하지만 이미 이 지점에서 예수의 다음과 같은 말씀이 그의 속셈을 저지한다. "어찌하여 너는 나를 선하다고 하느냐? 하나님 한 분 밖에는 선한 분이 없다." 예수께서는 이 물음으로 젊은이의 속셈을 미리 드러내신다. 젊은이는 영생을 놓고 선한 랍비와 이야기를 나눌 생각이었다. 하지만 이제 그는 자기가 이 질문을 던짐으로써 사실은 선한 선생님 앞에 서 있는 것이 아니라 하나님 앞에 서 있는 것이라는 말씀을 듣는다. 하나님의 아들이 그에게 하나님의 계명을 가리키기만 하실 뿐 다른 답변을 전혀 주지 않으시는 것은 그래서다. 젊은이는 "선한 선생님"으로부터 어떤 대답도 얻지 못한다. "선한 선생님"은 하나님의 명백한 의지만 언급하실 뿐 거기에 자기의 견해를 덧붙이지 않는다. 예수께서는 자신을 가리키지 않고 홀로 선한 하나님을 가리키면서, 자기가 하나님께 온전히 복종하는 아들임을 보여주신다. 반면에 질문자는 하나님 그분 앞에 섬과 동시에 자기가 알고 있는 하나님의 명백한 계명으로부터 도주 중이었음을 깨닫는다. 젊은이는 계명들을 확실히 아는 사람이다. 하지만 그는 다음과 같은 상황에 처해 있다. 이를테면 계명들에 만족하지 못하고 그것들을 넘어서려고 하는 것이다. 예수께서는 그의 질문이 그가 경건과 관련하여 <u>스스로</u> 고안해 내고 <u>스스로</u> 골라서 던진 질문이라는 것을 간파하신다. 어찌하여 젊은이는 명백한 계명으로 만족하지 않는가? 어찌하여 그는 자기의 질문에 대한 답을 오래전에 알았으면서도 알지 못하듯이 처신하는가? 어찌하여 그는 하나님이 그를 생명과 관련된 이 결정적인 물음 속에 무지한 상태로 두셨다며 그분에게 책임을 전가하려고 하는가? 그 바람에 그는 붙잡혀 고소당한다. 그는 구원에 관한 구속력 없는 질문을 던지지 말고 명백한 계명들에 단순하게 복종하라는 요구를 받는다.

그러자 두 번째 도피 시도가 이어진다. 젊은이는 다른 질문으로 응수한다. "어느 계명들을 지켜야 합니까?" 이 하나의 물음 속에 사탄 자체가 도사리고 있다. 이 물음은 젊은이가 자신이 붙잡혔음을 알고, 거기에서 벗어날 유일한 출구로 여겨 던진 것이었다. 물론 젊은이는 계명들을 알고 있다. 그게 아니라면, 도대체 누가 수많은 계명 중에서 어느 계명이 자기에게, 더구나 바로 지금 적용되는지를 알고 싶어 하겠는가? 젊은이는 계명의 계시가 불명료하고 모호하다고 말한다. 그러고는 계명들을 보지 않고 다시 자기 자신만을, 곧 자신의 문제, 자신의 갈등만을 본다. 그는 하나님의 명백한 계명을 외면한 채, 흥미롭고 대단히 인간적인 "윤리적 갈등"의 상황으로 퇴각한다. 이것이 잘못된 처사인 것은, 그가 이 갈등을 알고 있어서가 아니라, 그가 이 갈등과 하나님의 계명을 반목시키고 있기 때문이다. 하지만 계명이 있는 까닭은 윤리적 갈등을 끝장내기 위해서다. 타락 이후 인간의 윤리적 근본 현상이 된 윤리적 갈등은 그 자체가 하나님에 대한 인간의 반항이다. 뱀이 낙원에서 첫 사람의 마음속에 주입한 것이 바로 이 갈등이다. "하나님이 (그리) 말씀하셨느냐?" 인간이 명백한 계명으로부터, 단순하고 천진난만한 복종으로부터 이탈하는 까닭은 윤리적 의심 때문이며, 계명은 철두철미 해석과 설명이 필요하다는 암시 때문이다. "하나님이 (그리) 말씀하셨느냐?" 뱀의 이말은 모름지기 인간은 선과 악을 아는 자신의 지식과 자신의 양심을 통해 무엇이 선인지를 스스로 판단해야 한다는 뜻이다. 계명이 불명료한 까닭에, 사람이 그것을 풀이하고 해석하여 자유로이 판단하기를 하나님이 바라신다는 것이다.

이로써 계명에 대한 복종이 거부되고 만다. 단순한 행위를 밀어내고 이중적인 생각이 끼어든다. 복종하는 자녀가 되기는커녕 양심의 자유를 뽐낸다. 윤리적 갈등을 증거로 끌어대는 것은 복종을 거부하고, 하나님의 현실성으로부터 인간의 가능성으로, 믿음으로부터 의심으로 퇴보하는 것이다. 그로 인해 전혀 예기치 않은 일이 일어난다. 젊은이가 자기의 불복종을 은폐하려고 던진 질문이 그의 정체, 곧 그가 죄의 지배를 받는 인간에 불과함을 폭로하는 것이다. 이 폭로는 예수의 대답을 통해 이루어진다. 예수께서는 하나님의 명백한 계명들을 죽 열거하면서, 그것이 하나님의 계명들임을 다시 확인하신다. 젊은이는 또다시 붙잡힌다. 그는 영생에 관한 질문을 하고 다시 한 번 구속력 없는 대화에 돌입하여, 예수가 윤리적 갈등의 해결책을 제시해 주기를 바랐지만, 질문이 아닌 그 자신이 예수께 붙잡히고 만 것이다. 예수께서는 윤리적 갈등의 곤경에 대한 유일한 대답으로 하나님의 계명 자체를 제시하면서, 더는 논쟁하지 말고 열심히 순종하라고 요구하신다. 윤리적 갈등의 해법을 제공하는 것은 악마만이 하는 짓이다. 이를테면 질문 속에 머물러라, 그러면 복종을 면제받으리라는 것이다. 예수께서는 젊은이의 문제가 아니라, 젊은이 자신을 겨냥하여 말씀하신다. 그분은 젊은이가 매우 중시하는 윤리적 갈등을 전혀 중시하지 않으신다. 그분이 중시하는 것은 한 가지, 곧 젊은이가 마침내 계명을 귀담아듣고 복종하는 것뿐이다. 사람이 윤리적 갈등을 중시하는 곳에서, 윤리적 갈등은 그 사람을 괴롭히고 노예로 만들어 버린다. 윤리적 갈등은 자유롭게 하는 복종의 행위로 나아가는 것을 허락하지 않기 때문이다. 바로 거기서 윤리적 갈등의 철저한 신성모독이 드러난다. 거기서는 대단히 불경하고 경박한 윤리적 갈등이 결정적인 불복종으로 드러나게 마련이다. 중대한 것은 복종의 행위뿐이다. 복종의 행위만이 갈등을 종식하고 분쇄한다. 이 행위 속에서만 우리는 자유롭게 되고 하나님의 자녀가 된다. 바로 이것이 예수께서 젊은이에게 제시하신 신적 진단서다. 젊은이는 다시 하나님의 말씀의 진리 아래 서게 된다. 그는 하나님의 계명을 이제는 피하지 않는다. 그렇다, 계명은 명백해서 누구나 복종하지 않으면 안 된다! 그러나 그것으로는 충분치 않다. "나는 이 모든 것을 어려서부터 다 지켰습니다.막 10:20 아직도 무엇이 부족합니까?" 젊은이는 이 대답을 하면서 조금 전과 마찬가지로 자기의 관심사가 진짜라고 확신한다. 그가 예수께 반발하는 것은 그래서다. 그는 계명을 알고 계명을 지켜왔지만, 그것이 하나님의 온전하신 뜻일 수는 없고, 무언가 특별하고 비범한 것이 추가되어야 한다고 생각한다. 바로 이것이 그가 하고 싶어 하는 일이다. 젊은이는 참된 계명으로부터 최종적으로 도망치면서, 그리고 자기 자신을 고집하며 선악을 스스로 판단하려고 마지막으로 시도하면서, 하나님의 명백한 계명이 불완전하다고 말한다. 그는 계명을 긍정하면서 동시에 정면으로 공격한다. "나는 이 모든 것을 다 지켰습니다. 아직도 무엇이 부족합니까?" 마가는 이 구절에 다음과 같은 말씀을 덧붙인다. "예수께서 그를 눈여겨보시고, 사랑스럽게 여기셨다." 막 10:21 예수께서는 젊은이가 하나님의 살아 있는 말씀을 절망적으로 외면해 왔음을, 그가 자기의 존재 전체를 걸고 살아 있는 계명과 단순한 복종에 대단히 진지하게 반항하고 있음을 알아채신다. 그러고는 그를 사랑스럽게 여기셔서 도우려 하신다. 그래서 그분은 그에게 마지막 대답을 주신다. "네가 완전한 사람이 되려고 하면, 가서 네 소유를 팔아서, 가난한 사람에게 주어라. 그리하면, 네가 하늘에서 보화를 차지하게 될 것이다. 그리고, 와서 나를 따르라." 우리는 예수께서 젊은이에게 주신 이 말씀들에서 다음 세 가지를 주목해야 한다.

첫째, 명령하시는 이는 예수 자신이다. 조금 전에 젊은이의 시선을 선한 선생님으로부터 홀로 선하신 하나님께로 돌리게 하신 예수께서는 이제 최후의 말과 계명을 제시할 권한이 자기에게 있다고 주장하신다. 젊은이는 자기 앞에 하나님의 아들이 친히 서 계심을 알아채지 않으면 안 된다. 젊은이는 감지하지 못했지만, 예수께서는 하나님의 아들이었다. 그분은 젊은이의 시선을 자신에게서 아버지께로 돌리심으로 자기 아버지와 온전히 하나가 되셨다. 예수께서 아버지의 계명을 직접 말씀하실 수 있는 것도 이 하나됨 때문이다. 젊은이는 "나를 따르라"는 예수의 부르심을 듣는 순간, 그 점을 분명히 알아채지 않으면 안 된다. 이것이 모든 계명의 요지다. 젊은이는 그리스도와 친교를 맺으며 살아야 한다. 그리스도는 계명의 목표이시다. 이 그리스도께서 지금 젊은이를 마주하여 그를 부르신다. 윤리적 갈등이라는 허위 속으로 도망갈 구멍은 더는 존재하지 않는다. 계명은 다음과 같이 명백하다. "나를 따르라."

둘째, "나를 따르라"는 부르심도 오해의 소지가 없도록 해명이 필요하다. 따르기를 또다시 윤리적 모험, 특별하고 흥미진진하면서도 때에 따라 취소할 수 있는 길과 생활양식으로 오해하는 일이 젊은이에게 일어나서는 안 된다. 젊은이가 따르기를 자기의 이전 행위와 질문의 최종 완결로, 지난 일의 확장으로, 지금까지 수행해 온 것의 보충과 보완과 완성으로 여긴다면, 이것도 따르기를 오해하는 것이 될 것이다. 그런 까닭에, 오해의 소지가 없도록 해명하려면 되돌아감을 허락하지 않는 상황, 취소할 수 없는 상황이 조성되어야 한다. 이와 동시에 따르기가 지난 일의 보완에 불과한 것이 아니라는 사실도 분명하게 밝혀야 한다. 예수께서는 이 긴요한 상황을 조성하기 위해 자발적 가난을 촉구하신다. 자발적 가난이야말로 따르기의 실존적 측면이자 목회적 측면이다. 예수께서 자발적 가난을 촉구하시는 까닭은, 젊은이가 제대로 알아듣고 제대로 따르도록 하시려는 것이다. 그것은 젊은이에 대한 예수의 사랑과 일치한다. 그것은 젊은이가 이제까지 걸어온 길과 따르기를 잇는 중간 고리에 지나지 않는다. 주의하라, 그것은 따르기 자체와 동일한 것도 아니고, 따르기에 들어서는 첫걸음도 아니다. 따르기는 복종 속에서만 현실화된다. **먼저** 젊은이는 가서 모든 것을 팔아 가난한 사람들에게 주고, **그런 다음** 와서 따라야 한다. 목표는 따르기이고, 이 경우에 거기에 이르는 길은 자발적 가난이다.

셋째, 예수께서는 "아직도 무엇이 부족합니까?"라는 젊은이의 질문을 빌려 이렇게 말씀하신다. "네가 완전한 사람이 되고자 하거든……." 이 말씀은 실제로 기존의 것에 무언가를 추가하는 것 같은 인상을 불러일으킬지도 모르겠다. 그것은 추가이기도 하다. 하지만 기존의 모든 것을 폐기하는 것도 내용으로 담고 있다. 젊은이는 지금까지 불완전한 사람이었다. 계명을 잘못 이해하고, 잘못 지켜 왔기 때문이다. 그는 이제 따르기 속에서만 계명을 제대로 이해하고, 제대로 지킬 수 있다. 하지만 여기서도 예수 그리스도께서 그렇게 행하도록 부르시기 때문에만 그리할 수 있다. 예수께서는 젊은이의 질문을 받으시고, 그 질문을 가로채신다. 젊은이는 영생에 이르는 길을 물었고, 예수께서는 이렇게 대답하신다. "내가 너를 부른다. 이것이 전부다."

젊은이가 구한 것은 자기의 질문에 대한 답이었다. 예수 그리스도가 그 답이다. 젊은이가 듣고 싶어 한 것은 선한 선생님의 말씀이었다. 이제 그는 자기의 질문을 받는 분이 이 말씀 자체임을 알아챈다. 젊은이는 하나님의 아들 예수 앞에 서 있다. 완전한 만남이 여기에 있다. 이제 남은 것은 긍정 아니면 부정, 복종 아니면 불복종뿐이다. 젊은이의 대답은 부정이다. 젊은이는 슬퍼하며 떠나갔다. 그는 자기가 기대하던 바를 얻지 못해 실망했다. 그는 자기의 과거를 버리지 못한다. 재산이 많았기 때문이다. 여기서도 따르기의 내용이 되는 것은 예수 그리스도 자신, 그분과의 결속, 그분과의 친교다. 하지만 따르는 자의 실존은 선한 선생님에 대한 열광적 숭배가 아니라, 하나님의 아들에게 복종하는 데 있다.

자비를 베푼 사마리아 사람의 비유도 이 부자 젊은이 이야기와 똑같이 액자 소설의 형식을 취하고 있다.

어떤 율법교사가 일어나서, 예수를 시험하여 말하였다. "선생님, 내가 무엇을 해야 영생을 얻겠습니까?" 예수께서 그에게 말씀하셨다. "율법에 무엇이라고 기록하였으며, 너는 그것을 어떻게 읽고 있느냐?" 그가 대답하였다. "'네 마음을 다하고 네 목숨을 다하고 네 힘을 다하고 네 뜻을 다하여, 주 너의 하나님을 사랑하여라' 하였고, 또 '네 이웃을 네 몸같이 사랑하여라' 하였습니다." 예수께서 그에게 말씀하셨다. "네 대답이 옳다. 그대로 행하여라. 그리하면 살 것이다." 그런데 그 율법교사는 자기를 옳게 보이고 싶어서 예수께 말하였다. "그러면, 내 이웃이 누구입니까?" 눅 10:25-29

율법 교사의 질문은 젊은이의 질문과 같다. 굳이 차이점을 꼽자면, 이 이야기의 첫 대목에서 확인할 수 있듯이, 율법 교사의 질문이 시험하는 질문이라는 것이다. 시험하는 자는 이미 해답을 알고 있다. 그것은 윤리적 갈등의 당혹감으로 끝나게 마련이다. 예수의 대답은 부자 젊은이에게 주신 대답과 완전히 똑같다. 질문자는 사실 자기의 질문에 대한 답을 알고 있다. 그는 이미 답을 알고 있으면서도 질문함으로써 하나님의 계명에 대한 복종을 회피하려고 한다. 그가 받을 것은 다음과 같은 교훈뿐이다. "네가 알고 있는 대로 행하여라. 그러면 살 것이다."

이렇게 예수께서는 율법 교사의 첫 번째 진지^{陣地}를 점령하신다. 그러자 율법 교사는 젊은이의 경우처럼 다음과 같이 윤리적 갈등으로 도피해 버린다. "내 이웃이 누구입니까?" 시험하는 율법 교사 이래로 이 질문은 선의로든 무의식적으로든 수없이 되풀이되었고, 한 구도자의 진지하고 합리적인 질문으로 지금도 명성을 누리고 있다. 하지만 이는 맥락을 제대로 읽은 것이 아니다. 예수께서는 자비를 베푼 사마리아 사람의 이야기 전체를 통해 사탄의 질문과 다름없는 이 질문을 단독으로 물리치고 격퇴하신다. 이 질문은 끝도 없고 답도 없는 질문이다. 이 질문은 "진리를 잃은 자", "질문 병에 걸려 말다툼을 일삼는 자"들의 "정신 착란"에서 발생한다. 이 질문에서 "시기와 분쟁과 비방과 악한 의심과 논쟁"^{딤전 6:4}이 생긴다. 그것은 "겉으로는 경건하게 보이나 경건함의 능력은 부인"^{딤후 3:5}

하여 "늘 배우기는 하지만 진리를 깨닫는 데에는 전혀 이를 수"[딤후 3:7] 없는 교만한 자의 질문이다. 이들은 믿음이 부실하고, "그 양심에 낙인이 찍"히고,[딤전 4:2] 하나님의 말씀에 복종할 마음이 없어서 그렇게 질문하는 것이다. 누가 내 이웃인가? 다음과 같은 물음들에 답이 있기는 한 것인가? 내 육신의 형제자매, 내 동포, 공동체 안의 내 형제자매가 내 이웃인가? 아니면 내 원수가 내 이웃인가? 양쪽 다 똑같이 내 이웃이 될 수도 있고, 내 이웃이 되기를 거부할 수도 있지 않은가? 이 물음의 끝은 분열과 불복종이 아닌가? 실로, 이 질문은 하나님의 계명 자체에 대한 반항이 아닐 수 없다. 이를테면 나는 복종하기를 원하지만, 하나님이 그 방법을 일러 주시지 않고, 하나님의 계명은 불명확해서 나를 영원한 갈등 속에 내버려 둔다는 것이다. "내가 무엇을 해야 합니까?"란 질문은 첫 번째로 던진 기만적인 질문이었다. 대답은 다음과 같다. "네가 알고 있는 계명을 지켜라. 질문하지 말고 행하여라." "그러면 내 이웃이 누구입니까?"란 질문은 율법 교사가 불복종을 정당화하려고 마지막으로 던진 절망적인 질문이거나 자신만만한 질문이다. 대답은 다음과 같다. "너 자신이 이웃이다. 가서 사랑을 실천하며 복종하여라." 이웃 되기는 다른 사람이 갖추어야 할 자질이 아니라, 다른 사람이 나에게 던지는 요구다. 그렇지 않으면 그것은 아무것도 아니다. 매 순간, 모든 상황에서 행동과 복종을 요구받는 자는 나다. 다른 사람의 자질을 따져 물을 시간이 남아 있지 않다. 내가 행동하고 내가 복종하면서, 다른 사람의 이웃이 되어야 한다. 혹여 그대가 깜짝 놀라 "그러면 행동하는 법을 미리 알고 숙고해야 하지 않나요?"라며 다시 한 번 묻는다면, 다음과 같은 교훈만 받게 될 것이다. "그것을 알고 숙고하려면 언제나 행동하고, 그대 자신을 언제나 요구받는 자로 여겨야 한다." 복종이 무엇인지는 복종하면서 배우는 것이지 질문을 통해 배우는 것이 아니다. 먼저 복종해야 진리를 알 수 있다. 예수께서는 우리에게 양심과 죄의 갈등에서 벗어나 우직하게 복종하라고 요구하신다. 그분은 부자 젊은이를 그분을 따르는 은혜로 부르신 반면, 시험하는 율법 교사는 도로 밀치시며 "계명을 지키라"고 말씀하셨다.

단순한
복종

예수께서 부자 젊은이에게 자발적인 가난을 요구하시자, 그 젊은이는 여기에는 복종 아니면 불복종만이 있음을 깨달았다. 레위가 세관에서 부르심을 받고 베드로가 그물질하다가 부르심을 받을 때, 예수의 이 부르심이 엄중했음은 분명한 사실이다. 그들은 모든 것을 버리고 따르는 수밖에 없었다. 베드로는 물결치는 바다에 내려오라는 부르심을 받고, 일어나 걸음을 떼지 않으면 안 되었다. 이 모든 것에서 요구되는 것은 한 가지, 곧 예수 그리스도의 말씀을 믿고, 그 말씀을 세상이 보장하는 그 어떤 안전보다 유효한 토대로 삼는 것뿐이었다. 오늘날과 마찬가지로 당시에도 어마어마한 세력들이 예수의 말씀과 복종 사이에 끼어들려고 했다. 이처럼 과격한 행위, 이처럼 율법을 무시하는 "광신"을 방지한답시고 이성은 이의를 제기했고, 양심, 책임, 경건, 심지어 율법과 성서의 원리까지도 예수의 말씀과 복종 사이에 끼어들었다. 그러나 예수의 부르심은 이 모든 것을 돌파하고 복종을 유발했다. 예수의 부르심은 단순한 복종을 요구하시는 하나님 자신의 말씀이었다.

예수 그리스도께서 오늘날 성서를 통해 우리 중 어떤 사람에게 그렇게 말씀하신다면, 우리는 다음과 같이 추론할 것이다. "예수께서 대단히 특별한 것을 명령하시니, 그것은 참된 것일 거야. 하지만 우리는 다음의 사실을 알아야 해. 예수께서 명령하면서 요구하시는 것은 율법적인 복종이 아니라, 한 가지 곧 믿음뿐이라는 것이지. 믿음은 가난이나 부나 이와 유사한 것에 매이지 않아. 믿음 안에서 가난하게 살 수도 있고, 믿음 안에서 부하게 살 수도 있어. 재산을 소유하지 않는 것이 중요한 게 아니라, 재산을 소유해도 소유하지 않았다는 듯이 살고, 내적으로 재산의 구속을 받지 않고, 재산에 집착하지 않는 것이 중요해. 따라서 예수께서 '네 재산을 팔라'고 하신 말씀은 이런 뜻일 거야. 이를테면 형식적으로 그러는 것은 사실 중요하지 않다는 것이지. 재산을 마음 편히 소유하되 소유하지 않은 것처럼 소유하는 것이 중요해. 재산에 집착하지 말라는 것이지." 예수의 말씀에 대한 우리의 복종은 단순한 복종을 율법적인 것으로 여겨 거부하고, "믿음 안에서" 복종하는 데 역점을 둔다. 바로 여기에서 우리와 부자 젊은이의 차이점이 드러난다. 부자 젊은이는 "나는 예수의 말씀에도 불구하고 부자로 살되 내적으로는 내 재산의 구속을 받지 않고, 나의 부족함에도 불구하고 죄를 용서받은 것으로 만족하고, 믿음 안에서 예수와 친교를 맺을 거야"라는 혼잣말로 자기의 슬픔을 달래기보다는 오히려 슬퍼하며 떠나감으로써 복종과 믿음을 버렸다. 이 점에서 젊은이는 대단히 솔직했다. 그는 예수를 떠났고, 이 솔직함은 실로 불복종에 기인하는 친교, 곧 예수와 피상적으로 맺는 친교보다 더 유망한 솔직함이다. 예수께서도 이 젊은이가 내적으로 자기 재산에서 벗어나지 못할 것으로 생각하셨을 것이다. 젊은이는 진지하게 노력하는 자로서 자기 재산에서 벗어나려고 수없이 시도했을 것이다. 그의 시도는 실패하고 말았다. 그가 결정적인 순간에 예수의 말씀에 복종할 수 없었다는 사실이 그 실패를 여실히 보여준다. 이 점에서 젊은이는 솔직했다. 하지만 우리는 우리가 예수의 말씀을 직접 들은 사람과 다르다고 추론한다. 예수께서 이 사람에게 "다른 모든 것을 버리고 나를 따르라. 네 직장, 네 가정, 네 민족, 네 아비의 집을 떠나라"고 말씀하시면, 그 사람은 이 말씀을 다음과 같이 알아들었을 것이다. "이 부르심에 대한 응답에는 단순한 복종이 있을 뿐이다. 오직 이 복종으로써 예수와 친교 맺는 것을 약속받기 때문이다." 하지만 우리는 이렇게 말할 것이다. "예수의 부르심은 '무조건 진지하게 받아들여야 하지만' 그 부르심에 대한 진정한 복종은, 내가 내 직장과 가정에 머무르면서 그분을 섬기는 진정한 내적 자유 속에 있어." 예수께서 "밖으로 나오라!"고 말씀하시면, 우리는 이것을 그분께서 본래 다음과 같은 의미로 하신 말씀이라고 이해할 것이다. "안에 머물러라! 내적으로는 밖으로 나온 자로서 그렇게 해라!" 예수께서 "걱정하지 마라" 말씀하시면, 우리는 이 말씀을 다음과 같이 이해할 것이다. "당연히 우리는 우리의 가족과 우리를 돌보고 일해야 해. 그 밖의 것은 모두 무책임한 일이 될 거야. 그러나 내적으로는 그러한 걱정을 확실히 털어 버려야 해." 예수께서 "누가 네 오른쪽 뺨을 치거든, 왼쪽 뺨마저 돌려 대어라."^{마 5:39} 말씀하시면, 우리는 이 말씀을 다음과 같이 이해할 것이다. "맞받아치고 바로 반격해야 비로소 진정한 형제자매 사랑이 커질 거야." 예수께서 "너희는 먼저 하나님의 나라를 구하여라."^{마 6:33} 말씀하시면, 우리는 이 말씀을 다음과 같이 이해할 것이다. "우리는 당연히 다른 모든 것을 먼저 구해야 해. 그러지 않으면 우리가 어찌 생계를 이어 가겠어? 이 말씀은 마지막에 하나님의 나라를 위해 모든 것을 바칠 내적 준비를 하고 있으라는 뜻일 거야." 어디에나 이와 같은 이해가 자리하고 있다. 이를테면 단순한 복종, 글자 그대로의 복종을 의도적으로 파기하는 것이다.

이러한 왜곡이 가능하다니 어찌 된 일인가? 예수의 말씀이 이처럼 놀림을 당하고, 세상의 조롱을 당하다니 어찌 된 노릇인가? 이 세상에서는 명령이 떨어지면 상황이 명확해진다. 아버지가 자기 아이에게 "가서 자라!"고 말하면, 그 아이는 그 말이 무슨 뜻인지 알 것이다. 그러나 사이비 신학에 길든 아이라면 다음과 같이 추론할 것이다. "'가서 자라!'는 아빠의 말은 내가 피곤해 보인다는 뜻이야. 아빠는 내가 피곤하기를 바라지 않을 거야. 나가 놀아도 피곤함을 이길 수 있어. 따라서 '가서 자라!'는 아빠의 말은 본래 이런 뜻일 거야. '나가 놀아라!'" 이런 식으로 추론할 경우 아버지는 아이를, 당국은 시민을 따끔한 말, 곧 처벌로 찌를 것이다. 그런데도 유독 예수의 명령만 마주하면 상황이 달라진다. 단순한 복종이 왜곡되어 불복종이 되고 마는 것이다. 이런 일이 가능하다니 어찌 된 노릇인가?

그 이유는 이처럼 왜곡하는 추론이 실제로 상당히 옳은 무언가를 바탕에 깔고 있기 때문이다. 예수께서 부자 젊은 이에게 명령을 내리시는 목적, 다시 말해 믿음이 가능한 상황 속으로 들어오라고 부르시는 목적은 사실 다음 한 가지뿐이다. 사람을 그분에 대한 믿음으로, 그분과 맺는 친교로 부르는 것이다. 결국, 모든 것은 인간의 이런저런 행위에 달린 것이 아니라, 하나님의 아들이자 중보자이신 예수를 믿느냐에 달려 있다. 결국, 모든 것은 가난이나 부, 기혼이나 미혼, 취직이나 실직에 달려 있는 것이 아니라, 믿음에 달려 있다. 이와 같이 우리의 말이 전적으로 옳다면, 부富 속에서 그리고 세상의 재화를 소유한 채 그리스도를 믿는 것이 가능할 것이고, 따라서 재화를 소유하지 않았다는 듯이 소유해도 될 것이다. 그러나 이 가능성은 그리스도인 실존의 최종적 가능성, 임박한 그리스도의 재림을 진지하게 기다리며 영위할 가능성이지, 으뜸가는 가능성과 가장 단순한 가능성인 것은 아니다. 계명에 대한 역설적 이해에는 나름의 기독교적 권리가 있지만, 그렇다고 그 이해가 단순한 이해를 파기하는 쪽으로 움직여도 되는 것은 아니다. 오히려 그 이해는 자기 생의 특정한 시점에 단순한 이해를 진지하게 생각한 사람, 그래서 예수와 친교를 맺으면서 공동체 안에서 제자의 길을 걸으며 종말을 기다리는 사람을 위해서만 나름의 권리와 가능성을 지닌다. 예수의 부르심을 역설적으로 이해하는 것은 대단히 어려운 가능성이자, 인간적으로 말하면 불가능한 가능성이다. 이 가능성 자체는 극도의 위험, 곧 반대쪽을 쓰러뜨리고 구체적인 복종을 회피하게 하는 편안한 해결책이 될 위험을 끊임없이 안고 있다. 재산을 소유하기보다는 예수의 계명을 단순하게 이해하고 글자 뜻 그대로 복종하여 재산을 실제로 포기하는 것이 훨씬 쉬운 일임을 모르는 자는 예수의 말씀을 역설적으로 이해할 권리가 없다. 따라서 예수의 계명을 역설적으로 이해하는 일에는 반드시 예수의 계명을 글자 그대로 이해하는 일이 항상 포함되어야 한다.

예수의 구체적인 부르심과 단순한 복종은 변경할 수 없는 의미를 지니고 있다. 예수께서는 그분에 대한 믿음이 가능해지는 상황 속으로 부르신다. 그런 까닭에 그분은 구체적으로 부르시며, 그렇게 이해되기를 바라신다. 구체적인 복종 속에서만 인간은 실제로 믿음에 이른다는 것을 아시기 때문이다.

단순한 복종을 근본적으로 제거하는 곳에서는 자기 정

당화라는 값싼 은혜가 예수의 부르심이라는 값비싼 은혜를 계속해서 밀어낸다. 그런 곳에서는 귀를 틀어막고 그리스도의 구체적인 부르심을 듣지 않는 거짓된 율법도 고개를 쳐든다. 이 거짓된 율법은 은혜의 율법에 조응하고 상응하는 세상의 율법이다. 여기서 세상은 그리스도 안에서 극복되는 세상, 그분과 맺는 친교 속에서 날마다 새롭게 극복되는 세상이 아니라, 너무 완고해서 어길 수 없는 원칙적인 율법이 되어 버린다. 그렇게 되면 은혜는 우리를 세상에서 구해 내어 그리스도께 복종하게 하는 살아 계신 하나님의 선물이 되기는커녕, 특수한 경우에만 적용될 수 있는 보편적이고 신적인 율법, 신적인 원리로 변질한다. 단순한 복종의 "율법성"에 대한 근본적인 투쟁은 가장 위험한 율법, 곧 세상의 율법과 은혜의 율법을 스스로 세운다. 율법성에 대한 근본적인 투쟁이야말로 가장 율법적이다. 율법성은 "나를 따르라"는 예수의 은혜로우신 부르심에 대한 실제적인 복종을 통해서만 극복된다. 이 따름 속에서 율법은 예수 자신을 통해 성취되고 파기된다.

단순한 복종을 근본적으로 제거하는 곳에서는 비복음적인 성서 원리가 끼어들게 마련이다. 그러면 성서 이해의 열쇠를 임의로 사용하는 것이 성서 이해의 전제가 되고 만다. 여기서는 살아 계신 그리스도 자신의 심판과 은혜를 열쇠로 삼지 않는다. 이 열쇠의 사용은 더는 성령의 뜻에 따르지 않는다. 보편적인 은혜론이 성서의 열쇠가 되고, 우리는 그것을 제 마음대로 사용하면서, 따르기의 문제를 해석학의 문제로 만들어 버린다. 복음적 해석학의 주장은 다음과 같이 명백하다. "예수께 부름받은 사람들과 우리를 곧바로 동일시해서는 안 된다. 성서에서 예수께 부름받은 사람들 자체는 하나님 말씀의 일부이자 선포의 일부다. 우리가 설교 속에서 듣는 것은 우리의 질문일 수도 있는 젊은이의 질문에 대한 예수의 대답만이 아니다. 질문과 대답 모두 성서의 말씀으로서 선포의 대상이다. 우리가 예수께 부름받은 이들과 동시대 사람처럼 행동하며 따르려 한다면, 이는 단순한 복종을 해석학적으로 오해하는 게 될 것이다." 그러나 성서가 우리에게 전하는 그리스도는 자기의 말씀 전체를 통해, 복종하는 사람에게만 믿음을 선물하시고, 믿는 사람에게만 복종을 선물하는 분이시다. 우리는 성서 말씀의 배후로 돌아가 실제 사건들을 확인할 수도 없고 그래서도 안 된다. 우리를 따름으로 부르는 것은 성서 말씀 전체다. 그런 까닭에 우리는 원리를 통해, 설령 이 원리가 은혜론이라 해도, 성서를 율법적으로 왜곡하려고 해서는 안 된다.

따라서 예수의 계명에 대한 역설적 이해는 단순한 이해를 포함해야 한다. 우리는 율법을 세우려는 것이 아니라 그리스도를 전하려는 것이기 때문이다. 이와 함께 거의 불필요한 일이지만 다음과 같은 의혹에 대해 한마디 해야겠다. "단순한 복종은 인간의 그 어떤 공로를 말하는 것일 수도 있고, '자기 안에 있는 것을 행하라'를 말하는 것일 수도 있고, 선결되어야 할 믿음의 전제조건을 말하는 것일 수도 있지 않은가?" 예수의 부르심에 복종하는 것은 결코 인간의 독단적인 행위가 아니다. 그것은 복종을 요구받고서 재화를 내어 주는 것도 아니다. 재화를 내어 주는 것으로는 예수께 대한 복종이 일어나지 않을 수도 있다. 재화를 내어 주는 것은 자기의 생활양식, 그리스도인의 이상, 성 프란체스코^{St. Francesco}의 가난이라는 이상을 자발적으로 품은 것에 지나지 않을 수도 있다. 인간은 재화를 내어 줌으로써 자기 자신과 이상은 긍정하면서도 예수의 계명은 긍정하지 않을 수도 있다. 그는 자기에게서 벗어나기는커녕 자기에게 더더욱 사로잡힐 수도 있다. 상황 속으로 걸음을 떼는 것은 인간이 예수께 건네는 제안이 아니라, 언제나 예수께서 인간에게 건네시는 은혜로운 제안이다. 그러한 걸음이 이루어지는 곳에서만 그것은 정당한 걸음이 된다. 물론 그러한 걸음은 이제는 인간이 임의로 뗄 수 있는 것이 아니다.

> 예수께서 제자들에게 말씀하셨다. "내가 진정으로 너희에게 말
> 한다. 부자는 하늘나라에 들어가기가 어렵다. 내가 다시 너희에
> 게 말한다. 부자가 하나님 나라에 들어가는 것보다 낙타가 바늘
> 귀로 지나가는 것이 더 쉽다." 제자들이 이 말씀을 듣고, 깜짝 놀
> 라서, 말하였다. "그러면, 누가 구원을 얻을 수 있습니까?" 예수
> 께서 그들을 눈여겨보시고, 말씀하셨다. "사람은 이 일을 할 수
> 없으나, 하나님은 무슨 일이나 다 하실 수 있다."^{마 19:23-26}

제자들은 예수의 말씀을 듣고 놀라서 "그러면, 누가 구
원을 얻을 수 있습니까?"라고 질문한다. 우리는 이 질문에서
그들이 부자 젊은이의 사례를 하나의 개별 사례로 여기지 않
고, 가장 보편적인 사례로 여기고 있음을 알 수 있다. 그들은
"어떤 부자가" 구원을 얻을 수 있겠느냐고 묻지 않고, 어느 정
도 일반화시켜 "누가" 구원을 얻을 수 있겠느냐고 묻는다. 이
는 실로 모든 사람이, 다시 말해 제자들 또한 이 부자들─하
늘나라에 들어가기가 어려운 부자들─에 속하기 때문이다.
예수의 대답은 제자들이 그분의 말씀을 듣고 행한 이 해석이

유효함을 확인해 준다. 따름으로써 구원을 얻는 것은 결코 사람이 할 수 있는 일이 아니다. 그러나 하나님은 무슨 일이나 다 하실 수 있다.

예수를 따르는 것과
십자가

그리고 예수께서는, 인자가 반드시 많은 고난을 받고, 장로들과 대제사장들과 율법학자들에게 배척을 받아, 죽임을 당하고 나서, 사흘 후에 살아나야 한다는 것을 그들에게 가르치기 시작하셨다. 예수께서 드러내 놓고 이 말씀을 하시니, 베드로가 예수를 바싹 잡아당기고, 그에게 항의하였다. 그러나 예수께서는 돌아서서, 제자들을 보시고, 베드로를 꾸짖어 말씀하셨다. "사탄아, 내 뒤로 물러가라. 너는 하나님의 일을 생각하지 않고, 사람의 일만 생각하는구나!" 그리고 예수께서 제자들과 함께 무리를 불러 놓고 그들에게 말씀하셨다. "나를 따라오려고 하는 사람은, 자기를 부인하고, 자기 십자가를 지고, 나를 따라오너라. 누구든지 제 목숨을 구하고자 하는 사람은 잃을 것이요, 누구든지 나와 복음을 위하여 제 목숨을 잃는 사람은 구할 것이다. 사람이 온 세상을 얻고도 제 목숨을 잃으면, 무슨 이득이 있겠느냐? 사람이 제 목숨을 되찾는 대가로 무엇을 내놓겠느냐? 음란하고 죄가 많은 이 세대에서, 누구든지 나와 내 말을 부끄럽게 여기면, 인자도 자기 아버지의 영광에 싸여 거룩한 천사들을 거느리고 올 때에, 그를 부끄럽게 여길 것이다." 막 8:31-38

여기서 예수께서는 "나를 따르라"는 부르심을 자신의 수난 예고와 연결하신다. 예수 그리스도께서는 고난받고 배척받지 않으면 안 된다. 이것은 하나님께서 성서 말씀을 이루시기 위해 어쩔 수 없이 약속하신 사항이다. 고난받는 것과 배척받는 것은 같은 것이 아니다. 예수께서는 고난 속에서 찬미를 받는 그리스도가 되실 수도 있었다. 고난은 세상 사람들의 동정과 경탄을 자아낼 수도 있다. 고난은 비극적인 것으로서 나름의 가치와 명예와 위엄을 지닐 수도 있다. 그러나 예수께서는 고난을·받으심은 물론이고 배척까지 받으신 그리스도시다. 배척은 고난으로부터 위엄과 명예를 박탈한다. 배척받음은 명예롭지 못한 고난이다. 고난받음과 배척받음은 예수의 십자가를 가리키는 총괄적 표현이다. 십자가에서의 죽음은 배척받은 자로서, 파문당한 자로서 고난을 받고 죽는 것을 의미한다. 예수께서는 신적 불가피성에 따라 고난받고 배척받지 않으면 안된다. 그 불가피한 일을 저지하려는 온갖 시도는 사탄의 시도다. 그 시도 자체도 사탄의 시도지만, 제자 무리의 그런 시도도 사탄의 시도다. 그리스도를 그리스도 되지 못하게 하려는 시도이기 때문이다. 교회의 반석인 베드로는 예수 그리스도께 신앙을 고백하고 이를 통해 임명을 받고 나서 곧바로 그러한 죄를 저지른다. 이 사실에서 보듯이, 처음부터 교회는 고난받는 그리스도를 못마땅하게 여기고, 그런 주님을 원하지 않는다. 교회는 그리스도의 교회이면서도 자기의 주님이 고난의 율법을 강요하시도록 내버려 두려고 하지 않는다. 베드로의 항의는 시작된 고난에 대한 불만의 표시다. 이와 함께 사탄이 교회 안으로 들어와, 교회를 주님의 십자가에서 벗어나게 하려고 한다.

예수께서는 고난의 의무를 제자들에게 명백하고 단호하게 부과할 필요성을 절감하신다. 그리스도께서 고난받으시고 배척받으시는 분으로서만 그리스도이실 수 있듯이, 제자도 고난받고 배척받는 자로서만, 십자가에 함께 처형되는 자로서만 제자일 수 있다. 예수를 따르는 것은 예수 그리스도의 인격에 매이는 것이며, 따르는 자를 그리스도의 법, 곧 십자가 아

예수를 따르는 것과
십자가

래 세운다.

　그러나 이 양도할 수 없는 진리를 제자들에게 알리는 일은 이상하게도 예수께서 제자들을 한 번 더 완전히 풀어 주시는 것으로 시작된다. 예수께서는 "**만일** 어떤 사람이 나를 따라오려거든"이라고 말씀하신다. 이것은 당연한 것이 아니며, 제자들 사이에서도 당연한 것이 아니다. 이것은 누군가에게 강요하는 것도 아니고, 누군가가 고대하는 것도 아니다. 예수께서는 "'만일 어떤 사람이' 자신에게 다가오는 여타의 모든 제안을 무시하고 따라오려거든"이라고만 말씀하신다. 예수께서는 제자들이 예수 따르기 한가운데 들어섰는데도 모든 것을 한 번 더 결단에 맡기시고, 모든 것을 한 번 더 취소하시고, 모든 것을 열어 두시고, 어떤 것도 기대하지 않으시고, 어떤 것도 강요하지 않으신다. 예수께서 방금 하신 말씀은 이처럼 단호하다. 이를테면 예수 따르기의 법을 공포하시기 전에, 제자들을 한 번 더 풀어 주시겠다는 것이다.

　"누구든지 나를 따라오려거든, 자기를 부인하여라." 베드로가 그리스도를 모른다고 주장하면서 "나는 그 사람을 알지 못하오"라고 말했듯이, 예수를 따르는 자도 자신에게 그렇게 말해야 한다. 자기 부인을 개인의 자학 행위나 금욕 훈련과 동일시해서는 안 된다. 자기 부인은 자살을 의미하지도 않는다. 자살에도 인간의 고집이 관철될 수 있기 때문이다. 자기 부인은 더는 자기 자신을 알지 않고 그리스도만을 아는 것이며, 이제는 걷기 어려운 길을 바라보지 않고 앞서 걸으시는 그리스도만을 바라보는 것이다. 자기 부인은 오로지 다음의 사실만을 의미한다. "그분께서 앞서 가시니, 그분을 꼭 붙잡아라."

"자기 십자가를 져라." 예수께서는 자기 부인에 관한 말씀을 통해 제자들에게 이 말씀에 대한 마음의 준비를 시키시는데, 이것이야말로 예수의 은혜가 아닐 수 없다. 우리가 실제로 우리를 완전히 잊고 우리 자신을 더는 알지 못할 때, 그럴 때만 우리는 예수를 위해 십자가를 질 각오를 할 수 있게 될 것이다. 우리가 그분만을 알 때 우리는 우리 십자가의 고통을 더는 알지 못하게 될 것이고, 그러면 그분만을 보게 될 것이다. 예수께서 우리에게 이 말씀에 대해 준비를 시키지 않으시면, 우리는 십자가를 지지 못할 것이다. 하지만 그분은 이처럼 우리에게 이 곤란한 말씀을 은혜의 말씀으로 들을 수 있게 해주신다. 그 말씀은 갑자기 우리에게 다가와 예수 따르기의 기쁨을 알려 주고, 우리의 예수 따르기를 더 튼실하게 해준다.

십자가는 불행도 아니고 가혹한 운명도 아니다. 십자가

는 우리가 오직 예수 그리스도께 매여 있어서 우리에게 찾아오는 고난이다. 십자가는 우연한 고난이 아니라 필연적인 고난이다. 십자가는 평범한 존재와 결부된 고난이 아니라, 그리스도인 됨과 결부된 고난이다. 십자가는 본질적으로 고난인 것만은 아니다. 십자가는 고난이자 배척을 받는 것이기도 하다. 엄밀히 말해 다른 어떤 태도나 교리 때문이 아니라, 예수 그리스도 때문에 배척을 받는 것이다. 예수를 따르는 것을 이제는 진지하게 여기지 않는 기독교, 복음으로 값싼 믿음의 위로만을 만들어 내는 기독교, 게다가 시민의 생활과 그리스도인의 생활을 구분하지 않고 뒤섞는 기독교는 십자가를 일상의 불행으로, 우리의 평범한 삶의 곤경과 불안으로 이해하게 마련이다. 그런 기독교는 십자가란 배척받는 것을 의미하며, 고난의 치욕은 십자가의 일부라는 사실을 망각한다. 시편 기자의 끝없는 탄식처럼, 고난 속에서 사람들에게 파문당하고 멸시받고 배척받는 것이야말로 십자가 수난의 본질적인 특징이다. 기독교는 이 특징을 더는 이해하지 못하고, 시민의 생활과 그리스도인의 생활을 구분할 줄도 모른다. 십자가란 그리스도와 함께 고난을 받는 것, 곧 그리스도의 고난이다. 그분을 따르는 가운데 이루어지는 결속, 곧 그리스도와 다지는 결속만이 십자가 아래 진지하게 선다.

"자기 십자가를 져라." 십자가는 이미 처음부터 마련되어 있다. 이제 필요한 것은 그것을 지는 일뿐이다. 예수께서는 이렇게 말씀하신다. "누구도 자기가 직접 십자가를 찾아야 한다거나 제멋대로 고난을 찾아야 한다고 생각해서는 안 된다. 각 사람에게는 **저마다의** 십자가가 마련되어 있다. 하나님이 각 사람에게 정해 주시고 할당해 주신 십자가다." 저마다 자기가 지시받은 분량의 고난과 배척받음을 견뎌야 한다. 그 분량은 사람마다 다르다. 어떤 사람에게는 하나님이 큰 고난을 주시고, 순교의 은혜도 선사하신다. 다른 사람에게는 그의 능력 밖의 시험을 주시지 않는다. 하지만 그것은 같은 십자가다.

그리스도인이라면 누구나 십자가를 받는다. 모든 그리스도인이 가장 먼저 경험해야 하는 그리스도의 고난은 우리를 이 세상의 속박으로부터 불러내는 부르심이다. 그것은 예수 그리스도와 만남으로써 이루어지는 옛사람의 죽음이다. 예수를 따르기 시작한 사람은 예수의 죽음에 굴복하여 자기의 생명을 죽음에 내어 주되, 처음부터 그리한다. 십자가는 경건하고 행복한 삶의 끔찍한 최후가 아니다. 십자가는 예수 그리스도와 친교를 맺기 시작할 때부터 자리한다. 그리스도의 모든 부르심은 죽음으로 이어진다. 첫 제자들처럼 집과 직업을 버리고 예수를 따르는 것이든, 루터처럼 수도원을 뒤로하고 세속 직장에 들어가 예수를 따르는 것이든, 우리를 기다리는 것은 같은 죽음이다. 그것은 예수 그리스도로 말미암은 죽음, 예수의 부르심으로 말미암은 우리 옛사람의 사멸이다. 부자 젊은이에 대한 예수의 부르심은 그 젊은이에게 죽음을 안겨 주는 까닭에, 그 젊은이는 자기의 의지를 죽인 자로서만 따를 수 있는 까닭에, 예수의 모든 계명은 우리 자신의 소원과 욕망과 우리의 죽음을 의미하는 까닭에, 그리고 우리가 우리 자신의 죽음을 바랄 수는 없는 까닭에, 예수 그리스도는 자신의 말씀 속에서 우리의 죽음과 우리의 생명이 되실 수밖에 없다. "나를 따르라"는 예수의 부르심과 예수 그리스도의 이름으로 베푸는 세례는, 죽음이자 생명이다. 그리스도의 부르심과 세례는 그리스도인에게 날마다 죄와 악마에 맞서 싸우게 한다. 하루하루는 육체와 세상을 통한 그날그날의 시련으로 제자에게 그리스도의 새로운 고난을 안겨 준다. 이 싸움에서 입은 상처와 그리스도인이 이 싸움에서 얻은 흉터는, 십자가를 통해 예수와 친교를 맺고 있음을 드러내는 생생한 표지다. 그러나 그리스도인에게는 또 하나의 고난과 또 하나의 오욕이 남아 있다. 사실 그리스도 자신의 고난만이 속죄의 고난이지만, 그리스도께서 세상의 죄로 말미암아 고난을 받으시고, 그분께서 모든 죄책의 짐을 짊어지신 까닭에, 그리고 예수 그리스도께서 자기를 따르는 자에게 자기 고난의 열매를 선사하시는 까닭에, 제자도 시련과 세상의 죄를 짊어진다. 세상은 그에게 오명을 씌워, 희생양처럼 성문 밖으로 밀어낸다. 이처럼 그리스도인은 다른 이들을 위해 죄와 죄책을 짊어진다. 모든 죄를 짊어지신 분께서 그를 업어 주지 않으시면, 그는 죄와 죄책의 짐에 깔려 옴짝달싹 못 하게 될 것이다. 하지만 그는 그리스도의 고난의 능력으로 자기에게 지워진 죄들을 용서하고 극복할 수 있다. 그리스도인은 짐꾼이 된다. "여러분은 서로 남의 짐을 져 주십시오. 그렇게 하면 여러분이 그리스도의 법을 성취하실 것입니다."^{갈 6:2} 그리스도께서 우리의 짐을 져 주시듯이, 우리도 형제자매들의 짐을 져 주어야 한다. 십자가를 지는 것, 바로 이것이 우리가 성취해야 할 그리스도의 법이다. 내가 져 주어야 할 형제자매의 짐은 그의 외적인 상황과 그의 기질과 그의 재능만이 아니다. 엄밀한 의미에서 나는 그의 죄도 짐으로 져 주어야 한다. 내가 그의 죄를 져 주는 방법은, 내가 공유하고 있는 그리스도의 십자가의 능력으로 그를 용서해 주는 것뿐이다. 이처럼 십자가를 지라는 예수의 호소는 모든 따르는 자를 죄 용서의 친교로 이끈다. 죄 용서야말로 제자에게 권할 그리스도의 고난이다. 이것은 모든 그리스도인이 받는 고난이다.

하지만 무엇이 자기 십자가인지를 알려면 제자는 어찌 해야 하는가? 그는 고난받으시는 주님을 뒤따를 때, 자기 십자가를 받고 예수와 친교를 맺는 가운데 그 십자가가 무엇인지 알게 될 것이다.

이처럼 고난은 그리스도를 따르는 이들의 표지가 된다. 제자는 스승보다 높지 않다. 예수 따르기는 수동적인 고난,passio passiva, 파시오 파시바 어쩔 수 없이 받는 고난이다. 루터가 고난을 올바른 교회의 표지로 꼽은 것도 그래서이고, 아우크스부르크 신앙고백Augustana의 사전 작업이 교회를 "복음 때문에 박해와 고문을 당하는" 사람들의 공동체로 규정한 것도 그래서다. 자기 십자가를 지려 하지 않고, 인간들로 말미암아 고난과 배척을 받는 일에 자기 생명을 내어 주려 하지 않는 자는 그리스도와 맺는 친교를 잃게 마련이다. 그는 그리스도를 따르는 자가 아니다. 그러나 그리스도를 따르고 십자가를 지다가 생명을 잃는 자는 따르기 자체로, 십자가를 통해 그리스도와 친교를 맺는 행위 자체로 그것을 되찾게 될 것이다. 그리스도를 따르는 것을 취소하는 것은 그리스도를 부끄러워하는 것이고, 십자가를 부끄러워하는 것이며, 십자가를 보고 화를 내는 것이다.

그리스도를 따르는 것은 고난받으시는 그리스도께 매이는 것이다. 그런 까닭에 그리스도인들의 고난은 낯선 것이 아니라, 순전한 은혜와 기쁨이다. 교회의 첫 순교자들에 관한 기록들이 증언하듯이, 그리스도께서는 자신이 가까이 계시면서 함께하고 계신다는 형언할 수 없는 확신을 자기 사람들에게 주심으로 극심한 고난의 순간을 아름답게 하신다. 그 순교자들은 자신들이 주님 때문에 겪는 가장 끔찍한 고통 한가운데서 주님과 연합하는 최고의 기쁨과 행복을 받았다. 십자가를 지는 것이 고난을 극복하는 유일한 길이라는 사실이 그들에게서 입증되었다. 그러나 그것은 그리스도를 따르는 모든 사람에게도 유효하다. 그것이 그리스도 자신에게 유효했기 때문이다.

예수께서는 조금 더 나아가서, 얼굴을 땅에 대고 엎드려서 기도하셨다. "나의 아버지, 하실 수만 있으시면, 이 잔을 내게서 지나가게 해주십시오. 그러나 내 뜻대로 하지 마시고, 아버지의 뜻대로 해주십시오."……예수께서 다시 두 번째로 가서, 기도하셨다. "나의 아버지, 내가 마시지 않고서는 이 잔이 내게서 지나갈 수 없는 것이면, 아버지의 뜻대로 해주십시오." ^{마 26:39, 42}

예수께서 아버지께 "이 잔을 내게서 지나가게 해주십시오" 하고 청하자, 아버지께서는 아들의 청을 들어주신다. 고난의 잔이 예수를 지나가겠지만, **그분이 그 잔을 마심으로써만** 그렇게 되리라는 것이다. 예수께서는 겟세마네에서 두 번째로 무릎 꿇으시면서 그 사실, 곧 자신이 고난을 받을 때만 고난이 지나가리라는 것을 아신다. 오직 고난을 겪음으로써 고난을 극복하고 이겨 내리라는 것이다. 그분의 십자가가 십자가의 극복이다.

하나님이 멀리 계신 것, 그것이 고난이다. 그러므로 하나님의 함께하심 속에 있는 자는 고난을 받을 수 없다. 예수께서는 구약성서의 이 명제를 인정하셨다. 바로 그 때문에 그분은 온 세상의 고난을 떠맡으시고 그 속에서 그것을 극복하신다. 그분은 하나님의 멀리 계심을 견디신다. 그분이 고난의 잔을 마시는 바로 그 순간, 그 잔은 지나간다. 예수께서는 세상의 고난을 극복하고 싶어 하시는 까닭에 그것을 실컷 맛보실 수밖에 없다. 사실 고난은 하나님의 멀리 계심이다. 예수 그리스도께서 고난을 가까이 하심으로써 고난은 고난을 통해 극복되고, 바로 그 고난 속에서 하나님의 함께하심이 선사된다.

고난이 지나가게 하려면 고난을 받는 수밖에 없다. 세상이 고난을 받다가 멸망하든지, 그리스도께서 고난을 받으시고 극복하시든지, 양자택일이 있을 뿐이다. 그리하여 그리스도께서는 세상을 대신해 고난을 받으신다. 그분의 고난만이 구원을 일으키는 고난이다. 하지만 공동체도 세상의 고난이 고난받을 자를 찾고 있음을 안다. 그래서 공동체는 그리스도를 따르는 가운데 고난을 받는다. 공동체가 고난을 감내하는 것은 그리스도께서 친히 그 공동체를 받치시기 때문이다. 예수 그리스도의 공동체는 십자가를 지고 따르면서 세상을 대신하여 하나님 앞에 선다.

하나님은 짐을 지는 하나님이시다. 하나님의 아들은 우리의 육체를 입으시고, 십자가를 지셨다. 그분은 우리의 모든 죄를 지시고, 짐을 지는 그 행위를 통해서 화해를 이루셨다. 그리스도인의 삶은 짐을 지는 데 그 본질이 있다. 그리스도께서 짐을 지면서 아버지와 친교를 유지하시듯이, 따르는 자는 짐을 지면서 그리스도와 친교를 유지한다. 인간은 자기에게 부과된 짐을 뿌리칠 수도 있다. 하지만 그렇게 해서는 짐에서 벗어나지 못한다. 오히려 더 무겁고, 더 견딜 수 없는 짐을 지게 될 뿐이다. 인간은 스스로 선택한 자기의 멍에를 짊어지고 있다. 예수께서는 온갖 고통과 무거운 짐을 지고 있는 모든 자를 부르셔서, 그들의 멍에를 내팽개치고, 그분의 쉬운 멍에와 그분의 가벼운 짐을 짊어지라고 호소하셨다. 그분의 멍에와 짐은 십자가다. 십자가를 지고 가는 것은 불행과 절망이 아니라, 영혼의 위안이자 평온이며 최고의 기쁨이다. 그러므로 우리는 스스로 만든 율법과 무거운 짐들을 이제는 짊어지지 않고, 우리를 잘 아시는 분의 멍에를 지고 간다. 그분은 우리와 함께 그 멍에를 짊어지신다. 우리는 그분의 멍에를 짐으로써, 그분이 가까이 계시면서 함께하고 계심을 확신하게 된다. 따르는 자가 자기 십자가를 질 때 발견하게 되는 것은 그분 자신이다.

네 지성을 기준으로 삼지 말고, 네 지성을 넘어서라. 무지 속으로 가라앉아라. 그러면 내가 네게 내 지성을 주겠다. 무지가 올바른 지성이다. 네가 어디로 가고 있는지를 모르는 것, 그것이 바로 네가 어디로 가고 있는지를 제대로 아는 길이다. 내 지성은 너를 완전한 무지 상태로 만든다. 아브라함이 자기 아버지의 집을 떠나서 어디로 가는지를 알지 못하고 나아간 것은 그 때문이다. 그는 내 지식에 굴복하고 자기 지식을 버려서, 올바른 목적지에 닿는 바른길에 이르게 되었다. 보라, 그 길은 십자가의 길이다. 네가 그 길을 찾아낼 수 없어서, 내가 소경인 너를 그 길로 인도하지 않으면 안 된다. 그러므로 너나 어떤 인간이나 어떤 피조물이 아니라, 바로 나 자신이 나의 영과 말씀으로 네게 그 길을 가르치련다. 그러니 너는 안에 머물러라. 네가 선택하는 업적이나 네가 생각해 내는 고난이 아니라, 네 선택과 생각과 욕망을 거슬러 네게 어울리는 것을 가르쳐 주겠다. 내가 부르노니, 제자가 되려거든 뒤따라오너라. 때가 되어, 네 스승이 와 계신다.

— 마르틴 루터

예수를 따르는 것과
단독자

누구든지 내게로 오는 사람은, 자기 아버지나 어머니나, 아내나 자식이나, 형제나 자매뿐만 아니라, 심지어 자기 목숨까지도 미워하지 않으면, 내 제자가 될 수 없다.녹 14:26

"나를 따르라"는 예수의 부르심은 제자를 단독자로 만든다. 원하건 원하지 않건 간에, 제자는 결단하되, 홀로 결단하지 않으면 안 된다. 단독자가 되겠다는 결단은 그 자신의 선택이 아니다. 부르심 받은 자를 단독자로 만드시는 분은 그리스도시다. 각 사람은 홀로 부르심을 받는다. 그는 홀로 뒤따라야 한다. 이 홀로 되는 상태를 두려워하는 자는 자기 주위의 사람들이나 사물들에서 보호를 구한다. 갑자기 그는 자신이 맡은 온갖 책임을 털어놓으면서 그것들에 매달린다. 그는 그것들의 엄호를 받으면서 결단을 내리고 싶어 하지만, 홀로 예수를 마주 보거나 그분만을 바라보며 결단하려고 하지는 않는다. 하지만 이 순간에는 아버지나 어머니, 아내나 자식, 민족이나 역사도 부르심을 받은 이를 엄호해 주지 않는다. 그리스도께서는 그 사람이 단독자가 되기를 바라신다. 그러니 그는 자기를 부르신 분만 바라보아야 한다.

예수께서 부르시는 순간, 자연적인 여건들, 곧 사람이 영위하고 있는 상황들과의 단절이 이루어진다. 이 단절은 따르는 이가 수행하는 것이 아니라, 그리스도 자신이 부르시면서 이미 수행하신 것이다. 그리스도께서는 사람을 세상과 곧장 연결된 길에서 빼내어서, 그분 자신과 곧장 연결된 길로 이끄신다. 단절이 이미 이루어졌음을 인정하지 않고는 누구도 그리스도를 따를 수 없다. 제자를 그 단절로 이끄는 것은 제멋대로 하는 생활의 자유 의지가 아니라, 예수 그리스도시다.

어찌하여 그래야 하는가? 단절 없는 내적 성장은 어찌하여 없는 것인가? 자연적인 질서들을 토대로 서서히 성화의 과정을 밟으면서 그리스도와 친교를 맺는 길은 어찌하여 없는가? 인간과 하나님이 주신 그의 평범한 생활 사이에 불쾌한 세력이 끼어드는 것은 아닌가? 이 단절은 감리교의 율법적 교의가 아닌가? 이것은 하나님의 선하신 선물을 업신여기는 행위, 곧 그리스도인의 자유와 무관한 행위가 아닌가? 그리스도께 부르심을 받은 자와 그의 자연적인 삶의 상황들 사이에 무언가가 끼어든다는 것은 맞는 말이다. 그러나 그것은 삶을 업신여기는 것도 아니고, 경건의 율법도 아니다. 그것은 생명과 복음 자체다. 그것은 그리스도 자신이다. 그분은 사람이 되심으로써 나와 세상의 상황 사이에 자리하셨다. 나는 이제 돌아갈 수 없다. 그리스도께서 중간에 자리하고 계시면서, 부르심을 받은 자에게서 이 주어진 상황들과 곧장 연결된 길을 끊으셨기 때문이다. 그분은 사이의 중간이 되려고 하신다. 무슨 일이든지 그분을 통해서만 이루어져야 한다는 것이다. 그분은 나와 하나님 사이에 계실 뿐만 아니라, 나와 세상의 중간에도 계시고, 나와 타인과 사물 사이에도 계신다. **그분은** 나와 하나님 사이를 이으실 뿐만 아니라, 사람과 사람 사이, 사람과 현실 사이도 이으시는 **중보자시다.** 온 세상이 그분을 통해 그분을 위하여 지어진 까닭에,^{요 1:3, 고전 8:6, 히 1:2} 그분은 이 세상에서 유일한 중보자시다. 그리스도 이래로 인간과 하나님의 직접적인 관계, 혹은 인간과 세상의 직접적인 관계는 더는 존재하지 않는다. 그리스도께서 중보자가 되려고 하시기 때문이다. 인간에게 직접적인 접근을 허락하는 신들이 많은 것도 사실이고, 세상이 갖은 수단을 동원하여 인간과 직접 관계하려고 애쓰는 것도 사실이다. 하지만 이 사실들에는 중보자 그리스도에 대한 적개심이 자리하고 있다. 신들과 세상은 그리스도께서 그들에게서 빼앗으신 것을 되찾고 싶어 한다. 자기들만이 홀로 인간과 직접 관계하겠다는 것이다. 세상과 직접 맺은 관계를 단절하는 것은 그리스도를 하나님의 아들로, 중보자로 인정하는 것이다. 그 단절은 인간이 그 어떤 이상 때문에 세상의 속박들과 결별을 선언하고, 중요하지 않은 이상을 더 중요한 이상으로 바꾸는 자의적인 행위가 아니다. 이것은 광신이자 독단일 것이며, 또다시 세상과 직접 관계하는 짓이 될 것이다. 이미 성취된 사실, 곧 "그리스도가 중보자시다"라는 사실을 인정할 때만, 예수의 제자는 인간 및 사물의 세상과 결별을 선언할 수 있다. 내가 예수의 부르심을 이상이 아닌 중보자의 말씀으로 이해할 때만, 나는 그 부르심을 붙잡고 이미 성취된 세상과 단절을 실행할 수 있다. 여러 이상을 저울질하는 것이 중요했다면, 무슨 일이 있어도 균형을 추구했을 것이다. 그랬다면 그 균형은 그리스도인의 이상에 부합하면서도 일방적이지는 않았을 것이다. 이상적인 상태, 곧 삶의 "책임 의식"의 관점에서 보면, 그리스도인의 삶의 이상을 돋보이게 하려고 자연적인 생활 질서를 가차 없이 깎아내리는 것은 정당한 일이 아닐 것이다. 오히려 정반대의 평가를 위해 훨씬 많은 말을 할 수 있을 것이다. 이는 그리스도인의 이상적인 상태, 그리스도인의 책임 윤리나 양심 윤리의 관점에서 보더라도 그러함을 유념하라! 그러나 이상들, 평가들, 책임 의식들이 중요한 것이 아니라, 이미 성취된 사실과 그 사실의 인정이 중요하고 따라서 우리와 세상 사이에 끼어드신 중보자의 인격이 중요한 까닭에, 삶의 직접성과 단절하는 일만이 있을 따름이다. 그러므로 부르심을 받은 자는 중보자 앞에서 단독자가 되지 않으면 안 된다.

예수께 부르심을 받은 자는 자신이 세상과 관계를 맺으면서 기만 속에서 살아왔음을 배운다. 이 기만을 가리켜 직접성이라고 한다. 이 직접성이 부르심 받은 이의 믿음과 복종을 방해해 온 것이다. 이제 그는 자기 삶의 가장 친밀한 관계들 속에서, 부모와 자녀, 형제와 자매라는 혈연관계 속에서, 부부의 사랑 속에서, 역사적 책임 의식 속에서 어떠한 직접성도 가질 수 없음을 알게 된다. 예수 이래로 그분의 제자들에게는 자연적이든, 역사적이든, 경험적이든, 직접성이 전혀 존재하지 않는다. 아버지와 아들 사이에, 남자와 여자 사이에, 개인과 민족 사이에는 이들이 인식하든 그렇지 않든 중보자 그리스도께서 서 계신다. 그리스도를 경유하고, 그분의 말씀을 경유하고, 우리의 예수를 따르지 않고는 우리가 타자에게 이르는 길은 존재하지 않는다. 직접성은 기만에 지나지 않는다.

진리를 은폐하는 기만도 미워해야 하지만, 중보자 예수 그리스도를 위해 삶의 자연적인 여건들도 미워하지 않으면 안 된다. 우리가 그리스도 앞에서 단독자가 되는 것을 끊임없이 방해하는 공동체가 있다면, 직접성을 끊임없이 요구하는 공동체가 있다면, 우리는 그리스도를 위해 그 공동체도 미워하지 않으면 안 된다. 모든 직접성은 고의로든 아니든, 중보자 그리스도께 증오를 품기 때문이다. 자신이 기독교적인 것으로 이해되기를 바라는 곳에서조차 직접성은 그리스도를 증오한다.

신학이 하나님과 인간 사이에서 이루어지는 예수의 중보자 역할을 이용하여 삶의 직접성을 정당화한다면, 이는 심각한 혼동이 아닐 수 없다. 흔히들 그리스도가 중보자시라면, 그분은 우리가 세상과 맺은 모든 직접적인 관계의 죄들도 짊어지심으로써 우리를 의롭게 하신 것이나 다름없다고 말한다. 예수께서 우리와 하나님을 이어주는 중보자시니, 우리는 양

심껏 세상 곧 그리스도를 십자가에 매단 세상과 직접 관계해
도 된다는 것이다. 그렇게 되면 하나님 사랑이 세상 사랑과 동
일시되고, 세상 환경들과의 단절은 이제 하나님의 은혜에 대
한 "율법적" 오해로 바뀌고 만다. 이를테면 하나님의 은혜로
우리가 이 단절을 간신히 면하게 되었다는 것이다. 직접성들
을 미워하라는 예수의 말씀은 이제 "하나님이 주신" 이 세상
의 "현실"을 거리낌 없이 기쁘게 긍정하는 것으로 바뀌고, 죄
인의 칭의는 또다시 죄의 칭의로 바뀌고 만다.

　예수의 제자가 보기에 "하나님이 주신 현실들"은 오직
예수 그리스도를 통해서만 존재하는 현실이다. 내가 사람이
되신 그리스도를 통해 받지 않은 것은 하나님이 주신 것이 아
니다. 내가 그리스도 때문에 받지 않은 것은 하나님께로부터
온 것이 아니다. 창조의 선물에 감사하는 마음도 예수 그리스
도를 통해 일어나는 것이며, 이 생명을 은혜롭게 유지해 달라
고 구하는 기도도 그리스도 때문에 행해지는 것이다. 내가 그
리스도 때문에 감사할 수 없는 것에 대해서는 절대로 감사해
서는 안 된다. 감사할 경우, 그것은 죄가 되고 만다. 나와 함께
살아가는 타인의 현실, 곧 "하나님이 주신" 타인의 "현실"에
이르는 길도 그리스도를 통해서 이르는 길이다. 그렇지 않으

면 그것은 미로가 되고 만다. 우리를 타인에게서 갈라놓는 틈, 타인의 극복하기 어려운 거리감, 타인의 다름, 타인의 낯섦을 자연적인 연결 수단이나 정신적인 연결 수단을 통해 극복하려고 하는 우리의 모든 시도는 실패할 수밖에 없다. 그것은 인간과 인간을 이어주는 특별한 길이 아니다. 섬세한 감정이입의 소유자, 사려 깊은 심리학의 소유자, 자연스러운 개방성의 소유자라도 타인의 마음을 꿰뚫어보지는 못한다. 정신적인 직접성은 존재하지 않는다. 그리스도께서 사이에 서 계시기 때문이다. 오직 그분을 통해서만 이웃에게 다가갈 수 있다. 중보기도가 타인에게 이르는 가장 유망한 길인 것도 그래서고, 그리스도의 이름으로 드리는 공동 기도가 가장 진정한 친교인 것도 그래서다.

중보자에 대한 인식 없이는 하나님의 선물에 대한 참된 인식도 있을 수 없다. 우리가 하나님의 선물을 받을 수 있는 것은 오직 중보자 때문이다. 만유 위에 뛰어나신 그리스도께만 경의를 표하는 깊은 참회가 없다면, 민족과 가족, 역사와 자연에 대한 참된 감사도 있을 수 없다. 우리가 이미 단절을 통해 창조 세계의 여건들과 분리되었음을 인식하지 못한다면, 그 여건들과의 진정한 연결도 있을 수 없고, 세상에서 감당해야 할 우리의 진정한 책임도 있을 수 없다. 하나님이 예수 그리스도 안에서 베푸신 사랑을 떠나서는 세상을 진정으로 사랑할 수 없다. "세상……을 사랑하지 마십시오."요일 2:15 그러나 "하나님께서 세상을 이처럼 사랑하셔서 외아들을 주셨으니, 이는 그를 믿는 사람마다 멸망하지 않고 영생을 얻게 하려는 것이다."요 3:16

직접성과의 단절은 불가피하다. 가족이나 민족과 단절하는 것으로 드러나건, 부르심을 받아 그리스도의 치욕을 가시적으로 당하면서 인간을 혐오한다odium generis humani, 오디움 제네리스 후마니는 비난을 감수하는 것이건, 아니면 언제든 가시화하겠다는 각오를 다진 채 자기만 알고 남몰래 간직하는 단절이건 간에, 궁극적으로는 차이가 없다. 아브라함은 이 두 가능성의 전형典型이 되었다. 그는 친구 관계를 저버리고 아버지의 집도 떠나야 했다. 그리스도께서 그와 그의 사람들 사이에 끼어드셨기 때문이다. 그때의 단절은 가시적 단절이었다. 아브라함은 약속의 땅 때문에 외인外人이 되었다. 이것이 그의 첫 소명이었다. 나중에 아브라함은 하나님으로부터 자기 아들 이삭을 제물로 바치라는 요구를 받는다. 그리스도께서 믿음의 아버지와 약속의 아들 사이에 끼어드신다. 여기서 자연적인 직접성뿐만 아니라 영적인 직접성도 깨지고 만다. 아브라함은 약속이 이삭에게 달린 것이 아니라 하나님께 달려 있음을 배우지 않으면 안 되는 것이다. 하나님의 이 요구는 아브라함의 귀에만 들리고, 아브라함을 제단까지 수행한 종의 귀에는 전혀 들리지 않는다. 아브라함은 혈혈단신이 된다. 이번에도 아버지의 집을 떠나올 때처럼 완전히 단독자가 된다. 그는 하나님의 요구를 곧이곧대로 받아들인다. 그것을 이러저러하게 해석하지도 않고, 영적 의미로 해석하지도 않는다. 그저 하나님의 말씀을 받아들이고 순순히 따른다. 그는 모든 자연적 직접성, 모든 윤리적 직접성, 모든 종교적 직접성에 맞서 하나님의 말씀에 복종한다. 그는 자기 아들을 제물로 바친다. 그는 중보자를 위해 은밀한 단절을 가시화하려고 한다. 바로 그 순간, 그는 자신이 바친 것을 고스란히 돌려받는다. 아브라함은 자기 아들을 되돌려 받는다. 하나님께서 그에게 이삭을 대신할 더 나은 제물을 보여주신다. 그야말로 360도의 전환이다. 아브라함은 이삭을 되돌려 받되, 이전과 다르게 받는다. 그는 중보자를 통해 그리고 중보자 때문에 그 아들을 받는다. 하나님의 명령을 글자 그대로 듣고 수행할 준비를 한 자로서 이삭을 받지 않았다는 듯이 받고, 예수 그리스도를 통해 받게 된 것이다. 이 사실을 아는 사람은 아브라함뿐이다. 아브라함은 산에 오르던 그대로 이삭과 함께 산에서 내려온다. 하지만 그것은 전혀 다른 하산이었다. 아버지와 아들 사이에 그리스도께서 끼어드신 것이다. 아브라함은 모든 것을 버리고 그리스도를 따랐다. 그리고 그리스도를 따르는 가운데 예전에 살던 세상에서 다시 살았다. 겉보기에는 모든 것이 예전 그대로였다. 하지만 "옛 것은 지나갔습니다. 보십시오, 새 것이 되었습니다."고후 5:17 이 모든 것이 그리스도를 통해 이루어졌다.

이것은 단독자가 되어 공동체 안에서, 민족 속에서, 아버지의 집에서, 재산과 토지를 소유한 채 그리스도를 따르는 자로 살 수 있는 제2의 가능성이다. 그러나 이런 생활로 부름받은 사람은 아브라함, 예전에 가시적인 단절을 몸소 실행하고 신약성서에서 믿음의 모범이 된 바로 그 아브라함이다. 우리는 아브라함의 이 가능성을 너무나 쉽게 일반화하여 율법적으로 이해하고, 그것을 우리 자신에게 직접 적용하고 싶어 한다. 이를테면 그것은 우리 그리스도인의 실존이기도 하니 우리도 이 세상의 재화를 소유한 채 그리스도를 따르고, 그런 식으로 단독자가 될 수 있다는 것이다. 하지만 은밀한 단절을 믿음 속에 감춘 채 수행하기보다는 가시적 단절을 수행하는 것이 더 쉬운 길이라는 것은 틀림없는 사실이다. 이 사실을 알지 못하는 자, 곧 이 사실을 성서와 경험을 통해 알지 못하는 자는 자기를 속여 다른 길을 가게 될 것이다. 그는 직접성으로 되돌아가 그리스도를 잃고 말 것이다.

이런저런 길을 택하는 것은 우리의 마음대로 할 수 있는 것이 아니다. 예수께서는 우리를 어떤 식으로든 직접성에서 끌어내려 하신다. 따라서 우리는 눈에 띄게 하든지 은밀하게 하든지, 단독자가 되지 않으면 안 된다.

그러나 우리로 하여금 단독자가 되게 하시는 중보자는 전혀 **새로운 친교**의 기초도 되신다. 그분은 타자와 나의 중간에 자리하신 채 떼어 놓기도 하시고 연결하기도 하신다. 그분은 타자에게 이르는 모든 직접적인 길을 차단하신다. 그러고는 따르는 자에게 중보자를 거쳐 타자에게 이르는 새롭고 유일하게 참된 길을 제시하신다.

> 베드로가 예수께 말씀드렸다. "보십시오, 우리는 모든 것을 버리고 선생님을 따라왔습니다." 예수께서 말씀하셨다. "내가 진정으로 너희에게 말한다. 나를 위하여, 또 복음을 위하여, 집이나 형제나 자매나 어머니나 아버지나 자녀나 논밭을 버린 사람

은, 지금 이 세상에서는 박해도 받겠지만 집과 형제와 자매와 어머니와 자녀와 논밭을 백 배나 받을 것이고, 오는 세상에서는 영원한 생명을 받을 것이다. 그러나 첫째가 꼴찌가 되고 꼴찌가 첫째가 되는 사람이 많을 것이다."막 10:28-31

여기서 예수께서는 단독자가 된 사람들, 그분께서 부르시자 모든 것을 버린 사람들, "보십시오, 우리는 모든 것을 버리고 선생님을 따라왔습니다"라고 말할 수 있는 사람들에게 말씀하신다. 그들은 새로운 친교를 약속받는다. 그들은 예수의 말씀대로 이 세상에서 그들이 버린 것의 백배를 당연히 받게 될 것이다. 이는 예수께서 친히 염두에 두고 계신 공동체에 관해 말씀하신 것이다. 예수를 위해 아버지를 버린 자는 아버지를 다시 얻는다. 그는 형제들과 자매들도 얻는다. 게다가 논밭과 집들도 마련된다. 저마다 홀로 예수를 따르지만, 그 속에 홀로 머무르는 것은 아니다. 말씀에 의지하여 단독자가 되기를 감행하는 사람은 공동체의 친교를 선물로 받는다. 그는 자기가 잃은 것을 백배로 갚아 주는 가시적 형제단 속에 있게 된다. 백배란 모든 것을 예수를 통해서만 얻고, 모든 것을 중보자를 통해서 얻는다는 뜻이다. 물론 그것은 "박해를 받으며"

얻는 것을 뜻한다. "박해를 받으며" "백배를 받는 것"은 십자가를 지고 주님을 따르는 공동체의 은혜다. 이것은 주님을 따르는 사람들, 곧 십자가 공동체의 일원이 되고, 중보자의 백성, 십자가를 지는 백성이 되는 이들에게 주시는 약속이다.

> 그들은 예루살렘으로 올라가고 있었다. 예수께서 앞장 서서 가시는데, 제자들은 놀랐으며, 뒤따라가는 사람들은 두려워하였다. 예수께서 다시 열두 제자를 곁에 불러 놓으시고, 앞으로 자기에게 닥칠 일들을 그들에게 일러주시기 시작하셨다. ^{막 10:32}

"나를 따르라"는 부르심이 진지한 부르심이라는 것을, 인간의 능력으로는 따를 수 없다는 것을, 자신이 박해를 받게 될 것이라고 예고한 것을 증명하시겠다는 듯이, 예수께서는 십자가를 지려고 예루살렘으로 앞장서 가시고, 그분을 따르는 이들은 그분의 부르심을 받고 따라가는 이 길에 대한 놀람과 두려움에 사로잡힌다.

산상 설교

마태복음 5장: 그리스도인의 "비범한" 삶에 관하여

팔복

언덕 중턱에 계신 예수, 군중, 제자들. **민족이 바라본다**. 예수와 제자들이 저기에 있다. 제자들이 예수께 나아간다. 제자들, 이들도 조금 전까지는 완전히 민족의 일부였다. 다른 모든 이들과 다를 게 없는 사람들이었다. 그러다가 예수의 부르심이 들려왔고, 그들은 곧바로 모든 것을 버리고 그분을 따라나섰다. 그때부터 그들은 완전히 예수의 사람이 된다. 이제 그들은 그분과 함께 다니고, 그분과 함께 생활하고, 그분이 이끄시는 곳이면 어디든지 그분을 따라다닌다. 다른 이들에게 일어나지 않은 무언가가 그들에게 일어난 것이다. 민족에게는 이 점이 대단히 불안하고 꼴사납게 보인다. **제자들이 바라본다.** 그들이 속해 있던 민족이 저기에 있다. 이스라엘 집의 잃은 양 떼다. 이들은 하나님께 부르심을 받은 공동체, 국민 교회다. 이 민족 사이에서 예수께 선택을 받고 부르심을 받을 무렵, 그들(제자들)은 이스라엘 집의 잃은 양 떼를 위해 당연하고도 꼭 필요한 일을 하고 있었다. 그들은 선한 목자의 음성을 듣고 뒤따라갔다. 그의 음성을 알고 있었기 때문이다. 그들의 길은 이 민족을 위한 것이다. 그들은 이 민족 속에서 살면서, 이 민족 속으로 들어가, 예수의 부르심과 따름의 영광을 알리게 될 것이다. 그러나 그 끝은 어찌 될 것인가? **예수께서 바라보신다.** 저기 제자들이 보인다. 그들이 민족 속에 있다가 그분께 다가온다. 그들 하나하나는 그분께서 부르신 자들이자, 그분의 부르심을 받고 모든 것을 포기한 자들이다. 이제 그들은 궁핍과 빈곤을 겪으며 산다. 그들은 가난한 이들 가운데서도 가장 가난한 사람들, 기피 대상자들 가운데서도 가장 심한 기피 대상자들, 굶주린 이들 가운데서도 가장 굶주린 사람들이다. 그들에게 있는 것이라곤 그분뿐이다. 그렇다, 그들은 그분과 함께 세상에서 아무것도, 전혀 아무것도 갖고 있지 않다. 하지만 맹세코 모든 것을, 전부를 가진 사람들이다. 그분이 찾아낸 것은 작은 공동체이지만, 그분이 민족을 보면서 찾으시는 것은 큰 공동체다. 제자들과 민족, 이 둘은 서로에게 속해 있다. 제자들은 그분의 사자使者가 되어, 여기에서도 저기에서도 듣는 자와 믿는 자를 얻을 것이다. 하지만 제자들과 민족 사이에는 적대 관계가 끝까지 존재할 것이다. 하나님과 그분(예수)의 말씀에 맞서 온갖 분노가 그분의 제자들에게 쏟아질 테고, 그들은 그분과 함께 버림을 받게 될 것이다. 십자가가 보인다. 그리스도, 제자들, 민족—이것은 예수와 그의 공동체의 수난사를 보여주는 완전한 그림이다.[3]

예수께서는 제자들에게 말씀하신다. "복이 있다!"눅 6:20 참조 이것은 그분의 부르심의 지배를 받는 이들에게 하시는 말씀이다. 이 부르심 때문에 그들은 가난하게 살면서 시련과 굶주림을 겪고 있다. 그분께서 그들에게 복을 선언하시는 까닭은 그들의 궁핍이나 그들의 포기 때문이 아니다. 궁핍과 포기 자체는 어떤 식으로도 복의 선언을 위한 근거가 되지 못한다. 따르는 이들을 궁핍과 포기 속에서 살게 하는 부르심과 약속만이 복의 선언을 위한 충분한 근거가 된다. 몇몇 복은 예수께서 궁핍과 관련하여 선언하신 것이고, 다른 복들은 제자들의 의식적인 포기 또는 특별한 덕과 관련하여 선언하신 것이라는 언급은 의미가 없다. 객관적인 궁핍과 개인적인 포기는 그리스도의 부르심과 약속에 공통의 근거를 두고 있다. 둘 가운데 어느 것도 자체로는 가치와 권리가 없다.[4]

예수께서는 자기 제자들에게 복을 선언하신다. 민족은 그 선언을 듣고, 그 자리에서 벌어지고 있는 사건을 목격하고 경악한다. 하나님의 약속에 따라 이스라엘 민족 전체의 소유이던 것이 여기서는 예수께 선택받은 작은 공동체의 소유가 된다. "하늘나라가 그들의 것이다." 그러나 제자들과 민족은 하나다. 둘 다 하나님의 부르심을 받은 공동체이기 때문이다. 따라서 예수의 복 선언은 **그들 모두에게** 결단과 구원이 되지 않으면 안 된다. 그들 모두는 사실 있는 모습 그대로 부름받은 자들이다. 제자들은 자신들이 따르는 예수의 부르심 때문에 복이 있다는 말을 듣고, 하나님의 백성 전체는 자신들과 관련된 약속 때문에 복이 있다는 말을 듣는다. 그러나 하나님의 백성은 이제 예수 그리스도와 그분의 말씀도 믿으면서 약속을 붙들 것인가? 아니면 믿지 않고 그리스도와 그분의 공동체로부터 분리될 것인가? 이것은 초미의 문제가 아닐 수 없다.

마음이 가난한 사람은 복이 있다.

하늘나라가 그들의 것이다.^{마 5:3}

제자들은 모든 면에서 궁핍하다. 그들은 완전히 "가난하다."^{눅 6:20} 그들에게는 안전장치도 없고, 자기의 것이라고 할 만한 재산도 없고, 고향이라고 할 만한 한 뙈기의 땅도 없으며, 소속할 만한 세상 공동체도 없다. 그들에게는 증거로 끌어대어 위안으로 삼을 만한 영적인 능력, 경험, 지식도 없다. 그들은 그분 때문에 모든 것을 잃었다. 그들은 그분을 따르면서 그들 자신은 물론이고, 그들을 더 부유하게 해줄 모든 것까지 잃었다. 이제 그들은 가난하고 경험도 없고 어리석기까지 해서, 자신들을 부르신 분 이외의 그 어떤 것에도 희망을 걸 수 없는 상태다. 예수께서는 다른 사람들, 민족종교의 대변자들과 설교자들, 현세에서 기반을 확고하게 다진 채 민족성과 시대정신과 민족 신심에 불가분의 뿌리를 내리고 있는 유력자들과 명망가들도 아시지만, 그들에게가 아니라 오직 자기 제자들에게만 "복이 있다. 하늘나라가 그들의 것이다"라고 말씀하신다. 예수 때문에 전적으로 **포기와 궁핍 속에서** 살고 있는 그들에게 하늘나라가 손을 뻗는다. 그들은 가난 속에서 살지만, 하늘나라의 상속자들이다. 그들의 보화는 깊이 감추어져 있다. 그들의 보화는 십자가에 있다. 그들은 하늘나라의 분명한 영광을 약속받지만, 이미 십자가의 완전한 가난 속에서 그 나라를 선사받은 상태이기도 하다.

여기서 예수의 복 선언은 정치·사회적 의도를 띤 제자들의 우스꽝스러운 모습과는 완전히 구별된다. 적그리스도도 가난한 자들에게 복을 선언한다. 하지만 그가 그러는 것은 모든 가난을 아우르면서 복되게 하는 십자가 때문이 아니라, 정치·사회적 이데올로기를 통하여 십자가를 물리치기 위해서다. 그는 이 이데올로기를 기독교라고 명명하겠지만, 바로 그래서 그리스도의 적이 된다.

> 슬퍼하는 사람은 복이 있다.
> 그들이 위로를 받을 것이다.^{마 5:4}

복의 선언이 계속되면서 제자들과 민족 사이의 균열도 심화된다. 제자의 신분이 차츰 선명해진다. 슬퍼하는 사람들은 세상이 **행복과 평화**라고 부르는 것을 **포기하고** 살기로 작정한 사람, 세상과 조금도 어울리지 않는 사람, 자신을 세상과 같다고 여기지 않는 사람이다. 그들은 세상, 세상의 죄책, 세상의 운명, 세상의 행복 때문에 슬퍼한다. 세상은 축제 기분에 젖지만, 그들은 멀찍이 비켜선다. 세상은 생을 즐기라고 외치지만, 그들은 슬퍼한다. 그들은 축제의 환희에 젖은 배船가 이미 침수되고 있음을 본다. 세상은 진보와 힘과 미래를 꿈꾸지만, 제자들은 종말과 심판을 알고, 세상과 전혀 어울리지 않는 하늘나라의 도래도 알고 있다. 제자들이 이 세상에서 외인, 성가신 손님, 평화 교란자로 지내며 배척을 받는 것은 그 때문이다. 어찌하여 예수의 공동체는 민족 가운데 살면서도 민족의 수많은 축제에 참여하지 않는가? 동포를 이제는 이해하지 못하기 때문인가? 인간 혐오와 인간 멸시에 빠졌기 때문인가? 예수의 공동체만큼 동포를 이해하는 자들도 없고, 예수의 제자들만큼 동포를 사랑하는 자들도 없다. 제자들이 외인으로 지내는 것도 그래서고, 그들이 슬퍼하는 것도 그래서다. 루터가 여기서 그리스어 단어 οἱ πενθοῦντες, 호이 펜툰테스를 "슬픔을 짊어지는 사람"으로 번역한 것은 의미심장하고 멋진 일이다. 짊어지는 것이 중요하다는 것이다. 제자 공동체는 자신들이 슬픔을 유발한 것이 아니라는 듯이 그것을 뿌리치지 않는다. 오히려 그것을 짊어짐으로써 자신들이 동포와 연대하고 있음을 알리고, 동시에 자신들이 일부러 슬픔을 추구하거나 세계를 경멸하여 슬픔을 회피하는 것이 아니라, 자신들에게 부과된 것, 예수를 따르는 가운데 예수 그리스도 때문에 자신들에게 부과된 것을 짊어질 뿐이라고 말한다. 하지만 제자들은 슬픔 때문에 지치거나, 녹초가 되거나, 언짢아하거나, 망가지는 일이 없다. 오히려 그들은 자신들을 짊어지시는 분의 능력 안에서 그것을 짊어진다. 제자들은 십자가에서 모든 슬픔을 짊어지신 분의 능력 안에서만 자신들에게 부과된 슬픔을 짊어진다. 그들은 십자가에 달리신 분의 공동체 안에서 슬퍼하는 자로서 존재한다. 그들은 세상에 낯설다는 이유로 십자가에 달리신 분의 능력 안에서 외인으로 살아간다. 이것이 그들의 위안거리다. 이분이야말로 그들의 위안거리, 그들의 위로자시다.^{눅 2:25 참조} 외인 공동체는 십자가 안에서 위로를 얻고, 자신들이 이스라엘의 위로자께서 기다리고 계신 곳으로 쫓겨났다는 사실에서 위로를 얻는다. 이처럼 그 공동체는 십자가에 달리신 주님에게서 참된 고향을 발견한다. 이제와 영원히.

온유한 사람은 복이 있다.
그들이 땅을 차지할 것이다.^{마 5:5}

이 외인 공동체는 이 세상에서 자신을 보호할 어떤 권리도 없고, 권리를 주장하지도 않는다. 그들은 예수 그리스도 때문에 **저마다의 고유한 권리를 포기하고** 살아가는 온유한 사람이기 때문이다. 사람들이 책망하면 그들은 잠잠히 있고, 사람들이 폭력을 가하면 그들은 그것을 견디고, 사람들이 밀어내면 그들은 물러난다. 자신들의 권리를 위해 소송을 제기하지도, 자신들에게 부당한 일이 일어날 때 세인의 시선을 끌지도 않는다. 그들은 자신들의 권리를 조금도 바라지 않는다. 그들은 모든 권리를 하나님께만 맡기려고 한다. 고대 교회 주석은 이렇게 말한다. "앙갚음하려 하지 마라."^{non cupidi vindictae, 논 쿠피디 빈딕테} 그들은 자신들의 주님이 권리로 삼으신 것만을 자신들의 권리로 삼는다. 오직 그것뿐이다. 그들의 모든 말, 그들의 모든 몸짓에서 그들이 이 세상에 속해 있지 않음이 명백해진다. 세상은 동정하듯 이렇게 말한다. "그들은 하늘에 속해 있으니, 그들에게 하늘을 맡겨라."[5] 그러나 예수께서는 이렇게 말씀하신다. "그들이 땅을 차지할 것이다." 땅은 권리도 없고 힘도 없는 사람들의 차지가 된다. 불의와 폭력으로 땅을 차지하는 사람은 그것을 잃을 것이고, 이 세상에서 땅을 포기하고 십자가에 이르기까지 온유한 사람은 새 땅을 다스릴 것이다.

이 대목에서 우리는 이 세상에서 이루어지는 하나님의 정의로운 처벌을 생각해서는 안 된다.^{장 칼뱅} 하늘나라가 내려오면 땅의 모습이 새로워질 테고, 그러면 그것은 예수 공동체의 땅이 될 것이다. 하나님은 이 세상을 버리지 않으신다. 그분께서는 이 세상을 창조하셨고, 자기 아들을 이 세상에 보내셨다. 그 아들은 이 땅에 자기의 공동체를 세우셨다. 그 당시에 이미 시작되었고, 하나의 표지가 주어졌다. 힘없는 이들은 이미 이 세상에서 한 뙈기의 땅을 받는다. 그들은 박해를 받으며 십자가에 달리기까지 하면서도 교회, 교회의 친교, 교회의 재화, 형제들과 자매들을 얻는다. 하지만 골고다도 한 뙈기의 땅이다. 가장 온유하신 분께서 죽으신 골고다에서부터 땅은 새로워질 것이다. 하나님의 나라가 임하면, 온유한 사람이 땅을 차지할 것이다.

의에 주리고 목마른 사람은 복이 있다.
그들이 배부를 것이다.^{마 5:6}

예수를 따르는 이들은 자신들의 권리는 물론이고 **자신들의 의까지 포기하고** 산다. 그들은 결코 자신들의 행위와 희생을 공로로 삼지 않는다. 그들은 의에 대한 주림과 목마름 속에서만 의를 얻는다. 그들은 현세에서 자신들의 의와 하나님의 의를 얻으려 하지 않는다. 그들은 언제나 미래에 얻을 하나님의 의를 중요하게 여길 뿐, 그것을 스스로 세우지 않는다. 예수를 따르는 이들은 길 위에서 갈망하는 사람들이 된다. 그들은 모든 죄의 용서와 완전한 갱신을 갈망하고, 땅의 쇄신과 하나님의 완전한 의를 갈망한다. 세상의 저주가 여전히 그들을 괴롭히고, 세상의 죄가 여전히 그들의 어깨 위에 놓인다. 그들이 따르는 분은 저주받은 자로서 십자가에서 죽지 않으면 안 된다. "나의 하나님, 나의 하나님, 어찌하여 나를 버리셨습니까?"마 27:46라는 그분의 마지막 외침은 의를 필사적으로 갈망하는 외침이다. 그러나 제자는 스승보다 높지 않다. 그들은 스승의 뒤를 따른다. 그들은 복이 있다. 배부를 것이라는 약속을 받기 때문이다. 그들은 의를 얻을 것이다. 귀로만 얻는 게 아니다. 그들의 육체도 의로 배부르게 될 것이다. 그들은 미래에 이루어질 주님과의 만찬에서 참된 생명의 빵을 먹게 될 것이다. 그들은 이 미래의 빵 때문에 복이 있지만, 이미 현재에도 이 빵을 모시고 있다. 생명의 빵이신 분께서 그들의 모든 굶주림 가운데 계시기 때문이다. 이것이야말로 죄인의 복이 아닐 수 없다.

자비한 사람은 복이 있다.
하나님이 그들을 자비롭게 대하실 것이다.마 5:7

이 무산자들, 이 외인들, 이 힘없는 자들, 이 죄인들, 이
예수 추종자들은 이제 **자신들의 존엄성도 포기한 채** 그분과
함께 산다. 그들은 자비롭기 때문이다. 그들은 자신들의 곤경
과 자신들의 궁핍에 만족하지 않고, 다른 이들의 곤경과 다른
이들의 비천함과 다른 이들의 죄책에도 관여한다. 그들은 약
한 사람들, 병든 사람들, 불행한 사람들, 천대받는 사람들, 박
해받는 사람들, 부당한 일을 겪는 사람들, 배척받는 사람들, 괴
로워하고 걱정하는 모든 자에 대한 저항할 수 없는 사랑을 품
는다. 그들은 죄와 허물에 빠진 사람들을 찾아다닌다. 자비가
끼어들지 못할 만큼 심한 곤경이나 지독한 죄는 존재하지 않
는다. 자비로운 사람들은 모욕을 당하는 사람에게 자기의 명
예를 선사하고, 그 사람의 모욕을 자기가 떠맡는다. 그들은 세
리 및 죄인과 어울리고, 그들과 어울렸다는 이유로 받는 치욕
을 달게 받아들인다. 그들은 인간의 최고선, 자기의 존엄성과

명예를 포기하고 자비를 베푼다. 그들이 아는 존엄성과 명예
는 주님의 자비 **한 가지**뿐이다. 그들은 주님의 자비만을 먹고
산다. 그분은 자기의 제자들을 부끄러워하지 않으시고, 사람
들에게 형제가 되어 주시고, 그들의 치욕을 지고 십자가에 달
려 죽기까지 하셨다. 바로 이것이 예수께 매인 사람들만이 의
지하며 살려고 하는 예수의 자비, 십자가에 달리신 분의 자비
다. 그들이 자신들의 모든 명예와 존엄성을 잊고 죄인들의 공
동체만 찾아다니는 것은 바로 그 자비 때문이다. 그들은 지금
치욕을 당해도 여전히 복이 있다. 그들이 자비를 입을 것이기
때문이다. 하나님이 장차 그들을 깊이 굽어보시고, 그들이 지
은 죄와 그들이 당하는 치욕을 떠맡으실 것이다. 그분께서 자
기의 명예를 그들에게 주시고, 그들에게서 그들의 불명예를
제거하실 것이다. 죄인들의 치욕을 짊어지고, 자신의 명예를
그들에게 옷 입히는 것이야말로 하나님의 명예가 될 것이다.
자비로운 사람들은 복이 있다. 그들은 자비로우신 분을 주님
으로 모시기 때문이다.

> 마음이 깨끗한 사람은 복이 있다.
>
> 그들이 하나님을 볼 것이다.^{마 5:8}

마음이 깨끗한 사람은 누구인가? 자기의 마음을 예수께 고스란히 내어드려 그분께서 홀로 그 속에서 다스리시게 하는 사람, 자기의 마음을 자기의 악이나 자기의 선으로 더럽히지 않는 사람이다. 깨끗한 마음은 선악을 알지 못하는 어린아이의 천진난만한 마음, 타락하기 전의 아담의 마음, 양심이 그 속을 다스리는 것이 아니라 예수의 뜻이 그 속을 다스리는 마음이다. **자기의 선과 악을 포기하고**, 자기의 마음을 포기하는 사람, 그런 식으로 참회하며 예수에게만 매달리는 사람의 마음은 예수의 말씀을 통해서 깨끗해진다. 여기서 마음의 깨끗함은 모든 외적 깨끗함과 대조를 이룬다. 선한 태도의 깨끗함도 외적 깨끗함에 속한다. 깨끗한 마음은 선악에 때 묻지 않은 마음, 그리스도께 온전히 그리고 통째로 속한 마음, 앞장서서 가시는 그분께만 주의를 기울이는 마음이다. 이생에서 하나님의 아들 예수 그리스도께만 주의를 기울인 사람만이 하나님을 볼 것이다. 그의 마음은 더러운 생각을 하지 않고, 자기의 여러 바람과 의도에 이리저리 끌려다니지 않는다. 그의 마음은 온통 하나님을 보는 일에 사로잡힌다. 거울 같은 마음으로 예수 그리스도의 모습을 비추는 사람이 하나님을 볼 것이다.

평화를 이루는 사람은 복이 있다.

하나님이 그들을 자기의 자녀라고 부르실 것이다.마 5:9

예수를 따르는 이들은 평화를 이루는 사람으로 임명받는다. 예수께서 그들을 부르셨을 때, 그들은 평화를 발견했다. 예수께서 그들의 평화이심을 깨달은 것이다. 이제 그들은 평화를 얻는 것은 물론이고 평화를 이루기도 해야 한다.[6] 이를 위해 그들은 **폭력과 폭동을 포기**한다. 폭력과 폭동은 그리스도의 대의에 조금도 도움이 되지 않는다. 그리스도의 나라는 평화의 나라다. 그리스도의 공동체는 평화의 인사를 나눈다. 예수의 제자들은 다른 사람에게 해를 입히기보다는 스스로 해를 입음으로써 평화를 유지한다. 그들은 다른 사람이 공동체를 깨는 곳에서 공동체를 지키고, 자기주장을 포기하며, 미움과 부당한 일을 끈기 있게 참는다. 그리하여 그들은 선으로 악을 극복한다. 이처럼 그들은 미움과 전쟁이 난무하는 세상 한가운데서 신적 평화의 발기인이 된다. 그러나 그들이 악인들을 평화로이 마주하는 곳, 그들이 악인들 때문에 고난을 달게 받는 곳만큼 그들의 평화가 고귀해지는 곳은 없다. 평화를 이루는 사람들이라면 주님과 함께 십자가를 질 것이다. 십자가에서 평화가 이루어졌기 때문이다. 그들은 그리스도의 평화 활동에 가담하고 하나님의 아들의 일을 하라고 임명받은 까닭에, 하나님의 자녀라고 불릴 것이다.

> 의를 위하여 박해를 받은 사람은 복이 있다.
> 하늘나라가 그들의 것이다.^{마 5:10}

여기서 말하는 박해는 예수의 제자들이 하나님의 의를 위해 받는 고난이 아니라, 그들이 자신들의 의로운 일, 자신들의 의로운 판단과 행위 때문에 받는 고난이다. 예수를 따르며 재산, 행복, 권리, 의, 명예, 폭력을 포기하는 이들은 세상과 다르게 판단하고 행동한다. 그들은 세상 사람들에게 못마땅하게 보일 것이다. 제자들이 의를 위하여 박해를 받는 것은 그 때문이다. 그들이 자기들의 말과 행위로 세상으로부터 받는 보답은 인정이 아니라 배척이다. 중요한 사실은, 제자들이 예수의 이름에 대한 고백 때문에 직접 고난을 받는 것이 아니라 어떤 의로운 일 때문에 고난을 받는 곳에서도, 예수께서 그들에게 복을 선언하신다는 것이다. 그들은 가난한 사람들이 받는 것과 동일한 약속을 받는다. 그들은 박해를 받는 사람들이지만 실로 가난한 사람들과 똑같다.

　팔복을 마감하는 이 자리에서 다음과 같은 의문이 일어
난다. 그러한 공동체가 있을 곳은 이 세상 어디인가? 그 공동
체가 있을 곳은 한 곳뿐이라는 사실이 명백해진다. 그곳은 가
장 가난한 분, 가장 심한 기피 대상자, 가장 온유한 분을 볼 수
있는 곳, 즉 골고다의 십자가다. 복의 선언을 받은 이들의 공
동체는 십자가에 달리신 분의 공동체다. 그 공동체는 그분과
함께하여 모든 것을 잃었고, 그분과 함께하여 모든 것을 얻었
다. 이제 십자가에서는 이런 선언이 울려 퍼진다. "복이 있다,
복이 있다." 하지만 이것은 예수께서 말귀를 알아들을 수 있는
사람들, 곧 제자들에게만 하시는 선언이다. 그런 까닭에 그분
은 그들에게 다음과 같이 직접 말을 건네신다.

> 너희가 나 때문에 모욕을 당하고, 박해를 받고, 터무니없는 말로
> 온갖 비난을 받으면, 복이 있다. 너희는 기뻐하고 즐거워하여라.
> 하늘에서 받을 너희의 상이 크기 때문이다. 너희보다 먼저 온 예
> 언자들도 이와 같이 박해를 받았다.마 5:11-12

　"나 때문에"란 표현은 제자들이 모욕을 당하지만, 실제

로 모욕을 받는 당사자는 예수 자신이라는 뜻이다. 모든 것이 그분의 책임이다. 그들이 모욕을 당하는 것은 그분으로 말미암은 것이기 때문이다. 그분께서 책임을 지신다. 욕, 치명적인 박해, 악담은 제자들이 예수와 친교를 맺으며 누리는 복을 확증할 뿐이다. 세상은 온유한 외인들에게 말과 폭력과 비방으로 울분을 푸는 일밖에 달리 할 일이 없다. 이 가난하고 온유한 사람들의 발언은 대단히 위협적이고 대단히 옳다. 고난을 마주하는 그들의 자세는 매우 참을성이 강하고 대단히 차분하다. 이 예수 제자단은 가난과 고난을 통해 세상의 불의를 매우 강력하게 증명한다. 이것은 도저히 막아낼 수 없는 증명이다. 예수께서 "복이 있다, 복이 있다" 외치시면, 세상은 "꺼져, 꺼져 버려!" 소리친다. 아무렴, 꺼져야지! 하지만 어디로? 하늘나라로. "너희는 기뻐하고 즐거워하여라. 하늘에서 받을 너희의 상이 크기 때문이다." 하늘나라에는 가난한 사람들이 있다. 하나님께서 눈물짓는 외인들의 눈물을 친히 닦아 주시고, 굶주린 이들에게 손수 만찬을 차려 주신다. 상처 입은 육신과 고문당한 육신은 거기에서 아름답게 변모된다. 그들은 죄와 참회의 옷 대신 영원한 의의 흰옷을 입는다. 이 영원한 기쁨으로부터 한 외침이 이 세상에서 십자가를 지고 따르는 이들의 공동체 속으로 파고든다. 그 외침은 "복이 있다, 복이 있다" 선언하시는 예수의 외침이다.

가시적 공동체

너희는 세상의 소금이다. 소금이 짠 맛을 잃으면, 무엇으로 그 짠 맛을 되찾게 하겠느냐? 짠 맛을 잃은 소금은 아무데도 쓸 데가 없으므로, 바깥에 내버려서 사람들이 짓밟을 뿐이다. 너희는 세상의 빛이다. 산 위에 세운 마을은 숨길 수 없다. 또 사람이 등불을 켜서 말 아래에다 내려놓지 아니하고, 등경 위에다 놓아둔다. 그래야 등불이 집 안에 있는 모든 사람에게 환히 비친다. 이와 같이, 너희 빛을 사람에게 비추어서, 그들이 너희의 착한 행실을 보고, 하늘에 계신 너희 아버지께 영광을 돌리게 하여라.^마 5:13-16

이 말씀은 십자가에 달리신 분께서 은혜로 부르신 이들, 곧 "나를 따르라"며 부르신 이들에게 복을 선언하고 나서 하신 말씀이다. "복이 있다" 선언받은 이들은 좀 전까지 하늘 나라에 합당하기만 할 뿐 이 세상에서는 살 가치가 없는 자들,

전혀 쓸모없는 자들로 여겨졌지만, 이제는 이 세상에 없어서는 안 될 선의 상징으로 일컬어진다. 그들은 세상의 소금이다. 그들은 가장 고귀한 선, 세상이 소유한 가치 가운데 최고의 가치다. 그들이 없으면 세상은 더는 생존하지 못한다. 세상은 소금을 통해 보존된다. 세상은 자기가 배척하는 이 가난한 사람들, 이 비천한 사람들, 이 약자들 덕분에 생존한다. 세상은 제자들을 추방함으로써 자기의 생존을 무효로 하지만, 놀랍게도 그 추방된 사람들 덕분에 생존을 이어간다. 이 "신성한 소금" 호메로스7은 자기의 효능으로 자기를 입증한다. 소금은 온 세상에 스며든다. 소금이야말로 세상에서 가장 중요한 것이다. 이처럼 제자들은 하늘나라만을 지향하는 것이 아니라, 자신들이 이 세상에 파송받은 존재임을 잊지 않는다. 그들은 예수께만 매인 자로서 자신들이 세상의 소금임을 드러내 보인다. 예수께서는 자신을 소금이라 부르지 않고 제자들을 소금이라 부르시면서, 그들에게 세상에 대한 영향력을 위임하신다. 그분께서는 자기의 일에 그들을 끌어들이신다. 자신은 이스라엘 민족 가운데 머무르시면서, 제자들에게는 온 세상을 맡기신다. 소금이 소금으로 머무르면서 부패를 막고 맛을 더하는 힘을 유지할 때에만, 세상은 소금을 통해 보존될 수 있다. 소금은 세상을 위해서는 물론이고 자기 자신을 위해서도 소금으로 머물러야 한다. 마찬가지로 제자 공동체도 그리스도의 부르심에 걸맞은 공동체로 머물러야 한다. 그럴 때만 제자 공동체는 세상에 참된 영향력을 행사할 수 있고, 자신을 보존하는 힘도 지닐 수 있다. 소금은 썩지 않고, 그래서 영속적인 정화의 능력을 상징한다. 구약성서에서 소금을 제물로 쓰는 것도 그래서고,^{출 30:35, 겔 16:4} 가톨릭교회의 세례 예식에서 소금을 아이의 입에 넣는 것도 그래서다. 소금이 썩지 않아야 공동체는 지속을 보증할 수 있다.

"너희는 세상의 소금**이다**." 이 말씀은 "너희는 소금이 되어야 한다"는 뜻이 아니다. 소금이 될 것인지 말 것인지는 제자들의 마음 먹기에 달린 것이 아니다. 또한, 이 말씀은 세상의 소금이 되라고 그들에게 던지는 호소도 아니다. 원하든 원하지 않든, 그들은 자신들에게 다가온 부르심의 능력에 둘러싸인 소금이다. "너희는 소금**이다**." 이 말씀은 "너희가 소금을 가지고 있다"는 뜻이 아니다. 종교개혁자들이 한 것처럼 제자들의 메시지를 소금과 동일시한다면, 이는 부당한 일이 될 것이다. 이 말씀은 "나를 따르라"는 그리스도의 부르심을 통해 새롭게 시작된 제자들의 실존 전체, 곧 복의 선언을 들은 이 실존을 의미한다. 예수의 부르심을 받고 따르는 사람의 실존 전체가 세상의 소금인데, 이는 그 부르심 때문이다.

물론 다른 가능성도 있다. 이를테면 소금이 맛을 잃고, 소금이기를 그치고, 작용을 멈추는 것이다. 그러면 그것은 더는 쓸모가 없어서 버림을 받고 말 것이다. 바로 이것이 소금의 특징이다. 소금은 속속들이 짠맛을 내야 마땅하다. 그러나 맛을 잃은 소금은 더는 짠맛을 내지 못한다. 소금은 모든 것, 심지어 가장 심하게 썩는 재료까지 썩지 않게 보존할 수 있지만, 맛을 잃은 소금은 완전히 썩고 말 뿐이다. 이것은 소금의 또 다른 면이자 제자 공동체에 임하는 위협적 심판이기도 하다. 공동체는 세상을 구원할 수도 있지만, 자기의 본질에 충실하지 않은 공동체는 완전히 버림받을 뿐이다. 예수 그리스도의 부르심은 이처럼 당부한다. "세상의 소금으로 살아라, 그렇지 않으면 폐기된다. 뒤따라라, 그렇지 않으면 부르심 자체가 부름받은 자들을 없애 버린다." 다른 구원의 가능성은 존재하지 않는다. 그럴 가능성은 있을 수도 없다.

예수의 부르심으로 제자 공동체는 소금의 비가시적 작용뿐만 아니라 빛의 가시적 발광發光도 떠맡는다. "너희는 빛**이다.**" 이번에도 이 말씀은 "너희는 빛이 되어야 한다"는 뜻이 아니다. 부르심 자체가 그들을 빛으로 만들었으니, 이제는 다른 수가 없다. 그들은 보이는 빛이다. 그게 아니라면, 부르심이 그들에게 닥치지 않았을 것이다. 예수의 제자들, **이** 제자들이 세상의 빛이 **되려고** 하는 것은 실로 불가능하고 터무니없는 일일 것이다! 오히려 그들은 부르심을 받아 따르는 가운데 이미 빛이 된 사람들이다. "너희는 빛을 **소유하고 있는** 게 아니다. 너희가 빛이다! 너희에게 주어진 어떤 것, 곧 너희의 설교가 빛인 것이 아니고, 너희 자신이 빛이다." 자신을 가리켜 "나는 빛이다"라고 말씀하시는 분께서 제자들에게 실제로 말씀하신다. "너희가 부르심을 받은 한, 너희는 삶 전체가 빛이다. 원하든 원하지 않든, 너희는 빛이다. 그러므로 더는 숨어 지내서는 안 된다. 빛은 눈에 띈다. 산 위에 있는 도시는 숨길 수 없다. 결코, 그럴 수 없다." 축성된 도시든, 경계가 삼엄한 성채든, 무너진 폐허든, 산 위의 도시는 먼 곳에서도 눈에 띈다. 이스라엘 사람이라면 지상에 건설된 도시 예루살렘을 떠올리겠지만, 이 산 위의 도시는 다름 아닌 제자 공동체다. 따르는 이들은 이제는 결단을 내릴 필요가 없다. 그들은 자기들에게 요구되는 유일한 결단을 이미 내린 상태다. 이제 그들은 자신들의 정체正體에 맞게 존재해야 한다. 그렇지 않으면 그들은 따르는 이들이 아니다. 따르는 이들은 가시적 공동체고, 그들의 따르기는 그들을 세상에서 돋보이게 하는 가시적 행위다. 그렇지 않다면 그것은 따르는 것이 아니다. 따르기는 밤중에 빛나는 등불처럼, 평야 지대에 우뚝 선 산처럼 가시적이다.

비가시성으로 도주하는 것은 부르심을 부인하는 것이다. 비가시적 공동체가 되려고 하는 예수 공동체는 이제는 따르는 공동체가 아니다. "사람이 등불을 켜서 됫박 아래 두지 않고 등경 위에 둔다." 등불을 임의로 덮고, 됫박 아래 두어 끄는 수도 있고, 부르심을 물리치는 수도 있다. 가시적 공동체의 빛을 덮어 버리는 됫박은 인간에 대한 두려움일 수도 있고, 선교의 방법이든 인간에 대한 잘못된 사랑에 기인한 것이든, 모종의 목적들을 위해 의식적으로 세속성을 띠는 것일 수도 있다. 하지만 됫박은 자신을 십자가의 신학theologia crucis, 테올로기아 크루치스이라 부르는 종교개혁자들의 신학—이것이 훨씬 위험하다—일 수도 있다. 이 신학의 특징은 세속에 완전히 동화된 것으로 보이는 "겸손한" 비가시성을 "바리새파의" 가시성보다 더 선호한다는 것이다. 이 신학은 비범한 가시성보다는 '시민의 의'에 틀어박히는 것을 공동체의 표지로 삼고, 빛을 발하지 **않는** 것을 기독교의 표준으로 삼는다. 그러나 예수께서는 이렇게 말씀하신다. "너희 빛을 이방인에게 비추어라." 어쨌든 빛을 발하는 것은 예수의 부르심의 빛이다. 하지만 이 예수 추종자들, 복의 선언을 받은 이 제자들이 비추어야 할 빛은 어떤 빛인가? 제자들만 회원권을 갖는 곳에서는 어떤 빛이 흘러나와야 하는가? 제자들이 짊어지는 예수 십자가의 불가시성과 은폐성은 드러나야 할 빛과 어떤 공통점이 있는가? 이 은폐성에 따라 제자들도 숨어 있기만 하고 이목을 끌어서는 안 되는가? 예수의 십자가에서 교회의 세속성을 도출하는 것은 위험한 궤변이다. 곧이곧대로 듣는 사람이라면 십자가에서 무언가 비범한 것이 드러났음을 분명히 알지 않을까? 그렇지 않으면 이 모든 것은 '시민의 의'에 불과하고, 십자가는 세속성에 불과하단 말인가? 십자가는 깊은 어둠 속에서 전례 없이 나타나 다른 사람들을 깜짝 놀라게 한 것이 아닌가? 그리스도께서 배척받고 고난받으신 것, 그분의 생이 성문 밖 치욕의 언덕에서 끝난 것은 충분히 가시적이지 않은가? 이것이 비가시성이란 말인가?

  이 빛 속에서 드러나야 할 것은, 제자들의 착한 행실이다. 예수께서는 이렇게 말씀하신다. "그들이 너희가 아니라, 너희의 착한 행실을 보게 하여라." 이 빛 속에서 드러나야 할 착한 행실은 어떤 것인가? 그 행실은 예수께서 그들을 부르셔서, 자신의 십자가 아래서 그들을 세상의 빛으로 삼으시면서 유발하신 것, 곧 가난, 나그네 살이, 온유함, 평화를 이룸, 박해받음, 배척받음 이외의 행실일 수 없다. 이 모든 것을 한마디로 요약해서 말하면, 예수 그리스도의 십자가를 지는 것이다. 십자가는 특이한 발광체다. 제자들의 이 모든 착한 행실은 이 발광체 속에서만 사람들에게 보일 수 있다. 이것은 하나님이 보인다는 말이 아니라, "착한 행실들"이 드러나서, 사람들이 이 행실들을 보고 하나님을 찬양하게 된다는 말이다. 십자가는 드러나고, 십자가를 지는 행위들도 드러나며, 복의 선언을 받은 이들의 궁핍과 포기도 드러나게 마련이다. 그러나 십자가와 그 공동체 때문에 찬양받으실 분은 사람이 아니라, 오직 하나님 한분이시다. 만일 착한 행실들이 인간의 갖가지 덕행이라면, 아버지가 아닌 제자들이 그것들 때문에 찬양을 받게 될 것이다. 그러나 십자가를 지는 제자, 산 위에서 반짝이는 공동체에는 찬양할 것이 전혀 없다. 그들의 "착한 행실들" 때문에 찬양받으실 분은 오직 하나님 한분이시다. 그래서 사람들이 십자가와 십자가 공동체를 **보고** 하나님을 믿는 것이다. 그러나 이것은 부활의 빛이다.

그리스도의 의

내가 율법이나 예언자들의 말을 폐하러 온 줄로 생각하지 말아라. 폐하러 온 것이 아니라, 완성하러 왔다. 내가 진정으로 너희에게 말한다. 천지가 없어지기 전에는 율법은 일점 일획도 없어지지 않고, 다 이루어질 것이다. 그러므로 누구든지 이 계명 가운데 아주 작은 것 하나라도 어기고 사람들을 그렇게 가르치는 사람은, 하늘 나라에서 아주 작은 사람으로 일컬어질 것이요, 또 누구든지 계명을 행하며 가르치는 사람은, 하늘 나라에서 큰 사람이라고 일컬어질 것이다. 내가 너희에게 말한다. 너희의 의가 율법학자들과 바리새파 사람들의 의보다 낫지 않으면, 너희는 하늘나라에 들어가지 못할 것이다. ^{마 5:17-20}

주님은 제자들에게 민족이 중시하는 모든 것은 무가치하게 되고, 무가치한 모든 것은 복의 선언을 받게 될 것이라고 약속하셨다. 당연히 제자들은 이 약속을 받고 율법의 최후가 이른 줄로 착각했다. 그들은 실로 하나님의 아낌없는 은혜 덕분에 모든 것을 손에 넣은 자, 모든 것을 소유한 자, 하늘나라의 확실한 상속자로 간주되고 우대받았다. 그들은 모든 것을 새롭게 하시는 그리스도와 완전하고 인격적인 관계를 맺었다. 그들은 소금, 빛, 산 위의 도시였다. 낡은 것은 모두 지나가고 떨어져 나간 상태였다. 예수께서 자신과 낡은 것 사이에 최종적인 분리선을 그으시고, 옛 계약의 율법을 무효로 선언하시고, 아들의 자유 안에서 그 율법과 결별을 선언하시고, 자기 공동체를 위해 그 율법을 폐기하신 것으로 짐작되었다. 제자들은 앞서 일어난 모든 일에 따라 마르키온Marcion처럼 생각했을지도 모른다. 마르키온은 유대인들이 본문을 변조했다고 비난하면서 본문을 다음과 같이 바꾸려 했던 자다. "너희는 내가 율법이나 예언자들의 말을 완성하러 온 줄로 생각하느냐? 나는 그것을 폐하러 왔지 완성하러 온 것이 아니다." 수많은 사람이 마르키온 이래로 예수의 말씀을 그런 식으로 읽고 해석해 왔다. 그러나 예수께서는 이렇게 말씀하신다. "내가 율법이나 예언자들의 말을 폐하러 온 줄로 생각하지 말아라……." 그리스도께서는 옛 계약의 율법을 유효한 것으로 선언하신다.

이것을 어떻게 이해해야 하는가? 알다시피 이것은 따르는 사람들, 곧 예수 그리스도께만 매인 사람들에게 하신 말씀이다. 누가복음 9:57 이하를 해석하면서 밝힌 것처럼, 어떤 율법도 예수와 제자들의 친교를 방해해서는 안 되었다. 따르기는 예수 그리스도께만 직접 매이는 것이다. 그런데도 예수께서는 전혀 예기치 못한 방식으로 제자들을 구약성서의 율법에 붙들어 매신다. 이것으로 예수께서 제자들에게 말씀하시는 것은 다음 두 가지다. 첫째, 율법에 매이는 것은 따르는 것이 아니다. 둘째, 율법 없이 예수 그리스도의 인격에 매이는 것도 따르는 것이라고 할 수 없다. 예수께서는 그들에게 자신의 온전한 약속과 완전한 친교를 선사하시면서 율법을 가리켜 보이신다. 그분께서 자신을 따르는 제자들에게 그리하시는 까닭에, 율법은 그들에게 유효하다. 그러면 이제 다음과 같은 의문이 일어나게 마련이다. 그리스도와 율법 가운데 어느 쪽이 유효한가? 나는 어느 쪽에 매여 있는가? 그분에게만 매여 있는가? 아니면 다시 율법에 매여 있는가? 자신과 제자들 사이에 어떤 율법도 끼어들어서는 안 된다고 하신 그리스도께서 이제 율법의 폐기는 자신과의 단절을 의미하게 될 것이라고 하시니, 이것은 무슨 뜻으로 하시는 말씀인가?

율법은 구약성서의 율법이다. 그것은 새로운 율법이 아니라, 예수께서 부자 젊은이와 시험하는 율법 교사에게 하나님의 명백한 뜻으로 제시하신 율법이다. 이 율법은 새 계명이 된다. 그리스도께서 자기 추종자들을 이 율법에 붙들어 매시기 때문이다. 바리새파 사람들의 율법보다 "더 나은 율법"이 중요한 게 아니다. 이 율법은 같은 율법, 토씨 하나 틀리지 않고 그대로 이루어져야 하는 율법, 세상의 마지막 때까지 일점 일획도 없어지지 않고 이루어져야 하는 율법이다. 그러나 바리새파 사람들의 의보다 "더 나은 의"는 당연히 중요하다. 이 더 나은 의를 소유하지 못한 자는 하늘나라에 들어가지 못할 것이다. 그것은 자기에게 율법을 가리켜 보이시는 예수를 제대로 따르는 것이 아니기 때문이다. 그러나 이 더 나은 의는 그리스도께서 말을 거시고 부르신 사람만이 소유할 수 있다. 더 나은 의의 조건은 그리스도의 부르심, 그리스도 자신이다.

따라서 그리스도께서 산상 설교의 이 절에서 처음으로 자기 자신에 관해 말씀하시는 것은 이해할 수 있는 일이다. 그분께서는 더 나은 의와 제자들 사이에 서 계시면서 그들에게 그 의를 요구하신다. 그분께서는 구약성서의 율법을 완성하러 오셨다. 이것이야말로 다른 모든 것의 전제 조건이다. 예수께서는 구약성서와 율법과 예언서들 속에서 드러난 하나님의 뜻과 자신이 완전히 일치함을 알리신다. 그분께서는 실제로 하나님의 계명들에 아무것도 덧붙이지 않으신다. 그것들을 지키실 뿐이다. 바로 이것이 그분께서 유일하게 덧붙이신 것이다.

그분께서는 율법을 성취하신다. 그러고는 이것이 자기 일이라고 말씀하신다. 그래서 율법은 참되다. 그분께서는 율법을 일점일획까지 성취하신다. 그러나 그분께서 율법을 성취하시는 사이에, 율법의 성취를 위해 일어나야 할 일이 "다 일어난다." 예수께서는 율법이 요구하는 것을 이행하실 것이므로 당연히 죽음을 겪으실 것이다. 그분만이 율법을 하나님의 율법으로 이해하시기 때문이다. 율법 자체는 하나님이 아니고, 하나님 자신도 율법이 아니시다. 그런데도 율법이 하나님을 대신하고 말았다. 이스라엘은 율법을 그런 식으로 오해했다. 율법을 신격화하고 하나님을 율법화한 것이야말로 이스라엘의 죄였다. 반면에 율법에서 신성을 박탈하고 하나님을 그분의 율법에서 분리한 것은 제자들의 불경스러운 오해였다. 한 경우는 하나님과 율법을 동일시하고, 다른 한 경우는 하나님과 율법을 분리했지만, 결과는 매한가지였다. 유대인들이 하나님과 율법을 동일시한 것은 율법으로 하나님 자신을 쥐락펴락하기 위함이었다. 하나님은 율법에 동화되어 더는 율법을 지배하는 주님이 되지 못했다. 제자들이 하나님을 그분의 율법에서 분리해도 된다고 생각한 것은, 자신들이 구원을 소유함으로써 하나님을 쥐락펴락하기 위함이었다. 두 경우 모두 선물과 선물 수

여자를 혼동하고, 율법 또는 구원 약속을 이용하여 하나님을 부정한 것이다.

예수께서는 이 두 오해에 맞서 율법을 하나님의 율법으로 새로이 시행하신다. 하나님은 율법의 수여자이자 율법의 주인이시다. 율법은 하나님과 맺는 인격적 친교 속에서만 성취된다. 하나님과 맺는 친교가 없으면 율법의 성취도 있을 수 없고, 율법의 성취가 없으면 하나님과 맺는 친교도 있을 수 없다. 전자는 유대인들을 겨냥하여 한 말이고, 후자는 제자들의 위험한 오해를 겨냥하여 한 말이다.

예수께서는 하나님의 아들로서, 홀로 하나님과 온전히 친교하시면서 율법을 새롭게 시행하신다. 구약성서의 율법을 성취하러 오셨기 때문이다. 이렇게 한 이는 그분밖에 없었다. 그런 까닭에 그분만이 율법과 그 성취를 제대로 가르치실 수 있었다. 그분께서 그것을 말씀하실 때, 제자들은 그것을 알고 이해할 수밖에 없었다. 그분이 누구신지 알았기 때문이다. 유대인들은 그분을 믿지 않았을 때는 그것을 이해할 수 없었다. 그래서 그들은 율법에 관한 그분의 가르침을 하나님을 모독하는 것으로, 다시 말해 하나님의 율법을 모독하는 것으로 여겨 거절할 수밖에 없었다. 그 때문에 예수께서는 하나님의 참 율법을 위해 거짓 율법의 옹호자들에게 고난을 당하신다. 예수께서는 오인된 거짓 율법에 맞서 참 율법을 시행하셨다는 이유로 하나님 모독자, 율법 위반자의 죄목으로 십자가에 달려 죽으신다.

그러므로 예수께서 말씀하시는 율법의 완성은, 그분께서 죄인으로 십자가에 달리시는 방식으로만 이루어질 수 있다. 십자가에 달리신 그분 자신이 곧 율법의 완성이다.

흔히들 예수 그리스도, 그분만이 율법의 완성자라고 하는데, 이는 그분만이 하나님과 친교를 온전히 맺는 분이시기 때문이다. 그분께서는 제자들과 율법 사이에 친히 끼어드신다. 그러나 율법은 그분과 제자들 사이에 끼어들지 못한다. 제자들은 그리스도의 십자가를 거쳐서만 율법에 다가간다. 예수께서는 자신만이 완성하는 율법을 제자들에게 가리켜 보이시면서 그들과 결속을 새롭게 다지신다. 그분은 율법 없는 결속을 거절하신다. 그런 것은 광신에 불과하고, 결속은커녕 완전한 방종에 지나지 않기 때문이다. 율법에 매여 예수에게서 분리되면 어쩌나 하는 제자들의 염려는 불식된다. 그것은 유대인들을 실제로 하나님과 갈라놓았던 그릇된 율법 이해에 기인한 염려일 뿐이다. 오히려 하나님의 율법에 매임으로써만 예수와 다지는 진정한 결속이 선사된다는 사실이 분명해진다.

그러나 예수께서 제자들과 율법 사이에 서시는 것은, 그들의 율법 성취를 면제해 주시려는 것이 아니라 율법을 성취하라는 자신의 요구를 밀고 나가시려는 것이다. 제자들은 그분에게 매임으로써만 그분과 똑같이 복종하고, 율법을 일점일획도 버리지 않고 성취하게 된다. 율법의 성취, 이것이 전부다. 그러나 바로 그런 이유로 율법은 이제야 비로소 효력을 지닌다. 율법을 지키며 가르치는 사람이 하늘나라에서 큰 사람이라고 일컬음을 받는 것은 그 때문이다. "**지키며** 가르치는." 다음과 같은 율법론도 있었다. 이를테면 율법이 있는 것은 율법의 성취가 불가능함을 알리기 위해서라며 율법 준수를 면제하는 것이다. 예수께서는 그러한 율법론을 뒷받침하지 않으신다. 율법은 지키지 않으면 안 된다. 그래서 예수께서는 친히 율법을 확실히 지키셨다. 그분 곁에 머무르면서 따르는 사람, 율법을 성취하신 그분 곁에 머무르는 사람은 율법을 지키고 가르치면서 그분을 따른다. 율법을 지키는 사람만이 예수와 친교를 가질 수 있다.

제자를 유대인과 구별해 주는 것은 율법이 아니라 "더 나은 의"다. 제자들의 의는 율법 교사보다 "뛰어나다." 제자들의 의는 율법 교사들을 능가한다. 제자들의 의는 비범하고 별난 의다. 여기에서 처음 등장하는 개념 '페리슈에인'περισσεύειν은 47절에서 가장 중요한 역할을 한다. 우리는 다음과 같은 물음을 던지지 않을 수 없다. 바리새파 사람의 의는 무엇이 그 실체이고, 제자의 의는 무엇이 그 실체인가? 바리새파 사람은 성서에 어긋나는 오류, 곧 율법은 가르치기만 할 뿐 지킬 필요가 없다는 식의 오류를 범하지 않았다. 바리새파 사람은 율법을 지키는 자가 되려고 했다. 바리새파 사람의 의는 율법이 명하는 것을 직접 글자 그대로 이행하는 데 있다. 바리새파 사람의 의가 곧 그의 행위였다. 율법이 명하는 것에 자기의 행위를 완전히 일치시키는 것이 그의 목표였다. 그러나 죄 용서를 통해 보충되어야 할 부족분이 늘 남아 있었다. 그의 의는 불완전한 상태로 머문다. 제자들의 의 역시 율법 준수로만 성립 가능했다. 율법을 지키지 않는 자를 의롭다고 할 수는 없었다. 그러나 제자의 율법 준수는 바리새파 사람의 율법 준수를 능가하는데, 이는 제자의 율법 준수가 바리새파 사람의 율법 준수와 비교하면 실제로 완전한 의이기 때문이다. 어찌하여 그런가? 제자의 의가 바리새파 사람의 의보다 뛰어난 까닭은, 율법을 완성하신 분께서 제자와 율법 사이에 계시고, 제자가 그분과의 친교를 가지기 때문이다. 제자가 마주한 율법은 성취되지 않은 율법이 아니라, 이미 성취된 율법이었다. 율법이 이미 성취되고 율법이 요구하는 바가 이미 충족된 상태에서, 제자는 율법에 복종하기 시작한다. 율법이 요구하는 의는 이미 존재한다. 그것은 율법 때문에 십자가를 지러 가시는 예수의 의다. 그러나 이 의는 수행되어야 할 선^善일 뿐만 아니라, 하나님과 맺는 완전하고 참되고 인격적인 친교이기도 한 까닭에, 예수께서는 의를 **소유하실** 뿐만 아니라 의 자체**이기도** 하다. 그분은 제자들의 의이시다. 예수께서는 제자들을 부르셔서 그들에게 자기 자신을 나눠 주시고, 자신과 친교를 맺을 수 있게 해주셨다. 그리하여 그들을 자신의 의에 참여시키시고, 그들에게 자신의 의를 선사하셨다. 제자들의 의는 그리스도의 의다. 예수께서는 오직 이 점을 말씀하시려고 자신이 율법을 완성하러 왔다고 하시면서 "더 나은 의"에 관해 말하기 시작하신다. 그러나 그리스도의 의는 사실 제자들의 의이기도 하다. 물론 그것은 엄밀한 의미에서 그리스도께서 선사하신 의, "나를 따르라"는 부르심을 통해서 선사하신 의다. 그것은 따르기로 성립되는 의, 이미 팔복에서 하늘나라를 약속받은 의다. 제자들의 의는 십자가를 지는 의다. 그것은 예수의 부르심 때문에 가난한 사람들, 기피당하는 사람들, 굶주리는 사람들, 온유한 사람들, 평화를 이루는 사람들, 박해를 받는 사람들의 의이며, 예수의 부르심 때문에 세상의 빛과 산 위의 도시가 되는 사람들의 의다. 제자들의 의가 바리새파 사람들의 의보다 "더 나은" 까닭은, 그들의 의만이 홀로 율법을 완성하시는 분과 친교를 맺게 하는 부르심에 기인한 것이기 때문이다. 제자들의 의가 진짜 의인 까닭은, 그들이 스스로 하나님의 뜻을 행하고 율법을 성취하기 때문이다. 그리스도의 의도 가르치기만 할 것이 아니라, 바로 **실행에 옮겨야** 한다. 그러지 않으면 그 의는 가르치기만 할 뿐 실행이 없는 율법보다 나을 게 없다. 아래에 이어지는 것은 모두 제자들이 그리스도의 의를 실행에 옮기는 것과 관계가 있다. 한마디로 말하면 그것은 따르기라고 할 수 있다. 그것은 그리스도의 의를 믿는 믿음 안에서 이루어지는 진정한 실행, 순전한 실행이다. 그리스도의 의는 새로운 율법, 곧 그리스도의 율법이다.

형제자매

옛 사람들에게 말하기를 '살인하지 말아라. 누구든지 살인하는 사람은 재판을 받아야 할 것이다' 한 것을 너희는 들었다. 그러나 나는 너희에게 말한다. 자기 형제나 자매에게 성내는 사람은, 누구나 심판을 받는다. 자기 형제나 자매에게 얼간이라고 말하는 사람은, 누구나 공의회에 불려갈 것이요, 또 바보라고 말하는 사람은 지옥 불 속에 던져질 것이다. 그러므로 네가 제단에 제물을 드리려고 하다가, 네 형제나 자매가 네게 어떤 원한을 품고 있다는 생각이 나거든, 너는 그 제물을 제단 앞에 놓아두고, 먼저 가서 네 형제나 자매와 화해하여라. 그런 다음에 돌아와서 제물을 드려라. 너를 고소하는 사람과 함께 법정으로 갈 때에는, 도중에 얼른 그와 화해하도록 하여라. 그렇지 않으면, 고소하는 사람이 너를 재판관에게 넘겨주고, 재판관은 형무소 관리에게 넘겨주어서, 그가 너를 감옥에 집어넣을 것이다. 내가 진정으로 너희에게 말한다. 너희가 마지막 한 푼까지 다 갚기 전에는, 거기에서 나오지 못할 것이다.마 5:21-26

"그러나 나는 너희에게 말한다." 예수께서는 앞서 율법에 관해 하신 모든 말씀을 요약하신다. 전술한 대로, 여기서 예수를 혁명가로 이해하거나 예수의 말씀을 랍비들의 방식으로 이루어진 의견과 의견의 대립으로 가정하는 것은 당연히 금물이다. 오히려 예수께서는 앞서 하신 말씀을 연장하시면서 자신이 모세가 받은 계약의 율법과 일치함을 표현하시되, 하나님의 율법과 진정으로 일치를 이루는 가운데, 자신이 하나님의 아들이며 율법의 주인이자 수여자임을 분명히 밝히신다. 율법을 그리스도의 말씀으로 듣는 사람만이 율법을 이행할 수 있다. 바리새파 사람들이 빠졌던 죄스러운 오해는 설 자리를 잃는다. 그리스도를 율법의 주인과 율법의 완성자로 인식하는 곳에서만 율법에 대한 진정한 인식이 자리할 수 있다. 그리스도께서는 율법을 움켜잡고 활용하신다. 그러고는 율법이 바라는 대로 하신다. 그분은 이처럼 율법과 일치를 이루시면서 잘못된 율법 이해를 적대시하신다. 그분은 율법에 경의를 표하면서 율법을 잘못 위하는 광신자들에게 자기를 내어 주신다.

예수께서 자기를 따르는 이들에게 맨 먼저 이행하라며 지시하시는 율법은 살인을 금하고, 그들에게 형제자매를 맡긴다. 형제자매의 수명은 하나님이 정하시고, 하나님의 손안에 있으며, 하나님만이 생살여탈권을 쥐고 계신다. 살인자는 하나님의 공동체 안에 설 자리가 없다. 그는 자기가 행한 대로 재판을 받는다. 공동체에 속한 형제자매만이 신적 계명의 보호를 받는 것은 아니다. 이것은 다음의 사실에서 명백하게 밝혀진다. 이를테면 예수를 따르는 자의 행위는 다른 사람이 누구인가로 결정되어서는 안 되고, 그가 복종하며 따르는 분을 통해서만 결정된다는 것이다. 예수를 따르는 이에게 살인은 당연히 금지 사항이다. 살인을 저지르면 그는 신적 심판이라는 벌을 받는다. 형제자매의 생명은 예수를 따르는 자가 침범해서는 안 될 경계선이다. 그러나 그러한 침범은 노여움을 통해서도 일어나고, 우리의 입에서 불쑥 새어 나오는 악한 말(욕)을 통해서는 한층 더 일어나고, 다른 사람을 고의로 비하하는 것(너는 바보야)을 통해서도 일어난다. 어떤 것이든 노여움은 다른 사람의 생명을 노리고, 다른 사람의 생명을 건져 주기는커녕 오히려 없애려고 한다. 의분도 의롭지 않은 분노와 마찬가지다.[8] 제자는 분노를 알아서는 안 된다. 분노는 하나님과 형제자매에게 폭행을 가하는 것이기 때문이다. 우리가 너무 가볍게 생각하여 성급히 내뱉는 말은, 우리가 다른 사람을 존중하지 않고, 다른 사람을 얕보고, 우리의 생명을 다른 사람의 생명보다 더 귀하게 평가하고 있음을 드러낸다. 이런 말은 형제자매를 치고, 형제자매의 가슴을 찌른다. 그것은 때리고, 상처를 입히고, 파괴하게 마련이다. 그러나 고의로 비하하는 말은 대중 속에서 형제자매의 명예를 빼앗고, 다른 사람들 앞에서도 형제자매를 조롱하려 하고, 형제자매를 미워하여 그의 내적·외적 실존의 파괴를 목표로 삼는다. 내가 형제자매에게 재판을 집행하면, 이는 살인하는 것이나 다름없다. 살인자는 재판을 받는다.

　　자기 형제자매에게 성을 내고, 악한 말을 하고, 그를 공공연히 비하하거나 헐뜯는 자는 살인자와 다름없어서 하나님 앞에 설 자리가 없다. 그는 형제자매를 버림은 물론이고 하나님까지 버린 자이기 때문이다. 그에게는 하나님에게 다가갈 통로가 없다. 그의 제물, 그의 예배, 그의 기도는 하나님의 마음에 들지 못할 것이다. 랍비들에게 그러하듯이, 예수를 따르는 사람에게도 예배는 형제자매 섬김과 동떨어진 것이 되어서는 안 된다. 형제자매를 업신여기는 것은 예배를 진실하지 못한 것으로 만들고, 하나님의 모든 약속을 그에게서 빼앗는 것이다. 개인이나 공동체가 업신여기는 마음이나 불화하는 마음을 품고 하나님 앞에 나아가려고 하는 것은 우상과 놀아나는 것이다. 형제자매를 섬기거나 사랑하지 않고, 형제자매가 업신여김을 받게 내버려 두고, 그래서 그 형제자매가 나에게 혹은 예수의 공동체에 반감을 품는다면, 내가 드리거나 공동체가 드리는 예물은 받아들여지지 않는다. 나와 하나님의 교통을 가로막는 것은 나의 분노만이 아니다. 나 때문에 마음의 상처를 입고 모욕을 당하고 명예를 잃은 형제자매가 있어서 "나에게 원한을 품고" 있다면, 이것도 나와 하나님의 교통을 가로막는 것이 된다. 그러니 예수의 제자 공동체는 자신이 여기저기에서 형제자매들에게 책임질 일을 저지르지 않았는지, 세상을 위한답시고 한통속으로 형제자매를 미워하고 업신여기고 비하하여, 형제자매 살인의 죄를 저지르지 않았는지 돌아보아야 한다. 오늘날 예수 공동체는 자신이 하나님 앞에 나아가 기도를 바치고 예배를 드리는 순간에, 여러 비난의 소리가 자신과 하나님 사이에 끼어들어 자신의 기도를 방해하고 있지는 않은지 돌아보아야 한다. 예수 공동체는 세상으로부터 모욕을 받고 명예를 잃은 사람들에게 생명을 북돋우고 지탱하고 보호하려고 하는 예수 사랑의 표지를 보여주었는지 돌아보아야 한다. 그렇지 않으면 제아무리 옳은 예배, 제아무리 경건한 기도, 제아무리 대담한 고백이라도 그 공동체에 득이 되지 못하고 오히려 불리한 증언이 되고 말 것이다. 그 공동체는 예수를 따르는 것을 포기한 공동체이기 때문이다. 하나님은 우리의 형제자매를 버리려 하지 않으신다. 형제자매가 명예를 빼앗길 경우, 하나님은 경배받기를 거절하신다. 그분은 아버지시다. 그렇다, 그분은 우리 모두의 형제가 되신 예수 그리스도의 아버지시다. 하나님이 형제자매를 버리려 하지 않으시는 궁극적 이유는 바로 거기에 있다. 인간의 모습을 한 그분의 아들은 아버지의 영광을 위해 명예를 실추당하고 모욕을 당하셨다. 하지만 아버지께서는 자기의 아들을 버리지 않으신다. 게다가 이제는 자기의 아들이 자신과 동일시한 사람들도 버리려 하지 않으신다. 자기의 아들이 그들을 위해 모욕을 당했기 때문이다. 하나님의 아들이 사람이 되신 까닭에, 예배는 형제자매 섬김과 떼려야 뗄 수 없는 관계다. 하나님을 사랑한다고 말하면서 자기 형제자매를 미워하는 자는 거짓말쟁이다.

예수를 따르면서 참된 예배를 드리려고 하는 사람에게는 오직 하나의 길밖에 없다. 그 길은 곧 형제자매와 화해하는 길이다. 화해하지 않은 마음을 품은 채 말씀을 듣고 성찬에 참여하는 자는 심판을 받는다. 그는 하나님 앞에서 살인을 저지르는 자다. "먼저 가서 네 형제자매와 화해하여라. 그런 다음에 돌아와서 제물을 드려라" 하신 것은 그 때문이다. 이것은 예수께서 자기를 따르는 자에게 요구하시는 엄중한 길이다. 이 길은 매우 세심한 겸손 및 모욕과 연결되어 있다. 그러나 이 길은 실로 그분께, 곧 십자가에 달린 형제에게 이르는 길이며, 따라서 은혜와 자비가 풍성한 길이다. 예수 안에서 작은 형제자매를 섬기는 것과 예배가 하나가 되었다. 예수께서는 먼저 가서 형제자매와 화해하고 그런 다음 아버지께 하나의 참 제물, 곧 자기 자신을 바치셨다.

지금도 여전히 은혜의 때다. 우리에게 여전히 형제자매가 있고, 우리가 여전히 "그와 함께 길에 있기" 때문이다. 우리 앞에는 심판이 기다리고 있다. 우리는 여전히 형제자매의 부탁을 들어줄 수 있고, 우리가 빚진 사람에게 빚을 갚을 수 있다. 때가 되어 우리가 재판관에게 넘겨지면, 그때는 너무 늦고 만다. 그때가 되면, 마지막 빚을 다 갚을 때까지 재판과 처벌이 이루어질 것이다. 예수의 제자들에게 형제자매는 율법이 아니라 은혜가 된다는 사실을 아는가? 형제자매의 부탁을 들어주는 것, 형제자매가 자기 권리를 누릴 수 있게 해주는 것이야말로 은혜다. 우리가 형제자매와 화해할 수 있다는 사실은 은혜가 아닐 수 없다. 형제자매는 심판대 앞에서 우리의 은혜가 된다.

이는 우리의 형제로서 친히 심판대 앞에서 우리의 은혜, 우리의 화해, 우리의 구원이 되는 분만이 하실 수 있는 말씀이다. 하나님 아들의 인성 안에서 형제자매의 은혜가 우리에게 선사되었다. 예수의 제자들은 이 은혜를 꼭 유념하기를!

형제자매 섬김, 다시 말해 형제자매를 위해 선뜻 나서고 형제자매에게 권리와 생명을 허락하는 것이야말로 자기부정의 길이자 십자가에 이르는 길이다. 친구를 위해 자기 목숨을 잃는 것보다 더 큰 사랑은 없다.^{요 15:13} 바로 이것이 십자가에 달리신 분의 사랑이다. 따라서 이 율법은 오직 예수의 십자가에서만 성취된다.

여자

'간음하지 말아라' 하고 말한 것을, 너희는 들었다. 그러나 나는 너희에게 말한다. 여자를 보고 음욕을 품는 사람은 이미 마음으로 그 여자를 범하였다. 네 오른 눈이 너로 하여금 죄를 짓게 하거든, 빼서 내버려라. 신체의 한 부분을 잃는 것이, 온 몸이 지옥에 던져지는 것보다 더 낫다. 또 네 오른손이 너로 하여금 죄를 짓게 하거든, 찍어서 내버려라. 신체의 한 부분을 잃는 것이, 온 몸이 지옥에 던져지는 것보다 더 낫다. '누구든지 아내를 버리려는 사람은 그에게 이혼 증서를 써주어라' 하고 말하였다. 그러나 나는 너희에게 말한다. 음행을 한 경우를 제외하고 아내를 버리는 사람은 그 여자를 간음하게 하는 것이요, 또 버림받은 여자와 결혼하는 사람은 누구든지 간음하는 것이다.^{마 5:27-32}

예수 그리스도께 매이는 것은 따르는 자들에게 사랑 없는 욕망을 허락하기는커녕 오히려 말린다. 예수를 따르는 것은 자기부정이자 예수께 완전히 매이는 것이기 때문에, 제자는 어떤 경우에도 욕망의 지배를 받는 자신의 의지가 제멋대로 들뛰게 해서는 안 된다. 그런 욕망은 한순간만 일어도 따르기를 포기하게 하고, 온몸을 지옥에 빠뜨린다. 인간은 하늘이 준 장자의 신분을 욕망의 팥죽 한 그릇과 맞바꾼다. 그는 욕망을 거부할 때 백배의 기쁨으로 갚아 주시는 분을 믿지 않는다. 그는 비가시적인 것을 신뢰하지 않고, 욕망의 가시적 열매를 움켜쥔다. 이와 같이 그는 따름의 길에서 추락하여 예수와 헤어진다. 욕망의 불순은 불신앙이나 다름없다. 욕망을 물리쳐야 하는 것은 그 때문이다. 예수를 따르는 사람은 예수와 헤어지게 하는 이 욕망에서 벗어나기 위해 희생을 치르게 마련인데, 이 희생은 결코 지나친 것이 아니다. 눈은 그리스도보다 중요한 게 아니며, 손도 그리스도보다 중요한 게 아니다. 눈과 손이 욕망의 노예가 되어 온몸이 순수하게 따르는 것을 방해할 경우, 예수 그리스도보다는 그것들을 제물로 바쳐야 한다. 욕망이 초래하는 손실에 비하면, 욕망이 가져다주는 이득은 미미하기 그지없다. 그대가 눈과 손의 쾌락을 잠깐이라도 얻으면, 온몸을 영원토록 잃게 될 것이다. 불순한 욕망의 노예가 된 눈으로는 하나님을 볼 수 없다.

이 대목에서 결단을 위해 실제로 다음과 같은 물음을 던져야 하지 않을까 싶다. 예수께서는 자신의 계명을 글자 그대로 말씀하신 것인가? 아니면 비유적인 의미로 말씀하신 것인가? 우리의 삶 전체는 이 질문에 대한 명확한 대답에 달려 있지 않은가? 제자들의 태도를 고려하건대, 대답도 이미 주어진 것이 아닌가? "예"나 "아니오"의 대답을 요구하면서 외견상 매우 진지해 보이는 이 질문에는 결단을 회피하려는 우리의 의지가 담겨 있는 것 같다. 그러나 이 질문 자체는 부적절하고 악하기까지 하다. 이 질문에는 답이 있을 수 없다. 예수께서 자신의 계명을 글자 그대로 말씀하신 게 아니라고 하면, 우리는 계명의 진정성을 회피하는 것이 될 것이다. 하지만 계명을 글자 그대로 이해해야 한다고 하면, 그리스도인의 실존이 근본적으로 불합리하다는 사실이 명백해지고, 이와 동시에 계명도 무효가 될 것이다. 우리가 예수의 계명에 완전히 사

로잡히는 것은 이 근본적인 질문에 답이 존재하지 않기 때문
이다. 우리는 어느 쪽으로도 피할 수 없다. 우리는 요구받았고,
따라서 순종하지 않으면 안 된다. 예수께서는 제자들을 비인
간적인 경직 속으로 밀어 넣지 않으신다. 그분은 언뜻 보는 것
을 금하지 않으시되, 제자들의 시선을 자신에게로 유도하시
고, 설령 여인에게 향하더라도 그 시선이 순수하리라는 것을
아신다. 이처럼 그분은 제자들에게 감당할 수 없는 율법의 멍
에를 지우시기는커녕 오히려 복음을 통해 그들을 자비롭게 도
우신다.

　　　예수께서는 따르는 이들에게 결혼을 요구하지는 않으
시지만, 율법에 따라서 결혼을 정당화하고 그것을 깨서는 안
된다고 단언하신다. 그러고는 한쪽이 다른 쪽의 간음 때문에
이혼할 경우, 그 다른 쪽이 재혼하는 것을 허락하지 않으신다.
예수께서는 이러한 계명을 통해 결혼을 이기적이고 악한 욕망
에서 건져 내시고, 결혼이 따름 속에서만 가능한 사랑의 섬김
으로 이루어지기를 바라신다. 예수께서는 육체와 그 자연스러
운 욕구를 비난하지 않으시지만, 그 욕구 속에 도사린 불신앙
은 비난하신다. 이처럼 그분은 결혼을 폐지하지 않으시고, 신
앙을 통해 결혼을 공고히 하시고 정당화하신다. 그러므로 따

르는 이는 자신의 결혼 생활을 유지하면서도 바른 행실과 자제 속에서 그리스도와 전면적인 유대를 유지하지 않으면 안 된다. 그리스도께서는 따르는 이의 결혼 생활에서도 주님이시다. 제자의 결혼 생활은 시민의 결혼 생활과 다르다. 이것은 결혼의 경시輕視가 아니라, 결혼의 성화聖化다.

예수께서는 결혼을 깨지 말라고 권유하심으로써 구약성서의 율법에 정면으로 반대하시는 것처럼 보인다. 하지만 그분은 자신이 모세의 율법과 조화를 이루고 있음을 이해시키신다.마 19:8 이스라엘 사람들에게 이혼 증서가 허락된 것은 그들의 "마음이 완악했기 때문"이다. 다시 말해서 그들에게 이혼 증서가 허락된 것은 그들의 마음을 더 큰 방종으로부터 지키기 위함이었을 뿐이다. 구약성서의 율법 의도는 예수와 일치한다. 구약성서의 율법도 순결한 결혼 생활, 곧 하나님을 믿는 믿음 안에서 유지되는 결혼 생활만을 중요하게 여기기 때문이다. 그러나 이 순결, 곧 정조貞操는 예수와 친교를 맺으면서 그분을 따르는 가운데 유지된다.

예수께서는 제자들의 완전한 순결, 곧 제자들의 정조를 중시하신다. 그런 까닭에 그분은 하나님 나라를 위하여 결혼을 완전히 포기하는 것도 칭찬할 만한 일이라고 말씀하신다.

예수께서는 결혼 생활이나 독신 생활을 강령으로 삼지 않으면서, 제자들을 결혼 생활 안팎에서 빚어지는 간음, 곧 포르네이아πορνεία에 몸담지 않게 하신다. 간음은 자기 몸에 죄를 짓는 행위일 뿐 아니라, 그리스도의 몸 자체에 죄를 짓는 행위이기도 하다.고전 6:13-15 제자의 육체 역시 그리스도께 속해 있고, 따르기에 필요하다. 우리의 육체는 그리스도의 몸을 이루는 지체들이다. 하나님의 아들 예수께서 사람의 몸을 입으셨고, 우리는 그분의 몸과 연합한 까닭에, 간음은 예수 자신의 몸을 해치는 죄악이다.

예수의 몸은 십자가에 못 박혔다. 사도 바울은 그리스도께 속한 사람들을 두고 이렇게 말한다. "그리스도 예수께 속한 사람은 정욕과 욕망과 함께 자기의 육체를 십자가에 못박았습니다."갈 5:24 이처럼 구약성서의 율법도 십자가에 달리시고 고문당하신 예수 그리스도의 몸 안에서만 진정으로 성취된다. 제자들은 자기들을 위해 주어진 이 몸을 바라보며 이 몸과 결합함으로써 정조를 지키는 능력, 곧 예수께서 주시는 능력을 얻는다.

진실

옛 사람들에게 말하기를 '너는 거짓 맹세를 하지 말아야 하고, 네가 맹세한 것은 그대로 주님께 지켜야 한다' 한 것을, 너희는 또한 들었다. 그러나 나는 너희에게 말한다. 아예 맹세하지 말아라. 하늘을 두고도 맹세하지 말아라. 그것은 하나님의 보좌이기 때문이다. 땅을 두고도 맹세하지 말아라. 그것은 하나님께서 발을 놓으시는 발판이기 때문이다. 예루살렘을 두고도 맹세하지 말아라. 그것은 크신 임금님의 도성이기 때문이다. 네 머리를 두고도 맹세하지 말아라. 너는 머리카락 하나라도 희게 하거나 검게 할 수 없기 때문이다. 너희는 '예' 할 때에는 '예'라는 말만 하고, '아니오' 할 때에는 '아니오'라는 말만 하여라. 이보다 지나치는 것은 악에서 나오는 것이다.마 5:33-37

지금까지 기독교 교회 안에서 이루어진 이 구절들의 해석은 대단히 불확실하다. 고대 교회 이래로 해석자들의 의견은 모든 맹세를 죄로 여겨 엄격하게 물리치는 것에서부터, 경솔한 맹세와 거짓 맹세만을 반대하는 것에 이르기까지 분분하다. 고대 교회에서는 다음과 같은 해석이 가장 널리 인정되었다. 이를테면 맹세는 "완전한" 그리스도인들에게는 금지되었지만, 연약한 이들에게는 일정한 한계 안에서 허락되었다는 것이다. 특히 아우구스티누스Augustinus가 이 견해를 대변했다. 맹세에 대한 그의 판단은 플라톤,Platon 피타고라스Pythagoras학파 사람들, 에픽테토스,Epiktetos 마르쿠스 아우렐리우스Marcus Aurelius 같은 이교 철학자들의 판단과 일치했다. 이들은 맹세를 고귀한 사람에게 어울리지 않는 것으로 여겼다. 종교개혁 교회들의 여러 신앙고백서는 세속 정부가 요구하는 맹세를 당연히 예수의 말씀에 영향을 받지 않는 것으로 여겼다. 주된 논거는 처음부터 다음과 같았다. 이를테면 구약성서에서 맹세는 권장 사항이었고, 예수께서도 법정에서 몸소 맹세하셨으며, 사도 바울도 맹세와 유사한 표현을 여러 차례 사용했다는 것이다. 종교개혁자들이 결정적으로 중시한 것은 성서의 증거와 함께 영적인 나라와 세속적인 나라의 구별이었다.

맹세란 무엇인가? 맹세는 내가 과거, 현재, 미래를 두고 하는 진술의 증인이 되어 달라고 하나님께 공개적으로 간청하는 것이다. 모든 것을 아시는 하나님이 거짓에 벌을 내려 주시기를 바라는 것이다. 어찌하여 예수께서는 이 맹세를 죄에서, 곧 "악에서"ἐκ τοῦ πονηροῦ, 에크 투 포네루 나오는 것, "악마적인 것"

이라고 하시는가? 예수께서는 완전한 진실을 중시하시기 때문이다.

맹세는 이 세상에 거짓이 존재함을 알리는 증거다. 사람이 거짓말을 하지 않으면, 맹세도 필요하지 않을 것이다. 따라서 맹세는 거짓말을 막는 둑이다. 하지만 바로 그런 점에서 맹세는 거짓말을 조장하기도 한다. 맹세만이 최후의 진실을 요구하고 동시에 거짓말이 설 자리를 얻는다면, 이는 거짓말에 어느 정도의 생존권을 용인하는 셈이 되기 때문이다. 구약성서의 율법은 맹세를 통해 거짓말하는 것을 배척한다. 하지만 예수께서는 맹세 금지를 통해 거짓말을 봉쇄하신다. 그때나 지금이나 중요한 한 가지는, 믿는 사람들의 삶에서 거짓말을 제거하는 것이다. 구약성서가 거짓말을 막고자 맹세를 제시했건만, 거짓말 자체가 맹세를 장악하여 이용하고 말았다. 거짓말은 맹세를 통해 자기를 보호하고 권리까지 얻을 수 있었다. 예수께서는 거짓말의 도피처인 맹세 속에 거짓말이 도사리고 있음을 간파하셨다. 따라서 맹세는 없어지지 않으면 안 된다. 맹세가 거짓말의 대피소가 되어 버렸기 때문이다.

거짓말이 감행한 맹세 암살은 다음 두 가지 방식으로 일어났다. 맹세 아래서 자기의 지위를 유지하거나(거짓 맹세),

아니면 맹세의 형식을 취하거나이다. 이 경우에 맹세에 도사린 거짓말은 살아 계신 하나님에게 호소하지 않고, 모종의 세속적 힘이나 신적인 힘에 호소했다. 거짓말이 맹세 속으로 깊이 파고든 경우에, 완전한 진실은 맹세 금지를 통해서만 보장될 수 있다.

"너희는 '예' 할 때에는 '예'라는 말만 하고, '아니오' 할 때에는 '아니오'라는 말만 하여라." 이렇게 한다고 제자의 말이 전지하신 하나님 앞에서 책임을 면하는 것은 아니다. 오히려 하나님의 이름을 명시적으로 부르지 않아도, 제자의 모든 말은 모든 것을 아시는 하나님의 자명한 현존 아래 놓여 있다. 무슨 말을 하든지 하나님 앞에서 하는 말인 까닭에, 예수의 제자는 따로 맹세해서는 안 된다. 제자의 말 한 마디 한 마디는 진실한 말이어야 한다. 따라서 제자의 말은 맹세를 통한 확증이 필요하지 않다. 맹세는 실로 제자의 다른 모든 말을 의심의 암흑 속으로 밀어 넣는다. 맹세가 "악에서 나오는 것"은 그 때문이다. 제자의 모든 말은 빛이어야 한다.

이렇게 맹세를 거부함과 동시에 분명해지는 사실은 진실이라는 목표만이 중요하다는 것이다. 당연히 예수의 계명은 어떤 법정에서도 예외를 허용하지 않는다. 하지만 우리는 맹세를 거부하는 것 자체가 다시금 진실을 은폐하는 수단이 되어서도 안 된다는 사실 또한 말해야 한다. 맹세해도 되는 상황은 어떤 상황인지, 진실 때문에 맹세해야 한다면 어떤 상황에서 해야 하는지는 일반적으로 결정할 수 있는 것이 아니고 개인이 결정할 일이다. 종교개혁 교회들은 세속 정부가 요구하는 모든 맹세가 이런 상황을 일으킨다고 생각한다. 이것을 일반적으로 결정하는 것이 가능한지는 미결로 남을 수밖에 없다.

그러나 분명한 점은, 그래도 되는 것으로 여겨지는 상황에서만 맹세해야 한다는 것이다. 첫째, 맹세에 담긴 내용을 분명하고 명확하게 파악할 수 있어야 한다. 둘째, 우리가 잘 아는 과거의 사실이나 현재의 사실에 해당하는 맹세와, 서약의 성격을 지닌 맹세를 구별할 수 있어야 한다. 과거에 대한 그리스도인의 지식에는 결코 오류가 없지 않다. 그래서 그가 모든 것을 아시는 하나님의 이름을 끌어대는 것은 오류의 지배를 받는 자신의 진술이 진실임을 입증하려는 것이 아니라, 자신의 지식과 양심이 순수함을 뒷받침하려는 것이다. 그러나 그리스도인은 자신의 미래도 마음대로 할 수 없다. 그런 까닭에 맹세의 성격을 띤 서약, 곧 충성 서약은 처음부터 극도로 위험하다.' 그리스도인은 자신의 미래는 물론이고, 충성 서약으로 그를 속박하는 자의 미래도 장악하지 못하기 때문이다. 따라서 진실과 함께 예수를 따르고자 한다면, 하나님의 뜻을 유보하지 않은 채 그러한 서약을 하는 것은 당치 않은 일이다. 그리스도인에게 이 세상의 절대적인 속박은 존재하지 않는다. 그리스도인은 자신을 옴짝달싹 못 하게 얽어매려고 하는 충성 서약을 거짓말, 곧 "악에서" 나오는 것으로 여긴다. 설령 그러한 서약에 하나님의 이름을 끌어댄다고 해도, 그 서약의 진실성은 절대 입증되지 않는다. 단지 우리가 예수를 따르면서 하나님의 뜻에만 매인다는 사실과, 여타의 그 어떤 속박도 예수 때문에 유보될 수밖에 없다는 사실이 확인될 뿐이다. 의구심이 들 경우에는 서약을 유보해도 된다는 단서가 표명되거나 인정되지 않으면, 서약해서는 안 된다. 서약을 할 경우, 이는 나의 서약을 받는 자를 잘못 인도하는 셈이 되기 때문이다. "너희는 '예' 할 때에는 '예'라는 말만 하고, '아니오' 할 때에는 '아니오'라는 말만 하라"고 한 것은 그 때문이다.

철저한 진실을 요구하는 이 계명은 온전한 따르기를 가리키는 또 하나의 말씀일 뿐이다. 예수를 따르면서 그분께 매인 사람만이 철저히 진실할 수 있다. 그는 주님 앞에서 아무것도 숨기지 않는다. 그는 주님 앞에서 숨김없이 살아간다. 예수께서는 그를 인정하시고 진리 안에 세우신다. 예수 앞에서 그는 죄인임이 명백해진다. 그가 예수께 나타난 것이 아니라, 예수께서 그에게 나타나셔서 그를 부르셨기에, 그가 자신이 죄인임을 알게 된 것이다. 예수께 용서받은 죄를 숨기지 않을 때만 철저한 진실은 존재할 수 있다. 예수 앞에서 자기 죄를 고백하며 진리 안에 서는 사람만이 진리를 말해야 할 곳 어디에서나 진리를 부끄러워하지 않는다. 예수께서 제자들에게 요구하시는 진실은 자기부정에 있다. 자기부정은 죄를 은폐하지 않는다. 진실은 온통 명백하고 투명하다.

진실은 처음부터 끝까지 하나님 앞에서 인간의 전 존재와 그의 악을 폭로하는 것을 중시한다. 그런 까닭에, 이 진실은 죄인들의 반발을 유발하고 급기야 박해를 받고 십자가에 달리기까지 한다. 제자의 진실은 예수를 따르는 것에만 근거를 둔다. 우리가 예수를 따를 때, 그분은 십자가에서 우리의 죄를 드러내신다. 우리를 능가하는 하나님의 진리, 곧 십자가만이 우리를 참되게 한다. 십자가를 아는 사람은 다른 진리를 이제는 두려워하지 않는다. 십자가 아래에서 살아가는 사람은 진실의 회복을 위한 율법인 맹세가 필요하지 않다. 그는 하나님의 완전한 진리 안에 있기 때문이다.

예수께 진리가 아닌 것은 사람에게도 진리가 아니다. 거짓말은 공동체를 파괴한다. 그러나 진리는 거짓 공동체를 잘라 내고, 참된 형제단의 기초를 세운다. 하나님과 사람 앞에서 진실하게 터놓고 살지 않으면, 예수 따르기는 있을 수 없다.

보복

'눈은 눈으로, 이는 이로 갚아라' 하고 말한 것을 너희는 들었다. 그러나 나는 너희에게 말한다. 악한 사람에게 맞서지 말아라. 누가 네 오른쪽 뺨을 치거든, 왼쪽 뺨마저 돌려 대어라. 너를 걸어 고소하여 네 속옷을 가지려는 사람에게는, 겉옷까지도 내주어라. 누가 너더러 억지로 오 리를 가자고 하거든, 십 리를 같이 가주어라. 네게 달라는 사람에게는 주고, 네게 꾸려고 하는 사람을 물리치지 말아라.마 5:38-42

여기서 예수께서는 "눈은 눈으로, 이는 이로 갚아라"라는 말씀을, 앞서 언급한 구약성서의 계명들, 이를테면 십계명의 살인 금지 계명과도 병치하신다. 그분은 그것을 살인 금지 계명과 마찬가지로 하나님의 명백한 계명으로 인정하신다. 그것은 살인 금지 계명과 마찬가지로 폐지되어서는 안 되며, 마지막 한 글자까지 다 이행되어야 한다. 우리는 십계명을 위한다며 구약성서의 계명들에 등급을 매기지만, 예수께서는 그런 일을 도무지 모르신다. 그분은 구약성서의 계명을 하나로 여기시고, 제자들에게 그 계명의 이행을 지시하신다.

예수를 따르는 이들은 그분 때문에 자기의 권리를 포기하며 산다. 예수께서는 온유한 그들에게 복이 있다고 선언하신다. 제자들이 예수와 맺는 친교를 위해 모든 것을 버린 뒤에 이 한 가지(친교)를 소유한 것에 안주하려 했다면, 그들은 따르기를 포기하고 말았을 것이다. 따라서 예수와 맺는 친교에서는 복의 확장만이 일어날 뿐이다.

구약성서의 율법은 신성한 보복으로 정의를 보호한다. 악행을 보복하지 않고 내버려 두어서는 안 된다는 것이다. 참된 공동체를 재건하고, 악행을 확인하여 극복하고, 하나님 백성의 공동사회에서 악행을 제거하는 것이야말로 중요한 일이 아닐 수 없다. 정의는 바로 그런 일에 종사하며, 보복을 통해 효력을 유지한다.

예수께서는 하나님의 이런 뜻을 받아들이시고, 악행을

확인하고 극복하며 제자들의 공동체를 참 이스라엘 공동체로 보호하는 보복의 힘을 긍정하신다. 모름지기 제자는 올바른 보복을 통해 불의를 제거함으로써, 자신이 예수를 따르고 있음을 입증해 보여야 한다는 것이다. 예수의 말씀에 따르면, 이 올바른 보복은 악한 사람에게 맞서지 않는 것으로만 이루어진다.

예수께서는 이 말씀으로 자기 공동체를 정치적·법적 질서로부터, 민족주의적 형태를 띠는 이스라엘 민족으로부터 분리하셔서, 참된 공동체, 곧 정치나 민족에 얽매이지 않는 신자들의 공동체로 만드신다. 하나님의 선민으로서 정치적 형태를 띤 이스라엘에서는 구타를 구타로 갚는 것이 하나님의 뜻에 걸맞은 보복이었지만, 민족적·법적으로 어떤 권리도 요구할 수 없는 제자 공동체는 구타를 당해도 참고, 악을 악으로 갚지 않는 것을 보복으로 여긴다. 제자 공동체는 그런 식으로만 기초가 세워지고 유지된다.

여기서 다음의 사실이 분명해진다. 이를테면 예수를 따르는 이는 부당한 일을 당해도 자신의 권리를 무슨 일이 있어도 지켜야 할 소유로 여기지 않고, 모든 소유에서 완전히 벗어나 오로지 예수 그리스도께만 매인다. 예수와 맺은 이 유대를 증언만 하고, 공동체를 더없이 잘 지탱시킬 토대를 마련하고, 죄인을 예수의 손에 맡기는 것이다.

타자의 악이 저절로 멎고, 그 악이 찾던 것, 곧 저항과 그 악을 더욱 부추길 새로운 악을 만나지 못할 때, 타자의 극복은 이루어진다. 악이 어떤 대상도 어떤 저항도 만나지 못하고 제자가 그 악을 견디고 참을 때, 그 악은 무력해진다. 여기서 악은 이제 대적할 수 없는 적수와 마주친다. 물론 이 마주침은 저항의 마지막 잔재까지 취소되고, 악을 악으로 갚는 것을 포기하는 행위가 철저히 이루어지는 곳에서만 일어난다. 여기서 악은 악을 유발하려던 자신의 목표를 달성하지 못하고, 홀로 남게 된다.

고난이 지나가게 하려면, 그것을 받아들여야 한다. 우리가 악행을 무방비 상태로 감내할 때, 그 악행은 끝난다. 명예훼손과 모욕이 죄로 드러나려면, 따르는 이가 그것들을 보복하지 않고 오히려 감내해야 한다. 폭행을 심판받게 하려면, 거기에 힘으로 맞서지 말아야 한다. 내 윗옷을 달라는 부당한 요구를 웃음거리로 만들려면, 내 외투까지 내주어야 한다. 누군가가 나의 노동을 착취하고 있음을 낱낱이 밝히려면, 그 착취를 제한하지 말아야 한다. 누군가가 우리에게 요구할 때, 무엇이든 주겠다는 각오는 예수 그리스도만으로 만족하고 그분만을 따르겠다는 각오와 다름없다. 따르는 이가 자발적으로 방어를 포기할 때라야, 그와 예수의 절대적인 유대, 자유, 자아로부터의 해방이 입증되고 밝혀진다. 예수와 맺은 이 유대 속에서만 악은 극복될 수 있다.

이 과정에서 문제가 되는 것은 악만이 아니다. 악인도 문제가 된다. 예수께서는 악인을 악하다고 하신다. 나를 폭행하며 괴롭히는 자를 용서하고 정당화하는 것이 나의 행동 방식이어서는 안 된다. 마치 내가 고통을 감내함으로써 악인의 권리를 이해해 줄 용의가 있는 것처럼 보여서는 안 된다. 예수께서는 이런 감상적 고려와 아무 관련이 없다. 수치스러운 구타, 폭행, 착취는 언제나 악하다. 제자는 이 점을 알아야 하고, 예수께서 하신 것처럼 그것을 증언해야 한다. 다른 식으로는 악인에게 타격을 줄 수도, 악인을 극복할 수도 없기 때문이다. 제자에게 맞서는 악은 결코 정당화될 수 없는 악이기 때문에, 제자는 악에 맞서기보다는 악을 견디면서 끝장내고, 그래서 악인을 극복해야 한다. 자발적 고난은 악보다 강하다. 그것은 악의 죽음이다.

악이 너무나 거대하고 강력하게 도사리고 있어서, 그리

스도인의 다른 태도가 필요하다고 생각하게 하는 행위는 존재하지 않는다. 악이 끔찍하면 끔찍할수록, 제자는 고난을 더욱더 기꺼이 받아야 한다. 악인은 예수의 손에 떨어지게 마련이다. 그를 처리하는 것은 내 몫이 아니라, 예수의 몫이다.

　　　종교개혁자들의 해석은 이 대목에서 결정적이고 새로운 견해를 소개한다. 내가 개인적으로 해를 입는 것과 내가 나의 직무 때문에, 곧 하나님이 나에게 위임하신 책무 때문에 해를 입는 것을 구분해야 한다는 것이다. 첫째 경우에는 예수께서 명하신 대로 행동해야 하지만, 둘째 경우에는 거기에서 벗어나, 참된 사랑을 위해 정반대로 행동해야 한다는 것이다. 이를테면 폭력에는 폭력으로 대응하고, 악의 파멸을 위해 맞서야 한다는 것이다. 바로 여기에서 전쟁에 대한 종교개혁의 입장, 곧 공적이고 합법적인 수단을 동원하여 악을 막는 것에 대한 종교개혁의 입장이 정당화된다. 그러나 예수께서는 사인私人인 나와 공인公人인 나의 구별을 내 행동의 결정적 기준으로 삼는 것을 낯설어 하신다. 그분은 이것에 대해 아무 말씀도 하지 않으신다. 모든 것을 버리고 그분을 따라나선 제자들에게 그분이 하신 말씀은 "사적인 것"과 "공적인 것"을 그분의 계명에 완전히 종속시키라는 것이었다. 즉, 예수의 요구는 이 둘을 나누지 말라는 것이었다. 그분은 온전한 복종을 요구하셨다. 실제로 앞서 말한 구분은 풀 수 없는 난제에 맞닥뜨린다. 내가 실생활에서 사인으로만 지내는 곳은 어디이고, 공인으로만 지내는 곳은 어디인가? 끊임없이 공격을 받는 곳에서 나는 내 자녀의 아버지, 내 공동체의 설교자, 내 민족의 정치인이 아닌가? 나는 나의 직무에 대한 책임 때문에라도 모든 공격에 맞서야 하지 않는가? 나는 직무를 수행할 때에도 예수만을 바라보는 나 자신이 아닌가? 앞서 말한 구분은, 예수를 따르는 이는 언제나 혼자이고, 종국에도 혼자서만 행동하고 결단할 수 있는 단독자라는 사실을, 그리고 나에게 맡겨진 이들에 대한 가장 진지한 책임은 바로 **이** 행위에 달려 있다는 사실을 망각한 것이 아닌가?

하지만 악이 약자를 상대로 불을 뿜고 무방비 상태의 사람을 상대로 거침없이 날뛰는 것을 경험할 때, 예수의 명제는 어떻게 정당화될 수 있는가? 이 명제는 현실들, 이를테면 세상의 죄악을 고려하지 않는 이데올로기에 불과한 것이 아닌가? 이 명제는 공동체 안에서는 나름의 정당성을 지니는 것 같지만, 세상의 죄악을 광신자처럼 간과하는 것 같다. 우리는 이 세상에서 살고 있고, 이 세상은 악하다. 그러므로 이 명제는 유효하지 않을지 모른다.

　하지만 예수께서는 이렇게 말씀하신다. "너희는 이 세상에서 살고 있고, 이 세상은 악하다. 그러므로 '악한 사람에게 맞서지 말라'는 이 명제는 유효하다." 예수께서 악의 힘을 알지 못한 채 그렇게 말씀하신 거라며 그분을 비난할 사람은 없을 것이다. 그분은 공생애 첫날부터 악마와 싸우신 분이다. 예수께서는 악을 악하다 하시고, 바로 그런 이유로 제자들에게 그렇게 말씀하신 것이다. 어떻게 그럴 수 있는가?

　우리가 이 명제들을 보편적인 윤리 강령으로 이해해야 한다면, 악은 선으로만 극복된다는 명제를 보편적인 세상 지혜와 인생철학으로 이해해야 한다면, 예수께서 제자들에게 하신 말씀은 실제로 명백한 헛소리가 되고 말 것이다. 그것은 세상이 전혀 따르지 않는 무책임하고 비현실적인 율법이 되고 말 것이다. 무방비 상태를 세속 생활의 원리로 삼는다면, 하나님께서 은혜롭게 유지해 오신 세상 질서는 무참히 파괴되고 말 것이다. 그러나 여기서 말씀하시는 분은 강령 입안자가 아니라, 고난을 감내함으로써 악을 극복하라고 말씀하시는 분, 십자가에서 악에 패하셨다가 이 패배를 딛고 승리자가 되신 분이다. 예수의 이 계명을 정당화할 수 있는 것은 그분 자신의 십자가뿐이다. 예수의 이 십자가에서 악에 대한 승리를 믿는 사람만이 그분의 계명에 복종할 수 있다. 그러한 복종만이 약속을 받는다. 어떤 약속을 받는가? 예수의 십자가에 함께하고, 그분의 승리에 함께하는 것이 그 약속이다.

예수의 수난, 곧 신적 사랑을 통한 악의 극복이야말로 제자가 수행하는 복종의 유일한 근거다. 예수께서는 따르는 이에게 자신의 계명을 주시면서 자신의 수난에 함께하자고 그를 재차 부르신다. 예수의 제자라면서 이 수난을 회피하고, 이 수난을 온몸으로 겪기를 거부하는 사람이 어찌 예수 그리스도의 수난을 이 세상에 설교로 알려서 믿게 하겠는가? 예수께서는 자신이 수여하신 율법을 십자가에서 친히 성취하시고[10] 이와 동시에 자신의 계명을 통해 추종자들로 하여금 자신의 십자가를 함께 지는 일에 은혜롭게 참여시키신다. 고난을 감내하는 사랑만이 악에 되갚아 주고 악을 극복하는 길이다. 이것은 십자가 안에서만 참되고 실제적인 사실이다. 하지만 제자들에게 십자가의 친교를 선사하는 것은 "나를 따르라"는 부르심뿐이다. 이 가시적인 친교 속에서 제자들은 "복이 있다"는 선언을 듣는다.

원수 ─ "비범함"

'네 이웃을 사랑하고, 네 원수를 미워하여라' 하고 말한 것을 너희는 들었다. 그러나 나는 너희에게 말한다. 너희 원수를 사랑하고, 너희를 박해하는 사람을 위하여 기도하여라. 그래야만 너희가 하늘에 계신 너희 아버지의 자녀가 될 것이다. 아버지께서는, 악한 사람에게나 선한 사람에게나 똑같이 해를 떠오르게 하시고, 의로운 사람에게나 불의한 사람에게나 똑같이 비를 내려주신다. 너희를 사랑하는 사람만 너희가 사랑하면, 무슨 상을 받겠느냐? 세리도 그만큼은 하지 않느냐? 또 너희가 너희 형제자매들에게만 인사를 하면서 지내면, 남보다 나을 것이 무엇이냐? 이방 사람들도 그만큼은 하지 않느냐? 그러므로 하늘에 계신 너희 아버지께서 완전하신 것 같이, 너희도 완전하여라. ^{마 5:43-48}

산상 설교의 이 대목에서, 앞서 말씀하신 모든 것을 요약하는 말씀이 처음으로 등장한다. 그것은 사랑, 곧 원수 사랑으로도 분명하게 정의될 수 있는 사랑이다. 형제자매 사랑이 계명을 잘못 이해한 것일 수 있다면, 원수 사랑은 예수의 진의眞意를 오해의 여지가 없게 명백히 드러낸다.

제자들에게 원수는 공허한 개념이 아니었다. 원수는 그들이 잘 아는 자였고, 일상적으로 마주치는 자였다. 신앙 파괴자와 율법 위반자라며 그들을 비방하는 자들이 있었고, 그들이 예수를 위해 모든 것을 버리고 그분과의 친교를 가지려고 모든 것을 경시했다는 이유로 그들을 미워하는 자들이 있었으며, 그들의 약함과 겸손을 이유로 그들을 모욕하고 깔보는 자들이 있었고, 임박한 혁명의 위험이 제자단 안에 도사리고 있음을 감지하고 그것을 없애려고 나선 박해자들이 있었다. 예수의 독특한 요구를 견디지 못한 민족종교 대변자들을 지지하는 원수도 있었다. 이 원수는 힘과 명망으로 무장하고 있었다. 유대인이라면 누구나 원수로 여길 법한 원수도 있었다. 그는 로마제국이라는 정치적 원수였다. 다들 이 원수를 강력한 압제자로 여겼다. 이 두 원수 집단 외에, 다수의 길을 함께 가지 않는 사람을 일상적으로 비방하고 모욕하며 위협하는 개인들의 적개심도 부지기수였다.

사실 원수 증오를 요구하는 문장은 구약성서 어디에도 없다. 있다면 원수 사랑의 계명이 있을 따름이다.출 23:4, 잠 25:21, 창 45:1, 삼상 24:7, 왕하 6:22 그러나 예수께서 말씀하시는 적개심은 자연적인 적개심이 아니라, 하나님의 백성이 세상을 향해 품는 적개심이다. 이스라엘이 수행한 여러 전쟁은 이 세상에서 일어난, 유례없는 "거룩한" 전쟁이었다. 그것들은 하나님이 우상들의 세상을 상대로 벌이신 전쟁이었다. 예수께서는 이러한 적개심을 비난하지 않으셨다. 만일 비난하셨다면, 이는 하나님이 자기 백성과 함께 이루신 역사 전체를 비난하신 것이 될 것이다. 오히려 예수께서는 구약성서를 긍정하신다. 그분도 원수의 극복, 곧 하나님 공동체의 승리만을 중시하신다. 그러나 그분은 자신의 계명을 통해 자신의 제자 공동체를 정치적 형태를 띠는 이스라엘 민족으로부터 거듭 분리하신다. 이로써 종교전쟁이 이제는 성립하지 않는다. 하나님이 원수에 대한 승리의 약속을 원수 사랑 속에 배치하셨기 때문이다.

원수 사랑은 자연인에게 감당할 수 없는 충격일 뿐만 아니라, 그의 능력을 넘어선 것이기도 하다. 그것은 그의 선악 개념에 어긋나는 사랑이다. 이보다 더 중요한 것은, 원수 사랑이 율법 아래 있는 사람에게도 하나님의 율법을 거스르는 죄로 여겨진다는 것이다. 이를테면 원수를 멀리하고 반대하는 것이야말로 율법의 요구사항이라는 것이다. 그러나 예수께서는 하나님의 율법을 장악하시고, 그것을 해석하신다. 원수 사랑을 통한 원수 극복이야말로 율법에 담긴 하나님의 뜻이다.

신약성서에서 말하는 원수는 언제나 나를 적대하는 자다. 예수께서는 제자가 누군가와 원수가 되는 것을 절대 기대하지 않으신다. 예수를 따르는 이는 형제자매를 사랑하듯이 원수도 사랑해야 한다. 제자의 행동은 인간들의 행동을 통해 규정되어서는 안 된다. 제자의 행동은 인간에 대한 예수의 행동을 통해서 규정되어야 한다. 따라서 제자의 행동에는 하나의 원천이 있을 뿐이다. 그 원천은 곧 예수의 뜻이다.

여기서 말하는 원수는 내 사랑에 꿈쩍도 하지 않고 원수로 머무는 자, 내가 그의 모든 잘못을 용서해 주는데도 나의 잘못을 용서하지 않는 자, 내가 그를 사랑하는데도 나를 미워하는 자, 내가 그를 진지하게 섬기면 섬길수록 나를 더욱 모욕하는 자다. "나는 사랑하나 그들은 도리어 나를 대적하니 나는 기도할 뿐이라."시 109:4, 개역개정 그러나 사랑은 보답받을지 그 여부를 묻지 않고, 오히려 사랑이 필요한 사람을 찾는다. 일체의 사랑 없이 증오 속에서 살아가는 사람만큼 사랑을 간절히 필요로 하는 사람이 있을까? 나의 원수만큼 사랑받을 만한 사람이 있을까? 원수들 한가운데 있는 것만큼 사랑이 자리할 만한 영광스러운 곳이 있을까?

이 사랑은 다양한 부류의 원수들을 차별하는 법을 도무

지 알지 못한다. 원수가 적의를 띠면 띨수록, 더욱더 나의 사랑이 요구된다는 사실만 알 뿐이다. 정치적 원수든, 종교적 원수든, 그가 예수를 따르는 이에게 기대하는 것은 온전한 사랑뿐이다. 내 안에서도 이 사랑은 사인인 나와 공인인 나의 분열을 도무지 알지 못한다. 나는 이 둘 속에서도 온전한 하나만 될 수 있을 따름이다. 그렇지 않으면 나는 절대로 예수 그리스도를 따르는 이가 되지 못할 것이다. 이 사랑은 어떻게 행하는가? 예수께서는 "신분을 구별하지 말고, 조건 없이 축복하고, 선대하고, 기도하라"고 말씀하신다.

"너희 원수를 사랑하여라." 선행 계명에서는 예수께서 무방비 상태로 악을 감내하라고 말씀하셨다면, 여기서는 그것을 넘어 더 멀리 나아가신다. 악과 악인을 참고 견디기만 할 뿐 타격을 반격으로 응수하지 말고, 진심 어린 사랑으로 원수를 좋아하라는 것이다. 우리는 우리의 원수를 꾸밈없이 순수하게 섬기고 무슨 일이든 도와주어야 한다. 사랑하는 이가 사랑받는 이에게 바치는 재물이 제아무리 크고 값져도, 우리가 우리의 원수를 위해 감수하는 희생보다는 못할 것이다. 형제자매를 사랑하는 일에 우리의 재산, 우리의 명예, 우리의 목숨을 바치듯이, 우리는 우리의 원수에게도 그리해야 한다. 이것은 원수의 악에 참여하는 것이 아닐까? 아니다. 약함을 타고난 사랑이 아니라 힘을 타고난 사랑, 두려움에서 비롯된 사랑이 아니라 진리에서 비롯된 사랑이 어찌 타자를 미워하겠는가? 마음이 증오에 찌든 사람에게 그러한 사랑을 선사하지 않는다면 누구에게 선사하겠는가?

"너희를 저주하는 사람을 축복하여라." 원수가 우리 존재를 못마땅하게 여겨 우리에게 저주하더라도, 우리는 두 손을 들어 올려 그를 다음과 같이 축복해야 한다. "우리의 원수 그대들, 하나님에게 복을 받은 그대들이여, 그대들의 저주는 우리에게 상처를 입힐 수 없습니다. 그대들의 빈곤이 하나님의 부요함으로 채워지고, 그대들이 헛되이 맞서 싸우는 분의 복으로 채워지기를 바랍니다. 그대들이 복만을 받는다면, 우리도 그대들의 저주를 달게 받겠습니다."

"너희를 미워하는 사람을 선대하여라." 말과 생각으로만 그렇게 해서는 안 된다. 선대는 일상생활의 모든 일에서 일어난다. "네 원수가 주리거든 먹을 것을 주고, 그가 목말라 하거든 마실 것을 주어라."룸 12:20 어떤 형제가 곤경에 처한 형제를 도와주고 그의 상처를 싸매어 주고, 그의 고통을 덜어 주듯이, 우리의 원수 사랑도 그래야 한다. 우리의 원수만큼 심한 곤경과 상처와 고통이 자리한 곳이 있을까? 우리의 원수만큼 선대가 필요하고 복된 곳이 있을까? "주는 것이 받는 것보다 더 복이 있다."^{행 20:35}

"너희를 모욕하고 박해하는 사람을 위하여 기도하여라." 이것은 최상급 계명이다. 기도 속에서 우리는 원수에게, 곧 그의 옆으로 다가간다. 기도 속에서 우리는 그와 함께, 그의 곁에서, 그를 위해 하나님 앞에 있게 된다. 예수께서는 우리가 사랑하고 축복하고 선대하는 원수가 우리를 모욕하거나 박해하는 일이 없을 것이라고 약속하지 않으신다. 원수는 우리를 모욕하고 박해할 것이다. 그러나 우리가 중보기도 속에서 그에게 끝까지 다가간다면, 그가 우리를 해치거나 이기지 못할 수도 있다. 이제 우리는 그의 곤경과 빈곤, 그의 죄과와 쓸쓸함을 우리 등에 짊어지고, 그를 위해 하나님 앞에 나아간다. 우리는 그가 할 수 없는 일을 그를 대신하여 수행한다. 원수의 모든 모욕은 우리를 하나님과 우리의 원수에게 더 가까이 이어줄 뿐이며, 모든 박해는 원수를 하나님과 화해시키고 사랑을 난공불락의 요새가 되게 하는 데 도움이 될 뿐이다.

어찌하여 사랑은 난공불락의 요새가 되는가? 사랑은 원수가 자기에게 어떤 모욕을 가하는지를 묻지 않고, 예수께서 어떻게 하셨는지만을 묻기 때문이다. 원수 사랑은 제자를 십자가의 길로, 십자가에 달리신 분과의 친교로 이끈다. 그러나 제자가 이 길 위에 확고하게 서면 설수록, 그의 사랑은 더욱더 확실한 난공불락의 요새가 되어, 원수의 증오를 확실히 이겨 내게 된다. 그 사랑은 제자 자신의 사랑이 아니라, 전적으로 원수들을 위해 십자가에 달리시고 십자가에서 그들을 위해 기도하신 예수 그리스도의 사랑이기 때문이다. 그러나 제자들은 예수 그리스도의 십자가의 길을 마주하여 다음의 사실도 알게 된다. 이를테면 자신들이 예수의 원수들 가운데 있었지만, 그분의 사랑으로 그 원수들이 극복되었다는 것이다. 이 사랑을 통해 제자는 원수에게서 형제를 알아보고, 형제를 대하듯 그를 대하게 된다. 어찌하여 그런가? 그는 자신을 형제처럼 대해 주신 분, 원수였던 자신을 받아들이셔서 이웃처럼 자신과 친교를 맺어 주신 분의 사랑으로만 살고 있기 때문이다. 제자들은 이 사랑을 통해 다음의 사실도 알게 된다. 원수도 하나님의 사랑에 포함됨을 알고, 예수 그리스도의 십자가 아래서 그를 보게 되는 것이다. 하나님은 나에게 선악을 묻지 않으신다. 그분 앞에서는 나의 선조차 사악한 것에 지나지 않기 때문이다. 하나님의 사랑은 그 사랑을 필요로 하는 원수를 찾는다. 하나님은 그 사랑을 받을 만하다고 여겨지는 원수를 찾으신다. 하나님은 자신의 원수 사랑을 강조하신다. 따르는 이는 이 사실을 잘 안다. 그가 예수를 통해 이 사랑에 참여한 까닭은, 하나님이 의로운 사람과 불의한 사람에게 해를 비추어 주시고 비를 내려 주시기 때문이다. 선한 사람과 악한 사람에게 임하는 것은 세상의 해와 세상의 비뿐만이 아니다. 예수 그리스도 자신이신 "의로운 해"와, 하늘 아버지의 은혜를 죄인들에게 나타내는 신적인 말씀의 단비도 그들에게 임한다. 온전하고 완전한 사랑은 아버지께서 하시는 일이자, 독생자께서 하신 것처럼 하늘 아버지의 자녀들이 하는 일이기도 하다.

우리가 임하고 있는 하나님의 투쟁, 곧 우리가 여러 해 전부터 부분적으로 참여해 온 하나님의 투쟁 속에서, 한쪽의 미움과 다른 쪽의 사랑이 투쟁하는 곳에서 단연 돋보이는 것은 이웃 사랑의 계명과 보복 금지의 계명이다. 모든 그리스도인은 이 투쟁에 진지하게 대비하지 않으면 안 된다. 지금은 살아 계신 하나님을 믿는다고 고백하는 사람마다 이 신앙고백 때문에 미움과 분노의 대상이 되는 시대다.—우리는 대체로 이미 그런 대상이 된 상태다. 또한, 지금은 그가 이 신앙고백 때문에 소위 '인간 사회'

에서 추방되고, 이리저리 쫓겨 다니고, 구타당하고, 학대당하고, 상황에 따라서는 죽임까지 당하는 시대다. 그리스도인에 대한 전반적인 박해가 다가오고 있다. 이것은 우리 시대의 모든 운동과 투쟁이 갖는 진정한 의의意義다. 그리스도의 교회와 그리스도인의 신앙을 말살하려고 하는 적들은 우리와 함께 살려고 하지 않는다. 그 이유는, 그들이 우리의 말과 행위에 자신들을 거스를 만한 것이 전혀 없고 부당한 것이 전혀 없는데도 그것들 속에서 자신들의 말과 행위에 대한 비난을 보고, 자신들이 우리에게 비난을 퍼부어도 우리가 대꾸도 하지 않는다는 것을 감지하고, 자신들의 비난이 무력하고 공허할 뿐이며, 따라서 자신들이 보기에 아무리 옳게 여겨져도 우리와는 서로 언쟁하고 논쟁하는 관계를 맺지 않겠다고 그들 스스로 다짐할 수밖에 없기 때문이다. 그렇다면 투쟁은 어떻게 수행해야 하는가? 지금은 우리가 더 이상 단독자와 개별자로서가 아니라 공동체와 교회로서 두 손을 높이 들고 기도해야 한다. 비교적 적은 수이기는 하지만 무리를 지은 우리가 수백만 명의 변절자 가운데서, 십자가에 달리고 부활하신 주님과 그분의 재림을 믿는다고 큰 소리로 고백하며 찬미할 때다. 그것은 어떤 기도, 어떤 고백, 어떤 찬미인가? 그것은 이 타락한 자들, 곧 우리 주위에서 증오의 눈을 부라리며 우리를 쏘아보는 자들, 이미 두 손을 치켜들고 우리에게 치명적인 일격을 가한 자들을 위해 바치는 가장 진심 어린 사랑의 기도다. 또한, 그것은 갈피를 못 잡고 파탄에 이른 영혼들, 혼란에 빠져 황폐하게 된 영혼들의 평화를 비는 기도, 우리가 누리는 것과 동일한 사랑과 평화를 구하는 기도, 그들의 영혼 깊은 곳에 파고들어, 그들이 우리의 마음에 생채기를 내려고 동원하는 극단적인 증오의 긴장보다 더 강력한 악수로 그들의 마음을 잡아끄는 기도다. 참으로 주님을 기다리는 교회, 참으로 이 시대를 결정적인 결별의 표지로 이해하는 교회는 마음의 온 힘을 다하고, 거룩한 삶의 온 힘을 기울여 이 사랑의 기도에 몰두해야 한다.

— 아우구스트 프리드리히 크리스티안 필마르A.F.C.Vilmar

온전한 사랑이란 무엇인가? 우리의 사랑에 호의적 반응을 보이는 사람들에게만 관심을 기울이는 것은 온전한 사랑이 아니다. 우리가 우리를 사랑하는 사람들, 우리 형제자매들, 우리 민족, 우리 친구들, 우리 기독교 공동체를 사랑하듯이, 이교도와 세리들도 자신들의 사람들에게 똑같이 한다. 이런 사랑은 당연하고 통상적이고 선천적인 것이지만, 그리스도교적인 것은 결코 아니다. 실로 그것은 이교도와 그리스도인이 똑같이 하는 사랑이다. 이교도나 그리스도인이나 혈연, 역사, 친분을 통해 자기와 맺어진 사람들을 똑같이 사랑한다. 예수께서는 그런 사랑을 말씀하지 않으셨다. 그런 사랑은 인간만 알 뿐이다. 인간은 그런 사랑을 미리 유발하거나 강조하거나 돋보이게 할 필요가 없다. 자연적인 여건은 이교도와 그리스도인에게 그런 사랑만을 인정하도록 강요한다. 사람이 자기 형제자매, 자기 민족, 자기 친구들을 사랑하는 것은, 예수께서 따로 말씀하실 필요가 없을 만큼 당연한 일로 여겨진다. 예수께서는 그것을 확인만 하실 뿐 더 이상의 말을 덧붙이지 않으시고, 그저 모든 이에게 원수 사랑만을 요구하신다. 그분은 그것을 사랑이라 부르며, 그것으로 무엇을 해야 하는지를 말씀하신다.

제자는 어느 지점에서 이교도와 구분되는가? "그리스도인다움"의 본질은 무엇인가? 바로 이 대목에서 마태복음 5장 전체의 구심점으로 앞서 말한 모든 것을 요약하는 단어가 등장한다. "**나을 것**",$^{das\ Sonderliche}$ 비범함, 비상함, 당연하지 않음을 뜻하는 페리손$^{\pi\epsilon\rho\iota\sigma\sigma\acute{o}\nu}$이 그것이다. 그것은 "더 나은 의"의 면에서 바리새파 사람들을 "능가하고", 그들보다 뛰어나고, 그들보다 우월하고, 그들을 넘어서는 것이다. 선천적으로 타고난 것이 이교도와 그리스도인에게 공통된 것$^{τὸ \ αὐτό, \ 토 \ 아우토}$이라면, 그리스도인다움은 나을 것^{περισσόν}에서 시작되고, 선천적으로 타고난 것을 올바로 해석한다. 이 나을 것, 비범함이 존재하지 않는 곳에는 그리스도인다움도 존재하지 않는다. 그리스도인다움은 선천적으로 타고난 여건들 속에서 생겨나지 않고, 그것들을 넘어설 때 생겨난다. **나을 것**은 결코 **공통된** 것에서 생겨나지 않는다. 그리스도의 사랑이 조국애와 우정과 직업에서 싹트고, 더 나은 의가 '시민의 의'에서 싹튼다고 말하는 것은 잘못된 개신교 윤리의 큰 착각이다. 예수께서는 그렇게 말씀하지 않으신다. 그리스도인다움은 비범함에 달려 있다. 따라서 그리스도인은 세상과 똑같게 되어서는 안 된다. 그리스도인이 유념할 것은 **나을 것**이기 때문이다.

나을 것, 곧 비범함의 본질은 무엇인가? 그것은 복의 선언을 받은 이들, 예수를 따르는 이들의 실존이며, 빛나는 등불이자 산 위의 도시이며, 자기부정의 길, 완전한 사랑의 길, 완전한 순결의 길, 완전한 진실의 길, 완전한 비폭력의 길이다. 그것은 온전한 원수 사랑, 곧 사랑을 주거나 받는 일이 전혀 없는 사람을 온전히 사랑하는 것이다. 또한, 그것은 종교적 원수, 정치적 원수, 개인적 원수를 사랑하는 것이기도 하다. 그것은 무엇보다도 예수 그리스도의 십자가에서 성취된 길이다. **나을 것**이란 무엇인가? 그것은 고난을 받으며 묵묵히 십자가로 나아가시는 예수 그리스도 자신의 사랑이다. 그것은 십자가다. 그리스도인의 나을 것은 그로 하여금 세상을 넘어서게 하여, 세상을 이기게 하는 십자가다. 십자가에 달리신 분의 사랑 안에서 받는 고난,[passio, 파시오] 이것이야말로 그리스도인 실존의 "비범함"이다.

비범함은 반드시 드러나게 마련이고, 하늘 아버지께서는 그것 때문에 찬양을 받으신다. 그것은 절대 숨겨지지 않고, 사람들의 눈에 띄게 마련이다. 예수를 따르는 이들의 공동체, 더 나은 의의 공동체는 세상의 질서들에서 벗어난 가시적 공동체다. 이 공동체는 그리스도의 십자가를 얻기 위해 모든 것을 버린 공동체다.

"너희의 나을 것이 **하는 일**이 무엇이냐?" 비범한 행동—가장 충격적인 행동—이야말로 따르는 이들이 **하는 일**이다. 그들은 그 일을—더 나은 의와 마찬가지로—수행하여 드러내야 한다! 엄격한 윤리나 그리스도인의 기이한 생활양식으로가 아니라, 예수의 뜻에 우직하게 복종하는 것으로 그리해야 한다. 그 일은 그리스도의 고난으로 이어질 때 "나을 것"으로 입증된다. 그 일은 고난을 지속해서 감내하는 것이기도 하다. 제자는 이 고난 속에서 그리스도를 업고 다닌다. 그렇지 않다면 **그것은** 예수께서 말씀하신 일이 아니다.

따라서 **나을 것**은 율법을 이행하고, 계명을 준수하는 것이라고 할 수 있다. 십자가에 달리신 그리스도와 그분의 공동체 안에서 "비범함"은 사건이 된다.

온전한 사랑 안에서 하늘에 계신 아버지처럼 완전하게 된 사람들이 여기 있다. 우리를 위해 아들을 십자가에 내어 주신 것이 아버지의 온전하고 완전한 사랑이었다면, 이 십자가 공동체의 고난 감내는 예수를 따르는 이들의 완덕完德이라고 할 수 있다. 완전한 사람들은 다름 아닌 복의 선언을 받은 사람들이다.

마태복음 6장: 그리스도인의 은밀한 삶에 관하여

은밀한 의

너희는 남에게 보이려고 의로운 일을 사람들 앞에서 하지 않도록 조심하여라. 그렇지 않으면, 너희는 하늘에 계신 너희 아버지에게서 상을 받지 못한다. 그러므로 네가 자선을 베풀 때에는, 위선자들이 사람들에게 칭찬을 받으려고 회당과 거리에서 그렇게 하듯이, 네 앞에 나팔을 불지 말아라. 내가 진정으로 너희에게 말한다. 그들은 자기네 상을 이미 다 받았다. 너는 자선을 베풀 때에는, 오른손이 하는 일을 왼손이 모르게 하여, 네 자선 행위를 숨겨두어라. 그리하면, 남모르게 숨어서 보시는 네 아버지께서 너에게 갚아 주실 것이다.마 6:1-4

마태복음 5장이 따르는 이들로 이루어진 공동체의 가시성에 관해 말하고, **나을 것**의 언급에서 절정에 이르고, 그리스도인다움을 세상에서 벗어나는 것, 세상을 능가하는 것, 비범한 것으로 이해했다면, 마태복음 6장은 곧바로 이 **나을 것**을 화제의 실마리로 삼아, 그것의 이중성을 설명한다. 제자들이 세상의 질서를 경시하고 파괴하면서 하늘나라를 지상에 세우려 하고, 광신자처럼 이 시대에 무관심한 채 새 세상의 비범성을 성취하여 가시화하려 하고, 온갖 급진주의와 온갖 비타협적 태도로 세상을 등진 채 그리스도인다움, 따름에 합당한 것, 비범한 것을 강요하려 한다면, 이는 제자들의 완벽한 오해이고, 이로 인한 위험은 실로 막대할 것이다. 아마도 제자들은 다음과 같이 너무나 쉽게 착각했을 것이다. "여기서도 일종의 경건한—당연히 자유롭고 새로우며 고무적인—생활양식과 생활 방식을 촉구하시는구나. 믿기만 하는 것이 아니라 무언가를 두 눈으로 보려고 하는 마음의 욕구를 충족시킬 수만 있다면, 경건한 육체는 이 비범한 것, 가난, 진실, 고난을 기꺼이 감수하고 추구하기까지 할 거야. 경계선을 조금만 옮기면, 경건한 생활양식과 말씀에 대한 복종이 서로 가까워져 이제는 구별되지 않을 거야." 비범한 것을 기어이 현실화하려는 목적 때문에 그런 착각이 빚어졌을 것이다.

　　반면에, 비범함에 관한 예수의 말씀을 기다리다가 막상 그 말씀을 듣고 나서, 곧바로 다음과 같이 격분하여 그분을 논박하는 자들도 있었을 것이다. "세상을 근본적으로 뒤바꾸려고 하는 광신자, 제자들에게 세상을 버리고 새로운 세상을 건설하라고 명령하는 혁명적 광신자의 정체가 마침내 여기서 드러나고 말았군. 이것도 구약성서의 말씀에 대한 복종이라고 할 수 있는가? 여기서 거론된 의는 나무랄 데 없는 의, 자기가 좋아서 행하는 의, 자기 의가 아닌가? 예수는 자신이 요구하는 모든 것이 세상의 죄 때문에 물거품이 될 수밖에 없음을 모르는 것인가? 그는 하나님의 명백한 계명들이 주어진 것은 죄를 없애기 위함임을 모르는 것인가? 그가 요구하는 이 비범함은 모든 광신의 출발점인 영적 오만의 증거가 아닌가? 맞아, 참된 복종과 참된 겸손의 표지는 완전히 일상적인 것, 통상적인 것, 은밀한 것이지 비범한 것이 아니야. 예수가 제자들을 그들의 민족과 그들의 직장 속에 들여보내 책임을 다하게 하고, 율법 교사들이 민족에게 해석해 준 대로 율법에 복종하라고 가르쳤다면, 그는 경건한 사람, 참으로 겸손한 사람, 복종하는 사람으로 입증되고, 좀 더 진지한 경건과 좀 더 엄격한 복종에 강력한 자극을 주었을 텐데. 그가 율법 교사들도 알고 있는 내용을 가르치고, 참된 경건과 의는 외적인 행위에만 있는 것이 아니라 마음가짐에도 있으며, 마음가짐에만 있는 것이 아니라 행위에도 있다고 단호하게 설교했더라면, 율법 교사들도 기꺼이 경청했을 텐데. 그것이야말로 민족이 필요로 하고, 그들 가운데 누구도 피하지 못할 '더 나은 의'였을 텐데. 하지만 이제는 모든 것이 엉망이 되고 말았구나. 사람들이 알고 있던 그는 겸손한 율법 교사가 아니라 건방진 광신자였구나. 확실히 광신자들의 설교는 어느 때나 사람의 마음, 실로 고귀한 사람의 마음을 열광시키는 법을 알고 있었건만, 율법 교사들은 모든 선하고 고귀한 사람의 마음속에서도 육의 소리가 흘러나온다는 것을 몰랐단 말인가? 그들은 경건한 육체가 인간에게 이런 힘을 행사한다는 사실도 몰랐단 말인가? 예수는 망상을 위한 투쟁에 그 땅의 가장 선한 자녀들, 참으로 경건한 사람들을 헛되이 바친 거야. 비범함, 그것은 실로 경건한 사람의 마음에서 비롯되는 자발적 행위, 하나님의 계명에 대한 단순한 복종에 맞서 인간의 자유가 취하는 위압적인 태도, 율법이 절대 허락하지 않는 인간의 자기 정당화, 율법이 거절할 수밖에 없는 자기 성화,聖化 부자유한 복종에 이의를 제기하는 대담한 행위, 하나님의 공동체를 파괴하고 신앙을 부정하는 행위, 율법을 모독하고 하나님을 모독하는 행위였을 뿐이야. 예수가 가르친 비범함은 율법 앞에서 사형을 받아 마땅한 거였어."

이 모든 논박에 대해 예수께서는 뭐라고 말씀하시는가? 그분은 이렇게 말씀하신다. "너희는 남에게 보이려고 의로운 일을 사람들 앞에서 하지 않도록 조심하여라." 예수께서 요구하신 비범함은 예수 따르기의 커다란 위험이자 불가피한 위험이다. 그런 까닭에 그분은 이 비범함이 드러나지 않도록, 예수 따르기가 노출되지 않도록 조심하라고 말씀하신다. 예수께서는 이 노출을 경솔하게, 끊임없이, 서슴없이 즐기는 것에 반대하신다. 이는 비범함에 가시를 들이대신 것이자, 반성을 촉구하신 것이라고 할 수 있다.

　제자들은 비범함을 갖추되 반성하지 않으면 안 된다. 그들은 이 일에 주의하지 않으면 안 된다. 그들은 남에게 드러내려고 비범한 일을 행해서도 안 되고, 비범함을 위해 비범한 일을 행해서도 안 되며, 노출을 위해 노출을 감행해서도 안 된다. 제자들의 더 나은 의가 목적이 되어서는 안 된다. 사실 비범한 것은 밝혀져야 하고 행해져야 하지만, 남에게 보여**주려고** 비범한 일을 행하지 않도록 조심하라는 것이다. 예수를 따르는 것은 예수 그리스도의 부르심이라는 필연적인 근거 때문에 노출될 수밖에 없지만, 이 노출 자체가 목적이 되어서는 안 된다. 노출 자체가 목적이 되면, 따르기가 또다시 시야에서 사라지고, 잠시 휴지기가 찾아와 따르기가 중단되고, 우리는 쉬려고 했던 자리에서 더는 전진하지 못하고, 동시에 첫 출발점에 되돌아가 있게 될 것이다. 그렇게 되면 우리는 더는 따르는 자가 아니라는 것을 알아챌 수밖에 없을 것이다. 예수께서는 비범함은 얼마간 드러날 수밖에 없지만, 사람들에게 보이려고 비범한 일을 행하지 않도록 조심하라고 말씀하신다. "너희 빛을 사람에게 비추"되[마 5:16] 은밀하게 비추도록 주의하라는 것이다. 마태복음 5장과 6장은 심하게 상충한다. 눈에 띔과 동시에 숨고, 눈에 띔과 동시에 눈에 띄지 말라는 것이다. 앞서 반성을 언급한 것은, 우리로 하여금 우리의 비범함을 숙고하지 않게 하려는 것이다. 우리의 의를 조심하라고 한 것은, 우리로 하여금 그것에 주의를 기울이지 않게 하려는 것이다. 우리가 조심하지 않으면, 비범함은 이제는 따르기의 비범함이 되지 못하고, 우리 자신의 바람과 욕망의 비범함이 되고 말 것이다. 이 모순을 어떻게 이해해야 하는가?

우리가 던지는 **첫 번째** 질문은 다음과 같다. 제자는 예수 따르기의 가시적인 일을 누구에게 감추어야 하는가? 다른 사람들에게 감추어서는 안 된다. 예수의 제자는 자기의 빛이 반짝이는 것을 다른 사람들이 볼 수 있게 하되, 가시적인 일을 하는 자신에게는 감추어야 한다. 그는 변함없이 따르면서 앞서가시는 분을 바라보기만 할 뿐, 자기 자신과 자기가 하는 일을 바라보아서는 안 된다. 따르는 이의 의 속에 그 자신이 숨겨져 있기 때문이다. 물론 그도 비범함을 보지만, 이는 그 속에 자신을 숨기고서 보는 것이다. 그는 비범함을 보더라도 예수께만 주의를 기울인다. 바로 여기서 그는 비범함을 더는 비범함으로 여기지 않고 당연한 것, 대수롭지 않은 것으로 여긴다. 이처럼 제자에게 보이는 것은 행위 속에, 곧 예수의 말씀에 대한 **복종** 속에 숨겨져 있다. 그가 비범함을 비범함으로 여겨 중시한다면, 이는 그가 광신자처럼 자기 힘으로, 자기의 육체로 행했기 때문일 것이다. 하지만 예수의 제자는 자기 주님께 단순히 복종하면서 행동하는 까닭에 비범함을 당연한 복종의 행위로 여길 뿐이다. 예수의 말씀에 따르면, 따르는 이는 빛을 발하는 등불이어서, 그렇게 되려고 무언가를 행할 필요가 없다. 그가 빛인 것은, 그가 주님을 따르면서 그분께만 주의를 기울이기 때문이다. 그리스도인다움은 **필연적인** 비범함, 곧 **직설법적인**[11] 비범함이다. 그러므로 그것은 평범한 것이자 **은밀한 것**이기도 하다. 그렇지 않다면 그것은 그리스도인다움도 아니고, 예수 그리스도의 뜻에 복종하는 것도 아니다.

우리가 던지는 **두 번째** 질문은 다음과 같다. 예수 따르기에서 이루어지는 행위의 내용인 가시적인 것과 은밀한 것의 통일은 도대체 어떻게 이루어지는가? 도대체 어떻게 동일한 것이 눈에 띔과 동시에 눈에 띄지 않을 수 있는가? 이는 마태복음 5장에 등장하는 내용을 떠올리기만 해도 답할 수 있는 물음들이다. 비범함, 곧 가시적인 것은 그리스도의 십자가이고, 그 아래 있는 것이 제자들이다. 당연하고 은밀하면서 동시에 가시적이고 비범한 것, 그것이 바로 십자가다.

우리가 던지는 **세 번째** 질문은 다음과 같다. 마태복음 5장과 6장의 모순은 어떻게 해결되는가? 따르기라는 개념 자체가 그 모순을 해결한다. 따르기는 예수 그리스도께만 매이는 것이다. 그러므로 따르는 이는 언제나 주님만을 바라보면서 그분만을 따른다. 그가 비범함 자체를 바라보는 사람이라면 이미 따르기 속에 있지 않았을 것이다. 따르는 이는 단순히 복종하면서 주님의 뜻을 비범한 것으로 여겨 행하고, 지극히 당연한 일밖에는 자기가 할 줄 아는 게 없다는 것을 아는 사람이다.

예수께서 따르는 이에게 반성을 딱 한 차례 촉구하신 것은, 따르는 이로 하여금 무의식적으로, 무반성적으로 복종하고 따르고 사랑하게 하려는 것이다.[12] 그대가 선을 행할 때는 그대의 오른손이 무엇을 하는지를 그대의 왼손이 모르게 하라. 그대는 그대 자신의 선행을 알아서는 안 된다. 그렇지 않으면 그것은 **그대의** 선행이 될 뿐 그리스도의 선행이 되지 못한다. 그리스도의 선행, 곧 예수를 따르는 가운데 수행되는 선행은 부지중에 수행된다. 참된 사랑의 행위는 내가 나도 모르게 수행하는 행위다. 그대들은 그것을 알지 않도록 조심하라! 그럴 때만 그것은 하나님의 선행이 된다. 내가 나의 선행, 곧 나의 사랑을 알리려고 한다면, 그것은 더 이상 사랑이 아니다. 비범한 원수 사랑 역시 따르는 이가 자기도 모르게 수행하는 사랑이다. 그가 원수를 사랑한다면, 그는 이제 원수를 원수로 여기지 않을 것이다. 따르는 사람의 이 눈먼 상태, 아니 그리스도를 통해 밝아진 그의 눈이야말로, 그가 따르는 사람임을 보여주는 확실한 증거다. 자기 삶을 자기에게 숨기는 것이야말로 따르는 사람의 영예다.

　　은밀함은 드러남에 상응한다. 숨긴 것이라 해도 알려지지 않을 것이 없다. 숨긴 것이 알려지는 까닭은, 하나님께서 그렇게 하시고, 그분 앞에서는 모든 숨긴 것이 훤히 드러나기 때문이다. 하나님은 숨어 있는 것을 우리에게 알리고 드러내신다. 드러남은 하나님이 은밀함에게 베푸시는 상이다. 문제는 드러남이라는 이 상을 어디서 누구에게 받느냐다. 사람들 앞에 드러나기를 갈망하는 자는 이미 상을 받은 것이나 다름없다. 다른 사람들에게 알려지는 것과 같이 투박한 방식의 상을 추구하든, 자기 자신에게 알려지는 것과 같이 좀 더 세련된 방식의 상을 추구하든, 결과는 마찬가지다. 오른손이 무엇을 하는지를 왼손이 알고, 내가 나의 은밀한 선행을 나 자신에게 공개하고, 내가 나의 선행을 알리고 하는 순간, 이는 내가 하나님이 나의 몫으로 남겨 두려고 하신 드러남의 상을 나 자신에게 미리 수여하는 것이나 다름없다. 또한, 그것은 내가 나의 은밀한 것을 스스로 알리고, 하나님이 나에게 친히 알려주실 때까지 기다리지 않는 것이나 다름없다. 따라서 나는 나의 상을 이미 다 받은 셈이다. 그러나 자기 자신도 모르게 끝까지 숨긴 사람은 널리 알려짐이라는 상을 하나님께로부터 받게 될 것이다. 그러나 누가 살면서 비범한 일을 은밀하게 수행할 수 있으며, 오른손이 무엇을 하는지를 왼손이 모르게 할 수 있는가? 자기 자신을 알지 않는 사랑, 자기 자신도 모르게 최후 심판의 날까지 은밀하게 남아 있을 수 있는 사랑은 어떤 사랑인가? 분명한 것은, 이 사랑은 은밀한 사랑인 까닭에 가시적인 덕행, 곧 인간의 태도일 수 없다는 것이다. 참된 사랑을 친절한 덕행, 인간의 "자질"과 혼동하지 않도록 조심하라는 것이다. 참된 사랑은 단어의 진정한 의미에서 몰아沒我 상태의 사랑이다. 자신을 잊은 이 몰아 상태의 사랑 속에서 옛사람은 자신의 모든 덕행 및 자질과 함께 죽을 수밖에 없다. 몰아 상태의 사랑, 곧 그리스도께만 매이는 제자의 이 사랑 속에서 옛 아담은 죽을 수밖에 없다. "오른손이 무엇을 하는지를 왼손이 모르게 하라"는 말씀은 옛사람의 죽음을 알린 것이나 다름없다. 한 번 더 묻거니와, 마태복음 5장과 6장을 아우르며 살 수 있는 사람은 누구인가? 그리스도를 통해 그리고 그분을 따르는 이들의 공동체 안에서 자기의 옛사람을 죽이고 새 생명을 얻은 사람. 단순한 복종의 행위인 사랑은 그리스도의 의와 형제자매 안에서 다시 발견되는 옛사람의 죽음이다. 십자가에 달리셔서 옛사람을 죽음에 내어 주신 그리스도의 사랑이 그분을 따르는 사람 속에 살면서 일하는 까닭에, 그분을 따르는 이는 그리스도와 형제자매 안에서만 존재한다.

은밀한 기도

너희는 기도할 때에, 위선자들처럼 하지 말아라. 그들은 사람들에게 보이려고, 회당과 큰 길 모퉁이에 서서 기도하기를 좋아한다. 내가 진정으로 너희에게 말한다. 그들은 자기네 상을 이미 다 받았다. 너는 기도할 때에, 골방에 들어가 문을 닫고서, 숨어서 계시는 네 아버지께 기도하여라. 그리하면 숨어서 보시는 너의 아버지께서 너에게 갚아 주실 것이다. 너희는 기도할 때에, 이방 사람들처럼 빈말을 되풀이하지 말아라. 그들은 말을 많이 하여야만 들어주시는 줄로 생각한다. 그러므로 그들을 본받지 말아라. 하나님 너희 아버지께서는, 너희가 구하기 전에, 너희에게 필요한 것이 무엇인지를 알고 계신다.^{마 6:5-8}

예수께서는 제자들에게 기도를 가르치신다. 이것은 무엇을 뜻하는가? 예수께서 우리에게 기도를 허락하신 것은 당연한 일이 아니다. 기도는 인간 마음의 자연스러운 욕구이지만, 그렇다고 그것이 언제나 하나님 보시기에 옳은 것은 아니다. 확고한 규율과 훈련 속에서 행해진 기도라고 해서 반드시 열매를 맺고 약속을 받는 것은 아니다. 제자들은 기도해도 된다. 아버지를 잘 아시는 예수께서 그들에게 기도에 관해 말씀하시기 때문이다. 그분은 하나님이 그들의 기도를 들어주신다고 약속하신다. 제자들이 기도하는 까닭은, 그들이 예수와 친교를 맺고 그분을 따르기 때문이다. 예수를 따르면서 그분께 매이는 사람은 누구나 그분을 통해서 아버지께 나아간다. 따라서 모든 올바른 기도는 중재된 기도라고 할 수 있다. 중재되지 않은 기도는 있을 수 없다. 아버지께 직접 이르는 기도는 존재하지 않는다. 우리는 예수 그리스도를 통해서만 기도 중에 아버지께 다다를 수 있다. 기도의 전제는 믿음, 곧 그리스도께 매이는 것이다. 그리스도는 우리가 드리는 기도의 유일한 중재자이시다. 우리는 그분의 말씀에 기대어 기도한다. 따라서 우리의 기도는 언제나 그분의 말씀에 제한을 받는 기도다.

우리는 그리스도를 통해 우리가 믿는 하나님께 기도한다. 그러므로 우리는 기도 중에 하나님을 마음대로 조종하려고 해서는 안 된다. 우리는 이제 그분 앞에서 우리를 설명할 필요가 없다. 그저 다음의 사실을 유념하기만 하면 된다. 우리가 구하기 전에 우리에게 필요한 것이 무엇인지를 그분께서 알고 계시다는 것이다. 우리의 기도에 최고의 신뢰와 유쾌한 확신이 담기는 것은 그 때문이다. 우리를 오래전부터 알고 계시는 하나님의 자애로운 마음을 사로잡는 것은 믿음이지 형식이나 많은 말이 아니다.

올바른 기도는 공로나 훈련이나 경건한 태도가 아니다. 올바른 기도는 어린아이가 아버지의 마음을 향해 드리는 부탁이다. 그런 까닭에 기도는 하나님 앞에서든 우리 자신 앞에서든 다른 사람 앞에서든, 과시하는 것이 되어서는 안 된다. 하나님께 **어떻게** 아뢸지, **무엇을** 아뢸지, **과연** 아뢰어도 되는지를 숙고하는 것은, 나에게 필요한 것이 무엇인지를 하나님이 모르신다고 가정하기 때문에 하는 것이다. 따라서 믿음에 따라 드리는 기도는 모든 숙고, 모든 과시를 배제한다.

기도는 절대적으로 은밀한 행위다. 어떤 방식으로 드리든, 기도를 남들이 알도록 드려서는 안 된다. 기도하는 사람이 귀히 여겨야 할 대상은 자기 자신이 아니라, 자기를 부르시는 하나님 한분뿐이다. 기도는 세상에 영향을 미치는 행위가 아니라, 하나님께만 주의를 기울이는 행위이므로, 절대로 과시 행위가 되어서는 안 된다.

물론 여기서도 기도는 은밀한 것을 공개하는 과시 행위로 변질할 수 있다. 이것은 수다가 되고 마는 회중기도를 통해서만 일어나는 일이 아니다. 아주 드물기는 하지만 오늘날에도 여전히 일어나는 일이다. 내가 나를 내 기도의 청자聽者로 삼고 나 자신에게 기도하면서 흡족한 청자로서 이 상황을 즐기든, 이 상황 속에서 어색함이나 부끄러움을 느끼든, 위험하기는 마찬가지다. 길거리에서 공개하는 것은 내가 나에게 공개하는 것에 비하면 차라리 순진한 편이다. 나의 골방에서도 적잖이 과시할 수 있다. 우리는 예수의 말씀을 그 정도까지 왜곡할 수 있다. 내가 나에게 공개하려고 하는 까닭은, 내가 기도하는 사람이면서 동시에 기도를 듣는 사람이기 때문이다. 이를테면 내가 나의 기도를 듣고, 내가 나의 기도에 응답하는 것이다. 내가 나의 기도에 응답하는 것은, 내가 하나님의 응답을 기다리려 하지 않고 장차 내 기도에 대한 응답을 하나님으로부터 받을 마음이 없기 때문이다. 나는 경건하게 기도했다고 단언하고, 그러면서 내 기도가 응답되었다고 자위한다. 내가 내 기도에 응답한 것이어서, 나는 나의 상을 이미 다 받은 것이나 다름없다. 내가 나의 기도에 응답한 까닭에 하나님은 나의 기도에 응답하지 않으실 것이다. 내가 나에게 드러남의 상을 준 까닭에 하나님은 나에게 어떤 상도 주지 않으실 것이다.

　　예수께서 말씀하신 골방이 무엇이기에, 나는 나의 위협에서 벗어나지 못하는 것인가? 어떠한 청자聽者도 은밀한 기도를 허물지 못하도록, 내게서 은밀한 기도의 상을 빼앗아가지 못하도록, 골방의 문을 단단히 닫아걸려면 나는 어찌해야 하는가? 내가 나의 위협으로부터 나를 지키려면 어찌해야 하는가? 내가 나의 반성으로부터 나를 지키려면 어찌해야 하는가? 나의 반성으로 반성을 겪으려면 나는 어찌해야 하는가? 우리에게 던져진 말씀은 다음과 같다. "너의 기도를 통해 어떻게든 너 자신을 관철하려고 하는 너의 의지가 죽어야 한다." 내가 예수와 친교를 맺고 따르면서 예수의 뜻만이 내 안에서 다스리게 하고, 나의 모든 뜻을 그분의 뜻에 내어드릴 때, 나의 의

지는 죽는다. 그럴 때만 나는 내가 구하기 전에 나에게 필요한 것이 무엇인지를 알고 계신 분의 뜻이 이루어지게 해달라고 기도할 수 있다. 예수의 뜻에서 비롯될 때만, 나의 기도는 확실하고 힘차고 순수해진다. 그럴 때만 기도는 실제로 **간구**가 될 수 있다. 어린아이는 자기를 잘 아는 **아버지**에게 간구한다. 그리스도인이 드리는 기도의 본질은 일반적인 숭배가 아니라 간구다. 간구야말로 사람이 하나님 앞에서 취할 태도다. 그는 자기가 잘 아는 분, 곧 아버지의 마음을 가지고 계신 분께 손을 뻗어 간구한다.

　　은밀한 것이 올바른 기도일지라도, 기도 공동체를 배제해서는 안 된다. 그 공동체의 위험이 분명히 드러나더라도 그래서는 안 된다. 길거리에서 기도하느냐, 골방에서 기도하느냐는 중요하지 않다. 예배 기도 중 집례자와 회중이 번갈아 드리는 기도 속에서, 혹은 무엇을 기도할지 알지 못하는 자의 탄식 속에서 짧게 기도할 것이냐, 아니면 길게 기도할 것이냐도 중요하지 않다. 개인이 기도하느냐, 공동체가 기도하느냐도 중요하지 않다. 중요한 것은 다음의 사실을 인식하는 것이다. "너희 아버지께서는 너희에게 필요한 것이 무엇인지를 알고 계신다." 이것을 인식함으로써 제자는 기도의 초점을 하나님께만 맞추고, 잘못된 공로 다툼에서 벗어날 수 있다.

> 그러므로 너희는 이렇게 기도하여라. 하늘에 계신 우리 아버지, 그 이름을 거룩하게 하여 주시며, 그 나라를 오게 하여 주시며, 그 뜻을 하늘에서 이루심 같이, 땅에서도 이루어 주십시오. 오늘 우리에게 필요한 양식을 내려 주시고, 우리가 우리에게 죄 지은 사람을 용서하여 준 것 같이 우리의 죄를 용서하여 주시고 우리를 시험에 들지 않게 하시고, 악에서 구하여 주십시오. 나라와 권세와 영광은 영원히 아버지의 것입니다. 아멘. 너희가 남의 잘못을 용서해 주면, 너희 하늘 아버지께서도 너희를 용서해 주실 것이다. 그러나 너희가 남을 용서해 주지 않으면, 너희 아버지께서도 너희의 잘못을 용서해 주지 않으실 것이다. 마 6:9-15

예수께서는 제자들이 **어떻게** 기도해야 하는지는 물론이고, 그들이 **무엇을** 기도해야 하는지도 말씀해 주셨다. 주기도문은 제자들이 드리는 기도의 한 보기가 아니라, 예수께서 가르치신 그대로 제자들이 **외워야 하는** 기도문이다. 이 기도를 바치는 제자들은 확실히 하나님께 칭찬을 받게 될 것이다. 주기도문은 전형적인 기도문이다. 주기도문은 제자들이 드리

는 모든 기도의 내용과 한계를 규정한다. 여기서도 예수께서
는 제자들을 무지 속에 버려두지 않으시고, 주기도문을 제시
하셔서 그들을 완전하고 명확한 기도 속으로 이끄신다.

"하늘에 계신 우리 아버지." 따르는 이들은 사랑하는
자녀에게 무엇이 필요한지를 이미 다 알고 계시는 하늘 아버
지를 한목소리로 부른다. 그들은 자신들을 하나 되게 하시는
예수 그리스도의 부르심을 통해 형제자매가 되었다. 그들은
예수 안에서 아버지의 자비로우심을 깨닫고, 하나님 아들의
이름으로 하나님을 아버지로 부르게 되었다. 그들은 땅에 있
고, 그들의 아버지는 하늘에 계신다. 그분은 그들을 굽어보시
고, 그들은 두 눈을 들어 그분을 우러러본다.

"그 이름을 거룩하게 하여 주시며." 따르는 이들은 예
수 그리스도 안에서 자신들에게 계시된 하나님 아버지의 이름
을 거룩하게 여겨야 한다. 이 이름 속에 복음 전체가 담겨 있
기 때문이다. 하나님께서 잘못된 교리와 경건하지 않은 삶 때
문에 자신의 거룩한 복음이 흐려지거나 더러워지는 것을 용
납하지 않으시기를. 하나님께서 예수 그리스도 안에서 자신의
거룩한 이름을 제자들에게 계속 드러내 주시기를. 하나님께서
모든 설교자를 이끄셔서, 구원의 복음을 순전히 선포하게 해

주시기를. 하나님께서 유혹자들을 막아 주시고, 자기 이름을 대적하는 자들이 회개하도록 이끌어 주시기를.

"그 나라를 오게 하여 주시며." 따르는 이들은 예수 그리스도 안에서 하나님 나라가 땅에서 시작되는 것을 경험했다. 바로 여기서 사탄은 정복되고, 세상의 세력, 곧 죄와 죽음의 세력이 분쇄되었다. 지금도 하나님 나라는 부름받은 이들의 작은 공동체가 참여해 온 고난과 투쟁 속에 있다. 그들은 새로운 의 안에서 왕이신 하나님의 다스림을 받고 있지만, 여전히 박해를 당하고 있다. 하나님께서 예수 그리스도의 나라를 이 세상에 있는 그분의 공동체 안에서 자라나게 해주시기를. 하나님께서 이 세상의 나라를 즉시 끝장내시고, 자신의 나라와 권세와 영광을 일으키시기를.

"그 뜻을 하늘에서 이루심 같이, 땅에서도 이루어 주십시오." 따르는 이들은 예수 그리스도의 공동체 안에서 자신들의 뜻을 하나님의 뜻에 송두리째 내어드렸다. 그들은 하나님의 뜻이 온 땅에서 이루어지게 해달라고 기도한다. 어떤 피조물도 그분의 뜻을 거역해서는 안 된다. 그러나 따르는 이들 안에서 악한 의지가 살면서 그들을 예수와 맺는 친교에서 떼어내려 하므로, 그들은 하나님의 뜻이 자신들 안에서 날마다 점점 더 우세해져서 온갖 반항심을 꺾어주기를 기도한다. 하지만 결국 온 세상은 하나님의 뜻에 굴복하고, 어려울 때나 기쁠 때나 감사하며 하나님을 경배할 것이다. 하늘과 땅이 하나님께 복종할 것이다.

예수의 제자들은 특히 하나님의 이름, 하나님의 나라, 하나님의 뜻을 위해 기도해야 한다. 물론 하나님은 이 기도가 필요하지 않으실 수도 있지만, 제자들 자신은 이 기도를 통해 천상의 재물을 청하고 받아야 한다. 그들은 이 기도를 통해 종말이 좀 더 빨리 오게 할 수 있다.

"오늘 우리에게 필요한 양식을 내려 주시고." 제자들은 이 세상에서 지내는 동안 하늘 아버지께 육신의 생명에 필요한 재화를 간구해 얻는 것을 부끄러워해서는 안 된다. 하늘 아버지께서는 인간을 이 세상에 내셨으므로, 그들의 육신을 보존하고 돌보기를 원하신다. 그분은 자신의 창조물이 멸시받는 것을 바라지 않으신다. 제자들이 청하는 것은 공동의 양식이다. 누구도 이 양식을 독차지해서는 안 된다. 제자들은 하나님께 온 세상에 있는 그분의 모든 자녀에게 일용할 양식을 달라고 청하기도 한다. 그들이 자신들의 골육지친이기 때문이다. 제자들은 땅에서 나는 양식이 위에서 내려온 것이자 하나님의 선물임을 알고 있다. 그러므로 그들은 양식을 스스로 얻지 않고, 간청해서 얻는다. 그것은 하나님이 주시는 것이므로 날마다 새로운 것으로 여겨진다. 따르는 이들이 청하는 것은 쌓아 둘 양식이 아니라, 오늘 일용하도록 하나님이 주시는 선물이다. 제자들은 이 선물을 통해 예수의 공동체 안에서 자신들의 생계를 이어 가면서 하나님의 자비로우신 선을 찬미할 수 있다. 제자들이 이 세상에서 자신들의 최선을 위해 움직이시는 살아 계신 하나님을 믿는지가 이 청원에서 검증된다.

"우리가 우리에게 죄 지은 사람을 용서하여 준 것 같이 우리의 죄를 용서하여 주시고." 제자들은 자신들의 죄를 깨닫고 날마다 탄식한다. 그들은 예수의 공동체 안에서 죄를 짓지 않고 살아야 하건만, 온갖 불신, 기도 태만, 육체의 방종, 온갖 자아도취, 질투, 증오, 공명심 때문에 날마다 죄를 짓는다. 그런 까닭에, 그들은 날마다 하나님의 용서를 구해야 한다. 하지만 하나님은 그들이 서로의 죄를 형제자매처럼 기꺼이 용서해 줄 때에만 그들의 간구를 들어주신다. 그들이 서로의 죄를 함께 지고 은혜를 함께 구하는 것은 그 때문이다. 하나님께서 나의 죄를 용서해 주실 뿐만 아니라 우리의 죄도 용서해 주시기를.

"우리를 시험에 들지 않게 하시고." 따르는 이들을 시험하는(유혹하는) 것은 여러 가지다. 사탄이 사방에서 그들을 공격하여 넘어뜨리려 한다. 거짓 안전과 사악한 의심이 그들을 심히 괴롭힌다. 자신들이 얼마나 약한지 잘 아는 제자들은 자신들의 믿음의 능력을 증명해 보이겠답시고 시험에 도전하지 않는다. 그들은 하나님께 자신들의 연약한 믿음을 시험하지 마시고, 자신들이 유혹을 당할 때 자신들을 지켜 달라고 청한다.

"악에서 구하여 주십시오." 제자들은 마지막으로 장차 자신들이 이 사악한 세상에서 구원받고 하늘나라를 얻게 해주시기를 구한다. 이것은 환희에 넘치는 죽음을 맞게 해달라는 청이자, 이 세상의 종말 때에 공동체를 구해 달라는 간구이다.

"나라와 권세와 영광은 영원히 아버지의 것입니다." 제자들은 **예수 그리스도**와 친교를 가지면서 이 확신을 날마다 새롭게 얻는다. **그들의 모든 간구는 그분 안에서만 이루어진다.** 하나님의 이름도 그분 안에서 거룩하게 되고, 하나님의 나라도 그분 안에서 임하고, 하나님의 뜻도 그분 안에서 이루어진다. 제자들의 육신의 생명이 유지되는 것도 그분 때문이고, 그들이 자신들의 죄를 용서받는 것도 그분 때문이며, 그들이 구원을 받아 영생에 이르는 것도 그분의 능력 때문이다. 나라와 권세와 영광은 아버지의 공동체 안에서 영원히 그분의 것이다. 이는 제자들이 확신하는 사실이다.

기도를 요약하시려는 듯이, 예수께서는 제자들이 용서를 받는 것에 모든 것이 달려 있으며, 이 용서는 죄인들의 형제단으로서만 그들에게 주어진다고 한 번 더 말씀하신다.

은밀한 경건 훈련

너희는 금식할 때에, 위선자들과 같이 슬픈 기색을 띠지 말아라. 그들은 금식하는 것을 남에게 보이려고, 얼굴을 흉하게 한다. 내가 진정으로 너희에게 말한다. 그들은 자기네 상을 이미 받았다. 너는 금식할 때에, 머리에 기름을 바르고, 낯을 씻어라. 그리하여 금식하는 것을 사람들에게 드러내지 말고, 보이지 않게 숨어서 계시는 네 아버지께서 보시게 하여라. 그리하면 남모르게 숨어서 보시는 네 아버지께서 너에게 갚아 주실 것이다.마 6:16-18

예수께서는 따르는 이들이 경건 훈련의 하나로 금식하는 것을 당연한 것으로 전제하신다. 엄격한 절제 훈련은 따르는 이들의 삶의 일부다. 그러한 훈련의 목적은 다음 한 가지뿐이다. 이를 테면 따르는 이로 하여금 그가 명령받은 길과 그가 명령받은 일을 좀 더 기꺼이, 좀 더 기쁘게 걸으며 수행하게 하고, 바삐 움직여 일하려 하지 않는 이기적이고 굼뜬 의지를 뜯어고치고, 육체에 굴욕감을 안겨 주고 벌을 주려는 것이다. 나의 기독교적 생활이 이 세상과 갈라섰음을 뚜렷이 보여주는 것이 바로 금욕 훈련이다. 금욕 훈련이 전혀 이루어지지 않는 삶, 시민의 의가 "허락했다"며 육체의 모든 바람을 들어주는 삶은 그리스도를 섬길 수 있도록 준비하는 것을 힘들게 한다. 배부른 육체는 기도하기를 좋아하지 않고, 금욕 훈련에 착수하지 않는다.

그러므로 제자의 삶에는 엄격한 외적 훈련이 필요하다. 그렇다고 이 훈련을 통해 육체의 의지가 한층 더 꺾이는 것도 아니고, 예수를 믿는 믿음 이외의 무언가를 통해서 옛사람의 일상적인 죽음이 이루어지는 것도 아니다. 하지만 믿는 사람, 따르는 사람, 자기의 의지를 꺾은 사람, 예수 그리스도 때문에 자기의 옛사람을 죽인 사람은 자기 육체의 반발과 일상적인 교만을 알아챈다. 그는 자신의 태만과 방종을 알고, 그것들이야말로 자기가 물리쳐야 할 교만의 원천임을 안다. 교만을 물리치는 것은 일상적이고 비범한 길들이기 훈련을 통해 이루어

진다. "마음은 원하지만, 육신이 약하구나!"마 26:41 라는 말씀은
제자에게 해당되는 말씀이다. 그러니 "깨어서 기도하라." 마음
은 따름의 길을 알고 그 길을 걸으려고 준비하지만, 육체는 그
렇게 하기를 지나치게 두려워한다. 그 길이 육체에 너무 성가
시고, 너무 힘들고, 너무 괴롭기 때문이다. 그러니 마음은 침묵
할 수밖에 다른 도리가 없다. 마음은 원수를 무조건 사랑하라
는 예수의 계명에 동의하지만, 육체는 너무나 강력해서 그 계
명을 실행에 옮기지 않는다. 그런 까닭에 육체는 일상적이고
비범한 훈련과 길들이기 속에서 자기가 아무런 권리도 갖고
있지 않음을 배워야 한다. 날마다 규칙적으로 기도 훈련을 쌓
고, 하나님의 말씀을 날마다 숙고하는 것이 유용하다. 갖가지
육체 길들이기와 절제 훈련도 거기에 도움이 된다.

이 일상적 금욕에 대한 육체의 반발은 처음에는 전면에
서 나타나다가, 나중에는 복음의 자유라는 명목으로 영의 말
씀 뒤에 숨어 있다가 나타난다. 율법이 강조하는 자유, 곧 율
법의 속박과 자기 절제와 훈련에서 벗어난 자유가, 길들이기
와 훈련과 금욕을 복음에 맞게 활용하는 것과 반목하는 곳에
서, 기도와 말씀 묵상과 육체 생활이 그리스도인의 자유라는
명목으로 규율 없이 무질서하게 이루어지는 곳에서는, 예수의

말씀에 대한 저항이 공공연히 이루어지게 마련이다. 그런 곳에서는 따르기 속에서 이루어지는 일상생활이 세상과 다르다는 것을 알 수 없고, 올바른 훈련이 제자의 삶에 안겨 주는 기쁨과 참 자유도 알 길이 없다. 자신이 섬기기를 거부하고, 자신의 각오가 느슨해지고, 다른 사람의 삶과 다른 사람의 죄에 대한 책임이 자신에게 있고, 자신이 하나님으로 즐거워하는 것에 싫증을 내고, 기도할 힘이 더는 남아 있지 않음을 깨달을 때만, 그리스도인은 자신의 육체에 대한 공격에 착수하여, 훈련과 금식과 기도를 통해[눅 2:37, 4:2, 막 9:29, 고전 7:5] 더 잘 섬길 준비를 하게 될 것이다. 모름지기 그리스도인은 금욕으로 도피하기보다는 믿음으로, 말씀으로 도피해야 한다는 항변은 완전히 공허한 말에 지나지 않는다. 그런 항변은 무자비할 뿐만 아니라 별 도움이 되지 않는다. 믿음 생활이 마음이 육체를 상대로 다양하게 벌이는 끝없는 투쟁이 아니라면 도대체 무엇이겠는가? 기도를 게을리하고, 성서의 말씀을 싫어하고, 잠자기와 먹기와 성욕에 빠져, 하나님으로 즐거워하는 삶을 까마득히 잊은 사람이 어찌 믿음으로 살겠는가?

금욕은 자발적인 고난이다. 그것은 능동적 고난[passio activa, 파시오 악티바]이지, 수동적 고난[passio passiva]이 아니다. 바로 그 점에서 금욕은 매우 위험한 것이기도 하다. 금욕에는 고난을 통해 그리스도와 똑같이 되려고 하는 불경한 욕구가 늘 도사리고 있으며, 그리스도의 고난을 대신하여 그리스도의 고난 자체를 완성하겠다는, 곧 옛사람을 죽이겠다는 주장이 늘 도사리고 있다. 여기서 금욕은 그리스도의 처절하고 궁극적인 구원 활동의 진지함을 주제넘게 자기 것으로 취하고, 섬뜩할 정도로 완고하게 자신을 과시하기도 한다. 오직 그리스도의 고난을 토대로 더 잘 섬기고 더 겸손해지는 데 도움이 되어야 할 자발적 고난이, 오히려 주님의 고난 자체를 심각하게 일그러뜨리는 것이다. 이런 금욕은 남에게 자신을 드러내 보이는 까닭에, 동료들에게 무자비한 비난을 사게 마련이다. 구원의 길을 자처했기 때문이다. 그러한 "드러남"은 사람들이 추구하는 상을 이미 다 받은 것이나 다름없다.

"머리에 기름을 바르고, 낯을 씻어라." 이 말씀은 실로 매우 세련된 만족이나 자화자찬의 계기가 될 수도 있다. 그리되면 그것은 위장으로 왜곡되고 말 것이다. 그러나 이 말씀은 예수께서 제자들에게 다음과 같은 의미로 하신 말씀이다. "자발적 겸손 훈련 속에 온전히 겸손하게 머물러라. 그 훈련을 질책이나 율법처럼 짊어지지 말고, 오히려 주님을 섬길 수 있게 된 것에 감사하고 즐거워하여라." 예수께서 그리스도인의 전형으로 말씀하신 것은 제자의 즐거운 낯빛이 아니라, 그리스도인의 참으로 은밀한 행위, 곧 겸손이다. 눈이 자기 자신을 보지 못하고 다른 사람만을 보듯이, 겸손은 자기 자신에 대해서는 알지 못한다. 그러한 은밀함은 언젠가 널리 알려지되, 자기 자신이 아니라 하나님을 통해서만 알려질 것이다.

걱정하지 않는 단순한 삶

너희는 자기를 위하여 보물을 땅에다가 쌓아 두지 말아라. 땅에서는 좀이 먹고 녹이 슬어서 망가지며, 도둑들이 뚫고 들어와서 훔쳐간다. 그러므로 너희를 위하여 보물을 하늘에 쌓아 두어라. 거기에는 좀이 먹고 녹이 슬어서 망가지는 일이 없고, 도둑들이 뚫고 들어와서 훔쳐 가지도 못한다. 너의 보물이 있는 곳에, 너의 마음도 있을 것이다. 눈은 몸의 등불이다. 그러므로 네 눈이 성하면 네 온 몸이 밝을 것이요, 네 눈이 성하지 못하면 네 온 몸이 어두울 것이다. 그러므로 네 속에 있는 빛이 어두우면, 그 어둠이 얼마나 심하겠느냐? 아무도 두 주인을 섬기지 못한다. 한쪽을 미워하고 다른 쪽을 사랑하거나, 한쪽을 중히 여기고 다른

쪽을 업신여길 것이다. 너희는 하나님과 재물을 아울러 섬길 수 없다.^{마 6:19-24}

따르는 이의 삶은 율법이나 그 자신의 경건이나 세상과 같은 것이 그리스도와 그 자신 사이에 끼어들지 않을 때 입증된다. 따르는 이는 항상 그리스도만을 바라본다. 그는 그리스도와 세상을 **함께** 바라보지 않는다. 그는 결코 이러한 양다리 걸치기를 하지 않고, 무슨 일을 하든지 그리스도만을 따른다. 이처럼 그의 눈은 단순하다. 그의 눈은 철두철미 그리스도에게서 오는 빛에 머물므로 전혀 어둡지 않고 흐릿하지도 않다. 온몸이 빛 가운데 있으려면 눈이 단순하고 맑고 순수해야 하고, 손과 발은 오직 눈으로부터만 빛을 받아들여야 한다. 눈이 흐려지면 발은 비틀거리고 손은 헛짚게 된다. 눈이 초점을 잃으면 온몸이 어둠 속에 있게 되듯이, 따르는 이도 단순히 그리스도께 주의를 기울이고 이런저런 다른 것들에 주의를 기울이지 않을 때만 빛 가운데 있을 수 있다. 그러므로 제자의 마음은 그리스도께만 초점을 맞추어야 한다. 눈이 현실 이외의 것을 바라보면, 온몸이 기만을 당한다. 세상이라는 허상에 집착하고, 창조주가 아닌 피조물에 집착하는 제자는 길을 잃고 만다.

예수를 따르는 이의 마음을 다른 쪽으로 돌리려고 하는 것이 있다. 세상의 재물이 그러하다. 문제는 제자의 마음이 어디에 가 있느냐다. 제자의 마음은 세상의 재물에 가 있는가? 아니면 그리스도**와** 재물에 가 있는가? 아니면 오로지 그리스도께만 가 있는가? 몸의 등불은 눈이고, 따르는 이의 등불은 마음이다. 눈이 어두우면 몸이 어둡게 마련이고, 마음이 어두우면 그 마음이 자리한 제자도 어둡게 마련이다. 마음은 세상의 재물에 집착할 때 어두워진다. 그렇게 되면 예수의 부르심이 아무리 집요해도 먹혀들지 않고, 사람 속으로 뚫고 들어가지 못하게 된다. 마음이 닫혀 있고, 게다가 다른 곳에 가 있기 때문이다. 눈이 나쁘면 빛이 몸속으로 들어가지 못하듯이, 제자의 마음이 닫혀 있으면 예수의 말씀도 더는 그에게 뚫고 들어가지 못한다. "근심과 재물과 인생의 향락에"^{눅 8:14} 떨어진 말씀은 가시덤불에 떨어진 씨앗처럼 질식하고 만다.

단순한 눈과 단순한 마음은 그리스도의 말씀과 부르심만을 아는 저 은밀함, 그리스도와 친교를 철저히 갖는 은밀함과 서로 통한다. 따르는 이는 어떻게 세상의 재물과 단순한 관계를 맺는가?

예수께서는 그들의 재물 사용을 말리지 않으신다. 예수께서는 인간으로서 제자들처럼 먹고 마심으로 세상의 재물 사용을 정화하셨다. 따르는 이는 손가락 사이로 빠져나가는 재물, 육체 생활의 일용품과 양식으로 소용되는 재물을 감사한 마음으로 사용해야 한다.

> 순례자처럼 살아야 해.
> 자유롭게, 맨몸으로, 확실히 빈손으로.
> 많이 쌓고, 소유하고, 사재기하는 것은
> 우리의 걸음을 무겁게 할 뿐이야.
> 그러고 싶은 자는 지고 가다 죽으라고 해.
> 우리는 홀가분하게 여행하리니,
> 적은 것에 만족하고,
> 곤경에 처해서만 그것을 사용하며.
> ― 게르하르트 테르스테겐 G. Tersteegen 13

재물은 쓰라고 주신 것이지, 쌓으라고 주신 것이 아니다. 이스라엘이 광야에서 지낼 때 날마다 하나님께로부터 만나를 받고 먹을 것과 마실 것을 걱정할 필요가 없었듯이, 이스라엘이 이튿날에 쓰려고 아껴 두었던 만나가 곧바로 썩고 말았듯이, 예수의 제자는 자기가 쓸 것을 날마다 하나님에게서 받아야 한다. 그러나 그가 자기의 쓸 것을 쌓아올려 영속적인 소유로 삼는 순간, 선물은 썩고 그 자신은 타락하게 될 것이며, 그의 마음은 쌓아올린 재물에 집착하게 될 것이다. 축적한 재물이 나와 하나님 사이에 끼어드는 것이다. 나의 재물이 있는 곳에 나의 신뢰와 나의 확신과 나의 위로와 나의 하나님이 있다. 재물에 집착하는 것은 우상숭배다.[14]

그러나 내가 이용해야 할 재물과 내가 소유해서는 안 될 재물을 가르는 경계선은 무엇인가? 이 물음을 뒤집어 말하면 다음과 같다. 그대의 마음이 집착하는 것이 재물이라면, 대답은 이미 주어진 셈이다. 그대의 마음이 집착하는 것이 아주 작은 재물일 수도 있다. 문제는 재물의 크기가 아니라, 그대의 마음 곧 그대가 그것에 집착하고 있다는 것이다. 내 마음이 집착하는 것이 무엇인지 내가 어찌 알겠느냐고 더 묻는다면, 이 물음에 대한 대답도 다음과 같이 간단명료하다. 하나님을 만물보다 더 사랑하지 못하도록 그대를 방해하는 모든 것, 그대와 예수 사이에 끼어들어 그분께 복종하지 못하도록 그대를 방해하는 모든 것, 그것이 바로 그대의 마음이 집착하는 재물이다.

그러나 사람의 마음이 재물에 집착하는 까닭에 예수께서는 사람에게 재물을 소유하되,[15] 땅에 두어 썩게 하지 말고 하늘에 두라고 하신다. 예수께서 하늘에 두라고 하시는 "재물"은 단 하나의 보배이신 예수 자신이 아니라, 사실 따르는 이들이 쌓아올린 재물일 것이다. 이로써 예수께서는 다음과 같이 멋진 약속을 하신 것이나 다름없다. 제자는 예수를 따르는 가운데 하늘의 재물, 없어지지 않고 자신을 기다리는 재물을 얻어 그 재물과 하나가 되리라는 것이다. 제자 생활의 저 비범함과 은밀함 말고 무엇이 그 재물이겠는가? 따르는 이의 삶이 맺는 열매, 곧 그리스도의 고난의 열매 말고 무엇이 그 재물이겠는가?

자기의 마음을 온전히 하나님께 두는 제자라면 두 주인을 섬기는 것이 **불가능함**을 분명히 알 것이다. 제자는 그래서는 안 된다. 예수 따르기에서 그것은 있을 수 없는 일이다. 자연히 두 주인, 곧 재물과 하나님을 함께 섬기는 법을 터득하고, 양쪽에 각각 제한된 권리를 부여함으로써 자신의 영특함과 경험을 입증하는 방안을 떠올릴지도 모르겠다. 하나님의 자녀인 우리는, 자신의 선한 선물을 즐기고 자신의 재물을 하나님의 복으로 여겨 받아들이는 이 세상의 자유분방한 자녀가

되어서는 안 된다. 어찌하여 안 되는가? 하나님과 세상, 하나
님과 재물이 대립하기 때문이고, 세상과 재물이 우리의 마음
을 향해 손을 뻗어 그것을 얻으면 본색을 드러내기 때문이다.
우리의 마음이 없으면, 재물과 세상은 아무것도 아니다. 그것
들은 우리의 마음을 먹고 산다. 그것들이 하나님께 맞서는 것
은 그 때문이다. 우리는 온전한 사랑 속에서 우리의 마음을 한
주인에게만 바칠 수 있고, 한 주인에게만 전적으로 의지할 수
있다. 이 사랑에 대립하는 것은 미움이다. 예수의 말씀에 따
르면, 하나님에 대해서는 사랑만 있거나 미움만 있을 따름이
다. 하나님을 사랑하든가, 아니면 하나님을 미워하든가가 있
을 뿐, 중간은 존재하지 않는다. 하나님이 하나님이신 것은, 그
분이 사랑의 대상만 되실 수 있거나, 아니면 미움의 대상만 되
실 수 있기 때문이다. 여기에는 하나님을 사랑하든가, 아니면
세상의 재물을 사랑하든가, 양자택일이 있을 뿐이다. 세상을
사랑하면 하나님을 미워하게 되고, 하나님을 사랑하면 세상을
미워하게 된다. 그대가 그렇게 하기를 원하는지, 그대가 의식
적으로 그렇게 하는지는 중요하지 않다. 물론 그대는 그러고
싶지 않을 것이다. 그대는 그대가 무엇을 하는지도 알지 못할
것이다. 오히려 그대는 그러기를 **바라지** 않고, 두 주인을 섬기

고 **싶어 할** 것이다. 따라서 그대는 하나님과 재물을 함께 사랑하는 것은 곧 하나님을 미워하는 것이라는 말을 진리가 아니라고 여길 것이다. 하지만 우리가 하나님을 사랑하고 세상의 재물도 사랑한다면, 이런 사랑은 하나님을 미워하는 것이고, 눈이 흐려진 것이며, 마음이 이제는 예수와 친교를 갖는 것에 머물지 않게 된 것이라고 할 수 있다. 우리가 원하든 원하지 않든 간에, 사태는 달라지지 않는다. 너희, 곧 예수를 따르는 이들은 두 주인을 섬기지 못한다.

그러므로 내가 너희에게 말한다. 목숨을 부지하려고 무엇을 먹을까 또는 무엇을 마실까 걱정하지 말고, 몸을 감싸려고 무엇을 입을까 걱정하지 말아라. 목숨이 음식보다 소중하지 아니하냐? 몸이 옷보다 소중하지 아니하냐? 공중의 새를 보아라. 씨를 뿌리지도 않고, 거두지도 않고, 곳간에 모아들이지도 않으나, 너희의 하늘 아버지께서 그것들을 먹이신다. 너희는 새보다 귀하지 아니하냐? 너희 가운데서 누가, 걱정을 해서, 자기 수명을 한 순간인들 늘일 수 있느냐? 어찌하여 너희는 옷 걱정을 하느냐? 들의 백합화가 어떻게 자라는가 살펴보아라. 수고도 하지 않고, 길쌈도 하지 않는다. 그러나 내가 너희에게 말한다. 온갖 영화로 차려 입은 솔로몬도 이 꽃 하나와 같이 잘 입지는 못하였다. 오늘 있다가 내일 아궁이에 들어갈 들풀도 하나님께서 이와 같이 입히시거든, 하물며 너희들을 입히시지 않겠느냐? 믿음이 적은 사람들아! 그러므로 무엇을 먹을까, 무엇을 마실까, 무엇을 입을까, 하고 걱정하지 말아라. 이 모든 것은 모두 이방사람들이 구하는 것이요, 너희의 하늘 아버지께서는, 이 모든 것이 너희에게 필요하다는 것을 아신다. 너희는 먼저 하나님의 나라와 하나님의 의를 구하여라. 그리하면 이 모든 것을 너희에게 더하여 주실 것이다. 그러므로 내일 일을 걱정하지 말아라. 내일 걱정은 내일이 맡아서 할 것이다. 한 날의 괴로움은 그 날에 겪는 것으로 족하다. 마 6:25-34

걱정하지 마라! 재물은 사람의 마음에 안전과 태평을 안겨 주는 척하지만, 사실은 걱정을 야기할 뿐이다. 재물에 집착하는 마음은 재물과 숨 막히게 하는 걱정거리를 함께 얻는다. 걱정 없이 살려고 재물을 쌓는 것인데, 재물이 다시 걱정을 유발하는 것이다. 재물로 목숨을 지키려 하고, 걱정을 통해 걱정 없이 살려고 하지만, 정반대의 결과가 빚어지는 것이다. 우리의 마음을 재물에 붙들어 매어 옴짝달싹 못 하게 하는 것,

재물을 고집하는 것, 그것 자체가 걱정이다.

　재물을 이용하여 내일을 보장하는 것은 재물을 악용하는 것이다. 걱정은 항상 내일에 초점을 맞추지만, 재물의 용도는 가장 엄밀한 의미에서 오늘을 위한 것이다. 내일을 보장하려는 마음이 오늘의 나를 불안하게 하는 것이다. 한 날의 괴로움은 그날로 족하다. 내일 일을 온전히 하나님의 손에 맡기고, 오늘 생활에 필요한 것을 고스란히 받는 사람만이 걱정 없이 사는 자다. 일용할 것들을 그날그날 받을 때만 내일 일에 대한 걱정에서 놓여날 수 있다. 내일 일을 생각하는 것은 자신을 끝없는 걱정에 내맡기는 것이나 다름없다. "내일 일을 걱정하지 마라." 이 말씀은 예수께서 가난하고 곤궁한 사람들, 곧 내일 굶어 죽을까 봐 오늘 걱정하는 사람들에게 건네시는 무시무시한 조롱일 수도 있고, 사람들이 견딜 수 없어서 반감을 품고 내쳐버리는 율법일 수도 있다. 하지만 이 말씀은 하나님의 자녀들이 하늘 아버지, 곧 사랑하는 아들을 선사하신 분을 모시면서 누리는 자유에 관해 알리신 비할 데 없는 복음이다. 어찌 하늘 아버지께서 그 아들과 함께 모든 것을 우리에게 주시지 않겠는가?롬 8:32

　"내일 일을 걱정하지 마라." 우리는 이 말씀을 처세술이나 율법이 아니라 예수 그리스도의 복음으로 이해해야 한다. 이 말씀은 예수께서 자기를 알아보고 따르는 이들에게 자기 아버지의 사랑을 약속하시고, 무엇에도 매이지 않는 자유를 주신 것이라고 할 수 있다. 제자를 걱정 없이 살게 하는 것은 예수 그리스도에 대한 믿음이지 걱정이 아니다. 이제 제자는 다음의 사실을 깨닫는다. 걱정은 우리가 **할 수 있는** 게 아니라는 것이다.[27쪽] 내일과 나중은 우리에게서 완전히 제거되었다. 걱정이 우리 몫이라는 듯이 처신하는 것은 무의미하다. 우리는 세상의 상황을 조금도 바꿀 수 없다. 세상을 통치하시는 이는 하나님이시므로, 걱정은 오로지 하나님 몫이다. 걱정은 우리 몫이 아니며, 우리는 완전히 무력하다. 그러므로 우리는 걱정**해서도** 안 된다. 우리가 걱정한다면, 이는 하나님의 통치를 우리 것으로 가로채는 것이 될 것이다.

그러나 따르는 이는 다음의 사실도 깨닫는다. 걱정은 우리가 할 수도 없고, 해서도 안 될 뿐만 아니라, 할 필요도 없다는 것이다. 일용할 양식을 주시는 이는 하나님 아버지이시지, 걱정이나 수고가 아니다. 새와 백합꽃은 수고도 하지 않고 길쌈도 하지 않지만 먹을 것과 입을 것을 얻는다. 그것들은 걱정하지 않는데도 날마다 자기들이 일용할 것을 얻는다. 그것들은 세상의 재물을 일상생활을 위해서만 사용할 뿐 쌓아 두지 않는다. 그러면서도 그것들은 자기들의 근면, 자기들의 수고, 자기들의 걱정을 통해서가 아니라, 하나님이 주시는 선물을 날마다 있는 그대로 받아들임으로써 창조주를 찬미한다. 새와 백합꽃이 따르는 이들의 본보기가 되는 것은 그 때문이다. 예수께서는 하나님을 염두에 두지 않고 이루어진 수고와 양식의 연결을 해체하신다. 그분은 일용할 양식을 수고의 대가로 치켜세우지 않고, 예수의 길을 걸으며 하나님께로부터 무엇이든 받는 사람의 느긋하고 소박한 삶을 말씀하신다.

짐승은 먹을 것을 얻으려고 일하지 않는다. 저마다 제 일이 있고, 제 일을 궁리하며, 제 먹이를 얻는다. 새는 날고, 지저귀고, 둥지를 틀고, 새끼를 기른다. 이것은 새가 하는 일이지만, 새가 이 일로 생계를 유지하는 것은 아니다. 소는 쟁기를 끌고, 말은 운반하고 싸우며, 양은 털과 우유와 치즈를 제공한다. 이것이 그것들의 일이다. 하지만 그것들은 자기들의 일로 생계를 유지하지 않고, 하나님의 은혜로 땅에서 돋아난 풀을 먹고 산다. 일은 하나님의 풍성한 복이므로, 사람도 일하고 무언가를 해야 한다. 하지만 그는 자기를 부양하는 이가 따로 있음을 알아야 한다. 사람이 자기 일로 먹고사는 것처럼 보이는 것은 하나님께서 일이 없는 사람에게는 아무것도 주지 않기 때문이다. 새는 씨를 뿌리지도 않고 거두지도 않지만, 날아올라 먹이를 찾지 않으면, 굶어 죽을 수밖에 없다. 그러나 새가 먹이를 발견하는 것은 새의 일 덕분이 아니라 하나님의 선하심 덕분이다. 그분이 아니라면, 누가 먹이를 거기에 두어 새가 발견하게 하겠는가? 하나님이 두지 않으시면, 아무도 먹을거리를 얻지 못한다. 그러면 온 세상은 죽도록 일하고 죽도록 찾아야 할 것이다.

— 마르틴 루터

그러나 새와 백합꽃도 창조주께서 보살피시는데, 하물며 땅의 모든 것을 소유하시고서 자기 뜻대로 나누어 주시는 아버지께서 날마다 청하는 자녀들의 생활을 돌보시지 않겠는가? 자녀들이 날마다 생활필수품으로 사용하는 것을 주시지 않겠는가? "하나님께서 내 삶에 필요한 것을 그날그날 주시기를. 지붕 위의 새에게도 그것을 주시는데, 어찌 나에게 주시지 않겠는가?" M. Claudius, 마티아스 클라우디우스

걱정은 믿지 않는 이방 사람들, 곧 제힘과 제 수고만 믿고 하나님을 믿지 않는 자들이 하는 일이다. 이방 사람들이 걱

정하는 자들인 까닭은, 아버지께서 우리에게 필요한 모든 것을 다 알고 계심을 그들이 모르기 때문이다. 그들이 제힘으로 무언가를 하려고 하고, 하나님에게서 받으려고 하지 않는 것도 그 때문이다. 그러나 제자들에게는 다음의 말씀이 유효하다. "너희는 먼저 하나님의 나라와 하나님의 의를 구하여라. 그리하면 이 모든 것을 너희에게 더하여 주실 것이다." 이는 예수께서 다음의 사실을 분명하게 밝히려고 하신 말씀이다. 이를테면 아무리 우리가 우리 일의 성취를 우리 가족과 우리를 위한 것으로 여기고, 양식 걱정과 주거 걱정을 하나님의 나라를 구하는 것으로 여기며, 하나님 나라를 이 걱정 안에서만 이루어지는 것으로 여기려고 해도, 양식과 옷을 걱정하는 것은 여전히 하나님의 나라를 생각하는 것이 아니라는 것이다. 하나님의 나라와 그의 의는 세상이 우리에게 선사하는 것과는 완전히 다른 어떤 것이다. 그것은 마태복음 5장과 6장이 말하는 의, 그리스도의 십자가의 의, 십자가를 지고 수행하는 그분 따르기의 의다. 예수와 친교를 가지면서 그분의 명령에 복종하는 것이 **먼저** 할 일이고, 여타의 모든 것은 그다음에 할 일이다. 뒤죽박죽이 아니라, 순서대로 해야 한다. 목숨 걱정, 양식 걱정, 옷 걱정, 직업 걱정, 가족 걱정**보다는** 그리스도의 의를 구하는 것이 먼저다. 이는 앞서 언급한 내용을 최대한 요약한 것에 불과하다. 예수의 이 말씀도 가난하고 곤궁한 사람들이 견딜 수 없는 짐이자, 그들의 인간다운 삶을 좌절시키는 당치 않은 말씀일 수 있지만, 온전히 기쁘게 하고 온전히 자유롭게 하는 복음 자체라고 할 수 있다. 예수께서는 사람이 당연히 해야 하지만 할 수 없는 것을 말씀하시지 않고, 하나님이 우리에게 선사하셨고 지금도 계속 약속하신 것을 말씀하신다. 하나님이 우리에게 그리스도를 내어 주셨고, 그분을 따르라고 우리를 부르셨으니, 그분과 함께 모든 것을, 실제로 모든 것을 주실 것이다. 다른 모든 것이 우리의 소유가 될 것이다. 예수를 따르면서 그분의 의만을 소중히 여기는 사람은 예수 그리스도와 그의 아버지의 보호를 받는다. 아버지와 친교를 가지는 사람은 아무 탈이 없을 것이다. 그는 아버지께서 자기 자녀의 생활을 잘 돌보시고 굶주리게 하지 않으신다는 것을 더는 의심하지 않을 것이다. 하나님은 적절한 때에 도우실 것이다. 우리에게 필요한 것이 무엇인지를 잘 아시기 때문이다.

예수를 따르는 이는 제자 생활을 오래 한 뒤에 "너희에게 부족한 것이 있더냐?"라는 주님의 물음에 이렇게 대답할 것이다. "주님, 없었습니다!" 배고픔과 헐벗음, 박해와 위험 속에서도 예수 그리스도와 맺는 친교를 확신하는 사람에게 어찌 부족한 것이 있겠는가?

마태복음 7장: 제자 공동체의 선별

제자와 불신자들

너희가 심판을 받지 않으려거든, 남을 심판하지 말아라. 너희가 남을 심판하는 그 심판으로 하나님께서 너희를 심판하실 것이요, 너희가 되질하여 주는 그 되로 너희에게 되어서 주실 것이다. 어찌하여 너는 남의 눈 속에 있는 티는 보면서, 네 눈 속에 있는 들보는 깨닫지 못하느냐? 네 눈 속에는 들보가 있는데, 어떻게 남에게 말하기를 '네 눈에서 티를 빼내 줄테니 가만히 있거라' 할 수 있겠느냐? 위선자야, 먼저 네 눈에서 들보를 빼내어라. 그래야 네 눈이 잘 보여서, 남의 눈 속에 있는 티를 빼 줄 수 있을 것이다. 거룩한 것을 개에게 주지 말고, 너희의 진주를 돼지 앞에 던지지 말아라. 그들이 발로 그것을 짓밟고, 되돌아서서, 너희를 물어뜯을지도 모른다. 구하여라, 그리하면 하나님께서 너희에게 주실 것이다. 찾아라, 그리하면 너희가 찾을 것이다. 문을 두드려라, 그리하면 하나님께서 너희에게 열어 주실 것이다. 구하는 사람마다 얻을 것이요, 찾는 사람마다 찾을 것이요, 문을 두드리는 사람에게 열어 주실 것이다. 너희 가운데서 아들이 빵을 달라고 하는데 돌을 줄 사람이 어디에 있으며, 생선을 달라고 하는데 뱀을 줄 사람이 어디에 있겠느냐? 너희가 악해도 너희 자녀에게 좋은 것을 줄 줄 알거든, 하물며 하늘에 계신 너희 아버지께서, 구하는 사람에게 좋은 것을 주지 아니하시겠느냐? 그러므로 너희는 무엇이든지, 남에게 대접을 받고자 하는 대로, 너희도 남을 대접하여라. 이것이 율법과 예언서의 본뜻이다.^{마 7:1-12}

마태복음 5-6장과 이번 장의 절들, 그리고 이어지는 대단원은 모두 산상 설교와 필연적으로 연결되어 있다. 마태복음 5장에서는 예수 따르기의 나을 것^{περισσόν, 페리손}에 관해 말했고, 마태복음 6장에서는 제자들의 은밀하고 단순한^{ἁπλοῦς, 하플루스} 의에 관해 말했다.[16] 따르는 이들이 자신들이 속해 있던 기존의 공동사회를 떠나 오직 예수와 연합하게 된 것은 그 두 가지 때문이었다. 경계선이 분명해 보였다. 여기서 따르는 이들과 주위 사람들의 관계에 관한 물음이 필연적으로 제기된다.

따르는 이들은 자신들이 선별될 때 특별하고 특수한 권리를 분배받고, 주위 사람들을 마주하여 특별한 권위를 내세울 수 있게 하는 능력과 기준과 은사도 소유하게 되었는가? 그랬다면 예수를 따르는 이들은 엄격하게 가르는 판단을 통해 주위 사람들과 관계를 단절하고, 급기야 다른 사람들과의 일상적인 교제 속에서도 그렇게 가르고 정죄하는 판단을 수행하는 것이 예수의 뜻이라고 생각했을 것이다. 따라서 예수께서는 그런 오해 때문에 따르기가 심히 위태로워질 수 있음을 분명히 밝히실 수밖에 없었다. 제자들은 심판해서는 안 된다. 심판할 경우에는 하나님의 심판을 받게 될 것이다. 제자들이 검으로 형제자매를 심판하면, 그 검이 그들 자신에게로 떨어질 것이다. 의인들이 불의한 자들과 갈라서듯이, 제자들이 다른 사람과 절교하여 갈라서면, 그 절교가 그들 자신을 예수에게서 떼어 놓을 것이다.

어찌하여 그런가? 따르는 이는 철두철미 예수 그리스도와 연합하는 것으로 사는 사람이기 때문이다. 그는 이 연합 속에서만 자신의 의를 얻고, 그것을 벗어나서는 결코 얻을 수 없다. 이 연합은 그가 소유하여 임의로 사용해도 되는 기준이 아니다. 그를 제자로 만드는 것은 그의 삶의 새로운 기준이 아니라, 중보자이시며 하나님의 아들이신 예수 그리스도뿐이시다. 그러므로 그의 의는 예수와 맺은 친교 속에 숨겨져 있어서 그의 눈에 보이지 않는다. 그는 더는 자신을 볼 수도, 관찰할 수도, 판단할 수도 없다. 그는 예수만을 바라본다. 예수만이 그를 보시고, 판단하시고, 사면하신다. 따라서 제자와 타인들 사이에는 의로운 삶의 기준이 있는 것이 아니라, 예수 그리스도만이 거듭 계신다. 제자는 예수를 거쳐서만 타인을 본다. 그가 타인을 만나는 것은, 그가 예수와 함께 타인에게 다가가기 때문이다. 예수께서 먼저 타인에게 다가가시고, 제자는 그 뒤를 따른다. 이렇게 제자와 타인의 만남은 두 사람이 마주하여 의견과 기준과 판단을 직접 나누는 만남이 아니다. 제자는 예수를 거쳐서만 타인을 만날 수 있다. 타인을 위한 투쟁, 곧 타인의 소명, 타인의 사랑, 타인의 사면, 타인의 재판을 위한 투쟁은 이 지점에서만 유효하다. 따라서 제자는 타인을 공격할 위치에 있지 않다. 그는 예수의 진정한 사랑 속에서 타인에게 다가가 무조건의 친교를 제공할 뿐이다.

심판이란 타인과 거리를 유지하며 그를 주시하고 심사하는 것이다. 그러나 사랑은 그럴 시간과 공간을 허락하지 않는다. 사랑하는 사람은 타인을 관찰자의 숙고 대상으로 여기지 않고, 언제나 자신의 사랑과 섬김을 요구하는 사람으로 여긴다. 하지만 타인 때문에, 다시 말해 타인을 사랑하기 때문에, 어쩔 수 없이 그의 악을 심판할 때도 있지 않은가? 알다시피, 그런 사랑에는 분명한 한계가 있다. 그런 사랑은 죄인을 그릇 사랑하는 것이고, 죄를 사랑하는 것이나 다름없다. 반면에 그리스도의 죄인 사랑은 죄에 대한 심판 그 자체다. 그것은 죄를 미워하는 가장 분명한 표시다. 모름지기 예수의 제자들은 예수를 따르면서 조건 없는 사랑 속에서 살아야 한다. 이 사랑만이 악에 대한 철저한 심판을 일으킬 수 있다. 분열된 사랑, 곧 제자 자신의 판단과 제자 자신의 상황에 따라 베푸는 사랑으로는 악에 대한 철저한 심판을 일으킬 수 없다.

제자들이 심판한다면, 이는 자를 들고 선과 악을 재는 셈이 될 것이다. 그러나 예수 그리스도는 내가 타인들에게 적용해도 되는 기준이 아니다. 그분은 나 자신을 심판하시고, 나의 선을 속속들이 악한 것으로 폭로하는 분이시다. 따라서 나는 나에게 적용되지 않는 것을 남에게 적용해서는 안 된다. 내가 선과 악에 따른 판단으로 타인의 악을 입증하면, 타인도 선과 악에 따라 판단하면서 자신의 선이 악한 줄 모르고 변명할 것이다. 내가 그의 악을 입증하면, 그는 자신의 선을 입증할 것이다. 하지만 그의 선은 결코 예수 그리스도의 선이 아니므로, 그는 그리스도의 심판을 받지 않고 사람의 심판을 받게 될 것이다. 반면에 나는 하나님의 심판을 자초하게 될 것이다. 내가 이제는 예수 그리스도의 은혜로 살지 않고 선과 악을 아는 지식으로 살면서, 판단을 고집하고 판단을 받기 때문이다. 하나님은 그분을 하나님으로 믿는 사람에게 하나님이 되신다.

심판은 타인에게 제멋대로 관심을 기울이는 월권행위다. 그것은 순전한 사랑을 파괴한다. 사실 순전한 사랑은 내가 타인을 생각하고, 그의 죄를 인지하는 것을 금하지 않는다. 하지만 이 두 행위는 예수께서 나에게 실증해 보이시는 용서와 조건 없는 사랑의 계기가 될 때만 월권행위가 되지 않을 수 있다. 타인에 대한 나의 판단을 삼가는 까닭은, "모든 것을 이해하는 것은 모든 것을 용서하는 것이다."tout comprendre c'est tout pardonner라는 주장에 힘을 실어 주거나,[17] 타인의 옳음을 시인하려는 것이 아니다. 그것은 나와 타인이 옳은 것이 아니라 오직 하나님만이 옳은 분이심을 알리고, 그분의 은혜와 그분의 심판을 알리려는 것이다.

심판은 눈을 멀게 하지만, 사랑은 눈을 뜨게 한다. 내가 심판자가 되면, 나 자신의 악도 보지 못하고, 타인에게 주어지는 은혜도 보지 못하게 된다. 반면에 제자가 그리스도의 사랑 안에 머무르면, 예수 그리스도의 고난을 아는 까닭에, 모든 있을 수 있는 죄와 허물을 알게 된다. 사랑은 타인을 십자가 아래서 용서받은 사람으로 인식하는 것이다. 사랑은 타인을 십자가 아래 있는 사람으로 바라보고, 그럴 때만 참으로 눈을 뜬 상태가 된다.

내가 진정으로 악의 제거를 중시하여 심판자가 되었다면, 나는 나 자신을 실제로 위협하는 곳, 나 자신에게서 악을 찾아야 마땅하다. 하지만 내가 타인에게서 악을 찾는다면, 이는 그러한 심판 속에서 나 자신의 옳음을 찾는 격이 될 것이고, 나의 악을 처벌하지 않은 채 타인을 심판하는 격이 될 것이다. 이처럼 위험천만한 자기기만은 모든 심판의 전제가 된다. 이는 자기와 자기 이웃에게 하나님의 말씀을 각기 다르게 적용하고, "나는 용서를 받고 타인은 심판을 받아 마땅해"라고 하면서 특권을 내세우는 것이다. 그러나 예수께서는 타인에게 내세울 만한 어떤 권리도 제자에게 주지 않으시고, 자신과의 친교를 가지는 것 외에는 아무것도 주지 않으신다. 그분은 제자에게 심판, 곧 이웃에 대한 월권행위를 조금도 허락하지 않으신다.

예수께서 제자에게 금하신 것은 심판하는 언어만이 아니다. 예수께서는 타인에게 죄의 용서를 선언하는 구원의 말도 제한하신다. 예수의 제자는 아무 때나 아무 사람에게나 이 구원의 말을 강요할 힘과 권리를 가지고 있지 않다. 강요하고 졸졸 따라다니며 개종시키는 일체의 행위, 타인에게 무언가를 억지로 우겨 실행하려는 온갖 시도는 무익하고 위험하다. 무익한 까닭은 사람이 던져 주는 진주를 돼지가 알아보지 못하기 때문이다. 위험한 까닭은 죄 용서의 거룩한 말씀이 더럽혀지고, 내가 섬기려고 하는 타인이 거룩한 것을 짓밟는 죄인이 되며, 그 말씀을 선포하는 제자들이 완고하고 침울한 자들의 맹목적 분노에 이유 없이 헛되이 해를 입을 위험에 처하기 때문이다. 값싼 은혜를 던져 주는 것은 세상 사람들을 귀찮게 하는 것이다. 그렇게 되면 세상 사람들은 급기야 자신들이 바라지 않는 것을 자신들에게 강요하려는 자들에게 폭력을 행사할 것이다. 이것은 제자들이 자신들의 활동을 신중히 삼가야 함을 의미한다. 이는 예수께서 마태복음 10장에서 사람들이 평화의 기원을 귀담아듣지 않는 곳에서는 발에 묻은 먼지를 떨어버리라고 하신 명령과 일치한다. 자신들의 영향력에 한계가 있음을 알지 못하는 제자단의 우려스러운 추진력, 저항을 염두에 두지 않는 열의는 복음의 말씀을 승리의 이념과 혼동하게 마련이다. 이념은 저항에 굴하지 않는 광신자, 저항을 염두에 두지 않는 광신자를 필요로 한다. 이념은 강하다. 반면에 하나님의 말씀은 아주 약해서 사람들에게서 멸시와 배척을 받는다. 말씀은 완고한 마음과 닫힌 문에 맞닥뜨린다. 말씀은 마주치는 저항을 인정하고 감내한다. 괴롭지만, 다음의 사실을 인정하지 않을 수 없다. 이념에는 불가능이 없지만, 복음에는 불가능이 있다는 것이다. 말씀은 이념보다 약하다. 그런 까닭에 말씀 증언자들도 이념 선전 요원들보다 약하다. 그러나 말씀 증언자들은 이 약함 속에서 광신자들의 병적인 소동을 벌이지 않고, 말씀과 함께 고난을 겪는다. 퇴각하고 도망하더라도 말씀과 함께하는 것이기만 하다면, 자신들의 약함이 말씀 자체의 약함일 뿐이라면, 도망하더라도 말씀을 버리지만 않는다면, 제자들은 퇴각해도 되고 도망해도 된다. 제자들은 말씀의 종이요 말씀의 도구일 따름이다. 그들은 말씀이 약해지려는 곳에서 강해지려고 하지 않는다. 그들이 무슨 수를 써서라도, 세상의 온갖 수단을 다 동원해서라도 말씀을 강요하려 한다면, 이는 하나님의 살아 있는 말씀을 이념으로 만드는 셈이 될 것이고, 당연히 세상은 자기에게 아무 도움이 되지 않는 이념에 저항할 것이다. 하지만 제자들은 약한 증언자들이긴 해도 말씀이 있는 곳이면 어디에서든 퇴각하지 않고 그 자리에 머문다. 이 약한 말씀을 조금도 알지 못하는 제자들은 하나님의 낮아지심의 신비를 인정하지 않을 것이다. 죄인들의 저항을 감내하는 이 약한 말씀만이 죄인들의 마음을 속속들이 전향시키는 강하고 자비로운 말씀이다. 말씀의 능력은 약함 속에 숨겨져 있다. 말씀의 능력이 적나라하게 드러나면, 그날은 심판의 날이 될 것이다. 제자들에게 주어진 큰 과제는 자신들에게 맡겨진 임무의 한계를 아는 것이다. 하지만 말씀을 악용하면, 말씀이 그들에게 등을 돌릴 것이다.

제자들은 닫힌 마음들을 마주하여 어찌해야 하는가? 타인에게 다가갈 수 없는 곳에서는 어찌해야 하는가? 자신들은 타인들 위에 군림할 권리나 힘을 조금도 갖고 있지 않고, 타인들에게 직접 다가갈 길도 없으며, 있는 길이라곤 자신들과 타인들을 쥐고 계신 분에게 다가가는 것뿐임을 인정해야 한다. 이어지는 내용은 이 사실을 말한 것이다. 예수께서는 제자들을 기도로 이끄시면서, 하나님께 기도하는 것 외에는 이웃에게 다가갈 길이 없다고 말씀하신다. 심판과 죄 용서는 하나님 몫이다. 하나님은 문을 닫기도 하고 열기도 하신다. 그러나 제자들은 구하고, 찾고, 문을 두드려야 한다. 그래야 그분께서 그들의 청을 들어주실 것이다. 타인들을 걱정한다면 기도해야 한다. 제자들은 이 점을 명심해야 한다. 그들의 기도에 주어지는 약속이야말로 그들이 가진 가장 큰 힘이다.

제자들은 자신들이 찾는 게 무엇인지를 안다. 이 때문에 제자들이 찾는 것은 이방 사람들이 찾는 것과 다르다. 하나님을 아는 사람만이 하나님을 찾을 수 있다. 알지 못하는 것을 어찌 찾겠는가? 자기가 찾고 있는 것이 무엇인지 모르는데 어찌 얻을 수 있겠는가? 따라서 제자들은 예수께서 주신 약속 안에서 자신들이 발견한 하나님을 찾아야 한다.

요컨대 여기서 다음의 사실이 분명해진다. 제자는 타인과 교제할 때 독자적인 권리와 독자적인 힘을 전혀 갖지 않는다. 그는 예수 그리스도와 맺은 친교의 힘으로 살아간다. 예수께서는 가장 순전한 사람이 자신과 타인의 사귐이 바른지 그른지를 검증할 수 있는 단순한 규정을 제자에게 제시하신다. 제자에게 필요한 것은 나와 너의 처지를 바꾸어 생각해 보는 것이다. 타인의 처지에서 생각해 보고, 타인 또한 내 처지에서 생각해 보게 하는 것이다. "너희는 무엇이든지, 남에게 대접을 받고자 하는 대로, 너희도 남을 대접하여라." 타인의 처지에서 생각해 보는 순간, 제자는 타인 앞에서 일체의 특권을 잃는다. 그는 타인을 비난하는 자신을 용서할 수 없게 된다. 이제 그는 타인의 악을 엄히 대하는 것과 똑같이 자신의 악도 엄히 대하고, 자기 자신을 관대하게 대하는 것과 똑같이 타인의 악도 관대하게 대한다. 우리의 악도 타인의 악과 다를 것이 전혀 없기 때문이다. 심판도 **하나요**, 율법도 **하나요**, 은혜도 **하나다**. 그러므로 제자는 타인을 만날 때마다, 그를 죄 용서를 받은 사람, 이제부터는 하나님의 사랑으로만 살아가는 사람으로 여길 것이다. "이것이 율법과 예언서의 본뜻이다." 그 이유는 "만유 위에 계신 하나님을 사랑하고, 네 이웃을 네 몸 같이 사랑하라"라는 계명이야말로 최고의 계명이기 때문이다.^{마 22:36-40, 막} 12:28-34, 눅 10:25-28

거대한 분리

좁은 문으로 들어가거라. 멸망으로 이끄는 문은 넓고, 그 길이 널찍하여서, 그리로 들어가는 사람이 많다. 생명으로 이끄는 문은 너무나도 좁고, 그 길이 비좁아서, 그것을 찾는 사람이 적다. 거짓 예언자들을 살펴라. 그들은 양의 탈을 쓰고 너희에게 오지만, 속은 굶주린 이리들이다. 너희는 그 열매를 보고 그들을 알아야 한다. 가시나무에서 어떻게 포도를 따며, 엉겅퀴에서 어떻게 무화과를 딸 수 있겠느냐? 이와 같이, 좋은 나무는 좋은 열매를 맺고, 나쁜 나무는 나쁜 열매를 맺는다. 좋은 나무가 나쁜 열매를 맺을 수 없고, 나쁜 나무가 좋은 열매를 맺을 수 없다. 좋은 열매를 맺지 않는 나무는, 찍어서 불 속에 던진다. 그러므로 너희는 그 열매를 보고 그 사람들을 알아야 한다. 나더러 '주님, 주님' 하는 사람이라고 해서, 다 하늘 나라에 들어가는 것이 아니다. 하늘에 계신 내 아버지의 뜻을 행하는 사람이라야 들어간다. 그 날에 많은 사람이 나에게 말하기를 '주님, 주님, 우리가 주님의 이름으로 예언을 하고, 주님의 이름으로 귀신을 쫓아내고, 또 주님의 이름으로 많은 기적을 행하지 않았습니까?' 할 것이다. 그 때에 내가 그들에게 분명히 말할 것이다. '나는 너희를 도무지 알지 못한다. 불법을 행하는 자들아, 내게서 물러가라.'마 7:13-23

예수 공동체는 예수의 부르심을 듣지 않는 사람들의 공동사회와 멋대로 갈라서서는 안 된다. 예수 공동체는 주님이 약속과 계명을 통해 "나를 따르라"며 부르신 공동체다. 예수 공동체는 그것으로 만족해야 한다. 모든 심판과 분리는 그 공동체를 자기 뜻대로 선택하신 분의 몫이다. 그분께서 그 공동체를 선택하신 것은 행위의 공로 때문이 아니라, 그분의 은혜 때문이다. 예수 공동체는 분리를 수행하지 않는다. 하지만 부르시는 말씀 안에서는 그런 분리가 일어날 수밖에 없다.

적은 무리, 곧 따르는 이들의 무리가 다수의 사람과 갈라서는 것은 그 때문이다. 제자들은 소수이고 언제나 그럴 것이다. 예수의 말씀은 제자들에게서 그들이 영향력을 갖게 되리라는 거짓 희망을 끊어 낸다. 예수를 따르는 사람은 결코 수를 믿지 않는다. "그것을 찾는 사람이 적다." 반면에 타인은 많고 언제나 많을 것이다. 그들은 자신들의 멸망을 향해 나아간다. 이런 현실 인식 속에서 제자들은 자신들이 약속받은 생명, 곧 예수와 맺는 영원한 친교만을 위안으로 삼는다.

따르는 이들의 길은 험하다. 그 길은 이미 걷고 있는 사람조차 지나치기 쉽고, 놓치기 쉬우며, 잃기 쉬운 길이다. 그 길은 찾기도 어렵다. 그 길은 참으로 험하고, 자칫하면 양쪽으로 추락할 만큼 위험하다. 비범한 일을 하라고 부름받고 그 일을 수행하지만, 정작 자신은 그리하는 것을 보지도 못하고 알지도 못하는 것, 바로 이것이 좁고 험한 길이다. 예수의 진리를 증언하고 고백하는 것, 예수의 적이자 우리의 적인 이 진리의 원수를 예수 그리스도의 조건 없는 사랑으로 사랑하는 것, 바로 이것이 좁고 험한 길이다. 따르는 이들이 땅을 차지하게 되리라는 예수의 약속을 믿되 무방비 상태로 원수를 만나는 것, 불의한 일을 하기보다는 불의의 고난을 겪는 것, 바로 이것이 좁고 험한 길이다. 타인의 약함과 타인의 불의를 보되 그를 조금도 심판하지 않는 것, 그에게 메시지를 전하되 진주를 돼지에게 던지지 않는 것, 바로 이것이 좁고 험한 길이다. 그것은 견디기 어려운 길이다. 매 순간 추락의 위험이 도사리고 있는 길이다. 내가 걷도록 명령받은 길로 여기고 벌벌 떨면서 걸어도, 사실상 걷기가 불가능한 길이다. 하지만 앞서가시는 예수를 꾸준히 바라보고 그분만을 바라보며 꾸준히 뒤따라간다면, 이 길에서도 무사하게 될 것이다. 자기 행위의 위험성만을 바라보고 앞서가시는 분을 바라보는 대신 그 길을 바라본다면, 발이 미끄러지고 말 것이다. 그분 자신이 바로 그 길이다. 그분이야말로 좁고 험한 길이자 좁은 문이다. 지금이야말로 그분만을 찾을 때다. 이 사실을 명심한다면, 우리는 그 좁고 험한 길을 걸으면서 예수 그리스도의 십자가라는 좁은 문을 거쳐 생명에 이르게 될 것이고, 그 좁은 길은 우리에게 확실한 길이 될 것이다. 두 세계의 시민인 우리는 이 세상과 하늘나라의 경계선에서 그 길을 걸어야 한다. 이 세상에서 하나님의 자녀가 걷는 길이 어찌 넓은 길도 되겠는가? 당연히 바른길은 좁고 험한 길이다.

15-20절. 예수 공동체와 세상의 분리가 이루어졌지만, 예수의 말씀은 이제 심판하고 분리하면서 예수 공동체 안으로 돌진해 들어간다. 예수의 제자들 한복판에서도 분리는 되풀이해서 일어나야 한다. 제자들은 자신들이 이 세상과 갈라섰으니 이제는 적은 무리 안에서 안심하고 좁은 길을 걸으면 된다고 생각해서는 안 된다. 그들 사이에 거짓 예언자들이 출현할 것이고, 혼란과 함께 고립도 더 심화될 것이다. 옆 사람이 공동체 구성원인 듯 보이고, 예언자와 설교자인 듯 보이고, 겉모습과 말과 행동으로 보건대 그리스도인인 듯 보여도, 그는 마음속에 사악한 동기를 품고 다가오는 자다. 그의 속은 물어뜯는 이리다. 그의 말은 거짓말이고, 그의 행위는 기만행위다. 그는 자신의 비밀을 유지하는 법을 잘 알므로 자신의 어두운 일을 은밀히 추진한다. 그가 우리 사이에 있는 까닭은, 그가 예수 그리스도에 대한 믿음으로 우리에게 온 것이 아니라, 악마가 그를 예수 공동체 안으로 들여보냈기 때문이다. 그는 자신

의 견해와 예언으로 힘과 영향력, 돈과 명예를 거머쥐려고 할 것이다. 그는 세상을 추구할 뿐 그리스도 주님을 추구하지 않는다. 그는 자신의 어두운 의도를 그리스도인으로 보이게 하는 옷 속에 숨기고, 그리스도인들이 잘 속아 넘어가는 사람들이라는 것을 안다. 그는 자신을 순진하게 보이도록 하는 옷이 벗겨지지 않기를 기대한다. 그는 심판이 그리스도인들에게 금지되었으며, 그래서 그들은 적절한 때에 그 사실을 떠올릴 것이라는 사실도 잘 안다. 누구도 타인의 마음을 들여다보지 못한다. 그래서 그는 상당수의 사람을 바른길에서 그릇된 방향으로 인도한다. 그가 이 모든 것을 아는 까닭은, 그가 직접 알아내어서가 아니라, 악마가 자신의 정체를 숨긴 채 그를 재촉하기 때문일 것이다.

예수의 사람들은 이러한 예수의 예고를 듣고 큰 근심에 빠졌을 것이다. 그 다른 사람을 누가 알아낼 것이며, 그리스도인처럼 보이는 가면 뒤에 거짓말과 유혹이 도사리고 있음을 누가 알아채겠는가? 깊은 불신, 의심의 눈초리로 뜯어보기, 불안에 떨며 심판하는 마음이 공동체 안에 스며들었을 것이다. 죄에 빠진 형제자매를 예수의 말씀에 따라 무자비하게 단죄하는 일도 빚어졌을 것이다. 그러나 예수께서는 공동체를 갈가리 찢는 이 불신으로부터 자기 사람들을 해방하신다. 그분께서는 나쁜 나무는 나쁜 열매를 맺는다고 말씀하신다. 나쁜 나무는 때가 되면 저절로 알려지게 마련이다. 우리는 누구의 마음도 들여다볼 필요가 없다. 나무가 열매를 맺을 때까지 기다리기만 하면 된다. "너희는 그 열매로 그 사람들을 구별해야한다." 그 열매는 오래지 않아 맺힐 것이다. 예수의 이 말씀은 거짓 예언자들의 말과 행위를 구별하라는 뜻이 아니라, 그들의 허상과 실상을 구별하라는 뜻이다. 예수께서 말씀하신 대로, 사람은 오래도록 가면을 쓴 채로 살 수 없다. 결실기는 오게 마련이고, 구별의 때도 오게 마련이다. 조만간 나무의 정체가 명백히 드러날 것이다. 나무가 열매를 맺지 않으려고 해도 소용이 없다. 열매는 저절로 맺힌다. 한 나무와 다른 나무를 구별할 때, 곧 결실기가 되면 모든 것이 훤히 드러날 것이다. 세상과 예수 공동체 사이에서 결단할 때가 다가오면—큰 결단의 때이든 아주 작고 일상적인 결단의 때이든, 그때는 날마다 다가올 수 있다—무엇이 나쁜 것이고 무엇이 좋은 것인지가 훤히 드러나게 될 것이다. 그때에는 실상만 존속하고, 허상은 그러지 못할 것이다.

예수께서는 제자들에게 허상과 실상을 분명히 식별하

고, 제자 자신과 사이비 그리스도인을 구분하라고 촉구하신다. 그럴 때만 제자들은 호기심 어린 눈초리로 타인을 뜯어보는 일을 하지 않을 수 있다. 하지만 그렇게 하려면 하나님이 내리시는 결정을 진실하고 단호하게 인정해야 한다. 우리 사이에 섞여 있던 사이비 그리스도인이 끌려 나갈 수도 있고, 우리가 사이비 그리스도인으로 몰릴 수도 있다. 하나님이 이런 결정을 내리시는 것은 제자들을 예수와 더 굳건한 친교로, 더 값비싼 따름으로 부르시려는 것이다. 나쁜 나무는 잘려서 불 속에 던져진다. 그 나무가 아무리 화려해도 소용이 없다.

21절. "나를 따르라"는 예수의 부르심을 통해 이루어진 분리가 더 심화한다. 분리는 세상과 예수 공동체를 가르고, 사이비 그리스도인과 참 그리스도인을 가르고 나서, 이제는 신앙을 고백하는 제자단 속으로 파고든다. 바울은 이렇게 말한다. "또 성령을 힘입지 않고서는 아무도 '예수는 주님이시다' 하고 말할 수 없습니다."^{고전 12:3} 아무도 제 이성과 제 능력과 제 결단으로 제 목숨을 예수께 맡길 수 없고, 그분을 주님이라 부를 수 없다. 하지만 여기서는 다음과 같은 가능성에 주목한다. 이를테면 어떤 사람이 성령의 감동 없이, 예수의 부르심을 듣지 못한 채 예수를 주님이라 부르는 것이다. 이것은 더더욱 이해하기 어렵다. 당시에 예수를 주님이라 부르는 것은 세상의 이득을 가져다주기는커녕 도리어 위험에 처하는 고백이었기 때문이다. "나더러 '주님, 주님' 하는 사람이라고 해서 다 하늘나라에 들어가는 것이 아니다……." "'주님, 주님' 하는" 것은 예수 공동체의 신앙고백이다. 이 신앙고백을 하는 사람이라고 해서 다 하늘나라에 들어가는 것이 아니다. 신앙을 고백하는 공동체 한가운데를 가르며 분리가 이루어질 것이다. 신앙고백은 결코 예수에 대한 청구권을 부여하지 않는다. 아무도 자기의 신앙고백을 증거로 끌어댈 수 없다. 우리가 참된 신앙고백을 하는 교회의 구성원이라고 해도, 이 사실로 하나님께 권리를 주장할 수 있는 것이 아니다. 이 신앙고백으로는 하늘나라에 들어가지 못할 것이다. 우리가 이 신앙고백으로 하늘나라에 들어갈 수 있다고 생각한다면, 이는 부르심의 은혜를 하나님 앞에 설 수 있는 권리로 삼은 이스라엘처럼 죄를 짓는 셈이 될 것이다. 이것은 부르시는 분의 은혜를 거스르는 죄와 다름없다. 장차 하나님은 우리에게 "너는 복음 전도자로 살았느냐?" 하고 묻지 않으시고, "너는 내 뜻을 행하였느냐?" 하고 물으실 것이다. 하나님은 모든 이에게 그렇게 질문하실 것이고, 우리에게도 그리하실 것이다. 교회의 경계선은 특권의 경계선이 아니라, 하나님의 은혜로운 선택과 부르심의 경계선이다. "말하는 사람이라고 해서 다"πᾶς ὁ λέγων, 파스 호 레곤와 "행하는 사람이라야."ἀλλ' ὁ ποιῶν, 알 호 포이온 이것은 단순히 말과 행위의 관계를 나타내는 표현이 아니라, 인간이 하나님 앞에서 취하는 두 가지 다른 태도를 나타내는 표현이다. "'주님, 주님' 하는 사람"ὁ λέγων κύριε, 호 레곤 퀴리에은 자신의 '예예' 하는 태도를 근거로 권리를 요구하는 사람이고, "행하는 사람"ὁ ποιῶν, 호 포이온은 겸손히 복종하는 사람이다. 전자는 자기의 신앙고백을 통해 자기를 정당화하는 사람이고, 후자 곧 행하는 사람은 하나님의 은혜에 의지하면서 복종하는 사람이다. 여기서 사람의 말은 그의 자기 의와 상관되는 개념인 반면, 행위는 사람이 마주하여 겸손히 복종하고 섬길 수밖에 없는 은혜와 상관되는 개념이다. "'주님, 주님' 하는 사람"은 성령의 감동 없이 자기의 사정을 예수께 아뢰는 사람이거나 예수의 부르심을 자기의 권리로 삼는 사람인 반면, 하나님의 뜻을 행하는 사람은 부르심을 받고 은혜를 입었으므로 복종하고 따르는 사람이다. 행하는 사람은 자신의 소명을 권리로 이해하지 않고 하나님의 심판과 죄 용서로, 하나님의 뜻으로 이해한다. 그는 이 뜻에만 복종하려고 한다. 예수의 은혜는 행하는 사람을 요구한다. 따라서 행위는 참된 겸손이 되고, 참된 믿음과 참된 신앙고백은 부르시는 분의 은혜가 된다.

22절. 예수께서는 고백하는 사람과 행하는 사람을 구분하신 다음, 그 구분을 끝까지 밀어붙이신다. 이 절에서는 이제까지 잘 견뎌 온 사람들이 마지막으로 발언한다. 그들은 행하는 사람들이다. 이제 그들은 자신들의 신앙고백을 증거로 끌어대지 않고, 자신들의 행위를 증거로 끌어댄다. 그들은 예수의 이름으로 행한 자들이다. 그들은 신앙고백으로는 의롭다고 인정받지 못한다는 것을 잘 안다. 그래서 그들은 밖으로 나가 사람들 가운데서 행위를 통해 예수의 명성을 크게 드러낸다. 이제 그들은 예수 앞으로 나아가, 이 행위를 가리킨다.

예수께서는 악마적 신앙이 있을 수 있음을 제자들에게 밝히신다. 이를테면 예수를 증인으로 끌어대어, 예수의 참 제자들이 하는 것과 똑같이 놀라운 일들을 행하고, 사랑의 일과 기적을 행하고, 때에 따라서는 자기를 성화하기까지 하면서도, 예수를 부인하고 그분 따르기도 부인하는 것이다. 이는 바울이 고린도전서 13장에서 말하는 것과 똑같다. 설교하는 능력, 예언하는 능력, 모든 지식과 산을 옮길 만한 모든 믿음을 가지고 있을지라도, 사랑 곧 그리스도가 없고 성령이 없는 것이다. 이보다 더한 것도 있다. 바울이 주목한 대로, 사랑 없이, 그리스도 없이, 성령 없이, 그리스도교적 사랑을 실천하고 재물을 나누어 주고 순교까지 하는 것이다. '사랑 없이'라고 한 것은, 임명권자이신 예수 그리스도께서 이 모든 행위의 발기인이신데도, 이 모든 행위 속에 그분을 따르는 행위가 존재하지 않아서다. 이것은 예수 공동체 안에 존재할 수 있는 가장 심각하고 가장 이해하기 어려운 악마적 가능성이다. 이것이 예수께서 수행하시는 마지막 분리 작업이다. 물론 이 분리 작업은 최후 심판의 날에나 이루어질 것이다. 하지만 그것은 결정적인 분리 작업이 될 것이다. 예수를 따르는 이들이 던져야 할 질문은 다음과 같다. 예수께서 영접하시는 사람과 영접하지 않으시는 사람, 예수 공동체 안에 계속 머무를 사람과 그렇지 못한 사람을 가려내는 최후의 기준은 무엇인가? 예수께서 최종적으로 버림받은 사람들에게 하신 답변이 모든 것을 말해 준다. "나는 너희를 도무지 알지 못한다." 바로 이 말씀이 최후의 기준이자, 산상 설교의 처음부터 이 마지막에 이르기까지 간직되어 온 비밀이다. 예수께서 우리를 알아보실까, 알아보지 못하실까? 이것이야말로 따르는 이들이 던져야 할 유일한 질문이다. 우리가 들은 대로, 예수의 말씀이 예수 공동체와 세상 사이에서 분리를 수행하고, 최후 심판의 날에 예슈 공동체 안에서도 그리한다면, 그리고 우리의 신앙고백과 우리의 복종이 더는 소용이 없다면, 우리는 무엇에 의지해야 하는가? 우리가 의지할 것은 다음과 같은 그분의 말씀뿐이다. "내가 너를 안다." 이것이야말로 그분의 영원한 말씀, 그분의 영원한 부르심이다. 바로 여기서 산상 설교의 말미와 산상 설교의 첫 말씀은 일맥상통한다. 최후 심판의 날에 하실 그분의 말씀은 "나를 따르라"는 그분의 부르심을 받은 우리에게 하실 말씀이다. 처음부터 끝까지 지속하는 것은 그분의 말씀, 그분의 부르심뿐이다. 예수를 따르면서 아무것도 의지하지 않고 이 말씀만을 의지하는 사람, 여타의 모든 것을 놓아 보내는 사람, 바로 그 사람이 이 말씀을 듣고 최후의 심판을 통과하게 될 것이다. 그분의 말씀이 곧 그분의 은혜인 까닭이다.

맺음말

그러므로 내 말을 듣고 그대로 행하는 사람은, 반석 위에다 자기 집을 지은, 슬기로운 사람과 같다고 할 것이다. 비가 내리고, 홍수가 나고, 바람이 불어서, 그 집에 들이쳤지만, 무너지지 않았다. 그 집을 반석 위에 세웠기 때문이다. 그러나 나의 이 말을 듣고서도 그대로 행하지 않는 사람은, 모래 위에 자기 집을 지은, 어리석은 사람과 같다고 할 것이다. 비가 내리고, 홍수가 나고, 바람이 불어서, 그 집에 들이치니, 무너졌다. 그리고 그 무너짐이 엄청났다. 예수께서 이 말씀을 마치시니, 무리가 그의 가르침에 놀랐다. 예수께서는 그들의 율법학자들과는 달리, 권위 있게 가르치셨기 때문이다.마 7:24-29

우리는 산상 설교를 들어본 적이 있고, 어쩌면 알아듣기까지 할 것이다. 산상 설교를 제대로 알아들은 사람은 어떤 사람인가? 예수께서는 이 질문에 마지막으로 답변하신다. 예수께서는 청중이 그분의 말씀으로 자신들의 마음에 드는 것을 만들거나, 그분의 말씀에서 자신들의 삶에 소중해 보이는 것을 고르거나, 이 가르침이 "현실"과 어떤 관계가 있는지를 검증하도록 내버려 두지 않으신다. 예수께서 자신의 말씀을 청중에게 건네신 것은, 자신의 말씀이 청중의 타산적인 손에 악용되게 하시려는 것이 아니라, 자신의 말씀만이 청중을 다스릴 수 있게 하시려는 것이다. 인간적으로 보건대, 산상 설교를 이해하고 해석하는 방법은 부지기수인 것 같다. 예수께서 알고 계신 방법은 한 가지뿐이다. 가서 그대로 따르는 것이다. 해석하고 적용하는 것이 아니라, 행하고 따르는 것이다. 예수의 말씀은 이런 식으로만 들어야 한다. 되풀이하건대, 행동을 이상적인 방법이라고 말하는 것이 아니라, 실제로 행동을 시작하는 것이다.

내가 내 말보다 더 옳다고 인정하는 이 말씀, "내가 너를 안다"는 말씀에서 비롯되는 이 말씀, 나로 하여금 즉시 행하고 따르게 하는 이 말씀이야말로 내가 집을 세워도 될 반석이다. 예수의 이 말씀에 영원토록 부합하는 것은 단순한 행동뿐이다. 예수께서 말씀하셨으니 말씀하시는 것은 그분의 일이고, 복종은 우리의 일이다. 예수의 말씀은 우리의 행동 속에서만 명예와 능력과 힘을 지닌다. 이쯤 되어야, 말씀을 통해 이루어진 예수와의 일치에 폭풍이 들이쳐도 그 일치는 깨지지 않는다.

다만 행하느냐 행하지 않느냐가 있을 뿐이다. 행하고 싶어 하면서 행하지 않는 것은 있을 수 없다. 행동 이외의 방법으로 예수의 말씀을 대하는 자는 예수의 견해를 옳지 않다고 말하는 사람, 산상 설교를 거부하는 사람, 예수의 말씀을 행하지 않는 사람이다. 묻고, 검토하고, 해석하는 일체의 것은 행하지 않는 것과 같다. 누가복음 10장에 등장하는 부자 젊은 이와 율법 교사가 떠오른다. 내가 나의 믿음을 확언하고, 이 말씀에 대한 나의 원칙적인 동의를 단언해도, 예수께서는 그 것을 아무것도 하지 않은 것이라고 말씀하신다. 말씀을 행하려고 하지 않으면서 말씀을 반석으로 삼아 그 위에 집을 짓는 것은 어불성설이다. 여기에는 예수와 일치하는 구석이 조금도 없다. 예수께서는 그런 나를 보시며 이렇게 말씀하실 것이다. "나는 너를 도무지 알지 못한다." 그러므로 폭풍이 들이치면, 말씀이 내게서 순식간에 자취를 감출 것이다. 그러면 나는 내 가 믿은 적이 전혀 없다는 것을 알게 될 것이다. 내가 간직한 말씀은 그리스도의 말씀이 아니라, 내가 그분에게서 탈취하여 나 자신의 것으로 삼고 곰곰이 숙고하면서도 행하지는 않은 말씀일 것이다. 이제 내 집은 그리스도의 말씀을 기초로 삼지 않은 까닭에, 심하게 무너질 것이다.

"민족이 놀랐다." 무슨 일이 일어났는가? 하나님의 아 들이 말씀하셨다. 그분은 최후의 심판권을 쥐고 계셨다. 그분 곁에는 제자들이 서 있었다.

마태복음 9장 35절-10장 42절: 특사들

추수

예수께서는 모든 도시와 마을을 두루 다니시면서, 유대 사람의 여러 회당에서 가르치며, 하늘 나라의 복음을 선포하며, 온갖 질병과 온갖 아픔을 고쳐 주셨다. 예수께서 무리를 보시고, 그들을 불쌍히 여기셨다. 그들은 마치 목자 없는 양과 같이, 고생에 지쳐서 기운이 빠져 있었기 때문이다. 그래서 제자들에게 말씀하셨다. "추수할 것은 많은데, 일꾼이 적다. 그러므로 너희는 추수하는 주인에게 일꾼들을 그의 추수밭으로 보내시라고 청하여라." ^{마 9:35-38}

예수께서는 자기 민족, 곧 하나님의 백성을 보시고 불쌍히 여기셨다. 그분은 소수의 몇몇 사람이 자신의 부름을 듣고 따르는 것에 만족할 수 없었다. 그분은 귀족처럼 제자들과 함께 고립될 생각도 없었고, 위대한 종교 창시자처럼 민족의 무리에게서 떨어져서 제자들에게 더 고상한 지식과 완전한 생활 태도의 가르침을 전수할 생각도 없었다. 예수께서 이 세상에 오셔서 활동하고 고난을 겪으신 것은 자기 민족 전체를 위해서였다. 제자들은 그분을 독차지하고 싶은 나머지, 사람들이 데려온 아이들과 길가의 가난한 걸인들이 그분을 성가시게 하지 못하게 했다.^{막 10:48} 하지만 그들은 자신들 때문에 예수의 섬김이 제한되어서는 안 된다는 것을 깨달을 수밖에 없었다. 하나님 나라에 관한 그분의 복음과 그분의 구원능력은, 그분이 자기 민족 가운데서 발견하신 가난한 사람들과 병든 사람들의 것이었기 때문이다.

제자들은 군중의 모습을 보고 반감과 분노와 업신여기는 마음을 품었을지 모르나, 그 모습을 본 예수의 마음은 깊디깊은 자비와 슬픔으로 차올랐다. 비난도, 질책도 할 수 없었다! 하나님께서 아끼시는 백성이 학대를 받아 땅바닥에 쓰러져 있었다. 이는 그들 곁에서 하나님을 섬기는 사람들의 책임이었다. 로마 시민이 하나님의 백성을 쓰러뜨린 게 아니었다. 말씀을 섬기도록 부름받은 자들이 하나님의 말씀을 악용하는 바람에 그렇게 된 거였다. 목자가 아예 없었다! 시원한 물가로 인도받지 못해 갈증을 풀지 못하는 양 떼, 어떤 목자도 이리 앞에서 더는 보호해 주지 않는 양들, 목자들의 가혹한 막대기 아래 혹사당하고 상처 입고 공포와 불안에 떠는 양들이 땅바닥에 쓰러져 있었다. 예수께서 발견하신 대로, 하나님의 백성이 그런 상태였다. 질문을 던졌건만 대답이 없고, 곤경에 처했건만 도움이 없고, 눈물을 흘리건만 위로가 없고, 죄를 지었건만 용서가 없었다! 이 백성이 필요로 하는 선한 목자는 어디에 있었는가? 백성을 강제로 교육하는 율법학자들이 있었지만, 그것이 무슨 도움이 되었겠는가? 죄인을 가혹하게 정죄하기만 하고 도와주지는 않는 율법주의자들이 있었지만, 그것이 무슨 도움이 되었겠는가? 하나님의 말씀을 가장 독실하게 선포하고 해석하는 사람들이 있었지만, 그들이 착취당하고 학대받는 백성을 보고도 자비와 슬픔을 느끼지 못하는데, 그들의 존재가 무슨 도움이 되었겠는가? 공동체에 목자들이 없는데, 율법학자, 율법주의자, 설교자가 있다고 한들, 그것이 무슨 도움이 되었겠는가? 양 떼에게 필요한 이는 선한 목자들, "목사들"이다. "내 어린 양을 먹여라!" 예수께서 베드로에게 마지막 임무를 맡기시면서 하신 말씀이다. 선한 목자는 자기 양 떼를 위해 이리에 맞서 싸운다. 선한 목자는 도망치지 않고, 양들을 위해 자기 목숨을 건다. 그는 자기가 돌보는 양들의 이름을 다 알고, 그 양들을 아낀다. 그는 양들이 필요로 하는 것과 그들의 약점을 잘 안다. 상처 입은 양은 치료하고, 목마른 양에게는 물을 먹이며, 넘어지려고 하는 양은 일으켜 세운다. 그는 양들을 거칠게 기르지 않고 자상하게 기른다. 그는 양들을 바른길로 이끌고, 길을 잃은 양은 찾아서 무리에게로 데려온다. 그러나 악한 목자는 폭력으로 다스리고, 자기 양 떼를 잊고, 제 이익만 꾀한다. 예수께서 찾으시는 자는 선한 목자지만, 그런 목자는 어디에도 없다.

이 사실이 예수의 마음을 비통하게 한다. 이 버림받은 양 떼, 주위에 있는 백성의 무리를 예수의 신적인 자비가 에워싼다. 인간적으로 보면, 상황은 절망적이다. 하지만 예수께서는 상황을 절망적으로 보지 않으신다. 그분은 하나님의 백성이 학대를 당해 불쌍하고 가련한 모습으로 자기 앞에 서 있는 것을 보시면서, 무르익어 추수를 기다리는 하나님의 밭을 보신다. "추수할 것이 많다!" 곳간에 들여도 될 만큼, 추수할 것이 무르익었다. 이 가난하고 불쌍한 사람들을 하나님 나라에 들일 때가 되었다. 예수께서는 백성의 무리 위에 하나님의 약속이 임하는 것을 보신다. 율법학자들과 율법주의자들이 본 것은 짓밟히고 초토화되고 파괴된 밭뿐이었지만, 예수께서는 하나님의 나라를 위해 이삭이 여물어 일렁이는 밭을 보신다. "추수할 것이 많다!" 예수의 자비만이 그것을 알아본다!

이제는 낭비할 시간이 없다. 수확 작업은 지체를 용납

하지 않는다. "그런데 일꾼이 적다." 당연히 예수께서는 소수의 사람에게 자비의 눈길을 보내신다. 예수의 의지에 관심을 기울이고, 그분을 통해 볼 줄 아는 눈을 얻은 사람이 아니라면 누가 이 일에 달려들 수 있겠는가?

예수께서는 도움을 구하신다. 그분 혼자서는 일을 할 수 없다. 그분을 도와드리면서 함께 일할 사람들은 누구인가? 하나님만이 그들을 아시니, 그분께서 그들을 아들에게 보내 주시지 않으면 안 된다. 예수를 돕는 일꾼이 되겠다고 자청할 사람은 누구인가? 제자들조차도 그러지 못한다. 추수하는 주인에게 일꾼들을 제때에 보내 달라고 청하는 수밖에 없다. 때가 되었기 때문이다.

사도들

예수께서 열두 제자를 부르셔서, 더러운 귀신을 제어하는 권능을 주시고, 그들이 더러운 귀신을 쫓아내고 온갖 질병과 온갖 허약함을 고치게 하셨다. 열두 사도의 이름은 이러하다. 첫째로 베드로라고 부르는 시몬과, 그의 동생 안드레와 세베대의 아들 야고보와 그의 동생 요한과 빌립과 바돌로매와 도마와 세리 마태

와 알패오의 아들 야고보와 다대오와 열혈당원 시몬과 예수를
넘겨준 가룟 사람 유다이다. 마 10:1-4

하나님께서 기도를 들어주셨다. 아버지께서 아들에
게 자기 뜻을 계시해 주셨다. 이제 예수 그리스도께서는 열
두 제자를 부르시고, 그들을 보내셔서 추수하게 하신다. 그분
께서는 그들을 "사도들", 곧 자신의 특사와 협력자로 삼으신
다. "예수께서 그들에게 권능을 주셨다." 실제로 이 권능이 중
요하다. 사도들은 말씀과 가르침뿐만 아니라 효과적인 권능
도 받았다. 그들이 이 권능 없이 어찌 일하겠는가? 그것은 세
상을 지배하는 자, 곧 악마의 권능보다 뛰어난 것이어야 한다.
자신의 권능을 인정하지 않고 사람 앞에서 존재하지 않는 척
하는 것이 악마의 계략이긴 하지만, 제자들은 악마에게 권능
이 있음을 알고 있다. 가장 위험한 권능을 행사하는 악마를 타
격하는 수밖에 없다. 그리스도의 권능으로 악마의 정체를 폭
로하고, 악마를 무찌르는 수밖에 없다. 이 일을 위해 사도들은
예수 그리스도 자신과 어깨동무한다. 그들은 자신들의 일을
함으로써 그분을 돕지 않으면 안 된다. 예수께서는 이 과제를
위해 그들에게 최고의 은사를 주셔서, 더러운 귀신, 곧 인간을

독차지해 온 악마를 제어하는 자기 일에 참여하게 하신다. 이 과제를 수행함으로써 사도들은 그리스도와 같게 된다. 이제 그들은 그리스도의 일을 수행한다.

이 첫 번째 특사들의 이름은 마지막 날까지 세상 사람들에게 기억될 것이다. 열두 지파가 하나님의 백성이었다면, 열두 특사는 그리스도 곁에서 그리스도의 일을 하는 사람들이다. 하나님 나라에는 이스라엘의 심판자인 그들을 위해 열두 보좌가 마련되어 있다.^{마 19:28} 천상의 예루살렘에는 거룩한 백성이 들어가는 열두 대문이 있는데, 이 대문들에는 지파들의 이름이 적혀 있다. 그 도시의 성벽에는 주춧돌이 열두 개가 있고, 그 위에는 사도들의 이름이 적혀 있다.^{계 21:12-14}

열두 사도를 하나가 되게 할 수 있는 이는 그들을 선택하고 부르신 예수뿐이다. 반석 베드로, 세리 마태, 이방 사람들의 압제에 맞서 정의와 율법을 열심히 수호하던 열성 당원 시몬, 예수의 사랑을 받고 그 품에 안긴 요한, 우리에게 이름만 알려진 다른 사도들, 그리고 예수를 배반한 가룟 사람 유다. 예수의 부르심이 아니었으면, 이 세상의 그 무엇도 이들을 하나로 묶어 같은 일을 하게 하지 못했을 것이다. 예수 안에서 예전의 모든 불화가 극복되고, 새롭고 굳건한 친교가 다져졌

산상 설교

다. 유다도 그리스도의 일을 하려고 나서는데, 이는 이해하기
어려운 수수께끼이자 무서운 경고가 아닐 수 없다.

일

> 예수께서 이들 열둘을 내보내실 때에, 그들에게 이렇게 명하셨
> 다. "이방 사람의 길로도 가지 말고, 또 사마리아 사람의 고을에
> 도 들어가지 말아라. 오히려 길 잃은 양 떼인 이스라엘 백성에게
> 로 가거라." 마 10:5-6

제자들은 예수를 돕는 자들로서 주님의 분명한 명령을 받고 활
동한다. 어떻게 일을 시작하고 이해할 것인지를 결정하는 것은
그들 몫이 아니다. 특사들은 그리스도의 일을 수행해야 하므로
철저히 예수의 뜻대로 하지 않으면 안 된다. 그러한 명령을 받
아 자신의 직무를 수행하고, 자신의 판단과 자신의 셈법을 버린
사람은 복이 있다!
   예수께서는 말씀 첫마디를 떼시면서 곧바로 특사들의
활동에 제한을 가하신다. 그들에게는 이 제한이 의아하고 까
다로운 것으로 보였을 것이다. 그들은 일터를 스스로 골라서

는 안 된다. 결정적인 것은 그들이 어디로 가고 싶어 하느냐가 아니라, 그들이 어디로 보냄을 받았느냐다. 이로써 그들이 자신들의 일이 아니라 하나님의 일을 수행해야 한다는 사실이 어느 정도 분명해진다. 이방 사람들과 사마리아 사람들에게 기쁜 소식이 특히 필요했으니, 곧장 그들에게로 가는 것이 더 이해하기 쉽지 않았을까? 그랬을 테지만, 그리하라는 지시는 떨어지지 않는다. 하나님의 일은 지시를 받지 않고 수행해도 되는 것이 아니다. 그렇지 않으면 그 일을 수행해도 약속을 받지 못할 것이다. 하지만 복음 선포에 주어지는 약속과 복음 선포의 의무는 어디서든 유효한 게 아닌가? 이 두 가지는 하나님이 그리하라는 지시를 내리신 곳에서만 유효하다. 하지만 그리스도의 사랑은 우리에게 복음을 무제한으로 전하라고 재촉하지 않는가? 그리스도의 사랑은 지시를 고수하는 까닭에 우리 마음의 지나친 열정 및 열심과는 구별된다. 우리가 우리 민족의 형제자매 또는 타국의 이교도들에게 구원의 복음을 전하는 것은, 우리가 그들을 아주 많이 사랑하기 때문이 아니라, 주님이 선교를 명령하면서 내리신 분부 때문이다. 약속이 있는 곳을 우리에게 알리는 것은 지시뿐이다. 내가 이런저런 곳에서 복음을 선포하는 것을 그리스도께서 바라지 않으시면,

나는 모든 것을 놓아 보내고, 그리스도의 뜻과 말씀을 붙잡아야 한다. 이렇게 사도들은 말씀에 매이고, 지시에 매인다. 사도들은 그리스도께서 말씀하시고, 그리스도께서 지시하시는 곳에만 가 있어야 한다. "이방 사람의 길로도 가지 말고, 또 사마리아 사람의 고을에도 들어가지 말아라. 오히려 길 잃은 양 떼인 이스라엘 백성에게로 가거라."

이방 사람이었던 우리는 예전에 복음에서 배제되어 있었다. 예수 그리스도의 분부를 따라 복음이 이방 사람들에게 다가가고, 이방 그리스도인들의 공동체가 형성되려면, 먼저 이스라엘이 그리스도의 복음을 듣고 배척해야 했다. 부활하신 분께서 선교 명령을 내리시자, 제자들이 이해하지 못했던 임무의 제한이, 십자가에 달리셨다가 부활하신 분을 영접한 이방 사람들에게 은혜가 되었다. 이것은 하나님의 길이자 지혜가 아닐 수 없다. 우리는 언제나 지시받는 자로 머물러야 한다.

다니면서 '하늘 나라가 가까이 왔다'고 선포하여라. 앓는 사람을 고쳐 주며, 죽은 사람을 살리며, 나병 환자를 깨끗하게 하며, 귀신을 쫓아내어라. 거저 받았으니, 거저 주어라. 마 10:7-8

특사들이 전하는 복음과 그들의 활동은 예수 그리스도 자신과 조금도 다르지 않았다. 예수 그리스도의 권능을 분배받았기 때문이다. 예수께서는 하늘나라가 임박했음을 선포하라고, 이 복음을 뒷받침하는 표적들을 보여주라고 명령하신다. 앓는 사람을 고쳐 주고, 나병 환자를 깨끗하게 하고, 죽은 사람을 살리고, 귀신을 내쫓으라고 명령하신다. 선포는 사건이 되고, 사건은 선포를 증명한다. 하나님 나라, 예수 그리스도, 죄 용서, 믿음으로 말미암은 죄인의 칭의, 이 모든 것은 악마의 권능을 무력화시키고, 앓는 사람을 치료하고, 죽은 사람을 살리는 것과 조금도 다르지 않다. 이것은 전능하신 하나님의 말씀으로서 행위이자 사건이며 기적이다. 예수 그리스도 **한**분이 열두 특사 안에서 곳곳을 돌아다니며 자기 일을 수행하신다. 제자들이 입은 어마어마한 은혜는 창조주 하나님의 구원하시는 말씀이다.

전대에 금화도 은화도 동전도 넣어 가지고 다니지 말아라. 여행용 자루도, 속옷 두 벌도, 신도, 지팡이도, 지니지 말아라. 일꾼이 자기 먹을 것을 얻는 것은 마땅하다.마 10:9-10

특사들의 임무와 권능은 예수의 말씀 안에서만 존립하므로 예수의 특사들에게서는 이 막중한 사명을 아리송하게 하거나 신뢰할 수 없게 하는 것이 조금이라도 눈에 띠어서는 안 된다. 특사들은 당당한 가난 속에서 자기들이 모시는 주님이 얼마나 부요한 분이신지를 증명해야 한다. 그들이 예수께 받은 것은 여타의 물품과 교환해도 되는 그들의 소유가 아니다. "너희가 거저 받았으니, 거저 주어라." 예수의 특사가 되었다고 해서 개인적인 권리를 요구하거나, 존경과 권세를 요구해서도 안 된다. 예수의 자유로운 특사에서 공직에 몸담고 있는 목사로 신분이 바뀌어도 달라질 것은 없다.[18] 예수의 특사가 된 사람이 대학 교육을 받은 사람의 권리와 사회적 신분을 요구하는 것은 가당찮은 일이다. "너희는 거저 받았다!" 자격이 없는데도 예수께서 우리를 불러 주셔서, 우리가 그분을 섬기게 된 것이 아니던가? "거저 주어라!" 이 말씀의 의미는 다음과 같다. "너희는 거저 주어야 할 온갖 재물을 너희 것으로 삼을 마음이 전혀 없음을, 소유나 명성이나 감사도 바라지 않음을 분명히 밝혀라! 재물을 너희 것으로 삼으려 하고 명성이나 감사를 바라다니, 어디서 그런 권리를 받은 것이냐?" 존경의 표시로 우리에게 떨어진 것은 모두, 우리가 그것의 소유주이신 분에게서, 곧 우리를 보내신 주님에게서 탈취한 것이나 다름없다. 예수의 특사들은 자신들이 누리는 자유를 가난 속에서 입증해야 한다. 제자들이 휴대해서는 안 되는 것과 휴대해도 되는 것을 열거하는 대목에서 마가와 누가가 몇 가지 물품에서 마태와 차이를 보이긴 하지만, 그렇다고 결론이 달라지는 것은 아니다. 예수께서는 말씀의 전권을 받아 길을 나서는 사람들에게 가난을 명령하신다. 여기서 중요한 것은 예수의 **명령**이다. 이 점을 간과하지 않는 게 좋을 것이다. 예수께서는 제자들이 지녀도 되는 것을 상세히 규정하신다. 제자들은 거지처럼 보여서도 안 되고, 누더기로 이목을 끌어서도 안 되며, 기생충처럼 다른 사람들에게 짐이 되어서도 안 된다. 그들은 가난한 사람의 작업복 차림을 하고도 유유히 걸어야 한다. 그들은 여행 중에 저녁이 되면 자신들에게 숙소를 제공하고 필요한 음식물을 공급하는 친구의 집이 있을 것이라고 확신하는 사람처럼 지닌 것이 적어야 한다. 그들은 이런 신뢰를 사람에게 두지 않고, 자신들을 보내신 분과 자신들을 돌보아 주실 하늘 아버지께 두어야 한다. 그래야 자신들이 선포하는 복음, 곧 갓 시작된 하나님의 세상 통치를 믿을 만한 것이 되게 할 수 있다. 그들은 자신들의 직무를 수행할 때에도 동일한 자유를 누리면서 숙소와 음식물을 받되, 적선받은 것으로가 아니라 일꾼이 당연히 받는 먹을 것으로 여기고 받아야 한다. 예수께서는 자신의 특사를 "일꾼"이라고 부르신다. 당연히 게으름쟁이는 자기 먹을 것을 받지 못한다. 사탄의 세력을 상대로 벌이는 이 싸움, 인간의 마음을 얻기 위해 벌이는 이 싸움, 자신의 명예와 재물과 세상 친구를 포기하고, 가난한 사람과 학대받는 사람과 가련한 사람을 섬기는 것이 일이 아니라면 무엇이 일이겠는가? 하나님은 인간 때문에 수고와 괴로움을 겪으셨고,[사 43:24] 예수의 영혼은 우리의 구원을 위하여 수고하다가 십자가에서 죽기까지 하셨다.[사 53:11] 예수의 특사들은 복음을 선포하는 것으로, 사탄을 이기는 것으로, 남을 위하여 기도하는 것으로 이 일에 참여한다. 이 일을 인정하지 않는 사람은 예수의 신실한 특사가 하는 일을 전혀 이해하지 못하는 자다. 예수의 신실한 특사는 그날그날 수고한 대가를 당당하게 받아도 된다. 하지만 그때에도 자신의 직무를 위해 당당히 가난하게 살아야 한다.

아무 고을이나 아무 마을에 들어가든지, 거기서 마땅한 사람을 찾아내서, 그 곳을 떠날 때까지 거기에 머물러 있어라. 너희가 그 집에 들어갈 때에, 평화를 빈다고 인사하여라. 그래서 그 집이 평화를 누리기에 알맞으면, 너희가 비는 평화가 그 집에 있게 하고, 알맞지 않으면 그 평화가 너희에게 되돌아오게 하여라. 누구든지 너희를 영접하지 않거나 너희의 말을 듣지 않거든, 그 집이나 그 고을을 떠날 때에, 너희 발에 묻은 먼지를 떨어 버려라. 내가 진정으로 너희에게 말한다. 심판 날에는 소돔과 고모라 땅이 그 고을보다는 견디기가 쉬울 것이다.^{마 10:11-15}

공동체의 일은 예수의 특사들에게 숙소를 제공할 "만한" 집들에서 시작될 것이다. 하나님은 기도하면서 대기하는 공동체를 곳곳에 마련해 두신다. 주님의 이름으로 제자들을 겸손히 그리고 흔쾌히 영접하고, 기도 속에서 그들의 일을 함께 감당하는 공동체다. 이 공동체에는 공동체 전체를 대신하는 소수의 무리가 있다. 예수께서는 공동체의 불화와 제자들의 잘못된 욕망이나 방종을 막기 위해 사도들에게 한 동네에 머무는 동안은 같은 집에서 지내라고 명령하신다. 특사들은 일단 한 집에 들어가거나 한 성읍에 들어가면 바로 일을 시작해야 한다. 시간은 소중하고 짧다. 더 많은 이들이 복음을 기다리고 있다. 그들이 주님처럼 그 집에 비는 평화의 인사말, 곧 "이 집에 평화가 있기를!"이라는 인사말은 결코 빈말이 아니다. 이 인사말은 "마땅한" 사람들 위에 하나님의 평화를 즉시 임하게 하는 능력을 발휘한다. 특사들이 선포하는 내용은 간단명료하다. 그들은 하나님 나라가 시작되었음을 알리고, 회개하고 믿으라고 외친다. 그들은 나사렛 예수의 전권을 받은 몸으로 다가간다. 그들은 최고의 전권을 받은 몸으로 명령을 수행하고 복음을 제시한다. 이쯤이면 충분하다. 간단명료해야 하고 한시도 지체해서는 안 되므로 그 밖의 준비와 논의와 홍보는 불필요하다. "한 임금이 문밖에 서 계십니다. 그분은 언제든지 들어가실 수 있습니다. 여러분은 그분에게 복종하고 그분을 영접하시겠습니까? 아니면 그분이 진노하셔서 여러분을 진멸하고 죽이기를 바라십니까?" 이 정도만 해도, 들을 귀가 있는 사람은 다 알아듣는다. 그런 사람은 특사를 더는 잡아 두려 하지 않는다. 특사가 다른 성읍에도 가야 하기 때문이다. 하지만 들을 귀가 없는 사람은 은혜의 때를 놓치고, 그 바람에 자신에게 심판을 선고한 셈이 되고 만다. "오늘 너희가 그의 음성을 듣거든 너희 마음을 완고하게 하지 말아라." 히 4:7 바로 이것이 복음에 합당한 설교다. 이것은 결코 지나친 재촉이 아니다. 사람들에게 아직도 회개할 시간이 남아 있는 것처럼 말하는 것보다 더 무자비한 것은 없고, 일이 급하다고 말하고, 하나님 나라가 아주 가까이 와 있다고 말하는 것보다 더 자비롭고 기쁜 소식은 없다. 특사는 한 성읍의 모든 사람이 자신들의 언어로 이 소식을 거듭 되풀이해서 말할 때까지 기다리지 않는다. 하나님의 명료한 언어로 만족하기 때문이다. 특사는 귀담아들을 사람과 그러지 않을 사람을 마음대로 정하지도 않는다. 하나님만이 "마땅한" 사람을 아신다. 그런 사람은 제자들이 전하는 말씀을 곧이곧대로 들을 것이다. 그러나 예수의 특사를 맞아들이지 않는 성읍과 집에는 화가 있을 것이다! 무시무시한 심판이 임할 것이다. 예수의 말씀을 배척하는 이스라엘 성읍들보다는 소돔과 고모라처럼 음탕하고 타락한 성읍들이 더 자비로운 심판을 받을 것이다. 악덕과 죄악은 예수의 말씀을 통해 용서를 받을 수 있지만, 구원의 말씀 자체를 배척하는 사람은 절대로 구원을 얻지 못한다. 복음을 거부하는 불신앙보다 더 중한 죄는 없다. 이쯤 되면 특사들은 그 지역을 떠나는 수밖에 없다. 그들이 떠나는 까닭은 말씀이 그 지역에 머물 수 없기 때문이다. 두렵고 떨리는 일이지만, 그들은 신적인 말씀의 능력을 앎과 동시에 그 말씀의 약함도 알아야 한다. 제자들은 말씀을 거역하거나 말씀을 넘어서는 무언가를 강요할 수도 없고 그래서도 안 된다. 그들의 임무에 중요한 것은 영웅적인 투쟁도 아니고, 고상한 이념 내지 "선한 이상理想"을 광적으로 관철하는 것도 아니다. 그런 까닭에 그들은 하나님의 말씀이 머무는 곳에만 머무른다. 하나님의 말씀이 배척받으면, 그들도 기꺼이 그 말씀과 함께 배척받는다. 그러면서 그들과 무관한 재앙이 그 지역에 닥칠 것을 알리는 표시로 발에 묻은 먼지를 떨어 버린다. 그러면 그들이 그 지역에 가져갔던 평화가 그들에게 되돌아올 것이다. "이것은 이룬 것이 전혀 없다고 생각하는 교회의 종들에게 주시는 일종의 위로다. 그대들은 상심해서는 안 된다. 다른 사람들이 원하지 않는 것이 더 큰 복이 되어 그대들에게 되돌아올 것이다. 주님은 그 복을 이렇게 말씀하신다. '저들이 이것을 뿌리쳤으니, 너희가 간직하여라.'"A. Bengel, 알브레히트 벵겔

특사들의 고난

보아라, 내가 너희를 내보내는 것이, 마치 양을 이리 떼 가운데로 보내는 것과 같다. 그러므로 너희는 뱀과 같이 슬기롭고, 비둘기와 같이 순진해져라. 사람들을 조심하여라. 그들이 너희를

법정에 넘겨주고, 그들의 회당에서 매질을 할 것이다. 또 너희는 나 때문에, 총독들과 임금들 앞에 끌려나가서, 그들과 이방 사람 앞에서 증언할 것이다. 사람들이 너희를 관가에 넘겨줄 때에, 어떻게 말할까, 또는 무엇을 말할까, 하고 걱정하지 말아라. 너희가 무슨 말을 해야 할지, 그 때에 지시를 받을 것이다. 말하는 이는 너희가 아니라, 너희 안에서 말씀하시는 아버지의 영이시다. 형제가 형제를 죽음에 넘겨주고, 아버지가 자식을 또한 그렇게 하고, 자식이 부모를 거슬러 일어나서 부모를 죽일 것이다. 너희는 내 이름 때문에 모든 사람에게서 미움을 받을 것이다. 그러나 끝까지 견디는 사람은 구원을 얻을 것이다. 이 고을에서 너희를 박해하거든, 저 고을로 피하여라. 내가 진정으로 너희에게 말한다. 너희가 이스라엘의 고을들을 다 돌기 전에 인자가 올 것이다. 제자가 스승보다 높지 않고, 종이 주인보다 높지 않다. 제자가 제 스승만큼 되고, 종이 제 주인만큼 되면, 충분하다. 그들이 집주인을 바알세불이라고 불렀거든, 하물며 그 집 사람들에게야 얼마나 더 심하겠느냐!마 10:16-25

이룬 것이 없고 적의에 맞닥뜨리더라도, 특사는 예수께서 자신을 파견하셨다는 사실을 추호도 의심해서는 안 된다.

예수께서는 강력한 지지와 위로의 의미로 이렇게 거듭 말씀하신다. "보아라, 내가 너희를 보낸다." 이것은 특사 자신의 길도 아니고, 특사 자신의 사업도 아니다. 이것은 파송이다. 동시에 주님은 특사가 이리 떼 한가운데 있는 양처럼 큰 위험에 처해 무방비 상태로 무기력하게 무서워할 경우 그와 함께하시겠다고 약속하신다. 특사들은 예수께서 알지 못하시는 일을 겪지 않을 것이다. "그러므로 너희는 뱀과 같이 슬기롭고, 비둘기와 같이 순진해져라." 예수의 종들은 이 말씀을 얼마나 자주 오용해 왔던가! 예수의 온순한 특사가 이 말씀을 제대로 이해하고 순종하는 것은 얼마나 어려운 일이던가! 도대체 누가 영적인 슬기와 세상의 영악함을 늘 구분할 수 있단 말인가? 그래서 사람들이 쉽게 모든 "슬기"를 포기하고, 비둘기처럼 순진해지려고만 하고, 그러다가 반항하는 것이 아닌가. 이곳의 고난은 두려우니 피하고, 저곳의 고난은 대담하게 추구하라고 누가 일러 주겠는가? 숨겨진 경계선을 가리키면서, 여기에 그 선이 그어져 있다고 누가 알려 주겠는가? 순진하라는 명령을 버리고 슬기로워지라는 명령만을 증거로 끌어대든, 슬기로워지라는 명령을 버리고 순진하라는 명령만을 증거로 끌어대든, 불복종이기는 마찬가지다. 누구도 자기의 마음을 훤히 알

수 없는 까닭에, 그리고 예수께서는 제자들을 불확실한 곳으로 부르시는 것이 아니라 언제나 가장 확실한 곳으로 부르시는 까닭에, 예수의 이 권고는 말씀만을 꼭 붙잡으라는 촉구라고 할 수 있다. 제자는 말씀이 있는 곳에 있어야 한다. 바로 이것이 참된 슬기요 참된 순진함이다. 배척이 공공연해서 말씀이 물러나야 한다면 제자도 말씀과 함께 물러나고, 말씀이 공개 투쟁을 벌이면 제자도 그 자리에 머무르는 것이다. 물러나든 머무르든, 그는 슬기롭게 처신함과 동시에 순진하게 처신할 것이다. 제자는 예수의 말씀에 맞지 않은 어떤 길이 "슬기롭다"는 이유로 그 길을 걸어서는 안 된다. 또한, 그는 말씀에 어울리지 않는 어떤 길이 "영적 슬기"를 지녔다고 해서 그 길을 정당화해서도 안 된다. 말씀의 진리만이 슬기로운 것이 무엇인지를 제자에게 알아서 가르쳐 줄 것이다. 인간의 어떤 전망이나 희망 때문에 진리와 관계를 조금이라도 중단하는 것은 결코 "슬기로운" 것일 수 없다. 슬기로운 것이 무엇인지를 우리에게 알려줄 수 있는 것은 우리의 상황 판단이 아니라, 하나님 말씀의 진리뿐이다. 하나님의 진리를 고수하는 것만이 슬기로운 것일 수 있다. 하나님이 성실하게 도와주실 것이라는 약속은 이 경우에만 주어진다. 이 시대의 제자에게든, 저 시대의 제자에게든, "가장 슬기로운" 길은 하나님의 말씀을 우직하게 고수하는 것뿐이다.

특사들은 말씀으로부터 인간에 대한 지식도 얻게 될 것이다. "사람들을 조심하여라." 제자들이 보여주어야 할 것은 인간에 대한 두려움, 악의적인 불신, 인간 증오, 몰지각한 맹신, 모든 인간 속에 선이 자리하고 있다는 믿음이 아니다. 제자들이 보여주어야 할 것은 참된 지식이고, 말씀과 인간의 상호 관계다. 여기에 그들이 냉철하기까지 하다면, 그들은 예수께서 "너희가 사람들 사이에서 걷는 길은 고난의 길이 될 것이다"라고 예언까지 하셨으니, 고난도 견딜 수 있을 것이다. 그러나 제자들의 고난에는 놀라운 능력이 들어 있다. 범죄자는 자기 벌을 은밀하게 받지만, 제자들은 고난의 길로 말미암아 총독들과 임금들 앞에 끌려 나갈 것이다. "나 때문에 그들과 이방 사람들 앞에서 증언할 것이다." 복음은 고난을 통해서 제시될 것이다. 그것이 하나님의 계획이자 예수의 뜻이기 때문에, 법정과 왕좌 앞에서 해명할 때에도 제자들은 능력을 받아 확실한 신앙고백과 두려움 없는 증언을 할 수 있게 될 것이다. 성령께서 친히 그들의 편이 되셔서, 그들을 요지부동의 상태로 만들어 주실 것이다. 성령께서 그들에게 "지혜"를 주실 것이다. "나는 너희의 모든 적대자들이 맞서거나 반박할 수 없는 구변과 지혜를 너희에게 주겠다."눅 21:15 제자들이 말씀을 고수하므로 말씀도 그들을 고수할 것이다. 제자들이 순교를 추구했다면 이런 약속을 받지 못했을 것이다. 말씀과 함께하는 고난만이 이런 약속을 확실히 받는다.

예수의 특사들은 말씀 때문에 끝까지 미움을 받을 것이다. 이 미움은 제자들 때문에 도시들과 집들에 불화가 닥치게 되었다고 말할 것이다. 모든 사람이 예수와 그의 제자들을 가리켜 가정 파괴자, 백성의 유혹자, 미친 열광주의자, 선동자라고 비난할 것이다. 지금은 배교背敎의 유혹이 제자들에게 가까이 다가와 있는 상태다. 그러나 유혹은 머지않아 끝날 것이다. 그때까지 성실을 다하고, 견디고, 굽히지 않는 것이 중요하다. 예수와 그의 말씀을 끝까지 고수하는 사람만이 구원을 얻는다. 하지만 끝이 다가와서, 예수와 그 제자들에 대한 적개심이 훤히 드러나면, 특사들은 한 도시에서 다른 도시로 도망해야 한다. 그들은 그곳에서도 말씀만을 전하여, 그곳 사람들이 말씀을 들을 수 있게 해주어야 한다. 이렇게 도망할 때에도 그들은 말씀을 포기하지 않고 굳건히 고수한다.

공동체는 조만간 다시 오시겠다는 예수의 약속을 간직

한 채 이 약속이 참되다고 믿는다. 그 약속의 성취가 불분명하다고 해서 인간적인 해결책을 모색하는 것은 유용한 것이 아니다. 그러나 예수의 재림은 속히 이루어질 것이다. 예수의 재림은 우리가 그분을 위해 우리의 일을 수행하는 것보다 더 확실하고, 우리의 죽음보다도 더 확실하다. 이것은 틀림없는 사실이다. 오늘을 살아가는 우리에게 중요한 것은 그 사실뿐이다. 그러나 무엇보다도 예수의 특사들이 얻을 수 있는 위로 중에서 가장 큰 위로는, 그들이 고난을 겪음으로써 주님만큼 되리라는 확신이다. 제자가 제 스승만큼 되고, 종이 제 주인만큼 되는 것이다. 예수를 악마라고 부르는 세상일진대, 하물며 그 집의 종들을 얼마나 심하게 부르겠는가? 그래도 예수께서는 제자들 곁에 계실 것이며, 제자들은 모든 면에서 그리스도만큼 될 것이다.

결단

그러므로 너희는 그들을 두려워하지 말아라. 덮어 둔 것이라고 해도 벗겨지지 않을 것이 없고, 숨긴 것이라 해도 알려지지 않을 것이 없다. 내가 너희에게 어두운 데서 말하는 것을, 너희는 밝은 데서 말하여라. 너희가 귓속말로 듣는 것을, 지붕 위에서 외쳐라. 그리고 몸은 죽일지라도 영혼은 죽이지 못하는 이를 두려워하지 말고, 영혼도 몸도 둘 다 지옥에 던져서 멸망시킬 수 있는 분을 두려워하여라. 참새 두 마리가 한 냥에 팔리지 않느냐? 그러나 그 가운데서 하나라도 너희 아버지께서 허락하지 않으시면, 땅에 떨어지지 않을 것이다. 아버지께서는 너희의 머리카락까지도 다 세어 놓고 계신다. 그러니 두려워하지 말아라. 너희는 많은 참새보다 더 귀하다. 누구든지 사람들 앞에서 나를 시인하면, 나도 하늘에 계신 내 아버지 앞에서 그 사람을 시인할 것이다. 그러나 누구든지 사람들 앞에서 나를 부인하면, 나도 하늘에 계신 내 아버지 앞에서 그 사람을 부인할 것이다. 너희는 내가 세상에 평화를 주려고 온 줄로 생각하지 말아라. 평화가 아니라 칼을 주려고 왔다. 나는, 사람이 자기 아버지와 맞서게 하고, 딸이 자기 어머니와 맞서게 하고, 며느리가 자기 시어머니와 맞서게 하려고 왔다. 사람의 원수가 자기 집안 식구일 것이다. 나보다 아버지나 어머니를 더 사랑하는 사람은 내게 적합하지 않고, 나보다 아들이나 딸을 더 사랑하는 사람도 내게 적합하지 않다. 또 자기 십자가를 지고 나를 따르지 않는 사람도 내게 적합하지 않다. 자기 목숨을 얻으려는 사람은 목숨을 잃을 것이

산상 설교

I. 313

요, 나를 위하여 자기 목숨을 잃는 사람은 목숨을 얻을 것이다.마
10:26-39

이제부터 영원히, 특사는 말씀을 고수하고 말씀은 특사를 고수한다. 예수께서는 "두려워하지 말라!"는 권고를 세 차례나 되풀이하시면서 특사들을 격려하신다. 그들이 은밀한 데서 겪던 일이 이제는 숨어 있지 못하고, 하나님과 사람 앞에서 널리 알려진다. 예수께서는 가장 은밀한 고난을 당하는 그들에게, 장차 그날이 오면 박해자들에게는 심판이, 특사들에게는 영광이 임할 것이라고 약속하신다. 그러나 특사들의 증언도 어두운 데 머무르는 것이 아니라, 공개적 증언이 되어야 한다. 복음은 비밀 종파의 은밀한 말이 되어서는 안 되고, 공개적인 설교가 되어야 한다. 지금도 여전히 복음이 여기저기의 은밀한 곳에서 연명하고 있지만, 마지막 때가 되면 이 설교는 온 세상을 가득 채우며 구원이 되기도 하고 저주가 되기도 할 것이다. 요한은 "나는 또 다른 천사가 하늘 한가운데서 날아다니는 것을 보았습니다. 그에게는, 땅 위에 살고 있는 사람과 모든 민족과 종족과 언어와 백성에게 전할, 영원한 복음이 있었습니다"라고 예언한다.계 14:6 그러니 "두려워하지 마라!"

사람을 두려워해서는 안 된다. 사람은 예수의 제자들에게 해를 끼칠 수 없다. 사람의 권세는 육체가 죽으면 끝나고 만다. 제자들은 하나님 공경을 통해 죽음의 공포를 이겨야 한다. 제자에게 위험을 안겨 주는 것은 인간의 심판이 아니라 하나님의 심판이며, 육체의 죽음이 아니라 육체와 영혼의 영원한 죽음이다. 사람을 두려워하는 자는 하나님을 두려워하지 않고, 하나님을 두려워하는 자는 더는 사람을 두려워하지 않는다. 이것은 복음을 선포하는 이들이 날마다 기억해야 할 명제다.

사람이 이 세상에서 잠시 받는 권세는 하나님이 양해하시지 않으면 존재하지 못한다. 우리가 사람의 수중에 떨어져도, 사람의 폭력 때문에 고난과 죽음이 우리에게 닥쳐도, 우리는 모든 것이 하나님에게서 온다고 확신한다. 하나님께서는 고의로 참새를 땅바닥에 떨어뜨리는 법이 없으시며, 자기 사람들에게, 그리고 그들이 대변하는 대의에 좋고 유익한 일만 일어나게 하신다. 우리는 하나님의 손안에 있다. 그러니 "두려워하지 마라!"

시간은 짧고, 영원은 길다. 지금은 결단의 때다. 심판의 시간에 예수 그리스도께서는 말씀과 신앙고백을 고수하는 사람 곁에 머무신다. 고소인이 그에 대한 재판을 요구할 때, 그분께서는 그를 알아보고 일어서실 것이다. 예수께서 하늘에 계신 자기 아버지 앞에서 그의 이름을 부르실 때, 온 세상이 증인이 될 것이다. 예수께서는 자신의 편이 되어 준 사람이 사는 동안 영원토록 그들을 편드실 것이다. 반면에 주님과 그 이름을 부끄러워하고 부인하는 자는 예수께서도 영원토록 부끄러워하며 부인하실 것이다.

이 최종적인 분리는 이미 땅에서 시작되는 것임이 틀림없다. 예수 그리스도의 평화는 십자가다. 그러나 십자가는 하나님이 이 세상에 보내신 칼이다. 그것은 불화를 일으킨다. 아들이 아버지를, 딸이 어머니를, 집안 식구들이 집 주인을 거스르는 것이다. 이 모든 것은 하나님 나라와 그분의 평화를 위한 일이자, 그리스도께서 이 세상에서 수행하시는 일이다! 인간에게 하나님의 사랑을 가져다주신 분께 세상이 인간 증오의 죄를 선고하다니 불가사의한가? 모든 생명의 파괴자가 아니면 새 생명의 창조자 말고 누가 부성애와 모성애에 대해, 자녀 사랑에 대해 그런 식으로 말하겠는가? 인간의 원수가 아니면 인간의 구원자 말고 누가 자신을 위해서만 인간의 사랑과 희생을 요구하겠는가? 악마가 아니면 평화의 주 그리스도 말고 누가 칼을 들고 집 안으로 들어가겠는가! 하나님의 인간사랑은 인간의 동족 사랑과 판이하다. 하나님의 인간 사랑은 십자가와 예수 따르기이고, 그런 까닭에 생명과 부활이다. "나를 위하여 제 목숨을 잃는 사람은 목숨을 얻을 것이다." 이는 죽음을 이기신 분, 십자가에 달리셨다 부활하셔서 당신의 사람들과 동행하시는 하나님의 아들이 하신 약속이다.

열매

너희를 맞아들이는 사람은 나를 맞아들이는 것이요, 나를 맞아들이는 사람은 나를 보내신 분을 맞아들이는 것이다. 예언자를 예언자로 맞아들이는 사람은, 예언자가 받을 상을 받을 것이요, 의인을 의인이라고 해서 맞아들이는 사람은, 의인이 받을 상을 받을 것이다. 내가 진정으로 너희에게 말한다. 이 작은 사람들 가운데 하나에게, 내 제자라고 해서 냉수 한 그릇이라도 주는 사람은, 절대로 자기가 받을 상을 잃지 않을 것이다.^{마 10:40-42}

예수의 말씀을 전하는 사람들은 수고의 대가로 가장 의미심장한 약속의 말씀을 받는다. 그들은 그리스도의 협력자이자 그분을 돕는 자들이니, 모든 면에서 그리스도만큼 될 것이며, 그들을 맞아들이는 사람들에게도 "그리스도와 똑같이" 되리라는 것이다. 그들을 맞아들이는 집에는 예수 그리스도도 그들과 함께 들어가신다. 그들은 예수 그리스도의 현존을 운반하는 사람들이다. 그들은 사람들에게 가장 값진 선물인 예수 그리스도를 선사하고, 이와 함께 아버지 하나님도 선사한다. 이것은 실로 죄용서, 구원, 생명, 복을 의미한다. 이것은 그들의 수고와 고난에 대한 대가이자 보답이다. 그들을 돕는 것은 예수 그리스도 자신을 돕는 것과 같다. 이것 역시 공동체와 특사들에게 주시는 은혜다. 공동체는 특사들에게 호의를 보이고, 그들을 존경하고 섬길 것이다. 특사들과 함께 주님이 친히 자신들을 찾아 주신 것이기 때문이다. 제자들은 쓸데없이 빈손으로 한 집에 들어가는 것이 아니라, 비길 데 없는 선물을 가지고 가는 것임을 명심해야 한다. 저마다 은사를 받고, 그것을 하나님께로부터 온 것으로 받아들이는 것이야말로 하나님 나라의 법칙이다. 예언자가 무슨 일을 하는지를 알고 그를 맞아들이는 사람은 예언자의 일, 예언자의 은사, 예언자가 받을 상을 경험하게 될 것이다. 의인을 맞아들이는 사람은 의인의 의에 참여한 것이므로, 의인이 받을 상을 받게 될 것이다. 어떤 존경도 받지 못하는 이 작고 가난한 사람, 곧 예수 그리스도의 특사에게 물 한 잔이라도 건네는 사람은 예수 그리스도 자신을 섬긴 것이나 다름없다. 그는 예수 그리스도의 상을 받게 될 것이다.

　　특사들이 자신들의 길과 자신들의 고난, 자신들이 받을 상을 염두에 두지 않고, 자신들이 수행하는 일의 목표, 곧 공동체의 구원만을 염두에 두는 것은 그 때문이다.

II.

예수 그리스도의 교회와 따르기

선결 문제

예수께서는 첫 제자들에게 자신의 말씀과 함께 구체적으로 현존하셨다. 하지만 그 예수는 죽고 부활하셨다. "나를 따르라"는 그분의 부르심은 오늘날 우리에게 어떻게 다가오는가? 예수께서 길을 가시다가 세리 레위에게 하신 것처럼 "나를 따르라!"며 구체적으로 나를 부르시는 일이 이제는 일어나지 않는다. 진심으로 자진해서 듣고, 자진해서 모든 것을 버리고, 자진해서 따르도록, 나에게 자격을 부여하는 것은 무엇인가? 답은 결단일 테지만, 첫 제자들에게 명백했던 결단이 나에게는 수상쩍기 그지없고 검증이 불가능한 것으로 보인다. 세리를 상대로 한 예수의 부르심을 나에게 적용하기 위해 내가 취할 방법이 있기나 한 것인가? 예수께서는 다른 사람들에게 그리고 다른 경우에 달리 말씀하시지 않았는가? 그게 아니라면 예수께서 중풍병자를 용서하며 치료해 주시고, 나사로를 죽음에서 소생시키고도, 그들에게 "모든 것을 버리고 나를 따르라" 말씀하시지 않고, 그들을 집과 가정과 직장에 남겨 두신 것은 그들을 제자들보다 덜 사랑하셨기 때문인가? 내가 누구관대, 비상한 일, 비범한 일을 수행하겠다고 나서려 하는가? "너 자신의 힘과 공상으로 행동해서는 안 돼. 그것은 예수 따르기가 아닐 거야!"라고 말해 줄 사람은 누구인가? 이 모든 질문은 부적절한 질문이다. 그것은 우리가 그리스도의 생생한 현존 밖에서 던지는 질문이며, 예수 그리스도께서 죽지 않고 지금도 생생히 살아 계시면서 성서의 말씀을 통해 우리에게 말씀하고 계심을 고려하지 않고 던지는 질문이다. "나를 따르라"는 그분의 부르심을 듣고자 한다면, 그분께서 친히 계시는 곳에서 그 부르심을 들어야 한다. 예수 그리스도의 부르심은 교회 안에서 그분의 말씀과 성례전을 통해 일어난다. 교회가 베푸는 설교와 성례전이야말로 예수 그리스도께서 현존하시는 곳이다. "나를 따르라"는 예수의 부르심을 듣는 데에는 개인적인 계시가 조금도 필요하지 않다. 그저 설교를 경청하고 성례를 받기만 하면 된다! 십자가에서 죽으시고 부활하신 주님의 복음을 듣기만 하면 된다! 그분은 여기에 온전히 계신다. 제자들을 만나셨던 그분은 여기에 계신다. 그렇다. 그분은 변모되신 분, 승리자, 살아 계신 분으로 이미 여기에 계신다. 그분만이 "나를 따르라"고 부르실 수 있다. 예수 따르기에서 본질적으로 문제가 되는 것은 이런저런 행위를 위한 결단이 아니라, 예수를 위해 살겠다는 결단, 혹은 예수를 거스르며 살겠다는 결단이다. 그러므로 예수의 부르심을 받은 제자나 세리의 상황이 오늘 우리가 처한 상황보다 더 분명했던 것은 결코 아니다. 처음 부름받았던 이들의 따르기가 복종이기도 했던 것은, 그들이 부르시는 분을 그리스도로 알아보았기 때문이다. 하지만 그때나 지금이나 부르시는 분은 숨어 계신 그리스도시다. 부르심 자체는 다의적^{多義的}이다. 부르시는 분만이 중요하다. 하지만 그리스도는 믿음 안에서만 인식된다. 이것은 그들에게나 우리에게나 똑같이 유효하다. 그들은 랍비와 기적 행하는 이를 보고 그리스도를 믿었다. 우리는 말씀을 듣고 그리스도를 믿는다.

그러나 첫 제자들이 그리스도를 알아본 자리에서 그분의 분명한 계명을 받고, 자신들이 할 일을 그분의 입을 통해 직접 들은 것이야말로 그들의 이점이지 않은가? 그리고 우리는 이렇게 그리스도인의 복종이라는 최종적인 지점만 허락받은 것이 아닌가? 같은 그리스도께서 그들에게 하신 말씀과 우리에게 하시는 말씀이 다르지 않은가? 그렇다면 우리는 절망적인 상황에 처한 셈이 되고 말 것이다. 하지만 절대로 그렇지 않다. 그리스도께서 우리에게 하시는 말씀은 당시에 하신 말씀과 다르지 않다. 예수의 첫 제자들이라고 해서 먼저 그분을 그리스도로 알아보고 그런 다음 그분의 계명을 받은 것이 아니다. 그들이 예수를 그리스도로 알아본 것은 그분의 말씀과 계명을 통해서였다. 그들은 그분의 말씀과 계명을 믿고 그분을 그리스도로 알아보았다. 제자들은 그리스도의 분명한 말씀을 통하지 않고는 그분을 알아볼 수 없었다. 역으로 다음의 사실도 성립되어야 한다. 예수를 그리스도로 인식하는 것에는 그분의 뜻을 인식하는 것도 포함된다는 것이다. 제자는 예수 그리스도의 인격을 인식함으로써 자기의 행위에 대한 확신을 잃기는커녕 도리어 굳게 붙잡는다. 이와 다른 그리스도 인식은 절대 존재하지 않는다. 그리스도께서 내 삶을 다스리는 살아 계신 주님이시라면, 나는 그분을 만나는 순간, 그분이 나에게 건네시는 말씀을 듣게 될 것이다. 그분의 분명한 말씀과 계명을 통하지 않고서는 그분을 있는 그대로 인식할 길이 없다. 그리스도를 잘 알고 믿고 싶은데 그분의 뜻을 알 수 없어서 고민이라는 푸념은 자신의 그리스도 인식이 불명료하고 인위적임을 드러내는 것에 지나지 않는다. 그리스도를 안다는 것은,

그분의 말씀을 듣고서 그분을 내 삶의 주인과 구원자로 인정한다는 뜻이다. 하지만 그렇게 하려면 나에게 건네시는 그분의 분명한 말씀을 알아야 한다.

제자들에게 건네신 계명은 분명한 것이었지만, 우리는 그분의 어떤 말씀이 우리에게 유효한지를 직접 결정하지 않으면 안 된다는 말은 제자들의 상황과 우리의 상황을 다시금 오해한 것에 지나지 않는다. 예수의 계명은 마음을 다해 믿으라고 요구하고, 마음과 정성을 다해 하나님을 사랑하고 이웃을 사랑할 것을 요구하는 데 그 목적이 있다. 계명이 명백한 것은 오직 그 때문이다. 이런 식의 이해 없이 예수의 계명을 수행하려고 하는 모든 시도는 예수의 말씀을 다시 한 번 오해하는 것이자 그분의 말씀에 불복종하는 것이 되고 말 것이다. 하지만 다른 한편으로, 우리가 구체적인 계명을 인식할 수 없는 것은 아니다. 구체적인 계명은 우리가 모든 선포된 말씀을 그리스도의 말씀으로 알아들을 때 분명하게 들려온다. 물론 우리가 아는 대로, 그 계명은 예수 그리스도에 대한 믿음 안에서만 수행된다. 따라서 우리는 예수께서 제자들에게 선사하신 은사를 하나도 빠뜨리지 않고 받을 수 있다. 심지어 그 은사는 예수의 떠나가심을 통해, 그분의 변모를 통해, 성령 파송을 통해 우리에게 더 가까이 와 있는 상태다.

이와 함께 다음의 사실도 명심해야 한다. 이를테면 다른 보도들을 배제한 채 제자들의 소명 이야기만 충실히 묘사해서는 안 된다는 것이다. 우리가 제자들이나 신약성서에 등장하는 여타의 인물처럼 되는 것은 중요하지 않다. 예수 그리스도와 그분의 부르심이 예나 지금이나 한결같다는 사실만이 중요하다. 그분이 지상에 계실 때 하신 말씀이든 지금 하시는 말씀이든, 제자들에게 하신 말씀이든 중풍병자에게 하신 말씀이든, 그분의 말씀은 같은 말씀이다. 그분의 말씀은 예나 지금이나 자신의 나라에 들어와 자신의 다스림을 받으라는 자비로운 권고다. 내가 제자나 중풍병자에 필적해야 하느냐는 질문은 대단히 잘못된 질문이다. 나는 이 둘 가운데 누구에도 필적할 필요가 없다. 오히려 나는 이런저런 증언으로 다가오는 그리스도의 말씀과 뜻만을 붙잡고 그대로 수행해야 한다. 성서는 우리가 선택하여 닮아 가야 한다며 그리스도인의 전형을 죽 나열하지 않고, 모든 구절에서 예수 그리스도 한분만을 선포한다. 그분은 언제나 어디서나 동일한 분이시다.

현대인은 "나를 따르라"는 예수의 부르심을 어디서 받는가? 이 물음의 답은 다음 한 가지뿐이다. "설교를 듣고, 예수의 성찬을 하고, 설교와 성찬 속에서 그분 자신의 말씀을 들어라. 그러면 그분의 부르심을 받게 될 것이다."

세례

공관복음서 기자들은 제자가 예수 그리스도와 맺는 관계들의 모든 내용과 범위를 표현하기 위해 따르기라는 개념을 제시하는 반면, 바울은 그 개념에 그다지 주목하지 않는다. 바울은 주님의 공생애 이야기를 우리에게 먼저 전하지 않고, 부활하셔서 변모하신 분의 현존과 그분이 우리에게 미치는 영향을 전한다. 그러기 위해서는 새롭고 독창적인 개념 군群이 필요했다. 대상의 특수성에서 비롯된 그 개념 군은, 사시고 죽으시고 부활하신 주님 한분을 공동으로 선포하는 것을 목표로 삼는다. 다양한 개념이 그리스도를 완벽하게 증언한다. 따라서 바울의 개념 군은 공관복음서 기자들의 개념이 정당함을 인정하고, 그 역도 마찬가지다. 어느 쪽 개념도 자체로는 상대 쪽 개념보다 우월하지 않다. 우리는 "바울 파나 아볼로 파나 게바 파나 그리스도 파"

가 아니고, 그리스도에 관한 성서 증언의 통일성을 믿기 때문이다. 혹자는 성서의 통일성을 깨고 다음과 같이 말하고 싶어 할지도 모르겠다. "바울은 우리에게도 여전히 현존하시는 그리스도를 선포하지만, 공관복음서 기자들은 우리가 더는 알지 못하는 예수 그리스도의 현존에 관해 증언한다." 이렇게 말하는 것은 대체로 종교개혁의 역사적 사고로 간주되지만, 사실은 종교개혁의 역사적 사고에 반하는 대단히 위험한 공상일 뿐이다. 바울이 선포하는 것과 같은 그리스도의 현존이 오늘날에도 이루어지고 있다고 누가 말하는가? 어찌하여 성경 자체와 다르게 말하는가? 그리스도의 현존과 그리스도의 현실성을 말씀과 무관하게 임의로 경험할 수 있다는 말인가? 그러나 그리스도의 현존을 우리에게 증언하는 것이 성서뿐이라면, 성서 전체가 그리하는 것이며, 성서 자체가 공관복음서의 예수 그리스도의 현존을 우리에게 증언하는 것이다. 공관복음서의 그리스도는 바울 서신의 그리스도보다 우리에게 더 먼 것도 아니고, 더 가까운 것도 아니다. 우리에게 현존하시는 그리스도는 성서 전체가 우리에게 증언하는 그리스도시다. 그분은 사람이 되셔서 십자가에 달리시고, 부활하셔서 변모하신 분으로, 자신의 말씀 속에서 우리를 만나신다. 공관복음서 기자들과 바울이 다양한 개념을 동원하여 그리스도를 증언하고 있지만, 그렇다고 그 개념들이 성서 증언의 통일성을 해치는 것은 아니다.[19]

바울은 "나를 따르라"는 부르심과 따르기의 시작에 상응하는 개념으로 **세례**를 제시한다.

세례는 사람이 베푸는 것이 아니라, **예수 그리스도께서 베푸시는 것**이다. 세례는 자비롭게 부르시는 예수 그리스도의 뜻에만 근거를 둔다. 세례란 씻김을 의미하고, 예수 그리스도의 부르심을 받는 것이다. 사람은 세례를 받고서 그리스도의 소유가 된다. 예수 그리스도의 이름이 세례 대상자의 머리 위에 호명되고, 그 대상자는 이 이름을 소유하게 된다. 그는 세례를 받으면서 "예수 그리스도" 안으로$^{εἰς, 에이스}$ 들어간다.롬 6:3, 갈 3:27, 마 28:19 이제 그는 예수 그리스도께 속한 사람이 된다. 그는 세상의 지배에서 벗어나 그리스도의 소유가 된다.

이처럼 세례는 **단절**을 의미한다. 그리스도께서는 사탄의 세력권으로 손을 집어넣고, 자기 사람들을 붙드셔서 자신의 공동체를 세우신다. 이와 동시에 과거의 것과 미래의 것이 끊어져 나간다. 옛것은 지나가고, 모든 것이 새것이 된다. 이 단절은 사람이 자기 삶과 사물의 새롭고 자유로운 질서를 갈망하여 자기 족쇄를 끊어 버린다고 일어나는 것이 아니다. 그리스도께서 오래전에 이 단절을 친히 성취하셨다. 이제 이 단절은 세례를 통해 나의 삶에서도 시행된다. 나는 이제는 세상 환경들과 직접적인 관계를 맺지 않는다. 중보자시며 주님이신 그리스도께서 세상과 나 사이에 들어오셨기 때문이다. 세례를 받는 사람은 이제는 세상에 속하지 않고, 더는 세상을 섬기지 않으며, 다시는 세상에 굴복하지 않는다. 그는 그리스도께만 속하고, 그리스도를 통해서만 세상과 관계를 맺는다.

세상과의 단절은 철저한 단절이다. 그것은 인간의 **죽음**을 요구하고 야기한다.[20] 사람은 세례를 받으면서 옛 세계와 함께 죽는다. 이 죽음 역시 엄밀한 의미에서 고난의 사건으로 해석될 수 있다. 사람은 온갖 포기와 체념을 통해 이 죽음을 스스로 일으키려고 시도해서는 안 된다. 그것은 불가능한 시도다. 그러한 죽음은 결코 그리스도께서 요구하신 옛사람의 죽음이 아닐 것이다. 옛사람은 스스로 죽을 수 없고, 자기 죽음을 원할 수도 없다. 그는 오직 그리스도 때문에, 오직 그리스도를 통해서, 오직 그리스도와 함께 죽을 수 있다. 그리스도가 곧 그의 죽음이다. 사람은 그리스도와 연합하기 위해 죽고, 오직 그 연합 속에서만 죽는다. 사람은 세례의 은혜 속에서 그리스도와 연합하여 자기 죽음을 받아들인다.[21] 이 죽음은 사람이 결코 스스로 일으킬 수 없는 은혜다. 이 죽음 속에서 옛사람과 그의 죄에 대한 심판이 이루어지고, 이 심판으로부터 세상과 죄에 대해 죽은 새사람이 나온다. 따라서 이 죽음은 창조주께서 진노하셔서 피조물에게 내리시는 결정적 저주가 아니라, 창조주께서 피조물을 자비롭게 받아들이시는 사건이라고 할 수 있다. 세례 속에서 맞이하는 이 죽음은 그리스도의 죽으심을 통해 우리에게 주어진 자비로운 죽음이다. 그것은 그리스도의 십자가의 능력 안에서 그 십자가와 연합하여 맞이하는 죽음이다. 그리스도의 소유가 된 사람은 그분의 십자가를 지고, 그분과 함께 고난을 당하며, 그분과 함께 죽어야 한다. 예수 그리스도와 연합하는 사람은 세례 속에서 이루어지는 은혜로운 죽음을 맞아야 한다. 이는 그리스도의 십자가 때문에, 곧 예수께서 따르는 이들에게 지우시는 십자가 때문에 일어나는 일이다. 그리스도께서 지고 맞이하신 십자가와 죽음은 힘들고 무거웠던 반면, 우리가 지는 십자가의 멍에는 그분과 연합해서 지는 것이기에 쉽고 가볍다. 그리스도의 십자가는 우리가 세례 속에서 맞는 일회성 죽음, 은혜로운 죽음이지만, 우리가 부름받아 지는 십자가는 이미 이루어진 그리스도의 죽으심의 능력을 힘입어 날마다 죽는 것이다. 이처럼 세례는 예수 그리스도의 십자가와 연합하는 계기가 된다.롬 6:3, 골 2:12 믿는 사람은 그리스도의 십자가를 진다.

세례 속에서 죽음을 맞아야 **죄에서 벗어났다는 인정을 받는다.** 죄인이 자기 죄에서 벗어나려면 죽어야 한다. 죽은 사람만이 죄에서 벗어났다는 인정을 받는다.롬 6:7, 골 2:20 죄는 죽은 사람에게 어떤 권리도 행사하지 못한다. 죄의 청구권은 사람이 죽음과 동시에 청산되고 소멸한다. 이처럼 죄에서ἀπό, 아포, ~로부터 벗어났다는 인정을 받는 것은 죽음을 통해서만 이루어진다. 죄 용서는 죄를 묵인하고 망각하는 것을 의미하지 않고, 실제로 죄인을 죽여 죄에서ἀπό 분리하는 것을 의미한다. 그러나 죄인의 죽음이 저주를 일으키지 않고 의롭다 인정받으려면, 이 죽음이 그리스도의 죽으심과 연합하여 이루어져야만 한다. 그리스도의 죽으심과 연합하는 세례는 죄 용서와 칭의를 유발한다. 그것은 죄로부터 완전한 분리를 일으킨다. 그리스도께서는 제자들을 십자가와 연합하는 길로 부르셔서, 그들에게 칭의, 곧 죄의 죽음과 죄의 용서를 선물로 주신다. 예수를 따르면서 그분의 십자가를 함께 지는 제자는 바울이 가르친 대로 세례받은 신자라는 선물을 받는다.

사람에게 수동성을 권한다고 해서, 세례를 기계적 과정으로 이해해서는 안 된다. 이 때문에 **세례와 성령**의 연결이 분명하게 이루어진다.[마 3:11, 행 10:47, 요 3:5, 고전 6:11, 12:13] 세례의 선물은 성령이다. 그러나 성령은 신자들의 마음속에 살아 계시는 그리스도 자신이다.[고후 3:17, 롬 8:9-11, 14, 엡 3:16] 세례를 받은 사람들은 성령께서 거주하시는[oikei, 오이케이] 집이다. 성령께서는 우리에게 예수 그리스도의 영속적인 현존과 그분과의 친교를 제공하신다. 성령께서는 우리에게 자신의 특성[고전 2:10]과 자기 뜻을 올바로 아는 지식을 주시고, 그리스도께서 우리에게 말씀하신 모든 것을 가르치고 생각나게 하신다.[요 14:26] 성령께서는 우리를 모든 진리 가운데로 인도하셔서,[요 16:13] 그리스도를 아는 지식이 부족하지 않게 하시고, 하나님이 우리에게 주신 것을 알 수 있게 하신다.[고전 2:12, 엡 1:9] 성령께서는 우리 안에서 불안을 조성하지 않고, 확신과 평온을 조성하신다. 그러므로 우리는 성령 안에서 살아가며,[갈 5:16, 18, 25, 롬 8:1, 4] 확실한 걸음을 뗄 수 있다. 예수의 제자들이 지상에서 그분과 친교를 맺으면서 품었던 확신을, 예수께서는 지상을 떠나신 뒤에도 거두지 않으셨다. 그분께서는 세례받은 사람들의 마음속에 성령을 보내셔서, 그들이 예수를 안다는 확신을 유지하게 하실 뿐만 아니라, 그들이

예수와 친교를 두텁게 함으로써 그 확신을 더 군건히 다지게 하신다.롬 8:16, 요 16:12

예수께서 "나를 따르라"고 부르신 것은 **가시적인 복종의 행위**를 요구하신 것이다. 예수 따르기는 공개적인 일이었다. 이와 마찬가지로, 세례도 공개적인 사건이다. 세례를 통해 예수 그리스도의 가시적 공동체에 입회하는 일이 일어나기 때문이다.갈 3:27, 고전 12:13 그리스도 안에서 일어난 세상과의 단절은 더는 숨겨질 수 없다. 그것은 예배와 공동체 생활의 일원이 됨으로써 겉으로 드러날 수밖에 없다. 공동체를 편드는 그리스도인이라면 세상, 직장, 가족으로부터 한 걸음 벗어나, 예수 그리스도와 친교를 가시적으로 가지게 될 것이다. 그는 이 걸음을 홀로 뗀다. 하지만 그는 자기가 버린 것, 곧 형제와 자매와 집과 논밭을 도로 받게 될 것이다. 세례를 받은 사람은 예수 그리스도의 가시적 공동체 안에서 살아간다. 이것이 무엇을 의미하고 무엇을 포함하는지는, 이어지는 두 장, "그리스도의 몸"과 "가시적 공동체"에 관해 다루는 장들에서 설명하게 될 것이다.

세례와 그 선물은 **일회적인** 것이다. 아무도 그리스도의 세례를 두 번 받을 수 없다.[22] 히브리서는 세례받은 사람들과 회심한 사람들의 재再 회개 가능성을 부인하는 난해한 구절에서 하나님의 이 은혜 행위가 반복될 수 없는 것이자 일회적인 것임을 알린다.[히 6:4] 세례를 받는 사람은 그리스도의 죽으심에 참여한다. 그는 그리스도의 죽으심을 통해 사형선고를 받고 죽은 사람이 된다. 그리스도께서 단 한 번 죽어, 그분의 희생이 반복될 수 없듯이, 세례를 받는 사람도 그리스도와 연합하여 단 한 번 죽음을 겪는다. 이제 그는 죽은 몸이다. 그리스도인이 날마다 겪는 죽음은 그가 세례를 받으면서 겪은 죽음의 결과일 뿐이다. 이는 뿌리의 죽음이 나무의 죽음으로 이어지는 것과 같은 이치다. 세례를 받은 사람에게는 다음과 같은 말씀이 적용된다. "이와 같이 여러분도, 죄에 대해서는 죽은 사람이요, 하나님을 위해서는 그리스도 예수 안에서 살고 있는 사람이라는 것을 알아야 합니다."[롬 6:11] 세례를 받은 사람은 자신을 죽은 사람으로 알고, 이 모든 일이 구원을 위해 자신에게서 이루어졌다고 여긴다. 세례를 받은 사람이 살면서 명심할 것은, 우리에게 이루어진 은혜의 행위인 그리스도의 죽음을 믿고 되풀이해서 기억하는 것이지, 이 은혜의 행위가 늘 새롭게 이루어져야 한다는 듯이 이 죽음을 실제로 반복하는 것이 아니다. 세례를 받은 사람은 자신이 세례를 받을 때 단 한 번 이루어진 그리스도의 죽으심으로 산다.

세례의 엄밀한 일회성은 유아세례에도 의미심장한 빛을 던져 준다.[23] 유아세례가 세례라는 것은 분명한 사실이다. 하지만 유아세례도 세례이고 반복해서는 안 되는 일회성 세례이므로, 그 세례의 시행에는 일정한 제한이 따를 수밖에 없다. 2세기와 3세기에는 그리스도인들이 노년에 이르거나 임종의 자리에 이르러서야 세례를 받는 경우가 종종 있었다. 이것은 건강한 공동체 생활의 표지는 아니었지만, 동시에 우리가 전반적으로 잃어버린 세례의 은총에 대한 분명한 통찰을 제시하기도 한다. 이것이 유아세례에 주는 의미는 다음과 같다. 단한 번 이루어진 구원 행위를 믿고 거듭 기억하는 것을 보장하는 곳에서만, 다시 말해 살아 있는 공동체에서만 세례를 시행할 수 있다는 것이다. 공동체 없는 유아세례는 성례전의 남용일 뿐만 아니라, 어린 자녀들의 영혼 구원을 경솔하게 다루는 행위, 비난받아 마땅한 행위이기도 하다. 왜냐하면, 세례는 반복될 수 없기 때문이다.

이와 마찬가지로, 예수의 부르심도 부름받은 사람들에게 일회적이고 반복될 수 없는 의미가 있었다. 예수를 따르는 사람은 자신의 과거에 대하여 죽은 사람이다. 그런 까닭에 예수께서는 그들에게 모든 소유를 버리라고 요구하실 수밖에 없었다. 또한, 그분께서는 결단을 무를 수 없다는 사실을 분명히 밝히시되, 그들이 주님에게서 받는 선물이 얼마나 완전한 것인지도 알리실 수밖에 없었다. "소금이 짠맛을 잃으면, 무엇으로 짠맛을 내겠느냐?" 예수의 선물이 일회적이라는 사실을 이보다 더 분명하게 표현할 수는 없을 것이다. 그분께서는 그들의 생명을 취하셨지만, 그들에게 생명, 곧 완전하고 충만한 생명을 마련해 주고 싶으셨다. 그래서 그분께서는 그들에게 자기의 십자가를 선사하셨다. 그분께서 첫 제자들에게 주신 그것은 세례라는 선물이었다.

그리스도의
몸

첫 제자들은 예수의 육체적 현존 속에서 그분과 친교를 맺으며 살았다. 이것은 무엇을 의미하는가? 이 친교는 어디서 계속되는가? 바울은 우리가 세례를 통해서 그리스도의 몸의 지체가 되었다고 말한다. 우리에게 낯설고 난해한 이 문장은 철저한 설명이 필요하다.

이것은 세례받은 사람들이 주님의 죽으심과 부활 이후에도 예수의 육체적 현존 속에서 그분과 친교하며 살아야 한다는 뜻이다. 예수의 제자들은 예수의 떠남을 손해로 여기지 않고, 새로운 선물로 여겼다. 첫 제자들이 예수와 온몸으로 맺은 친교는 오늘 우리가 맺는 친교와 조금도 다르지 않다. 실로 저들이 맺은 친교보다는 우리가 맺는 친교가 더 굳건하고, 더 풍성하고, 더 확실하다. 우리는 변모하신 주님의 육체적 현존과 풍성한 친교를 맺으면서 살아간다. 우리의 신앙은 이 선물의 어마어마함을 몰라서는 안 된다. 예수 그리스도의 몸은 우리 신앙의 근거이자 확증이다. 예수 그리스도의 몸은 우리로 하여금 구원을 경험하게 하는 유일하고 완전한 선물이다. 예수 그리스도의 몸은 우리의 새로운 생명이다. 예수 그리스도의 몸 안에서 하나님께서는 우리를 영원히 받아주셨다.

아담의 타락 이래로 하나님은 타락한 인류에게 자신의 **말씀**을 보내셔서, 인간을 찾아 **맞아들이려** 하셨다. 하나님의 말씀이 우리 곁에 머무르며 인류를 다시 받아들이려고 했다. 하나님의 말씀은 약속으로 다가왔고, 율법으로 다가왔다. 우리를 위해 하나님의 말씀이 약해지고 낮아진 것이다. 하지만 인간들은 말씀을 내치기만 할 뿐, 받아들이지 않았다. 그들은 제물을 바치고 공로를 쌓았다. 하나님이 받으시는 것은 자신들이 아니라 공로라는 것이다. 하지만 이것은 자신들을 구하려고 낸 몸값에 지나지 않았다.

그때 기적 중의 기적이 일어난다. 하나님의 아들이 사람이 되신다. 말씀이 육신이 되신다. 영원 전부터 아버지의 영광 속에 계시던 분, 하나님의 모습을 지니신 분, 태초에 있었던 창조의 중재자이시므로, 자신을 통해 자신 안에서만 피조

세계를 알 수 있게 하신 분, 하나님 자신이신 분^{고전 8:6, 고후 8:9, 빌} ^{2:6, 엡 1:4, 골 1:16, 요 1:1, 히 1:1}이 인성人性을 취하셔서 이 땅에 오신다. 그분은 인성을 취하시면서, 인간의 본질, 인간의 "본성", "죄에 빠지기 쉬운 육신", 인간의 모습까지 취하신다.^{롬 8:3, 갈 4:4, 빌 2:6} 하나님은 인류를 받아들이실 때 이제는 선포된 말씀으로만 그리하시지 않고, 예수의 몸 안에서 그리하신다. 하나님의 자비가 그분의 아들에게 육체를 입히셔서, 그 육체로 온 인류를 짊어지게 하신다. 하나님의 아들은, 하나님을 미워하여 육체의 교만 속에서 하나님의 비육체적이고 비가시적인 말씀을 배척한 온 인류를 몸으로 받아들이신다. 이제야 온 인류가 있는 모습 그대로 하나님의 자비를 입고 예수 그리스도의 몸 안에 실제로 받아들여진 것이다.

교부들은 이 기적을 어찌 판단할 것인지를 놓고 열띤 논쟁을 벌이면서 이렇게 말했다. "하나님이 인간의 본성을 취하셨다고 말해야지, 하나님이 한 명의 완전한 인간을 고르셔서 그와 하나가 되셨다고 말해서는 안 된다." 하나님이 사람이 되셨다. 이것의 의미는 다음과 같다. 하나님께서 병들고 타락한 인간 본성 전체를 취하시고, 타락한 인류 전체를 맞아들이신 것이지, 인간 예수만을 맞아들이신 게 아니라는 것이다. 구원의 복음 전체를 제대로 이해하려면, 이처럼 명확한 구분이 이루어져야 한다. 예수 그리스도의 몸 안에서 우리는 온 인류와 함께 받아들여졌다. 이제 예수 그리스도의 몸은 우리 구원의 토대다.

예수 그리스도께서 입으신 것은 죄에 빠지기 쉬운 육신이지만, 죄는 없는 육신이다.^{고후 5:21, 히 4:15} 그분의 인간 육신이 있는 곳에서 모든 육체가 받아들여진다. "그는 실로 우리가 받아야 할 고통을 대신 받고, 우리가 겪어야 할 슬픔을 대신 겪었다."^{사 53:4} 예수께서 인간 본성의 병약함과 고통을 치료하실 수 있었던 것은, 그분께서 우리의 모든 병약함과 고통을 자기 몸에 떠맡으셨기 때문이다.^{마 8:15-17} "그가 찔린 것은 우리의 허물 때문이고, 그가 상처를 받은 것은 우리의 악함 때문이다."^{사 53:5} 그분께서 우리의 죄를 지셨다. 그분께서 죄를 용서하실 수 있었던 것은, 우리의 죄 많은 육체가 그분의 몸 안에서 "받아들여졌기" 때문이다. 예수께서 죄인들을 맞아들이신 까닭은,^{눅 15:2} 그들을 온몸으로 짊어지셨기 때문이다. 예수와 함께 "주님의 은혜의 해"가 시작되었다.^{눅 4:19}

사람이 되신 하나님의 아들은 두 가지를 겸비하신 분이었다. 하나는 그분 자신이고, 다른 하나는 새로운 인류였다. 그분이 하신 일은 모두, 그분이 온몸으로 짊어지신 새 인류를 위해 하신 일이었다. 그분이 둘째 아담, 곧 "마지막" 아담이신 것은 그 때문이다.[고전 15:45] 아담 안에서도 개인과 온 인류는 하나였다. 아담도 온 인류를 품었다. 아담 안에서 온 인류가 타락했고, 아담(사람) 안에서 사람이 타락했다.[롬 5:19] 그리스도께서는 둘째 사람[고전 15:47]이시다. 이 둘째 사람 안에서 새 인류가 창조되었다. 그분은 "새 사람"이시다.

바로 여기서 우리는 제자들이 예수와 함께하며 선사받은 육체적 친교의 본질을 이해하게 된다. 제자들이 예수를 따르면서 다진 유대는 육체적 유대였다. 이는 우연히 그렇게 된 것이 아니라, 성육신으로 필연적으로 그렇게 된 것이다. 예언자와 교사는 따르는 이를 필요로 하지 않는다. 그저 청자[聽者]와 학생만 있으면 된다. 사람의 육신을 입고 사람이 되신 하나님의 아들은 따르는 이들의 공동체, 곧 그분의 가르침뿐만 아니라 그분의 몸까지 받는 공동체를 필요로 하신다. 따르는 이들은 예수 그리스도의 몸과 친교를 다진다. 그들은 육체적 친교 속에서 살고 고난도 당한다. 그들은 예수의 몸과 친교를 다지면서 십자가를 진다. 그분의 몸 안에서 자신들이 모두 받아들여졌기 때문이다.

예수께서 이 세상에서 입으신 몸은 십자가에 달려 죽는다. 그분의 죽음 속에서 새 인류도 십자가에 달려 그분과 함께 죽는다. 그리스도께서 맞아들이신 것은 한 인간이 아니라, 인간의 "모습", 죄에 빠지기 쉬운 육체, 인간의 "본성"인 까닭에, 그분께서 짊어지신 모든 것도 그분과 함께 고난을 받고 그분과 함께 죽는다. 그분께서 십자가로 나아가시면서 짊어지시는 것은 우리의 모든 병약함과 우리의 모든 죄다. 그러므로 우리도 그분과 함께 십자가에 달리고, 그분과 함께 죽는다. 그리스도의 지상적인 몸은 죽지만, 그 몸은 불멸의 몸으로 변모되어 죽음을 딛고 일어난다. 무덤이 비어 있었다! ᵇ 24:2-3, 12, ᵄ 20:1-10 그 몸은 같은 몸이면서 새로운 몸이다. 그분은 인류와 함께 죽으시고, 이를 통해 인류를 업고 부활로 데려가신다. 이처럼 그분은 지상에서 맞아들이신 인류를 자신의 변모된 몸으로 업으신다.

이제 우리는 이 모든 일을 우리를 위해 행하신 그리스도의 그 몸에 참여하지 않으면 안 된다. 그분의 몸과 친교를 맺지 않고서는 예수 그리스도와 친교를 가질 수 없다. 그분의 몸 안에서만 우리가 맞아들여지고, 그분의 몸 안에만 우리의 구원이 자리하기 때문이다! 우리는 그리스도의 몸과 관련된 두 성례전, 곧 세례와 성찬을 통해 그리스도의 몸과 친교를 맺게 된다. 복음서 저자 요한은 십자가에 달리신 예수 그리스도의 몸에서 성례전의 두 요소, 곧 물과 피가 흘러나온 것을 분명하게 암시한다.[요 19:34] 바울은 그리스도의 몸의 지체가 되는 것을 두 성례전과 완전히 연결함으로써 요한의 증언을 뒷받침한다.[24] 성례전의 원천과 목표는 그리스도의 몸이다. 그리스도의 몸이 있어서 성례전도 있는 것이다. 예수 그리스도의 몸과 친교를 맺는 사건은 설교 말씀이 일으키는 것이 아니다. 성례전이 추가되어야 한다. 세례는 그리스도의 몸과 하나가 되는 일에 편입하는 계기가 되고, 성찬은 그리스도의 몸과 맺은 친교 κοινωνία, 코이노니아를 유지하는 계기가 된다. 세례는 우리를 그리스도의 몸의 지체가 되는 일에 참여시킨다. 우리는 그리스도와 "연합하여 세례를 받는다."[갈 3:27, 롬 6:3] 우리는 "세례를 받아서 한 몸이 된다."[고전 12:13] 우리가 세례를 통해 죽으면, 그리스도께서 모든 이를 위해 마련하신 것을 성령께서 우리에게 선사하신다. 예수의 몸과 친교를 맺는다는 것은 우리가 "그리스도와 함께" 있고, "그리스도 안에" 있으며, "그리스도께서 우리 안에" 계신다는 뜻이다. 이 표현들은 그리스도의 몸에 대한 올바른 이해에서 분명한 의미를 얻는다.

그리스도의
몸

II. 예수 그리스도의 교회와 따르기

모든 사람은 성육신의 능력 속에서만 "그리스도와 함께" 있을 수 있다. 예수께서는 실로 인간의 본성을 고스란히 품으신다. 그러므로 그분의 삶과 죽으심과 부활은 모든 인간에게 일어난 실제적 사건이다.롬 5:18, 고전 15:22, 고후 5:14 그러나 그리스도인들은 특별한 방식으로 "그리스도와 함께" 존재한다. 다른 이들에게 죽음이 되는 것이 그리스도인들에게는 은혜가 된다. 세례가 거행될 때, 그리스도인들은 자신들이 "그리스도와 함께 죽었고",롬 6:8, 골 2:20 "그리스도와 함께 십자가에 달렸고",롬 6:6 "그리스도와 함께 묻혔고",롬 6:4, 골 2:12 "그의 죽으심과 같은 죽음으로 연합하는 사람이 되었으며",롬 6:5 그래서 또한 그분과 함께 살 것이라는롬 6:8, 엡 2:5, 골 2:12, 딤후 2:11, 고후 7:3 말씀을 듣는다. "우리는 그리스도와 함께 존재한다." 그 이유는 그리스도께서 임마누엘, 곧 "우리와 함께하시는 하나님"이시기 때문이다. 그리스도와 함께하는 것은 그리스도를 아는 사람에게만 은혜가 된다. 그는 "세례를 받으면서 그리스도 안으로εἰς 들어가" 그분의 몸과 연합한다. 이렇게 그는 직접 이 몸의 지체가 된다. 세례를 받은 사람들의 연합은 한 몸, 곧 그리스도 자신의 몸과 이룬 연합이다. 이렇게 그들은 "그리스도 안에"ἐν, 엔 있고, "그리스도는 그들 안에" 계신다. 그들은 이제 "율법 안에",롬 2:12,

3:19 "육신 안에", 롬 7:5, 8:3, 8, 9, 고후 10:3 "아담 안에" 고전 15:22 있지 않다. 그들의 실존 전체와 삶의 표현 전부는 이제부터 "그리스도 안에서" 이루어진다.

바울은 무수히 많은 전후 문맥 속에서 그리스도의 성육신의 기적을 표현한다. 앞서 말한 모든 것은 다음과 같은 문장으로 요약할 수 있다. "그리스도께서는 말씀과 신조만이 아니라, 그분의 육체적 생명으로도 '우리'를 위해 존재하신다." 그분은 우리가 하나님 앞에 서야 할 곳에 자신의 몸과 함께 서 계신다. 그분께서는 우리를 대신하신다. 그분은 우리를 위해 고난을 받으시고 죽으신다. 그분이 그리하실 수 있는 까닭은, 그분이 우리의 육신을 지고 계시기 때문이다. 고후 5:21, 갈 3:13, 1:4, 딛 2:14, 살전 5:10 십자가에서든, 말씀 속에서든, 세례 속에서든, 성찬 속에서든, 예수 그리스도의 몸은 가장 엄밀한 의미에서 "우리를 위해" 존재한다. 우리는 이를 토대로 예수 그리스도와 육체적 친교를 나눈다.

예수 그리스도의 몸은 그분이 맞아들이신 새로운 인류 자체다. 그리스도의 몸은 그분의 공동체다. 예수 그리스도께서는 그분 자신이면서 동시에 그분의 공동체이기도 하다. 고전 12:12 예수 그리스도께서는 성령 강림절 이래로 자신의 몸인 공동체의 형태로 지상에 계신다. 이 공동체에는 그분의 몸, 곧 십자가에 달렸다가 부활한 몸이 있고, 그분께서 맞아들이신 인류도 있다. 그러므로 세례를 받는다는 것은 공동체의 지체, 곧 그리스도의 몸의 지체가 되는 것을 의미한다.^{갈 3:28, 고전 12:13} 그리스도 안에 있다는 것은 공동체 안에 있는 것을 의미한다. 우리가 공동체 안에 있다면, 이는 참으로 그리고 육체적으로 예수 그리스도 안에 있는 것이기도 하다. 그리스도의 몸이라는 개념이 이제야 명백해진다.

예수께서 떠나가신 뒤에는, 그분의 몸인 교회가 예수 그리스도의 공간이 된다. 교회는 현존하시는 그리스도 자체다. 이로써 우리는 그동안 잊었던 교회론을 되찾게 된다. 흔히들 교회를 하나의 제도로 생각하지만, 우리는 교회를 몸이 있는 **인격**, 비길 데 없는 인격으로 여겨야 한다.

교회는 하나다. 세례를 받은 이들은 "그리스도 안에서 다 하나"다.^{갈 3:28, 롬 12:5, 고전 10:17} 교회는 "사람"이다. 교회는 "**새 사람**"καινός ἄνθρωπος, 카이노스 안트로포스이다. 교회 자체는 그리스도께서 십자가에서 죽으심으로 설립되었다. 여기서 유대 사람과 이방 사람 사이의 적대감, 인류를 찢는 적대감이 사라졌다. "그것은 이 둘을 자기 안에서 하나의 새 사람으로 만드셔서, 평화를 이루시려는 것입니다."[엡 2:15] "새 사람"은 하나이지, 여럿이 아니다. 새사람인 교회 밖에는 찢긴 옛사람만이 있을 따름이다.

교회인 이 "새 사람"은 "하나님의 형상을 따라 참 의로움과 참 거룩함으로 지으심을 받은" 사람이다.[엡 4:24] 그는 "자기를 창조하신 분의 형상을 따라 끊임없이 새로워져서, 참 지식에 이르게" 된다.[골 3:10] 여기서는 그리스도 자신만을 하나님의 형상으로 언급한다. 아담은 하나님의 형상을 따라 지어진 첫째 사람이었다. 하지만 그는 타락하는 바람에 그 형상을 잃고 말았다. 이제 "둘째 사람", 곧 "마지막" 아담이 하나님의 형상을 따라 지어진다. 그가 곧 예수 그리스도시다.[고전 15:47] 따라서 "새 사람"은 그리스도이면서 동시에 교회이기도 하다. 그리스도께서는 새사람 안에 있는 새 인류이시다. 그리스도는 교회이시다.

개인은 "새 사람"과 관계를 맺어, 그를 "입는다."[25] "새 사람"은 개인을 감싸 보호하는 옷과 같다. 개인은 그리스도이자 교회인 하나님의 형상을 입어야 한다. 세례를 받는 사람은 그리스도로 옷을 입는다.[갈 3:27] 이는 그가 유대 사람도 없고 그리스 사람도 없으며 종도 없고 자유인도 없는 몸 안으로, 한 사람 안으로, 곧 공동체 안으로 들어가는 것과 같다. 공동체 안에 있지 않고는, 그리스도의 몸을 통하지 않고는, 아무도 새 사람이 되지 못한다. 홀로 새사람이 되려는 자는 옛사람으로 머물고 말뿐이다. 새사람이 된다는 것은 공동체 안으로 들어가, 그리스도의 몸의 지체가 된다는 뜻이다. 새사람은 의로워지고 거룩해진 사람이 아니라, 공동체, 그리스도의 몸, 그리스도다.

십자가에서 죽으시고 부활하신 그리스도께서는 성령을 통해 공동체로, "새 사람"으로 존재하시는 까닭에, 참으로 사람이 되신 분이다. 그분께서는 영원 속에 계시는 까닭에, 그분의 몸은 참으로 새 인류다. 충만한 신성이 그리스도 안에서 몸을 입고 그분 안에 거처를 정했듯이, 그리스도의 사람들도 그리스도로 충만해진다.골 2:9, 엡 3:19 실로 그들 자체가 이 신적 충만이다. 그들은 곧 그리스도의 몸이고, 그분만이 만물 안에서 만물을 충만케 하시는 분이기 때문이다.

그리스도와 그분의 몸인 교회가 하나라는 사실은 그리스도를 그분의 몸의 주인으로 인식할 것을 요구한다. 그런 까닭에 바울은 몸의 개념을 상세히 설명하는 자리에서 그리스도를 몸의 머리라 부른다.엡 1:22, 골 1:18, 2:19 그는 명백한 대립에 주목하면서 그리스도께서 주인이시라고 말한다. 그리스도의 승천과 그분의 재림은 구원사의 사실로서 이 대립을 당연하게 하고, 공동체와 그리스도의 신비적 혼합을 조금도 허락하지 않는다. 자신의 공동체 안에 현존하시는 그리스도는 하늘에서 다시 오시는 그리스도와 동일한 분이시다. 지상에 계시는 주님과 천상에 계시는 주님은 같은 분이시고, 지상에 있는 공동체와 천상에 있는 공동체도 같은 공동체다. 지상에 현존하시는 분의 몸과 구름을 타고 재림하시는 분의 몸도 같은 몸이다. 하지만 우리가 지상에 있는 것과 천상에 있는 것에는 중대한 차이가 있다. 따라서 일치와 불일치가 공존하는 것은 당연하다.

교회는 한 몸이다. 교회는 그리스도의 몸이다. 하지만 교회는 이와 동시에 지체들의 다양성이자 연합이기도 하다.[롬 12:5, 고전 12:12] 몸은 지체가 많다. 눈이든, 손이든, 발이든, 각각의 지체는 있는 모습 그대로 머문다. 이것이야말로 바울이 말하는 화해의 의미다! 손은 눈이 되지 않고, 눈은 귀가 되지 않는다. 각각의 지체는 있는 모습 그대로 존재한다. 그러나 그것들은 있는 모습 그대로 존재하되 한 몸의 지체들로서, 일치 속에서 서로 연합하여 섬기며 조화를 이루는 지체들로서 존재할 따름이다. 공동체가 있는 모습 그대로 존재하는 것은 그리스도와 그분의 몸이 있기 때문이듯이, 각각의 개인도 공동체의 일치가 있으므로 존재한다. 여기서 성령의 직무가 분명하게 두드러진다. 성령은 그리스도를 개인들에게 모셔가는 영이시다.엡 3:17, 고전 12:3 성령께서는 개인들을 모아서 자신의 교회를 세우시되, 이미 그리스도 안에서 건물 전체가 완성된 교회를 세우신다.엡 2:22, 4:12, 골 2:2 성령께서는 몸의 지체들의 사귐고후 13:13을 조성하신다.롬 15:30, 5:5, 골 1:8, 엡 4:3 주님은 영이시다.고후 3:17 그리스도의 교회는 성령 안에 현존하는 그리스도다. 그리스도의 몸의 생명이 우리의 생명이 되는 것은 그런 이유에서다. 우리는 그리스도 안에서 더는 우리의 생활을 하지 않는다. 그리스도께서 우리 안에서 자신의 생활을 하신다. 신자들이 공동체 안에서 사는 것은, 사실상 **그리스도께서 그들 안에서 사시는 것이다.**갈 2:20, 롬 8:10, 고후 13:5, 요일 4:15

우리는 십자가에서 죽으시고 변모하신 예수 그리스도의 몸과 연합함으로써 그리스도의 고난과 변모에 참여한다. 그리스도의 십자가는 공동체의 몸 위에 놓여 있다. 공동체가 이 십자가 아래서 받는 고난이야말로 그리스도의 고난이다. 그것은 무엇보다도 세례를 받으면서 맞는 십자가의 죽음이고, 그다음에는 그리스도인들이 세례의 능력 안에서 "날마다 맞는 죽음"이다.^{고전 15:31} 하지만 그것은 이루 형언할 수 없는 약속을 받는 고난이기도 하다. 사실 그리스도 자신의 고난만이 화해시키는 능력을 갖는다. 그 이유는 그분께서 "우리를 위해" 고난을 받으시고, "우리를 위해" 승리하셨기 때문이다. 하지만 그분께서는 자신의 고난의 능력 안에서, 자신의 몸과 연합하기를 부끄러워하지 않는 사람들에게 헤아릴 수 없는 은혜를 베푸셔서, 이제 다시 "자신을 위해" 고난을 받을 수 있게 하신다. 그분께서 자기 사람들에게 선사하신 영예 가운데 이보다 큰 영예는 없다. 그리스도인이 "그리스도를 위해" 고난을 받는 것보다 더 큰 영광은 존재하지 않는다. 이것은 율법에 어긋나는 일이지만, 여기서는 참된 사실이다. 율법에 따르면, 우리는 우리 자신의 죄에 대해 징벌만 받을 수 있다. 자기 스스로 무언가를 배상해서도 안 되고, 스스로 고난을 받아서도 안 된다. 그런 사람이 다른 사람에게 얼마나 도움이 되겠으며, 그리스도께는 또 얼마나 도움이 되겠는가! 그리스도께서 우리에게 주신 그분의 몸, 우리의 죄 때문에 징벌을 받으신 그리스도의 몸이 우리를 해방하여, 죽음 속에서나 고난 속에서나 "그리스도를 위해" 살게 한다. 이제 우리는 우리에게 모든 것을 내어 주신 그리스도께 모든 것을 내어드리면서, 그분을 위해 일

그리스도의
몸

하고 고난도 받을 수 있다! 이것은 그리스도의 몸과 연합할 때 일어나는 기적과 은혜다.[빌 1:25, 2:17, 롬 8:35, 고전 4:10, 고후 4:10, 5:20, 13:9] 예수 그리스도께서 화해시키는 고난, 대리[代理] 고난을 다 채우셨지만, 이 세상에서 그분의 고난은 끝난 게 아니다. 그분께서는 자신의 은혜로 이 마지막 때와 재림을 위해 고난의 부족분[不足分, ὑστερήματα, 휘스테레마타]을 자신의 공동체에 맡기셔서 채우게 하셨다.[골 1:24] 이 고난은 그리스도의 몸인 교회에 도움이 되어야 한다. 그리스도인들의 이 고난 역시 죄를 삼키는 능력을 가지고 있다[벧전 4:1]고 생각해도 되는지는 확실하지 않다. 하지만 그리스도의 몸의 능력을 힘입어 고난을 받는 사람이 예수의 몸인 공동체를 "위해" 대리 고난을 받는다는 것은 분명한 사실이다. 그는 다른 사람에게 면제된 것을 짊어져도 된다. "우리는 언제나 예수의 죽임 당하심을 우리 몸에 짊어지고 다닙니다. 그것은 예수의 생명도 또한 우리 몸에 나타나게 하기 위함입니다. 우리는 살아 있으나, 예수로 말미암아 늘 몸을 죽음에 내어 맡깁니다. 그것은 예수의 생명도 또한 우리의 죽을 육신에 나타나게 하기 위함입니다. 그리하여 죽음은 우리에게서 작용하고, 생명은 여러분에게서 작용합니다."[고후 4:10-12, 1:5-7, 13:9, 빌 2:17] 그리스도의 몸에는 어느 정도의 고난이 지정되어 있다.

하나님께서는 누군가에게 다른 사람을 대신하여 특별한 고난을 짊어지는 은혜를 베푸신다. 누군가는 고난을 채우고, 짊어지고, 극복해야 한다. 그리스도의 몸을 위해 고난을 받을 자격이 있다고 하나님께 인정받는 사람은 복이 있다.[골 1:24, 빌 2:17] 신자는 그러한 고난 속에서 다음과 같이 자랑해도 된다. "우리는 언제나 예수의 죽임 당하심을 우리 몸에 짊어지고 다닙니다. 나는 내 몸에 예수의 상처 자국을 지고 다닙니다."[고후 4:10, 갈 6:17] 이제 신자는 살든지 죽든지 자신의 몸으로 그리스도께서 존귀하게 되시는 데 도움이 될 수 있다.[빌 1:20] 그리스도의 몸에 속한 지체들의 그러한 대리 행위와 고난은, 자신의 지체들 안에서 형태를 갖추려고 하는 그리스도의 생명이다.[갈 4:19]

그러나 우리는 무엇보다도 첫 제자들과 예수 추종자들의 친교 속에 서 있다.

이 연구의 결론은 다음과 같을 수밖에 없다. 이를테면 그리스도의 몸에 관한 증언이 성서 전체에서 발견된다는 것이다. 성서 전체는 하나님의 성전에 관한 구약성서의 위대한 예언이 그리스도의 몸 안에서 성취됨을 증명한다.

우리는 그리스도의 몸이란 개념을 헬레니즘의 이 이미지 사용법과 관련지어 이해할 것이 아니라, 성전에 관한 구약성서 예언의 견지에서 이해해야 한다. 다윗이 하나님께 성전을 지어드리고 싶어 한다. 그는 예언자의 의견을 묻는다. 예언자가 다윗의 의향에 대한 하나님의 답변을 다윗에게 전한다. "나 주가 말한다. 내가 살 집을 네가 지으려고 하느냐?……나 주가 너의 집안을 한 왕조로 만들겠다는 것을 이제 나 주가 너에게 선언한다."삼하 7:5, 11 하나님의 성전은 하나님 자신만이 세우실 수 있다. 이와 동시에 다윗은 자신이 앞서 말했던 것과 이상하리만치 모순되는 약속을 받는다. 그의 자손 가운데서 한 사람이 하나님께 집을 지어드릴 것이며, 그의 나라가 영원토록 존속하리라는 약속이었다.삼하 7:12 "나는 그의 아버지가 되고, 그는 나의 아들이 될 것이다."삼하 7:14 다윗 가문과 함께하시는 하나님의 "평화의 아들" 솔로몬은 이 약속을 자신에게 적용했다. 그는 성전을 지었고, 그것으로 하나님께 승인을 받았다. 그런데도 이 성전으로 예언이 성취된 것은 아니었다. 이 성전은 사람 손으로 지은 것이어서 무너질 수밖에 없었다. 예언은 성취되지 않은 채로 있었다. 이스라엘 민족은 다윗의 후손이 성전을 짓고, 그의 나라가 무궁하기를 고대했다. 예루살렘 성전은 여러 차례 헐렸다. 이는 그것이 약속된 성전이 아니라는 표지였다. 진짜 성전은 어디에 있었는가? 그리스도께서 성전과 관련된 예언을 자신의 몸에 적용하시면서 그것을 우리에게 직접 알려 주신다. "그러자 유대 사람들이 말하였다. '이 성전을 짓는 데에 마흔여섯 해나 걸렸는데, 이것을 사흘 만에 세우겠다구요?' 그러나 예수께서 성전이라고 하신 것은 자기 몸을 두고 하신 말씀이었다. 제자들은, 예수께서 죽은 사람들 가운데서 살아나신 뒤에야, 그가 말씀하신 것을 기억하고서, 성경 말씀과 예수께서 하신 말씀을 믿게 되었다."요 2:20-22 그리스도의 몸이야말로 이스라엘이 기다리는 성전이다. 구약성서의 성전은 그분의 몸의 그림자에 지나지 않는다.골 2:17, 히 10:1, 8:5 예수께서는 자신의 인간적인 몸을 가리켜 성전이라고 말씀하신다. 그분은 지상에 있는 자신의 몸의 성전 역시 헐리겠지만, 자신은 부활할 것이고, 그러면 부활하여 변모한 자신의 몸이 새롭고 영원한 성전이 될 것을 알고 계신다. 이것은 하나님이 자기 아들에게 지어 주시는 집이면서 동시에 아들이 아버지에게 지어드리는 집이기도 하다. 이 집에는 하나님이 확실히 거하시고, 동시에 그리스도의 공동체인 새 인류도 거한다. 사람이 되신 그리스도 자신이야말로 성전의 성취이다. 이것은 요한계시록이 새 예루살렘을 두고 말하는 것과 일치한다. "나는 그 안에서 성전을 볼 수 없었습니다. 그것은 전능하신 주 하나님

과 **어린 양**이 그 도성의 성전이시기 때문입니다."^{계 21:22}

성전은 사람들 사이에 존재하는 하나님의 은혜로운 현존 장소요 거처다. 그곳은 하나님이 공동체를 맞아들이시는 곳이기도 하다. 이 두 가지는 사람이 되신 예수 그리스도 안에서만 성취된다. 하나님의 현존은 예수 그리스도 안에서만 참된 것이 되고 몸을 갖춘 것이 된다. 인류도 예수 그리스도 안에서만 참된 것이 되고 몸을 갖춘 것이 된다. 예수 그리스도께서 인류를 자기 몸 안에 맞아들이셨기 때문이다. 따라서 그리스도의 몸은 하나님과 사람 사이에 자리한 영접 장소, 화해 장소, 평화의 장소다. 하나님은 그리스도의 몸 안에서 사람을 찾아내시고, 사람은 그리스도의 몸 안에서 자신이 하나님께 맞아들여졌음을 느낀다. 그리스도의 몸은 살아 있는 돌로 지어진 신령한 성전^{οἶκος πνευματικός, 오이코스 프뉴마티코스}이다.^{벧전 2:5} 오직 그리스도만이 이 성전의 터이자 머릿돌이시다.^{엡 2:20, 고전 3:11} 이와 동시에 그리스도는 성령께서 거하시는 성전이자, 신자들의 마음을 충만하게 하고 거룩하게 하는 성전^{οἰκοδομή, 오이코도메, 엡 2:21} 자체이시다.^{고전 3:16, 6:19} 하나님의 성전은 예수 그리스도 안에 있는 거룩한 공동체다. 그리스도의 몸은 하나님과 새 인류의 살아 있는 성전이다.

가시적
공동체

예수 그리스도의 몸은 지상에서 공간을 차지한다. 사람이 되신 그리스도께서는 사람들 사이에서 있을 곳을 요구하신다. 그분께서 자기 소유지에 오셨건만, 사람들은 그분이 태어나실 때 "여관에 방이 없다는 이유로" 마구간을 내어드리고, 그분이 죽으실 때에는 그분을 내쫓아, 그분의 몸이 땅과 하늘 사이에 있는 형틀에 달리게 했다. 그런데도 성육신은 자신의 공간을 지상에 마련할 것을 요구한다. 무엇이든 공간을 차지하는 것은 눈에 띄게 마련이다. 그러므로 예수 그리스도의 몸도 가시적인 몸이 될 수밖에 없다. 그렇지 않다면 그것은 몸이 아니다. 인간 예수는 가시적인 분이시다. 그래서 우리는 그분을 하나님의 아들로 믿는다. 예수의 몸은 가시적이다. 그래서 우리는 그분의 몸을 사람이 되신 하나님의 몸으로 믿는다. 그분께서 육신을 입으셨다는 것은 분명한 사실이다. 그래서 우리는 그분께서 우리의 육신을 짊어지셨음을 믿는다. "여러분은 이 사람을 가리켜 이렇게 말해야 한다. '이분은 하나님이시다.'"^{마르틴 루터}

진리, 가르침, 종교는 자신의 공간이 필요하지 않다. 그것들은 몸이 없다. 그것들은 경청, 배움, 이해의 대상이다. 그것이 전부다. 그러나 사람이 되신 하나님의 아들은 귀와 마음만이 아니라, 육체를 갖추고 자신을 따르는 인간도 필요로 하신다. 그런 까닭에 그분께서는 제자들에게 온몸으로 따를 것을 요구하셨다. 그분과 제자들의 친교는 누가 보아도 가시적이었다. 그 친교는 사람이 되신 예수 그리스도 자신을 통해 뒷받침되고 유지되었다. 육신이 되신 말씀이 육신을 갖춘 가시적 친교를 권유하시고 조성하셨다. 부름받은 이들은 더는 숨어 지낼 수 없었다. 그들은 빛을 발하는 등불이었고, 사람들의 눈에 띄는 산 위의 도시였다. 예수 그리스도의 십자가와 고난이 그들의 친교 위에 우뚝 서 있었다. 제자들은 그분과 친교를 가지려고 모든 것을 버리고 고난과 박해를 받을 수밖에 없었지만, 그분과 친교를 가지며 박해를 받는 가운데, 자신들이 잃어버렸던 것, 곧 형제와 자매, 논밭과 집을 다시 얻었다. 따르는 이들의 공동체는 세상 사람들 앞에 훤히 드러났다. 이 공동

나를
따르라

체에는 예수와 친교를 가지면서 행동하고 일하고 고난을 받는 몸들이 있었다.

높임받으신 주님의 몸도 공동체의 형태 속에서 가시화된다. 이 몸은 무엇으로 가시화되는가? 무엇보다도 **말씀의 설교**로 가시화된다. "그들은 사도들의 가르침에 몰두하며."^{행 2:42} 이 문장의 모든 단어가 의미심장하다. 가르침^{διδαχή, 디다케}은 설교를 의미하며, 온갖 종류의 종교적 언설과 대조된다. 여기서는 이미 일어난 사실의 전달을 뜻한다. 말하는 이에게 객관적으로 맡겨진 내용은 "가르침"을 통한 중재만을 필요로 한다. 그러나 전달은 본질상 알려지지 않은 것에 국한된다. 알려지지 않은 것이 알려지고 나면, 더 이상의 전달은 무의미해진다. 이처럼 "가르침"이라는 개념 자체에는 가르침 자체를 불필요하게 하는 것이 자리하고 있다. 하지만 기이하게도 첫 공동체는 이와 반대로 움직였다. 첫 공동체는 사도들의 가르침을 "지속적으로" 고수했다. 그 바람에 이 가르침은 불필요한 것이 되지 않고, 지속성을 요구하게 되었다. 어떤 실질적인 필요성이 이 가르침과 "지속성"을 결합한 것임이 틀림없다. 첫 공동체가 "사도들의 가르침"을 중시했다는 사실에서 이 필요성이 드러난다. "사도들의 가르침"은 무엇을 의미하는가? 사도들은 하나님께서 택하신 자들로서 예수 그리스도 안에서 드러난 계시의 산증인들이다. 그들은 예수와 온몸으로 친교를 맺으며 살았고, 사람이 되셔서 십자가에 달리시고 부활하신 분을 보았으며, 그분의 몸을 손으로 만져 본 이들이다.요일 1:1 그들은 하나님 곧 성령께서 말씀을 전하시기 위해 도구로 사용하시는 증인들이다. 사도들의 설교는 예수 그리스도 안에서 일어난 하나님의 생생한 계시 사건을 증언한 것이다. 사도들과 예언자들의 터 위에 세워진 것이 교회이고, 예수 그리스도는 그 모퉁잇돌이다.엡 2:20 그 밖의 모든 설교는 이 사실에 근거를 둠으로써 사도들의 가르침에 충실한 설교가 되어야 한다. 그래야 우리와 첫 공동체의 일치가 이루어진다. 이 사도들의 가르침은 들음의 지속성을 어느 정도까지 필요로 하는가? 사도들의 말씀은 인간의 말이기는 해도 실제 그대로 하나님의 말씀이다.살전 2:13 그런 까닭에 그것은 인간을 맞아들이기를 바라고, 그렇게 할 능력이 있는 말씀이다. 하나님의 말씀은 공동체를 찾고, 공동체를 맞아들인다. 하나님의 말씀은 사실상 공동체 안에 있다. 하나님의 말씀은 자연히 공동체 안으로 들어간다. 하나님의 말씀은 자체적으로 공동체를 향해 움직인다. 한쪽에는 말씀 곧 진리가 있고, 다른 쪽에는 공동체가 있어서, 설교자가

이 말씀을 가지고 조종하고 움직여서 공동체에 적용해야 한다는 말이 아니다. 오히려 말씀은 이 길을 철저히 홀로 걷는다. 설교자는 말씀의 이 독자적 운동을 돕기만 할 뿐 결코 방해해서는 안 된다. 말씀은 사람을 맞아들이기 위해 길을 나선다. 사도들은 이 일을 알고서 설교로 그것을 마무리 지었다. 그들은 실로 하나님의 말씀 자체를 보고서, 말씀이 어떻게 육신을 입었는지, 어떻게 말씀이 이 육신 속에서 인류 자체를 맞아들였는지도 알게 되었다. 이제 그들은 다음의 사실만을 증언해야 했다. 하나님의 말씀이 육신이 되었다는 것과 말씀이 온 것은 죄인을 맞아들여 용서하고 거룩하게 하기 위함이라는 것이다. 이 일을 하려고 말씀은 공동체 안으로 들어간다. 육신이 되어 이미 온 인류를 짊어지고 있기는 하지만, 말씀은 자신을 맞아들여 공동체를 이루는 인류가 없으면 더는 존재하지 못하기 때문이다. 하지만 성령께서는 이 말씀으로 친히 오셔서, 이미 오래전에 그리스도 안에서 선사된 것을 개인과 공동체에게 보여주신다. 성령께서 말씀을 듣는 사람들 안에서 믿음을 일으키시면, 예수 그리스도께서는 자기 몸의 능력으로 설교 말씀에 역사해 친히 우리 한가운데로 들어오셔서 이렇게 말씀하신다. "'내가 온 것은, 내가 이미 너를 맞아들였고, 오늘 다시 맞아들이고 싶어서다'라고 너에게 말해 주기 위해서다."

　　"말씀이 온 세상의 죄를 온몸으로 짊어지셨다. 성령 안에 현존하시는 그리스도가 바로 그 말씀이다." 바로 이것이 사도들이 설교한 말씀이다. "그리스도께서는 자기 공동체 안에 계신다." 바로 이것이 "사도들의 가르침", 곧 사도들이 설교한 말씀이다. 이 가르침은 불필요한 것이 되기는커녕 오히려 공동체를 형성한다. 그러면 공동체는 이 가르침을 지속적으로 고수한다. 말씀이 공동체를 맞아들였고, 공동체도 날마다 그 사실을 확신하기 때문이다. 이 가르침은 가시적 공동체를 형성한다. 그리스도의 몸은 말씀의 설교 속에서만 가시화되는 것이 아니라, **세례와 성찬** 속에서도 가시화된다. 세례와 성찬의 출처는 우리 주 예수 그리스도의 참된 인성人性이다. 예수 그리스도께서는 이 두 가지를 통해 온몸으로 우리를 만나시고, 자기 몸과 친교를 맺는 일에 우리를 참여시키신다. 이 두 성례에는 선포도 속해 있다. 세례와 성찬에서는 그리스도께서 우리를 위해 죽으셨다는 말씀이 선포된다.롬 6:3, 고전 11:26 이 두 성례에는 그리스도의 몸이라는 선물이 자리하고 있다. 우리는 세례에서 그 몸의 지체가 되는 선물을 받고, 성찬에서는 주님의 몸을 받고 그 몸과 육체적으로 친교κοινωνία, 코이노니아를 맺으면서, 그 몸의 지체들과 구체적으로 연합하는 선물을 받는다. 이렇게 우리는 주님의 몸이라는 선물을 통해 그분과 한 몸이 된다. 우리가 세례와 성찬을 죄 용서로 특징짓는다면, 이는 세례라는 선물과 성찬이라는 선물을 완전히 껴안은 것이 아니다. 성찬에서 주어지는 몸의 선물은 공동체 안에 살아 계시는 주님을 우리에게 선사한다. 그러나 공동체로 계시는 그리스도의 몸이라는 선물 속에는 죄 용서도 들어 있다. 이 점에서 세례와 성찬의 분배가—오늘날 우리의 관행과는 정반대로—본래부터 사도들의 선포 직무와 연결되지 않고, 공동체 자체에 의해 이루어진 것은 당연한 일이다.^{고전 1:1, 14, 11:17} 세례와 성찬은 그리스도의 몸인 공동체의 것이다. 말씀은 믿는 사람과 믿지 않는 사람 모두에게로 향하지만, 성례전은 공동체만의 것이다. 그러므로 엄밀한 의미에서 기독교 공동체는 세례와 성찬의 공동체이며, 이를 토대로 비로소 설교의 공동체이기도 하다.

이미 밝힌 대로, 예수 그리스도의 공동체는 이 세상에서 **선포의 공간**을 필요로 한다. 그리스도의 몸은 말씀과 성례를 위해 모인 공동체 안에서 가시화된다.

이 공동체는 하나의 유기체다. 공동체인 그리스도의 몸은 공동체의 조직과 질서를 포함한다. 이 공동체는 몸과 함께 설립되었다. 유기적이지 않은 몸은 부패하고 만다. 그리스도의 살아 있는 몸의 형태는 바울이 가르친 대로 유기적 형태다.롬 12:5, 고전 12:12 여기서는 내용과 형식의 구별, 본질과 현상의 구별이 불가능하다. 굳이 구별한다면, 이는 그리스도의 몸, 곧 육신이 되신 그리스도를 부인하는 것이 되고 말 것이다.요일 4:3 따라서 그리스도의 몸은 **선포의 공간**과 함께 **공동체 질서의 공간**도 필요로 한다.

공동체 질서의 기원과 본질은 신적이다. 물론 공동체 질서의 목적은 지배에 있지 않고, 봉사에 있다. 공동체의 여러 직무는 "봉사직"διακονίαι, 디아코니아이이다.고전 12:5 그것들은 하나님,고전 12:28 그리스도,엡 4:11 성령행 20:28께서 공동체를 **통해서**가 아니라 공동체 **안에** 제정하신 것들이다. 설령 공동체가 그 직무들을 나눈다고 해도, 이는 성령의 인도를 받아 그렇게 하는 것이다.행 13:2 직무와 공동체는 삼위일체 하나님 안에 똑같이 기원을 두고 있다. 직무들은 공동체를 섬기고, 이 섬김 속에서만 영적 정당성을 지닌다. 그러므로 다른 공동체 안에는 상이한 직무들, 곧 "여러 봉사직"이 존재하게 마련이다. 이는 예루살렘 공동체 안에 존재하는 직무들과 바울의 선교 공동체 안에 존재하는 직무들이 다른 것과 같다. 물론 조직은 하나님께서 세우시지만 그 형태는 가변적이어서, 지체들을 봉사직에 임명하는 공동체 자체의 판단에 따른다. 성령께서 개인들에게 선사하시는 은사들도 공동체 섬김의 규율을 엄수한다. 하나님은 무질서의 하나님이 아니라 평화의 하나님이시기 때문이다.[고전 14:32] 성령께서는 그 가운데 나타나신다.[φανέρωσις, 파네로시스, 고전 12:7] 이는 공동체를 이롭게 하시려는 것이다. 사도들, 예언자들, 교사들, 관리하는 사람들(감독들), 집사들, 장로들, 대표들, 지도자들[고전 12:28, 엡 2:20, 4:11]은 그리스도의 몸인 공동체의 종들이다. 그들이 공동체 안에서 봉사직에 임명된 까닭에, 그들의 직무는 신적인 기원과 본질을 가진다. 공동체만이 그들을 봉사직에서 풀어 줄 수 있다. 사실 공동체는 자신의 필요에 따라 마음대로 규칙을 제정할 수 있지만, 그 규칙이 외부의 손을 탈 경우에는 그리스도의 몸의 가시적 형태 자체가 훼손되고 말 것이다.

공동체의 여러 직무 가운데 언제나 특별한 관심을 받는 직무는 말씀과 성례의 순수한 시행을 꾀하는 직무다. 이 경우에는 다음의 사실을 염두에 두어야 한다. 이를테면 선포는 선포자의 임무와 은사에 맞게 언제든 다양하고 다른 것이 될 수 있지만, 바울 파나 베드로 파, 아볼로 파나 그리스도 파, 어느 파에 속해 있든지, 선포자는 갈라지지 않은 하나의 그리스도 만을 알려야 한다는 것이다.^{고전 1:11} 모든 파가 서로 도와야 한 다.^{고전 3:6} 학파 형성은 학파 논쟁으로 이어져, 저마다 제 학파의 이득만 꾀할 뿐이다.^{딤전 6:5, 20, 딤후 2:10, 3:8, 딛 1:10} 여기서는 "하나님 께서 주시는 복"을 명예나 권력이나 돈과 같이 세속적인 이득 으로 바꿀 공산이 크다. 문제를 일으키기 위해 문제를 제기하 는 경향이 갑자기 생겨나서, 명백하고 단순한 진리에서 벗어 나기도 할 것이다.^{딤후 3:7} 그런 경향은 사람을 고집과 불복종으 로 유인하여 하나님의 계명을 거역하게 할 것이다. 반면에 건 전하고 유익한 가르침은 선포의 목적이 되고,^{딤후 4:3, 딤전 1:10, 4:16,} ^{6:1, 딛 1:9, 13, 2:1, 3:8} 참된 질서와 일치의 보증이 된다.

공인된 학설과 이단 사설을 식별하는 것은 언제나 쉬 운 일이 아니다. 한 공동체에서 이미 이단 사설로 규정하여 배 제한 가르침을 여러 공동체에서 여전히 학설로 허용하는 경우 도 있다.^{계 2:6, 15} 그러나 이단 사설임이 명백한 경우에는 그것을 완전히 끊어 내야 한다. 거짓 교사들 역시 기독교 공동체에서 추방하여, 더는 인격적인 친교를 갖지 못하게 해야 한다.^{갈 1:8, 고} ^{전 16:22, 딛 3:10, 요이 10} 이처럼 순수한 선포의 말씀은 연결과 분리를 분명히 해야 한다. 그리해야 **선포의 공간**과 공동체의 **질서**가 하나님이 필요로 하셔서 마련하신 것임이 분명해진다.

이쯤에서 다음과 같은 물음을 던져 볼 수 있을 것이다. 이것으로 그리스도의 몸인 공동체의 가시적 형태가 다 규정되었는가? 아니면 공동체의 가시적 형태는 이 세상에서 그 이상의 공간을 요구하는가? 신약성서의 대답은 단호하다. 공동체는 예배와 질서를 위해서뿐만 아니라, 지체들의 일상생활을 위해서도 지상의 공간이 필요하다는 것이다. 따라서 이제는 가시적 공동체의 **생활공간**에 관해서 말해 보고자 한다.

예수와 제자들의 친교는 삶의 모든 관계 속에서 이루어진 완전한 삶의 친교였다. 제자 공동체 안에서는 개인의 삶이 온전히 전개되었다. 이 친교는 하나님의 아들이 육체를 갖춘 인간이었음을 보여주는 생생한 증언이다. 하나님의 아들의 육체적 현존은 그분을 위해서 그리고 그분과 함께 일상생활에 온몸으로 뛰어들 것을 요구한다. 인간과 그의 생생한 세상살이는 인간을 위해서 인간의 육신을 입으신 분의 것이다. 제자는 따름 속에서 예수의 몸과 떼려야 뗄 수 없게 결합한다.

이것은 생긴 지 얼마 안 된 공동체에 관한 사도행전의 첫 보도가 증언하는 사실이기도 하다.^{행 2:42, 4:32} "그들은 사도들의 가르침에 몰두하며, 서로 사귀는 일과 빵을 떼는 일과 기도에 힘썼다." "믿는 사람은 모두 함께 지내며, 모든 것을 공동으로 소유하였다." 말씀과 성례전 사이에 친교^{κοινωνία, 코이노니}아가 자리했다는 사실은 교육적이다. 공동체가 친교의 본질을 정의하면서 친교의 기원을 거듭 말씀에 두고, 친교의 목적과 친교의 완성을 거듭 거룩한 성찬에 둔 것은 결코 우연이 아니다. 그리스도인의 모든 친교는 말씀과 성례전 사이에서 존속한다. 이 친교는 예배로 시작되어 예배에서 끝난다. 그것은 하나님 나라에서 주님과 함께 나눌 최후의 만찬을 고대한다. 그러한 기원과 그러한 목표를 갖는 친교야말로 이 세상의 물건과 재물까지 자기편으로 만드는 완전한 친교다. 자유와 기쁨과 성령의 능력 안에서 완전한 친교가 이루어졌다. "모든 것을 공동으로 소유하는" 친교, "모든 사람에게 필요한 대로 나누어 주는" 친교, "누구 하나도 자기 소유를 자기 것이라고 하지 않는" 친교였다. 이러한 사건이 일상적으로 일어나면서, 복음이 말하는 완전한 자유, 강압이 전혀 필요하지 않은 자유가 드러났다. 그들은 확실히 "한 마음과 한 뜻"이 되어 있었다.

생긴 지 얼마 안 된 이 공동체는 모든 사람의 눈에 띄었고—기이하게도!—"모든 사람에게서 호감을 샀다."^{행 2:47} 이스라엘 백성이 호감을 보인 것은, 그들이 이 완전한 친교의 이면에 자리한 예수의 십자가를 보지 못하고 맹목적으로 한 일인가? 이것은 모든 민족이 하나님의 백성을 칭송하게 될 그날을 앞당겨 보여준 것인가? 이것은 공동체가 성장하던 시기에, 신자와 원수가 격돌하며 갈라서던 시기에, 하나님이 호의를 보이셔서 공동체의 운명에 대한 순수 인간의 호의와 참여로 공동체를 두르신 것인가? 공동체에 호감을 보인 백성은 "십자가에 매달아 처형하라"고 소리치지 않고 호산나를 외치던 백성인가? "주님께서는 구원받는 사람을 날마다 더하여 주셨다." 이 가시적 공동체는 완전한 삶의 친교를 이루면서 세상 속으로 들이닥쳐 세상의 자녀들을 빼앗는다. 공동체는 날마다 성장함으로써 자기 안에 살아 계신 주님의 능력을 증명한다.

첫 제자들에게는 다음의 사실이 적용된다. 그들의 주님이 계신 곳에는 그들도 있어야 하고, 그들이 있을 곳에는 그들의 주님도 세상 끝 날까지 계시리라는 것이다. 제자가 하는 일은 모두 예수 공동체의 친교 속에서 그 공동체의 지체로 하는 일이 된다. 지극히 세속적인 행위도 이제는 공동체 안에서 이루어진다. 따라서 그리스도의 몸에는 다음의 사실이 적용된다. 지체가 있는 곳에는 온몸이 있고, 몸이 있는 곳에는 지체도 있다는 것이다. 지체가 몸에서 떨어져 지내도 되거나, 몸에서 떨어져 지내고 싶어 하는 삶의 영역은 존재하지 않는다. 지체가 어디에 있건, 지체가 무슨 일을 하건, 그는 "몸 안에서", 공동체 안에서, "그리스도 안에서" 그리한다. 삶 전체가 "그리스도 안에" 수용된다. 그리스도인은 그리스도 안에서 약해지기도 하고 강해지기도 한다.[빌 4:13, 고후 13:4] 그는 "주님 안에서" 일하고 수고하고 기뻐한다.[롬 16:9, 12, 고전 15:58, 빌 4:4] 그는 그리스도 안에서 말하고 훈계한다.[고후 2:17, 빌 2:1] 그는 손 대접도 그리스도 안에서 하고,[롬 16:2] 결혼도 주님 안에서 한다.[고전 7:39] 그는 옥살이도 주님 안에서 하고,[빌 1:13, 23] 종살이도 주님 안에서 한다.[고전 7:22] 그리스도인들 사이에서 이루어지는 이 모든 인간관계는 그리스도와 공동체에 둘러싸여 있다.

　　그리스도인은 세례를 받고 그리스도의 몸 안으로 들어감으로써 그리스도와 공동체 안에서 이루어지는 충만한 삶을 제공받는다. 세례의 선물을 설교와 성찬에 참여하는 것으로, 다시 말해 공동체의 여러 직무와 봉사직 같은 구원의 자산들에 참여하는 것으로 제한한다면, 이는 신약성서에서 완전히 벗어난, 대단히 위험한 축소가 되고 말 것이다. 세례를 받은 사람은 그리스도의 몸을 이루는 지체들이 삶의 모든 관계 속에서 누리는 친교 생활의 공간을 무조건 제공받는다. 세례를 받은 형제자매에게 예배 참석은 허락하면서도 친교를 허락하지 않고 그를 학대하거나 업신여기는 사람은 그리스도의 몸 자체에 죄를 짓는 자다. 세례를 받은 형제자매에게 구원의 선물은 주면서도 이 세상살이의 선물은 주지 않거나, 그들을 고의로 곤경과 궁핍 속에 내버려두는 사람은 구원의 선물을 조롱하고 속이는 자다. 성령께서 말씀하고 계신 곳에서 자기 혈통, 자기 성정, 자기 동정과 자기혐오의 목소리에 귀를 기울이는 사람은 성례전에 죄를 짓는 자다. 그리스도의 몸 안으로 들어가는 계기인 세례는 세례받은 사람의 개인적인 구원 상태뿐만 아니라 그의 모든 삶의 관계도 변화시킨다.

　　종 오네시모가 믿음 깊은 주인인 빌레몬에게서 달아나 막심한 손해를 입혔지만 이제는 세례를 받은 몸이기에, 빌레몬은 그를 "영원히 데리고 있지 않으면 안 된다."몬 15 그는 오네시모를 "육신으로나 주님 안에서나, 종으로서가 아니라, 종 이상으로, 곧 사랑받는 형제로"몬 16 곁에 두지 않으면 안 된다. 바울은 오네시모를 "육신으로도" 형제라고 강조한다. 이는 모든 "특권층" 그리스도인들의 위험한 오해, 곧 예배 중에는 명성이 적거나 권리가 적은 그리스도인들과 친교를 가질 수 있지만, 예배를 떠나서는 그런 친교를 갖지 않아도 된다는 오해를 경고하여 피하게 한 것이라고 할 수 있다. 오네시모는 육신으로도 빌레몬의 형제다! 바울이 그랬듯이, 빌레몬도 그 종을 형제로 맞아 주고,[몬 17] 자신이 입은 손해를 그에게 변상시켜서는 안 된다.[몬 18] 바울이 허심탄회하게 간청한 대로,[몬 8-14] 빌레몬은 자발적으로 그 간청을 들어주었을 것이다. 빌레몬은 바울이 요구한 것 이상으로 해주었을 것이다.[몬 21] 오네시모가 육신으로도 형제인 까닭은, 그가 세례를 받았기 때문이다. 오네시모가 자기 주인인 빌레몬의 종으로 지내는 것도 그들의 상호 관계가 달라진 상태에서 그리하는 것이다. 그들의 관계는 어떤 방법으로 달라졌는가? 자유인과 종이 그리스도의 몸의 지체가 됨으로써다. 작은 방에 거주하듯이, 이제 그들의 친교 속에 거주하는 것은 그리스도의 몸인 공동체다. "누구든지 세례를 받은 사람은 그리스도를 옷으로 입은 사람들입니다. 유대 사람도 그리스 사람도 없으며, 종도 자유인도 없으며, 남자와 여자가 없습니다. 여러분 모두가 그리스도 예수 안에서 하나이기 때문입니다."[갈 3:27, 골 3:11] 공동체 안에서는 다들 상대방을 자유인이나 종으로, 남자나 여자로 보지 않고, 그리스도의 몸을 구성하는 지체로 본다. 이것은 종이 이제는 종이 아니고, 남자는 더 이상 남자가 아니라는 뜻이 아니다. 그렇다고 공동체 안에서 저마다 "나는 유대 사람이오, 나는 그리스 사람이오, 나는 종이오, 나는 자유인이오"라고 말해야 한다는 뜻은 더더욱 아니다. 이런 것은 당장 없애야 한다. 우리는 우리가 그리스도의 몸을 구성하는 지체가 되었다는 사실에 따라서만, 우리가 그리스도 안에서 다 하나라는 사실에 의거해서만 서로를 대한다. 유대 사람과 그리스 사람, 자유인과 종, 남자와 여자는 이제 그리스도의 몸인 공동체의 일부로서 친교를 갖는다. 공동체는 그들이 함께 살고 함께 이야기하고 함께 행동하는 곳에 있고, 그리스도 안에 있다. 하지만 이와 동시에 그들의 친교도 결정적으로 확정되고 바뀐다. 아내는 "주님 안에서" 남편에게 순종하고, 종은 하나님을 모시면서 자기 주인을 모시고, 주인은 자신도 하늘에 계신 주님을 모시고 있음을 명심한다.^{골 3:18-4:1} 그러나 그들은 이제 "육신으로나 주님 안에서나" 형제자매다.

이렇게 공동체는 세상살이 한가운데로 손을 뻗어 그리스도를 위한 공간을 획득한다. "그리스도 안에" 있는 것은 더는 세상과 죄와 율법의 지배를 받지 않기 때문이다. 이처럼 새롭게 된 친교 속에서 세상의 율법은 어떤 결정권도 행사하지 못한다. 기독교적 형제애의 영역은 세상의 지배를 받지 않고,

그리스도의 지배를 받는다. 공동체는 형제자매에 대한 사랑의 수고, 자비의 수고가 제한받게 해서는 안 된다. 형제가 있는 곳에는 그리스도 자신의 몸이 있고, 그리스도의 몸이 있는 곳에는 언제나 그분의 공동체가 있으며, 거기에는 나도 있어야 하기 때문이다.

그리스도의 몸에 속한 사람은 세상에서 벗어난 사람, 부름받아 세상을 박차고 나온 사람이다. 그는 예배와 공동체 질서의 친교를 통해서만이 아니라, 우애 있는 삶이라는 새로운 친교를 통해서도 세상 사람들의 눈에 띄게 마련이다. 세상 사람들이 그리스도인의 형제자매를 경멸하는 곳에서, 그리스도인은 그 형제자매를 사랑하고 섬길 것이다. 세상 사람들이 그리스도인의 형제자매에게 폭력을 가하는 곳에서, 그리스도인은 그 형제자매를 돕고 위로할 것이다. 세상 사람들이 그리스도인의 형제자매에게 오명을 씌우고 모욕하는 곳에서, 그리스도인은 자기의 명예를 내어 주어서라도 그 형제자매의 치욕을 가려줄 것이다. 세상 사람들이 이익을 추구하는 곳에서, 그리스도인은 이익을 포기할 것이다. 세상 사람들이 착취하는 곳에서, 그리스도인은 손을 뗄 것이다. 세상 사람들이 억압하는 곳에서, 그리스도인은 몸을 굽혔다 일어날 것이다. 세상 사람들이 정의를 거부하면, 그리스도인은 자비를 실천할 것이다. 세상 사람들이 거짓말로 자기를 감싸면, 그리스도인은 벙어리처럼 말 못하는 사람들을 위해 입을 열고 잠 31:8 진실에 유리한 증언을 할 것이다. 형제자매가 유대 사람이든 그리스 사람이든, 종이든 자유인이든, 강한 사람이든 약한 사람이든, 그리스도인은 형제자매를 위해 세상 사람들과의 모든 친교를 포기할 것이다. 그는 예수 그리스도의 몸의 친교에 봉사하는 사람이기 때문이다. 그렇다고 그는 세상 사람들이 보지 못하도록 이 친교 속에 숨어 지내서도 안 된다. 그는 부르심을 받고 따르는 사람이기 때문이다.

그러나 "각 사람은 부르심을 받은 그 때의 처지에 그대로 머물러 있으십시오. 노예일 때에 부르심을 받았습니까? 그런 것에 마음 쓰지 마십시오. 그러나 자유로운 몸이 될 수 있는 기회가 있으면, 어떻게 해서든지 그것(노예로 머물러 있는 것!)을 이용하십시오. 주님 안에서 노예로서 부르심을 받은 사람은 주님께 속한 자유인입니다. 그와 같이 자유인으로서 부르심을 받은 사람은 그리스도의 노예입니다. 여러분은 하나님께서 값을 치르고 사신 사람입니다. 그러므로 사람의 노예가 되지 마십시오. 형제자매 여러분, 각각 부르심을 받은 그 때의

처지에 그대로 있으면서 하나님과 함께 살아가십시오." 고전 7:20-
24 이 대목에서는 모든 것이 예수께서 "나를 따르라" 부르시
던 당시와 달라지지 않았는가? 당시에 제자들은 예수와 함께
걷기 위해 모든 것을 버릴 수밖에 없었다. 하지만 이 대목에서
는 각자 부르심을 받은 그때의 처지에 머물러 있으라고 한다!
어찌해야 이 모순이 해결되는가? 다음의 사실을 깨달아야 해
결된다. 예수의 부르심과 사도들의 권고가 중요시하는 것은,
부르심 내지 권고를 받은 사람이 예수 그리스도의 몸과 친교
를 맺는 일에 들어서는 것뿐이다. 첫 제자들은 예수와 함께 걸
으면서 예수의 육신과 친교를 맺을 수밖에 없었다. 하지만 이
제 그리스도의 몸은 말씀과 성례전 덕분에 더는 지상의 어느
한 곳에 매이지 않게 되었다. 부활하셔서 높이 들리신 그리스
도께서 세상에 더 가까이 다가오셨다. 그리스도의 몸이─공
동체의 모습을 하고서─세상 한가운데로 파고들었다. 세례를
받는 사람은 세례를 받으면서 그리스도의 몸 안으로 들어간
다. 그리스도께서 그에게 다가가셔서 그의 생명을 맞아들이신
다. 이는 세상에 속해 있던 것을 세상에서 빼앗는 것과 같다.
어떤 사람이 노예 신분으로 세례를 받았다면, 이는 노예 신분
으로 예수 그리스도의 몸과 친교를 맺는 일에 참여하게 된 것

이며, 노예 신분으로 세상에서 벗어나 그리스도께 속한 자유인이 된 것이다. 그러므로 노예는 노예로 머물러 있어도 된다! 그는 그리스도 공동체의 지체로서 반항과 혁명이 가져다주지 못했거나 가져다줄 수 없었던 자유를 얻었다! 바울이 노예에게 노예로 머물러 있으라고 권고하는 까닭은, 그를 이 세상에 더 단단히 묶어 두려는 것도 아니고, 그의 세상살이를 "종교적으로 고정시키려는" 것도 아니고, 그를 이 세상의 더 낮고 더 뛰어난 시민으로 만들려는 것도 아니고, 암담한 사회 질서를 정당화하려는 것도 아니며, 그런 사회 질서를 기독교적으로 은폐하려는 것도 아니다. 바울이 노예에게 노예로 머물러 있으라고 권고하는 까닭은, 이 세상의 직업 질서가 전복되어서는 안 될 만큼 선하고 신성하기 때문이 아니라, 예수 그리스도의 사역으로 말미암아, 그리고 노예와 자유인이 예수 그리스도를 통해 경험한 해방으로 말미암아, 세상이 근본적으로 뒤바뀌었기 때문이다. 혁명, 곧 사회질서의 전복은 예수 그리스도를 통해 만물을 새롭고 거룩하게 배치하여 그분의 공동체를 세우려는 전망만 어둡게 하지 않겠는가? 게다가 그러한 시도는 전 세계 질서의 붕괴와 하나님 나라의 도래를 방해하고 지연시키지 않겠는가? 노예가 노예로 머물러 있어야 하는 까닭은, 세속 직업의 성취 자체 속에서 그리스도인의 삶의 성취를 볼 수 있기 때문이 아니다. 그리스도인은 이 세상에서 아무것도 기대하지 않고, 그리스도와 그분의 나라에서 모든 것을 기대한다. 이 사실을 가장 적절히 표현하는 길은 세상 질서에 대한 반항을 포기하는 것밖에 없기에, 노예는 노예로 머물러 있어야 한다! 이 세상이 개혁을 요구하기 때문이 아니라, 이 세상의 붕괴가 무르익었기 때문에, 노예는 노예로 머물러 있어야 한다! 그는 더 나은 약속을 받는다. 하나님의 아들이 이 세상에 오실 때 "종의 모습"빌 2:7을 취하셨다는 사실은, 세상에게는 심판이 되지만, 노예에게는 위로가 되지 않겠는가? 노예로 살면서 부름을 받은 그리스도인은 이 세상에서 종살이를 함으로써, 자신이 사랑하고 열망하고 걱정하던 세상으로부터 이미 충분히 벗어난 것이 아니겠는가? 그러므로 노예는 반항아로서가 아니라 공동체의 지체로서, 그리스도의 몸의 지체로서 고난을 받아야 한다. 그 속에서만 세상의 붕괴가 무르익을 것이다.

"여러분은 사람의 노예가 되지 마십시오." 이런 일은 기존 질서에 반항하여 그것을 전복함으로써, 혹은 기존 질서를 종교적으로 미화함으로써 일어날 것이다. "형제자매 여러분, 각각 부르심을 받은 그 때의 처지에 그대로 있으면서 하나님과 함께 살아가십시오." "하나님과 함께" 있는 몸이니, 반항을 통해서도 잘못된 굴종을 통해서도 "사람의 노예가 되지 말라"는 것이다. 부르심을 받은 그 때의 처지에 그대로 머물러 있으면서 하나님과 함께 살아가라는 말은, 바로 이 세상 한복판에서 그리스도의 몸의 지체로서 가시적 공동체 안에 머무르면서 이 세상을 극복했음을 예배와 따르는 삶으로 생생히 증언하라는 뜻이다.

그러므로 "사람은 누구나 위에 있는 권세에 복종해야 합니다."롬 13:1 그리스도인은 위를 갈망하여, 권세를 가진 사람이 되려고 해서는 안 된다. 권세를 가진 사람 아래 있는 것이 그리스도인의 소명이다. 권세를 가진 사람은 위에ὑπέρ, 휘페르 있고, 그리스도인은 그 아래ὑπό, 휘포 있어야 한다. 세상은 지배하고, 그리스도인은 섬긴다. 그리함으로써 그리스도인은 노예가 되신 주님과 친교를 갖는다. "그래서 예수께서는 그들을 곁에 불러 놓고, 그들에게 말씀하셨다. '너희가 아는 대로, 이방 사람들을 다스린다고 자처하는 사람들은, 백성들을 마구 내리누르고, 고관들은 백성들에게 세도를 부린다. 그러나 너희끼리는 그렇게 해서는 안 된다. 너희 가운데서 누구든지 위대하게 되고자 하는 사람은 너희를 섬기는 사람이 되어야 하고, 너희 가운데서 누구든지 으뜸이 되고자 하는 사람은 모든 사람의 종이 되어야 한다. 인자는 섬김을 받으러 온 것이 아니라 섬기러 왔으며, 많은 사람을 구원하기 위하여 치를 몸값으로 자기 목숨을 내주러 왔다.'"막 10:42-45 "모든 권세는 하나님께로부터 온 것이며."롬 13:1 이 말씀은 그리스도인에게 건넨 것이지, 권세를 가진 사람에게 건넨 것이 아니다! 그리스도인들은 권세를 가진 사람이 지정해 준 아랫자리에서 하나님의 뜻을 식별하고 그대로 행해야 한다. 그리스도인들은 하나님께서 친히 권세를·가진 사람들을 통해 자신들에게 도움을 주려고 하시며, 자신들의 하나님이 권세를 가진 사람들의 주님이기도 하시다는 사실을 위안거리로 삼아야 한다. 그러나 이것은 권세ἐξουσία, 엑수시아, 단수형의 본질에 대한 총론적인 숙고와 인식에 그쳐서는 안 된다. 이것은 실재하는 권세들αἱ δὲ οὖσαι, 하이 데 우사이에 대한 그리스도인의 태도에 적용되어야 한다. 권세를 거역하는 사람은 하나님의 명διαταγὴ τοῦ θεοῦ, 디아타케 투 테우을 거역하는 자다. 하나님은 세상이 다스려지기를 바라셨고, 그리스도가 섬김 속에서 승리하기를 바라셨으며, 그와 함께 그리스도인들도 승리하기를 바라셨다. 이것을 깨닫지 못한 그리스도인은 심판을 받게 될 것이다.룸 13:2 그가 다시 세상과 다름없게 되었기 때문이다.

그리스도인들은 걸핏하면 권세를 가진 사람들에게 맞서는데, 도대체 이런 일은 어찌하여 일어나는가? 그들이 권세를 가진 사람의 잘못과 부당 행위를 못마땅하게 여기기 때문이다. 그리스도인들이 그렇게 여기는 순간, 그들은 이미 가장 큰 위험에 빠진 것이나 다름없다. 이를테면 하나님의 뜻에 관심을 기울여 그 뜻을 이루기보다는 다른 것에 관심을 기울이는 것이다. 어디서든 좋은 일만 생각하고, 그 일을 하나님께서 명하신 대로 수행하는 그리스도인이라면 권세를 가진 사람 앞에서도 "두려움 없이" 살 수 있을 것이다. "권세를 행사하는 사람을 두려워하지 않으려거든, 좋은 일을 하십시오. 그러면 그에게서 칭찬을 받을 것입니다."룸 13:3 주님과 함께하면서 좋은 일을 하는 그리스도인이 어찌 두려워하겠는가? "권세를 행사하는 사람을 두려워하지 않으려거든, 좋은 일을 하십시오." 좋은 일을 하라, 이것만이 중요하다. 그대에게 중요한 것은, 남이 무엇을 하느냐가 아니다. 그대가 무엇을 하느냐가 중요하다. 두려움 없이 무조건 좋은 일을 하라! 직접 좋은 일을 하지 않으면서 어찌 권세를 가진 사람의 잘못을 나무랄 수 있겠는가? 심판을 자초하는 사람이 어찌 남을 심판하겠는가? 두려움 없이 살려거든, 좋은 일을 하라! "그러면 그에게서 칭찬을 받을 것입니다. 권세를 행사하는 사람은 여러분 각 사람에게 유익을 주려고 일하는 하나님의 일꾼입니다."롬 13:3-4 칭찬을 받는 것이 우리의 선행의 동기가 되어서도 안 되고, 목표가 되어서도 안 된다. 권세를 가진 사람과의 관계가 바르면, 칭찬은 따라오게 마련이다. 이것은 바울이 기독교 공동체의 관점에서 말한 것이다. 그는 기독교 공동체와 그 공동체의 구원과 그 공동체의 처신만을 중시한다. 그가 그리스도인들의 부당 행위와 악행은 경고하면서도 권세를 가진 사람을 비난하지 않는 것은 그 때문이다. "그러나 그대가 나쁜 일을 저지를 때에는 두려워해야 합니다. 그는 공연히 칼을 차고 있는 것이 아닙니다. 그는 하나님의 일꾼으로서, 나쁜 일을 하는 자에게 하나님의 진노를 집행하는 사람입니다."롬 13:4 기독교 공동체 안에서 나쁜 일이 일어나지 않는 것이 무엇보다 중요하다는 것이다. 이 말씀은 그리스도인들에게 건넨 것이지, 권세를 가진 사람에게 건넨 것이 아니다. 바울이 중시하는 것은, 그리스도인들이 어디에 있든, 그들에게 어떤 갈등이 닥치든, 그들이 회개와 복종으로 살아남는 것이지, 세상의 권세를 가진 사람을 정당화하거나 비난하는 것이 아니다! 권세를 가진 사람은 이 말씀이 자신의 존재를 신적으로 정당화하는 말씀이라고 생각해서는 안 된다. 만일 바울이 권세를 가진 사람에게 실제로 한 번이라도 말을 건네려 했다면, 그는 공동체에 회개를 촉구한 것과 똑같이 권세를 가진 사람에게도 회개를 촉구했을 것이다. 이 말씀을 듣는 통치자$^{ἄρχων, 아르콘}$는 이 말씀이 자신의 직무 수행을 신적으로 인가해 주는 말씀이라고 생각해서는 안 될 것이다. 오히려 그는 하나님의 종이 되라는 명령에 순종하여, 선을 행하는 그리스도인들에게 유익을 주어야 할 것이다. 그가 이 명령에 순종한다면 회개할 수밖에 없을 것이다. 바울이 그리스도인들에게만 말하는 까닭은, 세상의 질서가 선하기 때문이 아니라, 유일하게 중요한 것, 곧 공동체 안에서 하나님의 뜻이 지배하고 준행되는 것에 비하면 세상의 선이나 세상의 악행은 중요한 것이 아니기 때문이다. 바울은 그리스도인에게 권세를 가진 사람의 임무에 관해 가르치려 하지 않는다. 그저 **권세를 가진 사람에 대한 그리스도인의 임무에 관해서만** 말할 뿐이다.

그리스도인은 권세를 가진 사람에게서 칭찬을 받아야 한다! 그가 칭찬을 받지 못하고 처벌과 박해를 받을 경우, 그는 그것을 어떻게 감당하는가? 벌 받을 짓을 하지 않고 좋은 일을 한 것은 칭찬을 받기 위함도 아니고 처벌이 두려워서도 아니었기에, 그는 지금 칭찬 대신 고난을 받는다고 해도, 하나님 앞에서 떳떳하고 두려움이 없을 것이고, 공동체도 떳떳할 것이다! 그가 권세를 가진 사람에게 복종하는 것은 그 어떤 이익 때문이 아니라, "양심을 생각해서다."롬 13:5 따라서 권세를 가진 사람의 잘못은 그리스도인의 양심을 침해할 수 없다. 그리스도인은 떳떳하게 두려움 없이 지내면서, 무고한 고난을 받을 때도 권세를 가진 사람에게 마땅한 복종을 표시할 수 있다. 이는 그가 최후의 통치자는 권세를 가진 사람이 아니라 하나님이시며, 권세를 가진 사람은 하나님의 시녀에 지나지 않음을 확실히 알기 때문이다. 권세를 가진 사람은 하나님의 시녀. 이것은 권세를 가진 사람 때문에 무고하게 투옥을 당하고, 권세를 가진 사람에게서 세 차례나 태형을 당하고, 클라우디우스 황제가 유대인들을 로마에서 추방했다행 18:1는 소식까지 들어 알고 있던 사도의 말이다. 권세를 가진 사람은 하나님의 시녀. 이것은 세상의 모든 권세와 통치자들이 이미 오래전에 힘을 잃었고, 그리스도께서 그들을 십자가에 매달아 대승을 거두셨으며, 조만간 이 모든 사실이 널리 알려질 것을 아는 사도의 말이다.

그러나 이 모든 말은 바울이 권세에 관해 말하기에 앞서 제시한 다음과 같은 권고의 지배를 받는다. "악에게 지지 말고, 선으로 악을 이기십시오."룜 12:21 선한 권세냐, 악한 권세냐가 중요한 게 아니라, 그리스도인들이 모든 악을 이기는 것이 중요하다.

유대인들은 로마제국을 무너뜨리고 자신들의 주권을 세우는 데 희망을 둔 까닭에, "황제에게 세금을 바치는 것이 옳은가 옳지 않은가"라며 시험하는 질문을 던졌지만, 예수와 그분의 사람들은 그것을 대수롭지 않은 질문으로 여긴다. 예수께서는 "황제의 것은 황제에게 돌려주고"마 22:21라고 말씀하시고, 바울은 "같은 이유로 여러분은 또한 조세를 바칩니다"룜 13:6라고 말하면서 세상 권세에 관한 설명을 마무리 짓는다. 그리스도인들은 이 의무 때문에 예수의 명령과 충돌하지 않을 뿐 아니라, 황제의 것을 황제에게 돌려주기까지 한다. 심지어 그리스도인들은 자신에게 조세를 징수하고 고집하는 자들을 "하나님의 종들!"λειτουργοί, 레이투르고이로 여겨야 한다.룜 13:6 물론 여기서 다음의 사실을 혼동해서는 안 된다. 이를테면 그리스도인들이 조세를 바치는 것은 예배 행위가 아니며, 오히려 통치자들이 조세를 징수하는 것이—그들 나름의—예배 행위라는 것이다. 바울은 그리스도인들에게 이런 예배 행위를 요구하지 않고, 그저 복종하고 누구에게도 책잡힐 일을 하지 말라고만 말한다.롬 13:7-8 이렇게 하지 않고 반항하거나 저항하는 것은, 그리스도인들이 하나님의 나라를 이 세상의 나라와 혼동하고 있음을 드러낼 뿐이다.

그러므로 노예는 노예로 머물러 있어야 하고, 그리스도인은 권세를 부리는 통치자들에게 복종해야 하며, 세상을 피해서는 안 된다.고전 5:10 물론 그는 종살이해도 그리스도의 자유인으로서 그리해야 하고, 좋은 일을 하는 한 사람으로서 통치자에게 복종하면서 살아야 한다. 그는 그리스도의 몸의 지체로서, 새로워진 인류의 지체로서 세상 안에서 살아야 한다. 그는 이 모든 일을 무조건 수행하여, 세상이 타락했다는 사실과 공동체 안에서 새 창조가 이루어지고 있다는 사실을 세상 안에서 증명해야 한다. 그는 고난을 받을 때도 그리스도의 몸의 지체로서만 받아야 한다.

그리스도인은 세상 속에 머물러야 한다. 이는 세상이 하나님으로부터 받은 선함 때문도 아니고, 세상의 운행에 대한 그리스도인의 책임 때문도 아니다. 그리스도인이 세상 속에 머물러야 하는 것은, 사람이 되신 그리스도의 몸과 공동체 때문이다. 그는 세상 속에 머물면서 세상을 정면으로 공략해야 한다. 그는 "세속 직업 활동"을 하면서, 자신이 세속에 물들지 않았음을 분명히 보여주어야 한다. 그러나 이런 일은 가시적 공동체의 지체가 됨으로써만 이루어진다. 그리스도인은 세상 안에서 세상에 맞서야 한다. 같은 이유로 그리스도께서 사람이 되셔서, 원수들 가운데서 죽으셨으니, 같은 이유로─오로지 같은 이유로만!─노예는 노예로 머물러 있어야 하고, 그리스도인은 권세를 가진 사람에게 복종해야 한다.

루터가 수도원을 등지던 결정적인 시기에 세속 직업에 관해 의견을 개진한 것도 이와 다르지 않다. 그가 수도원을 배척한 것은, 수도원이 극도의 요구를 했기 때문이 아니라, 수도원이 예수의 계명에 대한 복종을 소수의 사람이 이행하는 행위로 이해했기 때문이다. 루터가 수도원을 공격한 것은 수도원의 "탈속"脫俗 생활 때문이 아니라, 이 탈속 생활이 수도원이라는 공간 속에서 다시 새롭고 영적인 형태의 세상살이로 변질하였기 때문이다. 이 변질은 복음의 가장 치욕적인 왜곡이었다. 루터는 그리스도인의 "탈속" 생활이 세상 한복판에서, 공동체 안에서, 공동체의 일상생활 속에서 이루어져야 한다고 생각했다. 그러므로 그리스도인은 직업 활동을 하면서 세

가시적
공동체

II. 예수 그리스도의 교회와 따르기　　395

상을 등져야 한다. 그리스도인은 하나님의 호의로 직업 활동을 하면서, 세상의 본질에 대한 공격을 더 진지하게 수행할 수 있다. 이 점에서만 그리스도인의 직업 활동은 가치를 지닌다. 루터가 세상 속으로 귀환한 것은, 그가 세상을 "긍정적으로 평가"했기 때문도 아니고, 그리스도의 임박한 재림에 대한 초기 기독교의 기대를 포기했기 때문도 아니다. 그의 귀환에는 수도원 생활 속에서 일어난 기독교의 세속화에 대해 저항한다는 순수 비판적 의미가 담겨 있다. 루터는 그리스도인 전체를 세상 속으로 다시 불러들여 진정한 탈속 생활을 하게 한다. 이는 루터 자신이 몸으로 살아낸 것이기도 하다. 세상으로 들어가라는 루터의 호소는 사람이 되신 그리스도의 가시적 공동체를 이루라는 호소였다. 바울의 경우도 마찬가지였다.

따라서 다음의 사실도 분명해진다. 그리스도인의 세속 직업 생활은 매우 확실한 **한계들**을 지니고 있으며, 때에 따라서는 세속 직업 생활에 뛰어들라는 호소가 세속 직업 생활에서 벗어나라는 호소로 귀결될 수밖에 없다는 것이다. 바울도 그리 생각했고, 루터도 그리 생각했다. 그리스도의 가시적 공동체의 일원이 되는 순간 한계들이 제시된다. 이 세상에서 그리스도의 몸이 예배와 교회 직무와 시민 생활에 필요하다며 요구하여 차지하는 공간과 세상이 요구하는 공간이 상충하는 지점에서 한계는 드러난다. 공동체의 지체가 그리스도에 대한 믿음을 공개적으로 고백하면서 가시화하려 하고, 이를 접한 세상이 영리하게 물러서거나 폭력을 행사할 때, 한계는 뚜렷하게 드러난다. 이때 그리스도인은 공공연한 고난을 받게 된다. 이미 세례를 받으면서 그리스도와 함께 죽었고, 세상이 알지 못하는 은밀한 고난을 그리스도와 함께 겪던 그가 세속 직업 생활에서 공개적으로 추방되는 것이다. 그는 주님과 가시적 고난의 친교를 맺는다. 이제 그에게 필요한 것은 공동체의 풍성한 친교와 형제애에 기초한 도움이다.

그러나 세상만 그리스도인을 직업 생활에서 추방하는 것은 아니다. 이미 1세기 교회 안에도 기독교 공동체의 일원이 되는 것과 양립할 수 없는 것으로 여겨진 직업들이 있었다. 이교도의 신들과 영웅들의 배역을 연기해야 하는 배우, 이교도의 학교에서 이교도의 신화를 가르쳐야 하는 교사, 유희를 위해 인간의 목숨을 앗아야 하는 검투사, 칼을 휘두르는 군인, 근위병, 재판관, 이들 모두 세례를 받으려면 자신들의 이교적 직업을 포기해야 했다. 나중에 교회—와 세상—는 그리스도인에게 이 직업들 대부분을 다시 허가했다. 그러면서 공동체

쪽에서 세상을 거부하던 것이 차츰 세상 쪽에서 공동체를 거부하는 것으로 바뀌게 되었다.

세상이 노회하면 노회할수록, 그리스도와 적그리스도 사이의 투쟁이 격렬하면 격렬할수록, 세상은 그리스도인들을 더 철저히 제거하려고 애쓴다. 세상은 초기 기독교인들에게 손으로 일해서 양식과 의복을 마련할 수 있는 공간을 변함없이 허락했지만, 완전히 반기독교적으로 변한 뒤로는 그리스도인들이 일용할 양식을 얻기 위해 직업 활동을 하면서 일할 수 있는 이 사적인 영역마저 허락하지 않는다. 세상은 그리스도인들이 먹고 싶어 하는 빵 한 조각을 내밀며 주님을 부인할 것을 요구한다. 그러면 그리스도인들에게는 결국 세상을 피하거나 감옥에 들어가는 길만 남게 된다. 그러나 그리스도인 전체가 지상의 마지막 공간까지 빼앗기면, 종말이 가까워질 것이다.

그리스도의 몸은 세속 생활 영역 속으로 손을 깊이 뻗다가도, 상황이 달라지면 세상과 완전한 분리를 가시적으로 수행하고, 그것을 더욱더 선명히 수행할 수밖에 없다. 하지만 세상 안에 있든, 세상과 분리되든, 이 두 가지는 다음의 말씀에 순종하여 이루어지는 것이라고 할 수 있다. "여러분은 이

시대의 풍조를 본받지 말고, 마음을 새롭게 함으로 변화를 받아서,μεταμορφοῦσθε, 메타모르푸스테 하나님의 선하시고 기뻐하시고 완전하신 뜻이 무엇인지를 분별하도록 하십시오."롬 12:2 세상 속에서 세상을 본받는 길도 있고, 수도원이라는 영적 "세상"을 스스로 택하는 길도 있다. 세상 안에 머무르든, 세상에서 벗어나든, 이 두 길은 허가된 길이 아니다. 이 두 길은 세상을 본받는 것에 지나지 않는다. 반면에 그리스도의 공동체는 세상과는 다른 "형상"을 취한다. 그리스도의 공동체는 점점 더 이 형상으로 변화되어야 한다. 이 형상은 이 세상에 오셔서, 무한한 자비로 인간들을 품으시고 맞아들이시되, 세상을 본받지 않으시고, 오히려 세상으로부터 버림받고 추방당하신 그리스도의 형상이다. 그리스도께서는 세상에 속하지 않으셨다. 가시적 공동체는 세상을 올바로 마주함으로써, 고난받으시는 주님의 형상을 점점 더 닮아 가게 될 것이다.

그러므로 형제자매들은 다음의 사실을 명심하지 않으면 안 된다. "형제자매 여러분, 내가 말하려는 것은 이것입니다. 때가 얼마 남지 않았으니, 이제부터는 아내 있는 사람은 없는 사람처럼 하고, 우는 사람은 울지 않는 사람처럼 하고, 기쁜 사람은 기쁘지 않은 사람처럼 하고, 무엇을 산 사람은 그것을 가지고 있지 않은 사람처럼 하고, 세상을 이용하는 사람은 그렇게 하지 않는 사람처럼 하도록 하십시오. 이 세상의 형체는 사라집니다. 나는 여러분이 염려 없이 살기를 바랍니다." ^{고전 7:29-32} 바로 이것이 그리스도의 공동체가 이 세상에서 살아가는 방식이다. 그리스도인들도 다른 사람들처럼 살아간다. 결혼도 하고, 울기도 하고, 기뻐하기도 하고, 구매하기도 하고, 일상생활을 위해 세상을 이용하기도 한다. 그러나 그들은 무언가를 소유해도 그리스도를 통해서, 그리스도 안에서, 그리스도를 위해서만 소유하는 까닭에 그것에 매이지 않는다. 그들은 그것을 소유해도 소유하지 않은 사람처럼 처신한다. 그들은 그것 때문에 애태우지 않는다. 그들은 완전히 자유롭다. 그러므로 그들은 세상을 이용할지언정 피하지 않는다.^{고전 5:10} 그들은 자유로운 까닭에, 세상이 주님 따르기를 방해할 경우, 세상을 버릴 수도 있다. 그들은 결혼한다. 물론 사도는 믿음 안에서 할 수만 있으면 홀로 지내는 것이 더 복이 있다고 말한다.^{고전 7:7, 33-40} 그들은 구매도 하고 판매도 한다. 하지만 일상생활의 필수품을 얻기 위해서만 그리한다. 그들은 재물을 축적하지도 않고, 그것에 집착하지도 않는다. 그들은 일한다. 빈둥거려서는 안 되기 때문이다. 물론 그들은 일 자체를 목적으로 여기지 않는다. 신약성서는 일을 위한 일을 알지 못한다. 그리스도인들은 저마다 일을 통해 자기가 먹을 것을 벌어야 한다. 그들은 형제자매에게 나누어 줄 것도 가지고 있어야 한다.^{살전 4:11, 살후 3:11, 엡 4:28} 바울이 자기 손으로 일해서 자기 먹을 것을 벌어 자기 공동체에 의지하지 않았듯이,^{살후 3:8, 고전 9:15} 그리스도인들도 "바깥 사람들", 곧 이방인들에게 의지하지 말아야 한다.^{살전 4:12} 이러한 독립심은 설교자가 이득을 얻으려고 설교하는 것이 아님을 증명하는 데 도움이 된다. 이 모든 것은 전적으로 공동체를 위한 헌신이라고 할 수 있다. 일하라는 명령 이외에 다른 명령도 등장한다. "아무것도 염려하지 말고, 모든 일을 오직 기도와 간구로 하고, 여러분이 바라는 것을 감사하는 마음으로 하나님께 아뢰십시오."^{빌 4:6} 그리스도인들은 다음의 사실도 알고 있다. "자족할 줄 아는 사람에게는, 경건은 큰 이득을 줍니다. 우리는 아무것도 세상에 가지고 오지 않았으므로, 아무것도 가지고 떠나갈 수 없습니다. 우리는 먹을 것과 입을 것이 있으면, 그것으로 만족해야 할 것입니다. 그러나 부자가 되기를 원하는 사람은, 유혹과 올무와 여러 가지 어리석고도 해로운 욕심에 떨어집니다."^{딤전 6:6-9} 따라서 그리스도인들은 이 세상의 재물을 "한때에 쓰다가 없어지는"^{골 2:22} 것으로 여기며 이용한다. 그들은 모든 선한 피조물의 창조주께 감사하고 기도하면서 그리한다.^{딤전 4:4} 그런데도 그들은 자유롭다. 그들은 배부름과 굶주림, 풍족함과 궁핍함에도 적응할 줄 안다. "나에게 능력을 주시는 분 안에서, 나는 모든 것을 할 수 있습니다." ^{빌 4:13}

그리스도인들은 세상 속에 있으면서 세상을 이용한다. 그들은 육신이고, 그들의 육신을 위해 그리스도께서 세상에 오셨기 때문이다. 그리스도인은 세상일에 참여한다. 그들은 결혼하지만, 그들의 결혼 생활은 세상 사람들의 그것과는 다르게 보일 것이다. 그들의 결혼 생활은 "주님 안에서" 이루어질 것이다.^{고전 7:39} 그들의 결혼 생활은 그리스도의 몸을 섬기는 가운데 거룩하게 되고, 기도와 절제의 규율을 지킬 것이다.^{고전 7:5} 이런 점에서 그들의 결혼 생활은 그리스도와 그분 공동체의 절제된 사랑을 빗대어 표현하는 비유가 될 것이다. 확실히 그들의 결혼 생활은 그리스도의 몸의 일부가 될 것이다. 그들의 결혼 생활은 교회가 될 것이다.^{엡 5:32} 그리스도인들은 사고팔거나 장사하거나 영업할 때에도, 이방인들과는 다르게 할 것이다. 그들은 서로 속이지 않을 뿐만 아니라,^{살전 4:6} 세상이 이해하지 못할 일도 할 것이다. 이를테면 "일시적인 재물" 때문에 이방인의 법정에서 자신들의 권리를 구하기보다는 차라리 속아 주고 불의를 당해 줄 것이다. 그들은 이방인의 법정에서 자신들의 권리를 구하느니 차라리 법정으로 가기 전에 자신들의 갈등을 공동체 안에서 해결할 것이다.^{고전 6:1-8}

이처럼 기독교 공동체는 세상 한가운데서 독자적으로 생활하면서 "이 세상의 형체는 사라지고",^{고전 7:31} 때가 얼마 남지 않았으며,^{고전 7:29} 주께서 가까이 오셨음^{빌 4:5}을 매 순간 자신의 모든 행위와 활동으로 증언한다. 기독교 공동체는 지극한 기쁨으로 그리한다.^{빌 4:4} 기독교 공동체는 세상을 하찮은 것으로 여기고, 주님의 재림을 자신의 전부로 여긴다. 기독교 공동체는 여전히 육신의 생활을 하지만, 그 시선은 하늘을 향한다. 자신이 기다리는 분께서 그곳으로부터 재림하실 것이기 때문이다. 기독교 공동체는 본향에서 멀리 떨어진 낯선 땅에 살면서 손님의 권리를 누리고, 그 땅의 법을 지키고, 그 땅의 통치자를 존중하는 외인 공동체다. 기독교 공동체는 육신과 생활에 필요한 것을 감사히 이용하고, 무슨 일을 하든지 예의 바르고, 올바르고, 정숙하고, 부드럽고, 얌전하며, 봉사할 준비가 되어 있다. 기독교 공동체는 모든 사람에게, "특히 믿음의 식구들에게"^{갈 6:10, 벧후 1:7} 주님의 사랑을 입증해 보인다. 기독교 공동체는 고난 속에서도 참고 기뻐하며 시련을 자랑한다. 기독교 공동체는 낯선 통치자와 낯선 법률의 지배를 받으며 독자적으로 생활한다. 기독교 공동체는 모든 통치자를 위해 기도하고, 그들을 극진히 섬긴다.딤전 2:1 하지만 기독교 공동체는 지나가는 나그네일 뿐이다. 계속 행군하라는 신호가 매 순간 들려온다. 기독교 공동체는 신호를 받는 즉시 세상의 모든 친구 관계와 친척 관계를 떠나고, 들려오는 소리의 뒤만 따라간다. 기독교 공동체는 타향을 떠나, 하늘에 있는 자신의 본향을 향해 나아간다.

그리스도인들은 가난하고, 고난을 받고, 굶주리고, 목마르고, 온유하고, 자비롭고, 평화롭다. 또한, 그들은 세상으로부터 박해와 모욕을 당한다. 하지만 그들이 그렇게 살기 때문에 세상이 여전히 유지되는 것이다. 그들은 하나님의 진노의 심판으로부터 세상을 보호한다. 그들이 고난을 받는 까닭은, 세상을 하나님의 인내 아래 존속시키려는 것이다. 그리스도인들은 땅 위에서는 나그네요 외인이다.히 11:13, 13:14, 벧전 2:11 그들은 위에 있는 것에 뜻을 두고, 땅에 있는 것들에는 뜻을 두지 않는다.골 3:2 그들의 참된 생명은 아직 드러나지 않고 그리스도와 함께 하나님 안에 숨겨져 있기 때문이다. 그들은 이 세상에서 자신들의 미래와는 정반대의 모습을 본다. 그들이 이 세상에서 보는 것은 자신들의 죽음, 날마다 은밀하게 이루어지는 옛사람의 죽음, 세상 앞에서 공공연하게 이루어지는 자신들의 죽음뿐이다. 그들은 자기 자신들에게도 숨겨져 있다. 왼손은 오른손이 무엇을 하는지를 알지 못한다.마 6:3 그들은 가시적 공동체이면서도 자신들을 전혀 알지 못한다. 그들은 주님만을 바라본다. 주님이 하늘에 계시고, 자신들이 고대하는 생명이 그분과 함께 있기 때문이다. 그러나 그들의 생명이신 그리스도께서 나타나실 때, 그들도 그분과 함께 영광 가운데 나타날 것이다.골 3:4

> 그들은 땅 위를 떠돌아도 하늘에서 살고,
> 힘이 없어도 세상을 보호하지.
> 그들은 소란 속에서도 평화를 맛보고,
> 가난해도 자기 마음에 드는 것을 소유하지.
> 그들은 고난을 받아도 기뻐하고,
> 외부 감각들을 죽인 것처럼 보여도
> 속으로는 믿음의 삶을 살지.

그들의 생명이신 그리스도께서 나타나실 때

그분께서 장차 영광 가운데 나타나실 때

그들은 땅의 영주가 되어 그분과 함께

영광스럽게 나타나 세상을 놀라게 하리라.

그들은 다스리고, 그분과 함께 개가를 올리며,

찬란한 빛이 되어 하늘을 장식하리라.

그때가 되면 다들 기쁨을 명백히 느끼리라.

—크리스티안 프리드리히 리히터,^{Chr. F. Richter}

'그리스도인들의 내면생활은 빛나지' 중에서

그들은 부름받은 이들의 공동체, 에클레시아, 땅 위에 있는 그리스도의 몸, 예수를 따르는 이들, 예수의 제자들이다.

성도들

제자 공동체인 그리스도의 에클레시아는 세상의 지배를 받지 않는다. 사실 에클레시아는 세상 한가운데 있지만, 한 몸이 된 독자적 영역, 독자적 공간이다. 에클레시아는 거룩한 교회요,^{엡 5:27} 성도들의 공동체다.^{고전 14:34} 에클레시아의 지체들은 부름받은 성도들이다.^{롬 1:7} 그들은 예수 그리스도 안에서 거룩하게 된 사람들,^{고전 1:2} 세상의 기초가 놓이기 전에 선택받고 선별된 사람들이다.^{엡 1:4} 그들을 예수 그리스도께로 부르신 것, 세상의 기초를 놓기 전에 그들을 선택하신 것은, 그들을 거룩하고 흠이 없게 하시려는 것이다.^{엡 1:4} 그리스도께서 자기 몸을 죽음에 내어주신 것은, 자기 사람들을 거룩하고 흠이 없고 책망할 것이 없는 사람으로 자기 앞에 세우시려는 것이다.^{골 1:22} 그리스도께서 자신의 죽으심을 통해 죄로부터 해방이라는 열매를 가져다주신 것은, 전에 자신들의 지체를 불의에 내어 준 사람들이 이제는 그 지체를 사용하여 의를 위해 헌신하면서 거룩함에 이르게 하려는 것이다.^{롬 6:19-22}

하나님만이 거룩하시다. 하나님은 거룩하셔서 죄 많은 세상을 멀리하기도 하시고, 세상 한가운데에 자신의 성소를 세우기도 하신다. 그래서 모세는 이집트 사람들이 몰락한 뒤에, 세상의 종살이에서 자기 백성을 구원해 주신 주님께 이스라엘 자손들과 더불어 찬미의 노래를 바친다. "주님, 신들 가운데서 주님과 같은 분이 어디에 있겠습니까? 주님과 같이 거룩하시며, 영광스러우시며, 찬양받을 만한 위엄이 있으시며, 놀라운 기적을 일으키시는, 그런 분이 어디에 있겠습니까? 주님께서 오른팔을 내어미시니, 땅이 대적을 삼켜 버렸습니다. 주님께서 한결같은 사랑으로, 손수 구원하신 이 백성을 이끌어 주시고, 주님의 힘으로 그들을 주님의 거룩한 처소로 인도하여 주십니다.……주님께서 그들을 데려다가 주님의 소유인 주님의 산에 심으실 것입니다. 주님, 이 곳이 바로 주님께서 계시려고 만드신 곳입니다. 주님, 주님께서 손수 세우신 성소입니다."^{출 15:11-17} 하나님은 거룩한 분이셔서, 이 세상 한가운데에 자신의 거처, 곧 자신의 성소를 마련하시고, 이 성소에서 심판과 구원이 시작되게 하신다.[시 99] 그러나 이 성소는 거룩하신 분께서 자기 백성과 연합하시는 곳이기도 하다. 이 연합은 화해를 통해서 이루어지고, 이 화해는 성소에서만 이루어진다.[레 16:16] 하나님은 자기 백성과 계약을 맺으신다. 하나님은 자기 백성을 선별하시고, 그들을 자기 소유로 삼으시며, 친히 이 계약을 보증하신다. "너희의 하나님인 나 주가 거룩하니 너희도 거룩해야 한다."[레 19:2] "너희를 거룩하게 하는 나 주가 거룩하기 때문이다."[레 21:8] 계약의 근거는 이것뿐이다. 백성이 받아서 올바르게 지켜야 할 여타의 모든 율법은 하나님의 거룩하심을 전제로 삼고, 그분 공동체의 거룩함을 목표로 삼는다.

거룩한 분이신 하나님께서 천박한 것과 죄를 멀리하시듯이, 그분 성소의 공동체도 그래야 한다. 하나님께서는 그 공동체를 친히 택하셔서 계약 공동체로 삼으셨다. 그분께서는 성소에서 그 공동체와 화해하시고, 그 공동체를 깨끗하게 하셨다. 그러나 성소는 성전이고, 성전은 그리스도의 몸이다. 따라서 거룩한 공동체를 향한 하나님의 뜻이 이루어지는 곳은 그리스도의 몸이다. 세상과 죄에서 분리되어 하나님의 소유가 된 그리스도의 몸이야말로 하나님께서 세상 안에 세우신 성소다. 하나님께서는 성령과 함께 그리스도의 몸 안에 거주하신다.

이 일은 어떻게 일어나는가? 어떻게 하나님은 죄 많은
인간들을, 죄에서 완전히 분리된 성도들의 공동체로 만드시는
가? 어떻게 하나님은 죄인들과 연합하시면서도 의롭지 못하
다는 비난을 면하시는가? 죄인은 어떻게 의로워질 수 있고, 하
나님은 어떻게 변함없이 의로운 분으로 계실 수 있는가?

하나님은 친히 자기의 정당함을 밝히시고 자신의 의를
증명하신다. 하나님이 자기 자신과 인간들 앞에서 자기의 정
당함을 밝히시는 기적이 예수 그리스도의 십자가에서 일어난
다.롬 3:21 죄인은 죄를 버리고 하나님 앞에서 살아야 한다. 그러
나 죄인이 죄를 버리려면 죽어야만 한다. 죄인의 삶이 죄인 까
닭에, 그는 죽어야 한다. 그래야 죄에서 벗어날 수 있다. 하나
님은 죄인을 죽이심으로써만 의로운 분이 되실 수 있다. 그런
데도 죄인이 살아서 하나님 앞에서 거룩하게 될 수 있다니, 어
떻게 이런 일이 가능한가?

하나님은 친히 사람이 되시고, 자기 아들 예수 그리스
도 안에서 친히 우리의 육신을 맞아들이시고, 예수의 육신 안
에서 우리의 육신을 십자가로 이끄셔서 죽이신다. 하나님은
우리의 육신을 입은 자기 아들을 죽이시면서, 땅 위에 있는 모

든 육신도 함께 죽이신다. 따라서 유일하신 하나님 외에는 누구도 선하지 않고, 하나님 한분 외에는 누구도 의롭지 않다는 사실이 명백해진다. 하나님은 끔찍하게도 자기의 아들을 죽이시는 것으로 자기의 의를 증명하셨다.*ἔνδειξις τῆς δικαιωσύνης αὐτοῦ, 엔데익시스 테스 디카이오쉬네스 아우투, 롬 3:26* 하나님이 십자가라는 진노의 심판 속에서 온 인류를 죽음에 내어 주실 수밖에 없었던 것은, 그분 **홀로** 의로우시기 때문이다. 하나님의 의는 예수 그리스도의 죽음에서 드러난다. 예수 그리스도의 죽음이야말로 하나님이 자신의 의를 은혜롭게 증명하는 자리이자, 하나님의 의가 홀로 거하는 자리이다. 이 죽음에 참여하는 사람은 하나님의 의에도 참여하게 된다. 그리스도께서는 **우리의** 육신을 입으셨을 뿐만 아니라, **우리의** 죄를 자신의 몸에 지시고 나무에 달리셨다.*벧전 2:24* 이제 그분에게 일어난 것은 우리 모두에게 일어난 것이 된다. 그분이 우리의 삶과 죽음에 참여하셨듯이, 우리도 그분의 삶과 죽음에 참여하게 되었다. 하나님의 의가 그리스도의 죽음 안에서 입증되었고, 그리스도께서 우리의 육신을 입으셨으므로, 우리도 하나님의 의가 거하는 곳, 그리스도의 십자가에 그리스도와 함께 있게 되었다. 그리하여 우리는 죽임을 당한 자로서, 예수의 죽음 안에서 하나님의 의에 참여하

성도들

게 되었다. 죄인을 죽이는 하나님 자신의 의가 예수의 죽음 안에서 우리를 위한 의가 되었다. 예수의 죽음 안에서 회복된 하나님의 의는, 우리가 예수의 죽음에 포함된 까닭에, 우리를 위해 회복된 것이기도 하다. 하나님이 자기의 의를 증명하신 것은, "하나님은 의로우신 분이시라는 것과 예수를 믿는 사람은 누구나 의롭다고 하신다는 것을 보여 주시려는 것"이다.롬 3:26 따라서 죄인이 의롭다 인정받는 것은, 하나님**만이** 의로우신 분이시라는 것과 죄인은 결코 의로울 수 없고 하나님과 나란히 의로울 수도 없음을 인정할 때에만 성립된다. 스스로 의롭게 되려고 하는 의지를 품는 순간, 우리는 홀로 의롭게 하시는 하나님의 칭의를 결코 받지 못할 것이다. 하나님만이 의로우신 분이다. 바로 이것이 십자가에서 인식된 것이자, 죄인인 우리에게 내려진 판결이다. 그러나 십자가에서 이루어진 예수의 죽음에 믿음으로 참여하는 사람은 죄인으로서, 사형을 선고받는 그 자리에서 하나님의 의, 곧 십자가에서 승리하시는 하나님의 의를 입는다. 그는 스스로 의롭게 되려고 하지 않고 하나님만을 의로우신 분으로 인정하는 사람으로서 그분의 의를 경험한다. 사람은 하나님만이 의로우신 분이시고 자신은 철두철미 죄인임을 인식함으로써만, 하나님 앞에서 진짜로 의롭게 될 수 있기 때문이다. 엄밀히 말하면, 어떻게 죄인인 우리가 하나님 앞에서 의롭게 될 수 있느냐는 질문은, 어떻게 하나님께서 우리와 다르게 **홀로** 의로우신가라는 질문과 다름없다. 우리가 의롭다고 인정받는 것은 오직 하나님께서 의롭다고 인정해 주시기 때문이다. 이는 "주님께서는 말씀하실 때에 의로우시다 인정을 받으시고 재판을 받으실 때에 주님께서 이기시려는 것입니다."롬 3:4

하나님은 자기 자신 앞에서 항상 의로우시다. 하나님만이 홀로 의로우시다. 그러므로 중요한 것은, 우리의 불의에 대한 하나님의 승리뿐이다. 이 승리는 하나님이 십자가에서 쟁취하신 것이다. 그러므로 이 십자가는 심판인 것만이 아니라, 예수의 죽음 속에서 하나님만이 의로운 분이심을 믿고 자신들의 죄를 깨닫는 모든 사람을 위한 화목제물ίλαστήριον, 힐라스테리온, 롬 3:25이기도 하다. 하나님의 의가 친히 화해προέθετο, 프로에테토, 롬 3:25를 창출한다. "하나님께서……세상을 그리스도 안에서 자기와 화해하게 하신 것입니다."고후 5:19 "하나님께서는 그들의 죄를 그들에게 돌리지 아니하셨습니다." 그리스도께서는 사람들의 죄를 친히 지셨고, 그 대가로 죄인의 죽음을 맞으셨다. "하나님께서는 화해의 말씀을 우리에게 맡겨 주셨습니다." 이 화해의 말씀은 하나님만이 의로운 분이시고, 하나님만이 예수 안에서 우리의 의가 되신다는 사실을 믿는 믿음을 발견하고 싶어 한다. 그러나 그리스도의 죽음과 십자가의 메시지 사이에는 그분의 부활이 자리하고 있다. 그리스도의 십자가가 우리에게 능력을 떨치는 것은, 그분이 부활하신 분이기 때문이다. 십자가에 달리신 분에 관한 메시지는 무덤에 계속 머물러 계시지 않은 분에 관한 메시지이기도 하다. "그러므로 우리는 그리스도의 사절입니다. 하나님께서는 우리를 시켜서 여러분에게 권고하십니다. 우리는 그리스도를 대리하여 간청합니다. 여러분은 하나님과 화해하십시오."^{고후 5:20} 화해의 메시지는 그리스도 자신의 말씀이다. 부활하신 분께서 자신이 십자가에 달린 분이라고 우리에게 증언하시는 까닭에, 사도는 이렇게 말한다. "여러분은 예수 그리스도의 죽음 안에, 곧 우리에게 선사된 하나님의 의 안에 계십시오." 예수의 죽음 안에 있는 사람은 하나님의 유일한 의 안에 있게 된다. "하나님께서는 죄를 모르시는 분에게 우리 대신으로 죄를 씌우셨습니다. 그것은 우리가 그리스도 안에서 하나님의 의가 되게 하시려는 것입니다."^{고후 5:21} 죄 없는 분께서 죄를 범하기 쉬운 우리의 육신을 입으셨다는 이유로 죽임을 당하신다. 그분은 하나님과 세상으로부터 미움과 저주를 받고, 우리의 육신 때문에 죄를 뒤집어쓰신다. 그러나 우리는 그분의 죽음 안에서 하나님의 의를 얻는다.

우리는 그리스도의 성육신을 힘입어 그분 안에 있다. 그리스도께서 우리를 위하여 죽으신 것은, 죄인인 우리가 그분 안에서 하나님의 의가 되게 하려 하심이다. 죄인인 우리는 하나님의 유일한 의를 통해서 면죄를 받는다. 그리스도가 하나님 앞에서 유죄판결을 받아야 할 우리의 죄라면, 우리는 그분 안에서 의가 된다. 그러나 이 의는 우리 자신의 의ἰδία δικαιοσύνη, 이디아 디카이오쉬네, 롬 10:3, 빌 3:9가 아니라, 엄밀한 의미에서 하나님의 의일 따름이다. 우리가 하나님의 의가 되는 것, 이것이 하나님의 의다. 그리고 하나님만이 의로우시고 우리는 그분이 맞아들이신 죄인이라는 사실은 우리의 의, 곧 그분의 의다.사 51:7 하나님의 의는 그리스도 자신이다.고전 1:30 그러나 그리스도는 "우리와 함께 계시는 하나님", "임마누엘"이시며사 7:14 "하나님 우리의 의"렘 33:16, 루터성경 / "주님은 우리의 구원이시다", 새번역이시다.

그리스도의 죽음을 선포하는 것은 칭의를 설교하는 것이고, 세례는 그리스도의 몸, 곧 그리스도의 죽음과 부활에 입회入會하는 것이다. 그리스도께서 한 번 죽으셨으니, 우리도 세례와 칭의를 단 한 번 받는다. 세례와 칭의는 엄밀한 의미에서 **반복이 불가능하다**. 반복 가능한 것은 우리에게 단 한 번 일어난 것에 대한 회상뿐이다. 이 회상은 반복이 **가능할** 뿐만 아니라, 일상적인 반복이 필요하기도 하다. 그러나 회상은 사실 자체와는 다르다. 사실 자체를 잃어버린 사람에게는 반복도 있을 수 없다. 이 점에서 히브리서는 어디까지나 옳다.^{히 6:5, 10:26}

소금이 짠맛을 잃으면, 무엇으로 짠맛을 내겠는가? 다음의 말씀은 세례를 받은 사람들에게 주는 말씀이다. "여러분은 알지 못합니까?"^{롬 6:3, 고전 3:16, 6:19} "여러분은, 여러분 스스로가 죄에 대하여는 죽은 사람이요, 하나님께 대하여는 그리스도 예수 안에서 살아 있는 사람이라는 것을 알아야 합니다."^{롬 6:11} 이 모든 것은 예수의 십자가에서 일어난 것일 뿐만 아니라, 그대에게 일어난 것이기도 하다. 그대는 죄를 버린 사람이다. 그대는 죽은 사람이다. 그대는 의롭다고 인정받은 사람이다. 바로 이것을 위해 하나님께서 자신의 일을 완수하셨다. 그분께서는 의를 통해 지상에 자신의 성소를 세우셨다. 이 성소는 그리스도, 그리스도의 몸이다. 예수 그리스도 안에서 죄인이 죽음으로써 죄로부터 분리가 이루어졌다. 하나님께서는 죄에서 벗어나 의롭게 된 공동체를 소유하신다. 그 공동체는 예수의 제자 공동체, 성도들의 공동체다. 하나님께서 그들을 자신의 성소에 맞아들이셨으니, 그들 자신이 곧 하나님의 성소요, 하나님의 성전이다. 그들은 세상으로부터 차출되어, 세상 한가운데 있는 새롭고 독자적인 공간에서 살아간다.

이제부터 그리스도인들은 신약성서에서 "성도들"로만 불린다. 있음 직한 다른 칭호, 곧 "의인"^{義人}이라는 칭호는 채택되지 않는다. "의인"이라는 칭호로는 받은 선물의 범위 전체를 동일하게 기술할 수 없기 때문이다. 이 칭호는 세례와 칭의라는 일회적 사건과 관련이 있다. 이 사건에 대한 회상이 날마다 반복되어야 하는 것도 사실이고, 성도가 의롭다고 인정받은 죄인이라는 것도 사실이다. 하지만 의롭다고 인정받은 사람들은 세례와 칭의라는 일회적 선물을 받고 이것을 날마다 기억함과 동시에, 그리스도의 죽음 안에서 삶의 유지라는 선물을 최후 심판의 날까지 보증받는다. 이 삶의 유지를 일컬어 성화^{聖化}라고 부른다. 이 두 선물²⁶은 근거가 같다. 그 근거는 십자가에 달리신 예수 그리스도시다.^{고전 1:2, 6:11} 이 두 선물은 내용도 같다. 그 내용은 그리스도와 맺는 친교다. 이 두 선물은 떼려야 뗄 수 없게 서로 속해 있다. 그러나 바로 그런 이유로 그것들은 같은 것이 아니기도 하다. 칭의는 하나님의 과

거 행위를 그리스도인에게 말하고, 성화는 하나님의 현재 활동과 미래 활동을 약속한다. 칭의는 일회적인 죽음을 통해 의롭다고 인정받은 신자를 예수 그리스도와의 친교 속으로 옮겨 놓고, 성화는 그가 옮겨간 공간, 곧 공동체 안에 계신 그리스도 안에서 그를 보호한다. 칭의는 율법에 대한 인간의 태도를 중시하고, 성화는 그리스도의 강림 때까지 세상과의 분리를 중시한다. 칭의는 개인을 공동체에 편입시키고, 성화는 공동체와 거기에 속한 모든 개인을 보존한다. 칭의는 신자를 그의 죄스러운 과거에서 구해 내고, 성화는 신자가 그리스도 안에 머무르고, 믿음 안에 서고, 사랑 안에서 성장하게 한다. 칭의와 성화를 창조와 유지의 관계 속에서 생각해 볼 수도 있을 것이다. 칭의는 새사람의 새 창조이고, 성화는 새사람을 예수 그리스도의 날까지 유지하고 보존하는 것이라고 할 수 있다.

성화에서 성취되는 것은 다음과 같은 하나님의 뜻이다. "너희의 하나님인 나 주가 거룩하니 너희도 거룩해야 한다"와 "너희를 거룩하게 하는 나 주는 거룩하다." 이 성취를 이루시는 분은 하나님, 곧 성령이시다. 성령께서는 인간을 상대로 한 하나님의 활동을 완수하신다. 성령께서는 구원의 날이 이를 때까지 신자들을 하나님의 소유로 확증하는 "봉인"이 되신다.

전에는 신자들이 봉쇄 감옥에 갇히듯이 율법의 감시를 받으며 갇혀 있었지만,[갈 3:23] 이제는 "그리스도 안에" 격리되어, 하나님의 봉인인 성령으로 인치심을 받는다. 누구도 이 봉인을 열 수 없다. 하나님께서 친히 자물쇠를 채우시고, 열쇠를 가지고 계시기 때문이다. 이는 하나님께서 그리스도 안에서 얻은 사람들을 완전한 소유로 삼으셨음을 의미한다. 완벽한 원[圓]이 만들어졌다. 사람은 성령 안에서 하나님의 소유가 된다. 성도들의 공동체는 열 수 없는 봉인을 통해 세상으로부터 격리된 채 최종적인 구조를 기다린다. 공동체는 봉인된 기차가 낯선 땅을 지나가듯이 세상을 통과해 간다. 노아가 방주 "안팎에 역청을 칠하여"[창 6:14] 홍수에서 구조되었듯이, 인치심을 받은 공동체의 길도 방주가 홍수를 헤치고 나아가는 것과 같다. 인치심을 받는 까닭은, 그리스도께서 재림하실 때, 구속과 구조와 구원을 받으려는 것이다.[엡 4:30, 1:14, 살전 5:23, 벧전 1:5] 인치심을 받은 사람들이 자신들의 목표를 확신하면서 내세우는 증거는 성령 자체다. "그것은 그리스도께 맨 먼저 소망을 둔 우리로 하여금 하나님의 영광을 찬미하는 사람이 되게 하시려는 것이었습니다. 여러분도 그리스도 안에서 진리의 말씀 곧 여러분을 구원하는 복음을 듣고서 그리스도를 믿었으므로, 약속하신 성령의 날인을 받았습니다. 이 성령은, 하나님의 소유인 우리가 완전히 구원받을 때까지 우리의 상속의 담보이시며, 우리로 하여금 하나님의 영광을 찬미하게 하십니다."엡 1:12-14

공동체가 하나님으로 말미암아 경건하지 않은 것으로부터, 죄로부터 격리되는 것, 이것이 공동체의 성화다. 공동체가 이 봉인을 받음으로써 하나님의 택하신 소유가 되고, 지상에 있는 하나님의 거처가 되고, 온 세상에 심판과 화해를 펴뜨리는 장소가 되는 것, 이것이 공동체의 성화다. 그리스도인들이 철두철미 그리스도의 강림에 초점을 맞추고, 그것을 향해 나아가는 것, 이것이 성화다.

이것은 성도들의 공동체에 다음 세 가지를 의미한다. 공동체의 성화는 **세상으로부터 분명한 분리**로 입증될 것이다. 공동체의 성화는 하나님의 성소에 합당한 **행위**로 입증될 것이다. 공동체의 성화는 **숨겨진** 채 있으면서 예수 그리스도의 날을 **기다릴** 것이다.

첫째, 성화는 가시적 공동체 안에만 존재한다. 공동체의 가시성이야말로 성화의 결정적인 표지다. 공동체가 세상에서 공간을 요구하고, 세상의 공간과 거리를 두는 것이야말로 공동체가 성화의 상태에 있음을 보여주는 증거다. 성령의 봉인은 확실히 공동체를 봉하여 세상에 맞서게 한다. 공동체는 이 봉인을 힘입어 온 세상에 하나님의 권리를 내세움과 동시에 이 세상의 특정한 공간을 자신의 것으로 요구하고, 자신과 세상 사이에 경계선을 분명하게 그어야 한다. 공동체는 하나님께서 친히 이 세상에 세우신 산 위의 도시πόλις, 폴리스, 마5:14이자, 그 자체로 하나님의 봉인된 소유다. 그러므로 공동체의 "정치적" 성격은 필연적으로 공동체의 성화와 맞물려 있다. 공동체의 "정치 윤리"는 공동체의 성화에만 근거를 둔다. 이를테면 세상은 세상이고, 공동체는 공동체라는 것이다. 그런데도 공동체는 하나님의 말씀, 곧 세상과 그 속에 있는 것이 주님의 것이라는 메시지를 온 세상에 전한다. 바로 이것이 공동체의 "정치적" 성격이다. 개인의 성화는 공동체와 세상의 공개적이고 가시적인 경계 설정을 간과하는 경향이 있는데, 이는 종교적 육신의 경건한 바람을, 그리스도의 죽음 안에서 하나님의 봉인을 통해 이루어진 공동체의 성화로 잘못 생각하기 때문이다. 그러한 개인의 성화는, 형제들의 가시적 공동체 밖에서 거룩하게 되려고 하는 옛사람의 기만적 교만이자 그릇된 영적 욕망에 지나지 않는다. 또한, 그것은 이러한 내향성의 겸손 이면에 도사리고 있는 경멸의 행위, 곧 의롭다고 인정받은 죄인들의 가시적 공동사회인 그리스도의 몸을 경멸하는 행위이기도 하다. 왜냐하면, 그리스도께서는 나의 육신을 가시적으로 받아들여 십자가로 가져가고 싶어 하셨기 때문이다. 그것이 공동체를 경멸하는 행위인 까닭은, 내가 형제들 없이 스스로 거룩하게 되려고 하기 때문이다. 그리고 그것이 죄인들을 경멸하는 행위인 이유는 내가 내 교회의 죄스러운 모습을 회피한 채 자기만 거룩하게 되려고 하기 때문이다. 가시적 공동체 밖에서 도모하는 성화는 스스로를 거룩하다고 선언하는 행위에 지나지 않는다.

성령의 봉인을 통한 성화는 언제나 교회를 투쟁 속에 자리하게 한다. 엄밀히 말하면, 이것은 이 봉인을 지키기 위한 투쟁이다. 안에서든 밖에서든 이 봉인을 열어서는 안 된다. 세상이 교회가 되려고 해서도 안 되고, 교회가 세상이 되려고 해서도 안 된다. 교회가 현세에서 그리스도의 몸에 주어지는 공간이 되기 위해 투쟁하는 것, 바로 이것이 교회의 성화다. 세상을 교회로부터 분리하고, 교회를 세상으로부터 분리하는 것이야말로, 교회가 이 세상에서 하나님의 성소가 되기 위해 벌이는 거룩한 투쟁이다.

성소는 가시적 공동체 안에만 존재한다. 그러나 **둘째**

로, 공동체는 세상으로부터 분리되어 하나님의 성소 안에서 살아가고, 공동체 안에 있는 세상의 한 부분도 이 성소 안에서 살아간다. 그러므로 성도들은 모든 면에서 자신들을 불러 주신 뜻과 복음에 합당하게 처신해야 한다.^{엡 4:1, 빌 1:27, 골 1:10, 살전 2:12} 성도들이 품위 있게 처신하려면, 날마다 다음과 같은 복음을 기억하고, 그것에 의지하여 살아가야만 한다. "그러나 여러분은 주 예수 그리스도의 이름과 우리 하나님의 성령으로 씻겨지고, 거룩하게 되고, 의롭게 되었습니다."^{고전 6:11} 이것을 날마다 떠올리면서 살아가는 것이야말로 성도들의 성화다. 성도들이 명심해야 할 메시지는 다음과 같다. "세상과 육신은 죽었다. 세상과 육신은 십자가에 달려 죽었다. 세상과 육신은 그리스도와 함께 십자가에서 죽고, 세례를 통해 죽었다. 죄는 더는 지배할 수 없다. 죄의 통치가 이미 꺾였기 때문이다. 따라서 그리스도인이 죄를 지을 가능성이 더는 존재하지 않는다." "하나님에게서 난 사람은 누구나 죄를 짓지 않습니다."^{요일 3:9}

단절이 이루어졌다. "지난날의 생활 방식"^{엡 4:22}은 끝났다. "여러분이 전에는 어둠이었으나, 지금은 주님 안에서 빛입니다."^{엡 5:8} 전에는 그들이 수치스럽고 "열매 없는 육신의 일"을 했지만, 이제는 성령께서 성화의 열매를 맺으신다.

따라서 죄의 지배를 받으며 사는 사람을 죄인이라고 한다면, 그리스도인들은 이제 "죄인들"ἁμαρτωλοί, 하마르톨로이로 불려서는 안 된다(바울은 유일한 예외로서, 자신을 죄인의 괴수라고 부른다).딤전 1:15 참조 그들은 한때 죄인들, 하나님을 부인하는 사람들, 원수들이었지만,롬 5:8, 19, 갈 2:15, 17 이제는 그리스도로 말미암아 성도들이 되었다. 그들은 자신들이 성도라는 것을 기억하고 그대로 될 것을 권고받는다. 이것은 죄인인 채로 거룩하게 되라면서 불가능한 것을 요구하는 것이 아니다. 죄인인 채 거룩하게 되려고 하다가는 공로주의와 그리스도 모독으로 되돌아가고 말 것이다. 거룩하게 될 수 있는 사람들은 성도들뿐이다. 그들이 성령으로 말미암아 그리스도 예수 안에서 거룩하게 되었기 때문이다.

성도들의 생활은 대단히 어두운 배경과 대조를 이룬다. 성령께서는 밝은 삶의 빛을 통해 어두운 육체의 일을 다음과 같이 폭로하신다. "육체의 행실은 환히 드러난 것들입니다. 곧 음행과 더러움과 방탕과 우상숭배와 마술과 원수맺음과 다툼과 시기와 분냄과 분쟁과 분열과 파당과 질투와 술취함과 흥청망청 먹고 마시는 놀음과, 그와 같은 것들입니다."갈 5:19-21 이 모든 것은 그리스도의 공동체 안에서 더는 설 자리를 얻지 못한다. 이 모든 것은 버림받고, 십자가에서 심판을 받아 끝장나고 말았다. "이런 짓을 하는 사람들은 하나님의 나라를 상속받지 못할 것입니다."갈 5:21, 엡 5:5, 고전 6:9, 롬 1:32 이 말씀은 애초부터 그리스도인들을 두고 한 말씀이다. 이러한 죄들은 영원한 구원에서 멀어지게 하는 것들이다. 이 악덕들 가운데 하나라도 저지르는 자가 공동체 안에 있을 때, 그 사람은 반드시 공동체의 친교에서 제거되어야 한다.고전 5:1

　　　이른바 악덕 목록들에서 죄를 열거하면서 광범위한 공통점을 보이는 것은 인상적인 일이 아닐 수 없다. 그리스도인의 새로운 삶과 양립할 수 없는 것으로서 거의 예외 없이 음행πορνεία, 포르네이아이라는 죄가 가장 먼저 등장하고, 그다음에는 대체로 탐욕πλεονεξία, 플레오넥시아이라는 죄가 등장한다.고전 5:10, 6:10, 엡 4:19, 5:3, 5, 골 3:5, 살전 4:4 이 두 죄는 선행하는 죄들과 함께 "더러움"과 "우상숭배"로 요약된다.고전 5:10, 6:9, 갈 5:19, 골 3:5 그다음에는 형제자매 사랑을 거스르는 죄들이 등장하고, 방탕한 삶과 관련된 죄들이 등장한다.[27] 일련의 죄 가운데서 음행이 가장 먼저 등장하는 것은 결코 우연이 아니다. 이는 특수한 시대 상황 때문이 아니라, 이 죄의 특수한 성격 때문이다. 이 죄에서 아담의 죄가 되살아난다. 이를테면 하나님처럼 되려고 하고, 생명의 창조자가 되려고 하며, 섬기기보다는 지배하려고 하는 것이다. 이 죄에 빠진 사람은 하나님께서 정해 주신 경계선을 넘어, 하나님의 피조물들에게 폭력을 가하게 마련이다. 주님의 성실하심을 거듭 저버리고, "우상들과 간음"하고,^{고전 10:8} 그것에 집착한 것이야말로 이스라엘의 죄였다. 음행은 무엇보다도 창조주 하나님을 거스르는 죄이지만, 그리스도인들에게는 특히 그리스도의 몸 자체를 거스르는 죄다. 그리스도인의 몸은 그리스도의 지체이기 때문이다. 그리스도인의 몸은 오로지 그리스도의 것이다. 창녀와 몸을 섞는 것은 그리스도와 맺은 영적 친교를 무효로 하는 것이다. 그리스도에게서 그분의 몸을 빼앗아 죄에게 넘겨주는 자는 그리스도를 버린 자다. 음행은 자신의 몸을 짓밟는 죄다.

그리스도인은 자기의 몸도 성령께서 거하시는 성전임을 알아야 한다.^{고전 6:13} 이처럼 그리스도인의 몸은 그리스도와 밀접하게 연결되어 있으므로, 결코 세상의 일부가 되어서는 안 된다. 그리스도의 몸과 맺는 친교는 자기의 몸을 짓밟는 죄를 당연히 금한다. 음행하는 자에게는 하나님의 진노가 임하게 마련이다.^{롬 1:28, 고전 5:1, 7:2, 10:8, 고후 12:21, 히 12:16, 13:4} 그리스도인은 성생활을 절제하고, 자신의 몸을 전적으로 그리스도의 몸을 섬기는 데 바친다. 그는 그리스도의 몸이 십자가에서 고난을 받고 죽었을 때 자신의 몸도 고난을 받고 죽었다는 사실을 안다. 그리스도인은 고난을 받으시고 변모하신 그리스도의 몸과 친교를 맺으면서 무절제한 육체 생활에서 벗어난다. 그는 날마다 이 친교를 가지면서 사나운 육욕을 잠재운다. 그리스도인은 훈련과 절제 속에서 자신의 몸으로 그리스도의 몸, 곧 공동체를 세우는 일에만 헌신한다. 그는 결혼 생활 속에서도 그렇게 하며, 결혼 생활 자체를 그리스도의 몸의 일부로 만든다.

음행과 짝을 이루는 것은 다름 아닌 탐욕이다. 이 두 가지 모두 만족을 모르는 까닭에, 탐욕스러운 자까지 세상에 예속시킨다. 하나님의 계명은 말한다, 탐내지 말라고. 음행하는 자와 탐욕스러운 자는 탐욕 덩어리다. 음행하는 자는 타인을 소유하고 싶어 하고, 탐욕스러운 자는 세상의 재화를 소유하고 싶어 한다. 탐욕스러운 자는 권세와 권력을 원하지만, 자기가 집착하는 세상의 노예가 되고 만다. 음행과 탐욕은 사람을 세상에 감염시켜, 그를 더럽히고 불순하게 한다. 음행과 탐욕은 우상숭배다. 사람의 마음을 하나님과 그리스도께 가 있게 하지 않고, 세상의 탐나는 것들에 가 있게 하기 때문이다.

그러나 자신의 하나님과 자신의 세상을 스스로 창조하

고, 자신의 병적 욕망을 하나님으로 삼는 자는, 자신에게 방해되는 형제, 자기 뜻을 막아서는 형제를 미워하게 마련이다. 다툼, 증오, 질투, 살인은 모두 자신의 탐욕 때문에 생기는 것이다. "무엇 때문에 여러분 가운데 싸움이나 분쟁이 일어납니까? 여러분의 지체들 안에서 싸우고 있는 육신의 욕심에서 생기는 것이 아닙니까?"약 4:1 음행하는 자와 탐욕스러운 자는 형제자매 사랑을 도무지 알지 못한다. 그는 제 마음의 어둠 속에서 살아간다. 그는 그리스도의 몸에 죄를 지음으로써 자기의 형제자매에게 죄를 짓는다. 음행과 형제자매 사랑은 그리스도의 몸 때문에 서로 상극이다. 그리스도의 몸과 친교 맺기를 거부하는 몸은 이웃도 섬길 수 없다. 제 몸과 형제자매를 경시하면, 뻔뻔스럽고 불경스러운 폭음과 폭식이 뒤따르게 마련이다. 제 몸을 경시하는 자는 제 육체에 예속되어, "자기네 배를 섬기게" 될 것이다.롬 16:18 이 추한 죄의 본질은 죽은 육신이 제 몸을 돌보는 바람에 제 외모까지 흉하게 한다는 것이다. 폭음과 폭식을 일삼는 자는 그리스도의 몸과는 아무 관계가 없다.

공동체가 보기에 이 악덕의 세상은 과거에 지나지 않는다. 공동체는 이러한 악덕 속에서 허우적거리는 자들을 버려야 한다. 거듭 버려야 한다.고전 5:9 "빛과 어둠이 어떻게 사귈 수 있겠습니까?"^{고후 6:14} 어둠 쪽에는 "육체의 행실"이, 빛 쪽에는 "성령의 열매"가 자리하고 있다.^{갈 5:19, 엡 5:9}

열매는 무엇을 의미하는가? 육체의 "행실"은 여럿이지만, 성령의 "열매"는 **하나**뿐이다. 행실은 사람 손이 하는 것이고, 열매는 나무가 무의식적으로 맺고 키우는 것이다. 행실은 죽지만, 열매는 살아남아 씨앗을 간직한다. 그리고 이 씨앗은 새 열매를 맺는다. 행실은 스스로 존재해도, 열매는 나무가 없으면 절대로 존재하지 못한다. 열매는 언제나 경이로운 것, 맺히는 것이다. 열매는 의도된 것이 아니라, 생겨나는 것이다. 성령의 열매는 하나님만이 만드시는 선물이다. 나무가 제 열매를 알지 못하듯이, 성령의 열매를 맺는 사람도 제 열매를 알지 못한다. 그는 오로지 자기를 살게 하시는 분의 능력만을 알 따름이다. 여기에는 명예는 없고, 근원이신 그리스도와 점점 더 친밀하게 연합하는 일만 있을 뿐이다. 성도들은 자신들이 맺는 성화의 열매도 알지 못한다. 오른손이 무엇을 하는지를 왼손이 모르는 것이다.^{마 6:3} 여기서 그들이 조금이라도 알려고 한다면, 여기서 그들이 자기 성찰에 빠지려고 한다면, 뿌리에서 잘려, 결실기를 놓치고 말 것이다. "성령의 열매는 사랑과 기쁨과 화평과 인내와 친절과 선함과 신실과 온유와 절제입니

다."갈 5:22-23

여기서 공동체의 거룩함뿐만 아니라 개인의 성화도 가장 잘 드러난다. 공동체의 성화와 마찬가지로 개인의 성화도 같은 것에 뿌리를 두고 있다. 이를테면 그리스도와 친교를 맺고, 그리스도의 몸과 연합하는 것이다. 세상으로부터 분리가 끊임없는 투쟁 속에서 가시적으로 이루어지듯이, 개인의 성화도 영과 육의 투쟁 속에서 이루어진다. 성도들은 자신들의 삶속에서 다툼과 궁핍과 약함과 죄악을 본다. 그들은 자신들의 성화가 무르익으면 무르익을수록 자신을 더더욱 패배자로, 육체에 따라 죽은 자로 인식한다. "그리스도 예수께 속한 사람은 정욕과 욕망과 함께 자기의 육체를 십자가에 못박았습니다."갈 5:24 그들은 여전히 육체 안에서 살고 있지만, 바로 그런 이유로 그들의 삶 전체는 그들 안에서 살기 시작하신 하나님의 아들에 대한 믿음이 될 수밖에 없다.갈 2:20 그리스도인은 날마다 죽는다.고전 15:31 그의 육체는 고생하며 낡아 가도, 속사람은 날마다 새로워진다.고후 4:16 성도들이 육체를 따라 죽는 까닭은, 그리스도께서 성령을 통해 그들 안에서 살아가기 시작하셨기 때문이다. 성도들은 그리스도와 그분의 생명 때문에 죽는다. 이제 그들은 자발적 고난을 추구하는 것으로 자신들의 육체 안에서 자신들의 권리를 더는 주장할 필요가 없다. 그리스도로 말미암아 그들은 날마다 죽고, 날마다 살기 때문이다.

　　그러므로 성도들은 당연히 환호해야 한다. 하나님으로 부터 난 사람은 더는 죄를 지을 수 없고, 죄도 그를 더는 지배하지 못하고, 그는 죄에 대하여 죽고 성령 안에서 살기 때문이다.[28] "그러므로 그리스도 예수 안에 있는 사람들은 정죄를 받지 않습니다."[롬 8:1] 하나님께서는 성도들을 좋아하셔서, 친히 그들의 투쟁과 죽음을 일으키시고, 바로 그 속에서 성화의 열매를 맺게 하신다. 이 열매가 깊숙이 숨겨져 있어도, 성도들은 그것이 존재함을 확신해야 한다. 물론, 공동체 안에서 음행과 육욕과 살인과 형제자매 증오가 죄 용서의 메시지를 구실로 삼아 계속 지배하게 해서는 안 된다. 성화의 열매가 눈에 보이지 않게 해서도 안 된다. 하지만 성화의 열매가 널리 보이더라도, 세상 사람들이 초기 그리스도인들을 보고 그랬듯이 기독교 공동체의 모습을 보고 "저들이 어떻게 서로 사랑하는지 보라"고 말해도, 성도들은 자신들이 속해 있는 분에게만 끊임없이 관심을 기울이면서, 자신들의 선에 아랑곳하지 않고, 자신들의 죄에 대한 용서를 청할 것이다. 죄는 더는 지배하지 못하며, 신자는 더는 죄를 짓지 않는다는 표현을 제 것으로 삼는

성도들

그리스도인들은 이렇게 고백할 것이다. "우리가 죄가 없다고 말하면, 우리는 자기를 속이는 것이요, 진리가 우리 속에 없는 것입니다. 우리가 우리 죄를 자백하면, 하나님은 신실하시고 의로우신 분이셔서, 우리 죄를 용서하시고, 모든 불의에서 우리를 깨끗하게 해주실 것입니다. 우리가 죄를 지은 일이 없다고 말하면, 우리는 하나님을 거짓말쟁이로 만드는 것이며, 하나님의 말씀이 우리 속에 있지 아니합니다. 나의 자녀 여러분, 내가 여러분에게 이렇게 쓰는 것은, 여러분으로 하여금 죄를 짓지 않도록 하려는 것입니다. 누가 죄를 짓더라도, 아버지 앞에서 변호해 주시는 분이 우리에게 계시는데, 곧 의로우신 예수 그리스도이십니다."요일 1:8-2:1 주님은 친히 그들에게 이렇게 기도하라고 가르치셨다. "우리의 죄를 용서해 주소서."마 6:12 그분께서는 그들에게, 서로 끊임없이 용서하라고 하셨다.엡 4:32, 마 18:21 그리스도인들은 서로 형제처럼 용서하며 친교를 나누는 가운데 예수의 용서를 촉진한다. 그들은 다른 사람을 자신들을 해친 자로 여기지 않고, 그리스도께서 십자가에서 용서하신 사람으로 여긴다. 그들은 서로를 예수의 십자가를 통해 거룩하게 된 사람으로 대한다. 그들이 이 십자가 아래서 날마다 죽음으로써 그들의 생각, 그들의 말, 그들의 몸도 거룩하게 된다. 이 십자가 아래서 성화의 열매는 자란다.

성도들의 공동체는 죄 없는 사람들과 완전한 사람들로 이루어진 "이상적인" 공동체가 아니다. 그것은 허물이 전혀 없는 사람들의 공동체도 아니고, 죄인에게 회개의 기회를 전혀 주지 않는 공동체도 아니다. 오히려 성도들의 공동체는 자신을 죄 용서의 복음에 합당한 것으로 입증하는 공동체, 하나님의 용서를 진정으로 선포하는 공동체, 자기 용서와는 무관한 공동체, 참으로 하나님의 값비싼 은혜를 받는 사람들의 공동체, 복음을 투매投賣하거나 버리지 않고 그것에 합당하게 살아가는 공동체다.

이것은 다음과 같은 뜻이다. 이를테면 성도들의 공동체에서 죄 용서를 설교하려면 회개를 권하는 설교도 해야 하고, 복음이 존재하려면 율법 설교도 있어야 하며, 죄를 무조건 용서하기만 할 것이 아니라, 용서하지 않고 그대로 두기도 해야 한다는 것이다. 복음의 거룩한 것을 개에게 던지지 않는 것, 복음의 거룩한 것을 설교하되 회개를 권하는 설교도 옹호하는 것, 바로 이것이 주님의 뜻이다. 죄를 죄라고 말하지 않는 공동체는 믿음을 발견하지 못했으면서도 죄를 용서해 주려고 하는 공동체다. 그런 공동체는 거룩한 것에 죄를 짓고, 복음의 가치를 떨어뜨리며 살게 마련이다. 그런 공동체는 거룩하지 못한 공동체다. 주님의 값비싼 용서를 헐값에 팔아넘기기 때문이다. 선한 일을 하는 사람에게도 보편적으로 죄 지을 가능성이 있음을 슬피 여겨 탄식하는 것이 되어서는 안 된다. 이것은 결코 회개를 권하는 설교가 아니다. 죄를 구체적으로 지적하고 벌하여 바로잡아야 한다. 이것이야말로 주님이 자신의 교회에 맡기시고 종교개혁자들이 강조했던 **교권**敎權, Schlüsselgewalt 의 올바른 사용법이다.마 16:19, 18:18, 요 20:23 공동체는 거룩한 것을 위해, 죄인들을 위해, 그리고 공동체를 위해 매는 권한, 곧 죄를 용서하지 않고 그대로 두는 권한을 행사하지 않으면 안 된다. **공동체의 징계권**을 행사하는 것도 공동체가 복음에 합당하게 살아가는 방법 가운데 하나다. 성화는 공동체를 세상으로부터 분리하기도 하지만, 세상을 공동체로부터 떼어내기도 한다. 이 두 분리 가운데 한쪽만 취하는 것은 기만적이고 거짓된 것에 지나지 않는다. 세상으로부터 분리된 공동체는 내부로 징계권을 행사해야 한다.

공동체가 징계권을 행사하는 이유는 완전한 자들의 공동체를 세우려는 것이 아니라, 하나님의 용서하시는 자비 아래 참되게 살아가는 사람들의 공동체를 세우려는 것이다. 공동체의 징계권은 하나님의 값비싼 은혜를 지키는 데 이바지한다. 공동체는 자기 내부의 죄인을 엄히 꾸짖고 벌하여, 그가 구원을 잃지 않게 하고, 복음을 오용하지 않게 해야 한다. 회개하며 예수 그리스도에 대한 믿음을 고백하는 사람에게만 세례를 주는 것도 하나님의 값비싼 은혜를 지키려는 것이고, 죄를 용서해 주시는 예수 그리스도의 참된 몸과 피를 여타의 상징적인 식사와 "분별함이"^{고전 11:29} 있는 사람에게만 성찬의 은혜를 베푸는 것도 하나님의 값비싼 은혜를 지키려는 것이다. 그가 자기의 신앙 인식을 입증해 보이는 것도 하나님의 값비싼 은혜를 지키려는 것이고, 그가 그리스도의 몸과 피와 그분의 용서를 갈망하는지를 스스로 "검증해" 보이거나 형제를 통해 검증받는 것도 하나님의 값비싼 은혜를 지키려는 것이다. **죄 고백은 신앙의 확증을 위한 문답**에 가깝다. 그리스도인은 죄 고백을 통해 자신의 죄가 용서받았다는 확신을 구하고 얻는다. 죄 고백에서 하나님은 죄인이 자기기만과 자기 용서의 위험에 빠지지 않도록 도우신다. 그리스도인이 형제나 자매 앞에서 자기의 죄를 고백할 때, 그의 육체가 그의 교만과 함께 죽는다. 그의 육체는 그리스도와 함께 수치와 죽임을 당하고, 죄 용서의 말씀을 통해 하나님의 자비를 확신하는 새사람으로

소생된다. 따라서 고백의 관습은 성도들의 삶의 일부라고 할 수 있다. 죄 고백은 하나님이 주신 은혜의 선물이지만, 그것을 오용하면 처벌을 받는다. 죄 고백은 그리스도인에게 하나님의 값비싼 은혜를 수여하는 수단이자, 그리스도인으로 하여금 그리스도의 죽음을 본받게 하는 수단이기 때문이다. "따라서 내가 죄 고백에 대해 엄히 당부하는 것은 그리스도인이 되라는 것뿐이다." 마르틴 루터, 대교리문답서

    징계는 공동체의 삶 전체를 지배한다. 징계는 자비를 위한 헌신에 근거를 두고 여러 단계로 이루어진다. 모든 징계권 행사는 두 열쇠 권한과 관련된 말씀의 선포에 기원을 둔다.[29] 징계는 예배 모임에만 국한되지 않는다. 직무 담당자는 다음과 같은 자신의 직무를 소홀히 해서는 안 된다. "그대는 말씀을 선포하십시오. 기회가 좋든지 나쁘든지, 꾸준하게 힘쓰십시오. 끝까지 참고 가르치면서, 책망하고 경계하고 권면하십시오." 딤후 4:2 이것이 징계의 첫 단계다. 이 경우에 분명히 할 것은, 명백하게 드러난 죄에 대해서만 벌을 줄 수 있다는 것이다. "어떤 사람들의 죄는 명백해서, 재판을 받기 전에 먼저 드러나고, 어떤 사람들의 죄는 나중에야 드러납니다." 딤전 5:24 그리하여 공동체의 징계는 최후 심판의 형벌을 면하게 해

주는 수단이 된다.

그러나 이 첫 단계에서, 곧 직무 담당자의 일상적인 목회 업무 속에서 징계가 이루어지지 않으면, 뒤따르는 모든 것도 틀어지고 만다. 징계의 둘째 단계는 공동체의 지체들이 서로 형제자매처럼 권고하는 것이다. "서로 가르치고 권고하십시오."골 3:16, 살전 5:11, 14 마음이 약한 사람을 위로하고, 연약한 사람의 짐을 져 주고, 모든 사람에게 오래 참는 것도 권고에 속한다.살전 5:14 그럴 때만 공동체 안에서 일상적인 유혹과 배교가 일어나는 것을 막을 수 있다.

공동체 안에서 이러한 형제자매의 봉사가 이제는 먹혀들지 않으면, 셋째 단계에 이를 수밖에 없을 것이다. 어떤 형제나 자매가 말이나 행동으로 명백한 죄를 지었을 경우, 공동체는 권한을 행사하여, 본격적인 징계 절차를 밟아야 한다. 이 절차도 시간이 오래 걸린다. 먼저 공동체는 그 죄인을 멀리하겠다는 마음을 먹어야 한다. "그와 사귀지 마십시오",살후 3:14 "그들을 멀리하십시오",롬 16:17 "그런 사람과는 함께 먹지도 마십시오",고전 5:11 "그대는 이런 사람들을 멀리하십시오",딤후 3:5, 딤전 6:4 "우리는 우리 주 예수 그리스도의 이름으로 여러분에게 명령합니다. 무절제하게 살고 우리에게서 받은 전통을 따르지 않는 모든 신도를 멀리하십시오."[살후 3:6] 공동체의 이러한 태도는 죄인들이 "부끄러움을 느끼게" 함으로써[살후 3:14] 그들을 되찾으려는 것이다. 이처럼 죄인을 멀리하는 것에는 그를 공동체의 활동에서 잠시 배제하는 것도 포함된다. 하지만 명백한 죄인을 멀리하더라도 그와 친교를 중지해서는 안 된다. 오히려 공동체는 그 죄인을 멀리하더라도 그를 계속 만나서 권고해야 한다. "그를 원수처럼 여기지 말고, 형제자매에게 하듯이 그렇게 타이르십시오."[살후 3:15] 그 죄인도 여전히 형제자매인 까닭에 공동체의 징계와 권고를 받는 것이다. 공동체가 징계를 실행하는 것은 자비로운 형제애 때문이다. 반항하는 사람을 온화하게 책망하고, 악한 사람을 참아 주어야 한다. "그렇게 하면, 아마도 하나님께서 그 반대하는 사람들을 회개시키셔서, 진리를 깨닫게 하실 것입니다."[딤후 2:25] 이 권고의 방법은 죄를 지은 사람에 따라 다르겠지만, 권고의 목적은 같다. 이를테면 죄인을 회개와 화해로 이끌려는 것이다. 그대와 죄인만이 죄를 알고 있으면, 그대는 그 죄를 드러내지 말고, 홀로 그를 책망하며 회개를 촉구해야 한다. "그가 너의 말을 들으면, 너는 그 형제를 얻은 것이다."[마 18:15] 그가 그대의 말을 듣지 않고, 여전히 자기 죄 속에 머무르더라도, 그대는 곧바로 그 죄

를 드러내지 말고, 증인 한두 사람을 더 찾아야 한다. 증인이
필요한 까닭은 범죄 사실의 입증 때문이다. 공동체의 지체가
그 범죄 사실을 입증하지 못하고 부인하면, 그 사건을 하나님
께 맡겨야 한다. 여기서 증인은 종교 재판관이 아니라 형제자
매이기 때문이다! 또한 증인이 필요한 것은 죄인이 회개를 완
강히 거부하기 때문이기도 하다. 징계를 은밀히 실행해야 죄
인의 회개가 쉬워진다. 그래도 죄인이 말을 듣지 않거나 어차
피 죄가 공동체 전체 앞에 드러났을 바에는, 공동체 전체가 그
죄인을 훈계하며 회개를 촉구해야 한다.^{마 18:17, 살후 3:14 참조} 죄인
이 공동체의 한 직무를 맡은 사람일 경우, 두세 증인의 고발이
있을 때만 그를 고소해야 한다. "죄를 짓는 사람을 모든 사람
앞에서 꾸짖어서, 나머지 사람들도 두려워하게 하십시오."^{딤전}
^{5:20} 이제는 공동체가 직무 담당자와 함께 교권^{敎權}을 행사해야
한다. 공개적인 판결을 내리려면, 공동체와 직무를 대표하는
사람이 필요하다. "하나님과 그리스도 예수와 택하심을 받은
천사들 앞에서 내가 엄숙히 명령합니다. 그대는 편견 없이 이
것들을 지키고, 어떤 일이든지 공평하게 처리하십시오."^{딤전 5:21}
왜냐하면 하나님 자신의 판결이 죄인에게 내려져야 하기 때문
이다. 진심으로 회개하며, 자신의 죄를 공개적으로 고백하는

사람은 하나님의 이름으로 모든 죄를 용서받는다.^{고후 2:6 참조} 반면에 죄인이 자기의 죄를 고수할 경우, 공동체는 그의 죄를 용서하지 말고 하나님의 이름으로 그대로 두어야 한다. 이것은 공동체의 모든 친교에서 그를 배제한다는 뜻이다. "그를 이방 사람이나 세리와 같이 여겨라."^{마 18:17} "내가 진정으로 너희에게 말한다. 무엇이든지, 너희가 땅에서 매는 것은 하늘에서도 매일 것이요, 땅에서 푸는 것은 하늘에서도 풀릴 것이다.…… 두세 사람이 내 이름으로 모여 있는 자리, 거기에 내가 그들 가운데 있다."^{마 18:18, 20} 하지만 죄인을 공동체에서 배제함으로써 확인되는 것은 기존의 사실, 곧 회개할 마음이 없어 보이는 죄인은 "스스로 단죄한"^{딛 3:11} 사람이라는 사실뿐이다. 공동체가 그를 단죄하는 것이 아니라, 그가 스스로 판결을 내린 것이다. 바울은 이 완전한 배제를 "사탄에게 넘겨주어서"^{고전 5:5, 딤전 1:20}라는 글귀로 표현한다. 이 완전한 배제는 악마가 횡행하며 죽음을 일으키는 세상으로 죄인을 돌려보내는 것이라고 할 수 있다(딤전 1:20과 딤후 2:17, 4:15의 비유로 보건대, 여기서 염두에 둔 것은 사도행전 5장에 등장하는 것과 같은 사형 집행이 아님을 알 수 있다). 죄인은 그리스도의 몸과 맺는 친교에서 배제된다. 그가 공동체에서 스스로 떨어져 나갔기 때문이다. 그에게는 더 이상 공동체 회원권이 없다. 그러나 이 최종적인 수습마저도 당사자를 구원하려는 조치라고 할 수 있다. "그의 영은 주님의 날에 구원을 얻게 해야 할 것입니다."고전 5:5 "그것은 내가 그들을 응징해서, 다시는 하나님을 모독하지 못하게 하려고 한 것이었습니다."딤전 1:20 공동체가 징계를 실행하는 것은 죄인이 공동체로 돌아오게 하거나 구원을 얻게 하려는 것이다. 공동체의 징계는 교육적 차원에서 이루어지는 조치다. 죄인이 회개하지 않을 때 공동체가 내리는 판결은 확실히 영원하다. 하지만 이 판결은 부득이 죄인에게서 구원을 박탈하는 것이긴 해도, 공동체가 죄인에게 마지막으로 제공할 수 있는 친교와 구원이라고 할 수 있다.[30, 31]

이처럼 공동체의 성화는 복음에 합당한 처신으로 입증된다. 공동체는 성령의 열매를 맺으며 말씀으로 양육된다. 무엇보다도 공동체는 그리스도만이 거룩하게 하여 주시는고전 1:30 사람들의 공동체, 재림의 날을 향해 나아가는 공동체로 머문다.

이로써 우리는 참된 성화의 **셋째** 규정에 이르게 되었다. 모든 성화는 예수 그리스도의 날에 존속하는 것을 목표로 삼는다. "거룩하게 살기를 힘쓰십시오. 거룩해지지 않고서는,

아무도 주님을 뵙지 못할 것입니다."^{히 12:14} 성화는 언제나 종말과 관련이 있다. 성화는 세상의 판단이나 자기 자신의 판단이 아닌 주님의 판단을 견디는 것을 목표로 삼는다. 자기 자신과 세상의 눈으로 보면, 공동체의 거룩함은 죄로, 공동체의 신앙은 불신앙으로, 공동체의 사랑은 완고함으로, 공동체의 징계는 약함으로 보일 것이다. 하지만 그리스도께서는 친히 자신의 공동체를 준비시키셔서, 자신 앞에 설 수 있게 하신다. "남편 된 이 여러분, 아내를 사랑하기를 그리스도께서 교회를 사랑하셔서 교회를 위하여 자신을 내주심 같이 하십시오. 그리스도께서 그렇게 하신 것은, 교회를 물로 씻고, 말씀으로 깨끗하게 하여서, 거룩하게 하시려는 것이며, 티나 주름이나 또 그와 같은 것들이 없이, 아름다운 모습으로 교회를 자기 앞에 내세우시려는 것이며, 교회를 거룩하고 흠이 없게 하시려는 것입니다."^{엡 5:25-27, 골 1:22, 엡 1:4} 거룩해진 공동체만이 예수 그리스도 앞에 설 수 있다. 그리스도께서 하나님의 원수와 화해하시고 하나님을 부인하는 자들을 위해 자기 목숨을 내주신 것은, 자신의 재림 때까지 자신의 공동체를 거룩하게 하시려는 것이다. 이것은 성령의 봉인을 통해 이루어진다. 성령께서는 성도들을 공동체의 성소 안에 숨기고, 예수 그리스도의 날까지 그들을 보호하신다. 그날이 되면, 성도들은 흠과 오점이 있는 상태가 아니라, 영과 혼과 몸이 거룩하고 흠 잡을 데 없는 상태로 그분 앞에 서야 한다.살전 5:23 "불의한 사람들은 하나님 나라를 상속받지 못하리라는 것을 알지 못합니까? 착각하지 마십시오. 음행하는 사람들이나, 우상을 숭배하는 사람들이나, 간음을 하는 사람들이나, 여성 노릇을 하는 사람들이나, 동성애를 하는 사람들이나, 도둑질하는 사람들이나, 탐욕을 부리는 사람들이나, 술 취하는 사람들이나, 남을 중상하는 사람들이나, 남의 것을 약탈하는 사람들은, 하나님 나라를 상속받지 못할 것입니다. 여러분 가운데 이런 사람들이 더러 있었습니다. 그러나 여러분은 주 예수 그리스도의 이름과 우리 하나님의 성령으로 씻겨지고, 거룩하게 되고, 의롭게 되었습니다."고전 6:9-11 그러므로 누구도 하나님의 은혜를 자랑하면서 죄 속에 머무르려 해서는 안 된다! 거룩하게 된 공동체만이 예수 그리스도의 날에 진노를 면할 것이다. 주님께서는 외모를 보지 않으시고, 행한 일로 심판하실 것이기 때문이다. 누구의 어떤 행실이든 다 드러날 것이고, 그는 "선한 일이든지 악한 일이든지, 몸으로 행한 모든 일에 따라" 보응을 받게 될 것이다.고후 5:10, 롬 2:6, 마 16:27 이 세상에서 심판을 받지 않은 것도 심판의 날에는 숨겨져 있지 못하고 다 드러나게 마련이다. 그날에는 누가 견딜 수 있는가? 선한 일을 한 사람이 견딜 수 있을 것이다. 율법을 듣는 사람이 아니라, 율법을 실천하는 사람이 거룩하게 될 것이다.롬 2:13 주님께서 친히 말씀하신 대로, 하늘에 계신 아버지의 뜻을 행하는 사람만이 하늘나라에 들어갈 수 있다.마 7:21

우리는 우리가 행한 대로 심판을 받기 때문에, "선한 일"을 하라는 명령을 받는다. 선한 일을 두려워하여 악한 일을 정당화하려고 하는 것은 당연히 성서에 낯선 생각이다. 성서의 어느 대목에서도 믿음과 선행은 대립하지 않는다. 성서는 선행을 믿음의 파괴자로 여기지 않는다. 믿음을 방해하고 파괴하는 것은 악행이다. 은혜와 행위는 떼려야 뗄 수 없게 결합한 단짝이다. 믿음 없는 선행이 존재하지 않듯이, 선행 없는 믿음 또한 존재하지 않는다.32 그리스도인이 구원을 얻으려면 선행이 필요하다. 악행을 일삼는 자는 하나님의 나라를 볼 수 없기 때문이다. 그러므로 선행은 그리스도인의 생활 목표다. 이생에서 중요한 것은 한 가지, 곧 사람이 최후 심판 때에 존속하려면 어찌해야 하는가이므로, 그리고 저마다 자기가 행한 대로 심판을 받을 것이므로, 그리스도인은 무슨 일을 하든지 선한 일을 할 준비를 갖추는 것이 중요하다. 하나님께서 그리스도 안에서 사람을 새롭게 만드신 것도 선한 일을 하게 하려는 것이다. "여러분은 믿음을 통하여 은혜로 구원을 얻었습니다. 이것은 여러분에게서 난 것이 아니요, 하나님의 선물입니다. 행위에서 난 것이 아닙니다. 그러므로 아무도 자랑할 수 없습니다. 우리는 하나님의 작품입니다. **선한 일을 하게 하시려고, 하나님께서 그리스도 예수 안에서** 우리를 만드셨습니다."엡 2:8-10, 딤후 2:21, 3:17, 딛 1:16, 3:1, 8, 14 참조 여기서 모든 것이 분명해진다. 하나님께서는 선한 일 하기를 목표로 삼으라고 강요하신다. 그리스도인은 하나님의 율법을 굳게 세우고 이행해야 한다.롬 3:31 이 일은 선한 일을 통해 이루어진다. 그러나 선한 일에는 **한 가지**만 있을 뿐이다. 그것은 하나님께서 그리스도 예수 안에서 행하시는 일이다. 우리가 구원을 받은 것은, 하나님께서 그리스도 안에서 행하신 일 때문이지, 우리 자신의 행위 때문이 아니다. 그러므로 우리는 우리 자신의 행위를 자랑해서는 안 된다. 우리는 하나님의 작품이기 때문이다. 하나님께서 그리스도 안에서 우리를 새롭게 지으신 것은, 우리로 하여금 그리스도 안에서 선한 일을 하게 하시려는 것이다.

그러나 우리의 모든 선한 일은 하나님 자신의 선한 일에 지나지 않는다. 하나님께서 먼저 우리에게 그 일을 하도록 준비시키셨기 때문이다. 사실 선한 일을 권하는 것은 구원 때문이지만, 선한 일은 언제나 하나님께서 친히 우리에게서 일으키신 일일 뿐이다. 선한 일은 하나님의 선물이다. 우리는 선한 일을 하면서 살아야 하는 존재, 매 순간 선한 일을 요구받는 존재다. 하지만 우리가 알고 있듯이, 우리는 우리의 행위로는 결코 하나님 앞에 설 수 없다. 우리가 믿음 안에서 기댈 수 있는 것은 그리스도와 그분의 행위뿐이다. 하나님께서는 그리스도 예수 안에 있는 사람들에게 선한 일들을 주셔서, 그들이 그 일들로 장차 존속할 수 있게 하시겠다고 약속하신다. 하나님께서는 그들을 예수의 날까지 보호하시며 거룩하게 하여 주시겠다고 약속하신다. 하지만 우리는 하나님의 말씀을 근거로 해서만 그분의 약속을 믿고, 그분께서 우리를 위해 준비해 두신 선한 일들을 나서서 수행하며 살아갈 수 있다.

그러므로 우리의 선한 일은 우리의 눈에 전혀 보이지 않는다. 우리의 성화는 모든 것이 훤히 드러날 때까지 우리가 알지 못하게 숨겨진 채로 머무른다. 이 세상에서 자신의 선한 일이나 자신의 성화를 조금이라도 보려고 하는 사람, 자기를 널리 알리려고 하는 사람, 참고 기다리지 않는 사람은 자기가 받을 상을 놓치고 말 것이다. 우리의 성화가 눈에 띄게 진척되고 있다고 생각하여 그것을 기뻐하면 기뻐할수록, 우리는 한 층 더 회개를 촉구받을 뿐이며, 우리의 행위가 속속들이 죄로 물들어 있음을 깨닫게 될 뿐이다. 그러나 우리는 우리의 주님을 점점 더 많이 기뻐하도록 부름받았다. 하나님만이 우리의 선한 일을 아신다. 우리는 그분의 선한 일만을 알고, 그분의 계명을 귀담아듣고, 그분의 은혜 아래서 걷고, 그분의 계명을 행하고, 죄도 짓는다. 이 경우에 고수해야 할 것은 다음과 같다. 새로운 의, 성화, 빛나야 할 빛은 우리도 모르게 완전히 숨겨져 있어야 한다는 것이다. 오른손이 무엇을 하는지를 왼손이 모르는 것이다.[마 6:3] 그러나 **"선한 일**을 여러분 가운데서 시작하신 분께서 그리스도 예수의 날까지 그 일을 완성하시리라고, 나는 확신합니다."[빌 1:6] 그날이 되면, 그리스도께서 친히 우리가 알지 못했던 선한 일들을 밝히실 것이다. 우리가 우리 자신도 모르게 그분에게 먹을 것과 마실 것과 입을 것을 드리고 찾아뵈었으며, 우리 자신도 모르게 그분을 내쫓았다는 것이다. 그날이 되면, 깜짝 놀랄 사건이 시작될 것이고, 우리는 심판의 자리를 견디고 있는 일들이 우리가 한 것이 아니라, 하나님께서 우리의 의도와 수고 없이 자신의 때에 우리를 통해서 하신 것임을 알게 될 것이다.[마 25:31] 그러므로 우리에게 남은 일은, 우리에게서 시선을 돌려, 이미 우리를 위해 모든 것을 완수하신 분을 바라보며 따르는 것뿐이다.

믿는 사람이 의롭게 되고, 의롭게 된 사람이 거룩하게 되며, 거룩하게 된 사람이 심판의 자리에서 구원을 받는다. 이는 우리의 믿음, 우리의 의, 우리의 성화가—이런 것이 우리에게 있다면—죄 이외의 어떤 것이어서가 아니라, 우리에게 **"의와 거룩함과 구원이"** 되셔서, "'누구든지 자랑하려거든 주님을 자랑하라' 한 대로 되게 하시려는 것"이다.^{고전 1:30-31}

그리스도의

형상

"하나님께서는 미리 아신 사람들을 택하셔서, 자기 아들의 형상과 같은 모습이 되도록 미리 정하셨으니, 이것은 그 아들이 많은 형제 가운데서 맏아들이 되게 하시려는 것입니다."룸 8:29

"나를 따르라"는 예수 그리스도의 부르심을 받은 사람들은 상상할 수 없을 만큼 엄청난 약속, 다시 말해 그들이 그리스도와 똑같이 되리라는 약속을 받는다. 그들은 하나님의 맏아들의 형제자매로서 그분의 형상을 지니게 될 것이다. "그리스도처럼" 되는 것이야말로 제자의 궁극적 사명이다. 따르는 이는 언제나 예수 그리스도의 형상을 바라본다. 이 형상 앞에서 다른 모든 형상은 사라지고 만다. 예수 그리스도의 형상은 따르는 이에게 파고들어, 그를 가득 채우고, 그를 변모시켜서, 스승을 닮아 가게 하고, 그야말로 스승만큼 되게 한다. 예수 그리스도의 형상은 일상적인 친교 속에서 제자의 형상에 영향을 미친다. 아들의 형상은 따르는 이가 공허하게, 한가하게 바라보아도 되는 것이 아니다. 이 형상은 변모시키는 힘을 지니고 있다. 예수 그리스도께 온전히 헌신하는 사람은 그분의 형상이 되고, 그분의 형상을 지니게 마련이다. 그는 하나님의 아들이 되어, 눈에 보이지 않으나 하나님과 모습이 같은 형제, 곧 하나님을 본받는 사람인 그리스도와 나란히 선다.

아주 먼 옛날, 하나님께서는 아담을 자신의 형상대로 창조하시고, 창조의 절정인 아담 안에서 자신을 쏙 빼닮은 형상을 찾으시고 기뻐하셨다. "보시니, 보시기에 참 좋았다."^창 ^{1:31} 하나님은 아담 안에서 자기 자신을 알아보셨다. 사람이 피조물이면서 동시에 창조주와 같다는 사실은 애초부터 인간이 풀 수 없는 신비다. 창조된 인간이 창조되지 않은 하나님의 형상을 지니고 있다는 것이다. 아담은 "하나님처럼" 되었다. 이제 그는 피조물이면서도 하나님과 같다는 자신의 신비를 감사히 그리고 공손히 간직하지 않으면 안 되었다. 뱀이 아담에게 "너는 앞으로, 더 정확히 말하면 네 행위와 결단으로 하나님처럼 될 거야"라고 말했지만, 이는 거짓말이었다. 그런데도 아담은 은혜를 내던져 버리고, 제 행위를 택했다. 피조물이면서도 하나님과 같은 제 존재의 신비를 스스로 풀고 싶었던 것이다. 그는 하나님에 의해 이미 하나님처럼 되었는데도, 제힘으로 그렇게 되려고 했다. 그것이 타락이었다. 아담은 자신의 방식으로 "하나님처럼"sicut deus, 시쿠트 데우스 되었다. 스스로 하나님이 되어, 더는 하나님을 모시지 않았다. 그는 창조신이 되어 홀로 세상을 다스리며, 세상에서 하나님을 몰아내고, 세상을 굴복시켰다.

하지만 그의 존재의 수수께끼는 풀리지 않은 채로 남아 있다. 인간은 하나님으로부터 받은 자신의 본질, 곧 하나님과 같은 본질을 잃고 말았다. 그는 하나님의 형상이 되겠다는 자신의 본질적인 사명감 없이 살아간다. 그는 인간이 아닌 채로 살고 있다. 그는 살아서는 안 되는데도 살 수밖에 없는 신세다. 이것이야말로 우리의 존재가 지닌 모순이자, 우리가 겪는 모든 곤경의 원천이다. 그때부터 아담의 교만한 자손은 잃어버린 하나님의 형상을 제힘으로 되찾으려고 힘쓰지만, 잃어버린 것을 되찾으려는 그들의 노력이 진지하고 헌신적일수록, 그리고 외견상의 결과가 설득력이 있고 만족스러울수록, 하나님과의 어긋남은 더욱 심해진다. 그들이 하나님의 형상을 고안하여 거기에 새기는 기이한 모양은 그들도 모르는 사이에

그리스도의
형상

II. 예수 그리스도의 교회와 따르기　　455

점점 더 악마의 상을 띠어 간다. 창조주의 은혜인 하나님의 형상은 이 세상에서 실종되고 만다.

그러나 하나님께서는 자신의 타락한 피조물에게서 눈을 떼지 않으신다. 그분께서는 그 피조물 안에 자신의 형상을 재차 조성하고 싶어 하신다. 그분께서는 자신의 피조물에 다시 호감을 갖고 싶어 하신다. 그분께서는 그 피조물에게서 자신의 형상을 찾아내어 사랑하려고 하신다. 하지만 그분께서 자신의 형상을 찾아내시는 방법은 다음 한 가지뿐이다. 이를테면 순전한 자비로 타락한 인간의 형상과 모습을 친히 지니셔서, 인간의 형상과 똑같아지시는 것이다. 인간이 더는 하나님의 형상과 같아질 수 없게 되었기 때문이다.

하나님의 형상이 인간 안에서 회복되어야 한다. 그때 중요한 것은 전체다. 인간의 목표와 사명은 전체로서, 살아 있는 피조물로 하나님의 형상이 되는 것이지, 하나님에 관한 올바른 견해를 다시 갖거나, 자신의 행위를 하나님의 말씀보다 낮게 평가하는 것이 아니다. 몸과 혼과 영, 인간의 모습 전체가 현세에서 하나님의 형상을 지녀야 한다. 하나님은 자신의 완벽한 형상을 보실 때만 만족을 느끼신다.

이 형상은 생명, 곧 살아 있는 원형^{原型}에서 비롯된다.

모습은 모습을 본뜬다. 인간이 고안한 하나님의 모습을 인간의 모습이 본뜨기도 하고, 참되고 살아 있는 하나님의 모습 자체가 인간의 모습을 하나님의 형상에 새기기도 한다. 타락한 인간이 다시 하나님의 형상이 되려면, 변형, "변화",[롬 12:2, 고후 3:18] 변모가 일어나야 한다. 문제는 인간이 하나님의 형상으로 변화될 수 있으려면 어찌해야 하느냐다.

타락한 인간은 하나님의 형상을 회복할 수도, 취할 수도 없다. 그러므로 도움이 되는 길은 **한 가지**뿐이다. 하나님께서 직접 사람의 모습을 취하시고 사람에게 다가오시는 것이다. 하나님의 모습으로 아버지와 함께 사시던 하나님의 아들이 하나님의 모습을 포기하고, 종의 모습으로 사람에게 다가오신다.[빌 2:5] 인간에게서 일어날 수 없던 변모가 이제 하나님 자신 안에서 일어난다. 영원토록 하나님과 함께 머무르던 하나님의 형상이 이제 타락하고 죄스러운 인간의 형상을 취한다. 하나님께서 자기 아들을 죄스러운 육신을 지닌 모습으로 보내신다.[롬 8:2]

하나님께서 자기 아들을 보내시는 것, 이것만이 도움이 될 수 있다. 새로운 이념이나 더 나은 종교로는 목표를 달성할 수 없다. 그래서 한 사람이 인간에게 오신다. 모든 인간이 하나의 형상을 지닌다. 그분의 몸과 그분의 생애가 뚜렷이 드러난다. 이 한 사람은 한낱 빈말이나 생각, 의지에 불과한 분이 아니다. 그분은 무엇보다도 어엿한 한 사람, 한 모습, 한 형상, 한 형제다. 따라서 그분에게서는 새로운 생각, 뜻, 행동뿐만 아니라, 새로운 형상, 새로운 모습도 발생한다. 예수 그리스도 안에서 하나님의 형상이 우리의 타락한 인간 삶의 모습으로, 죄스러운 육신을 지닌 모습으로 우리 가운데 나타난다. 예수의 가르침과 그분의 행위, 그분의 삶과 그분의 죽음 속에서 하나님의 형상이 명백하게 드러난다. 하나님께서 그분 안에서 자신의 형상을 새롭게 창조하셔서 이 세상에 보여주신 것이다. 예수의 성육신, 그분의 말씀, 그분의 행위, 십자가에서 이루어진 그분의 죽음이야말로 이 형상에 절대적으로 속한다. 그것은 낙원의 첫 영광을 입은 아담의 것과는 다른 형상이다. 그것은 죄와 죽음의 세상 한가운데로 들어오신 분의 형상, 인간 육신의 곤경을 짊어지신 분의 형상, 죄인에 대한 하나님의 진노와 심판에 겸손히 복종하신 분의 형상, 고난을 받고 죽임을 당하면서도 하나님의 뜻에 복종하신 분의 형상, 가난 속에 태어나셔서 세리와 죄인의 친구가 되시고 그들과 한솥밥 식구가 되신 분의 형상, 십자가에서 하나님과 인간에게 배척받고 버림받으신 분의 형상이다. 이분이야말로 사람의 모습을 취하신 하나님이며, 이분이야말로 하나님의 새 형상이신 사람이다!

우리가 잘 아는 대로, 고난의 표지와 십자가의 상흔 표지는 부활하셔서 변모하신 분의 몸에 새겨진 은혜의 표지가 되고, 십자가에 달리신 분의 형상은 이제 하늘에서 우리를 위해 하나님께 기도하시는 영원한 대제사장의 영광을 입은 채 존속한다. 예수께서 취하셨던 종의 모습이 부활의 아침에 천상의 모습과 광채에 싸인 새 육신으로 바뀌었다. 하지만 하나님의 약속에 따라서 예수의 광휘와 영광에 참여하고자 하는 이는 먼저 십자가에서 복종하시고 고난받으신 하나님의 종의 형상과 같은 형상이 되어야 한다. 예수의 변모된 형상을 지니고자 하는 이는, 이 세상에서 수치를 당하시며 십자가에 달리신 분의 형상을 지니지 않으면 안 된다. 사람이 되셔서 십자가에 달리신 예수 그리스도의 모습을 띠지 않고는 아무도 하나님의 잃어버린 형상을 회복할 수 없다. 하나님께서는 바로 이 형상만을 기뻐하신다. 하나님께서는 이 형상을 본뜨는 사람만 기뻐하신다.

예수 그리스도의 모습을 본받는 것은 그리스도와 유사

한 것을 실현하라고 우리에게 맡겨진 이상이 아니다. 우리가 본받을 형상은 우리가 아니다. 우리가 본받을 형상은 하나님 자신의 형상이다. 그 형상은 우리 안에서 형태를 띠려고 하는 그리스도 자신의 모습이다.^{갈 4:19} 그리스도 자신의 모습이 우리 안에서 나타나고 싶어 한다. 우리가 그리스도의 모습이 될 때까지, 그리스도께서는 우리를 상대로 쉬지 않고 일하신다. 우리가 본받아야 할 것은 **사람이 되셔서 십자가에 달려 죽으시고 변모하신 분의** 온전한 **모습**이다.

그리스도께서는 이 **인간의 모습**을 취하셨다. 그분은 우리와 똑같은 사람이 되셨다. 그분의 인성과 낮아지심 속에서 우리는 우리 자신의 모습을 재인식하게 된다. 그분께서 사람과 똑같은 모습이 되신 것은, 사람이 그분과 똑같은 모습이 되게 하시려는 것이다. 그리스도의 성육신으로 온 인류가 하나님을 빼닮을 자격을 도로 얻었다. 이제 지극히 보잘것없는 사람을 학대하는 자는, 인간의 모습을 취하신 그리스도, 곧 인간의 얼굴을 하고 있는 모든 이를 위해 하나님의 형상을 회복하신 그리스도를 학대하는 자다. 우리는 성육신하신 분과 친교를 맺으면서 우리 본래의 사람 됨을 다시 선사받는다. 이 사람 됨은 분리하는 죄에서 우리를 떼어냄과 동시에 우리를 온 인류에게 되돌려 준다. 사람이 되신 그리스도와 함께하는 것은, 그분이 짊어지신 온 인류와 함께하는 것이다. 우리가 아는 대로, 예수의 인성이 우리 자신을 맞아들이고 품었다. 그러므로 우리의 새사람 됨의 본질도, 우리가 다른 이들의 곤경과 죄책을 짊어지는 데 있다. 사람이 되신 분께서는 자신의 제자들을 모든 사람의 형제자매로 삼으신다. 그리스도의 성육신에서 드러난 하나님의 "인류애"*"사람을 사랑하심" 딛 3:4, 개역개정*야말로 그리스도인으로 하여금 세상에 있는 모든 사람을 형제자매로 사랑하게 하는 근거다. 공동체를 그리스도의 몸이 되게 하여, 온 인류의 죄와 곤경을 짊어지고 온 인류를 품게 하는 것은 사람이 되신 분의 모습이다.

이 세상에서 그리스도의 모습은 십자가에 달리신 분의 **죽음의 모습**이다. 하나님의 형상은 십자가에 달리신 예수 그리스도의 형상이다. 제자의 삶은 바로 이 형상으로 변화되어야 한다. 그것은 그리스도의 죽음을 본받는 삶,*빌 3:10, 롬 6:4* 십자가에 못 박히는 삶*갈 2:20*이다. 그리스도께서는 자기 사람들이 세례를 받을 때 그들의 몸에 자기 죽음의 모습을 새기신다. 그리스도인은 육체와 죄에 대해 죽은 사람이다. 이는 세상 쪽에서 보면 그가 죽었고, 그의 쪽에서 보면 세상이 죽은 것이라고 할 수 있다.[갈 6:14] 세례를 받고서 살아가는 사람은 죽고서 살아가는 사람이다. 그리스도께서는 자기 사람들의 삶을 영과 육의 투쟁 속에서 맞는 일상적인 죽음으로, 악마가 그리스도인들에게 입히는 치명적인 상처를 날마다 입는 것으로 설명하신다. 예수 그리스도의 모든 제자는 이 땅에서 그분 자신의 고난을 겪지 않으면 안 된다. 그리스도께서는 자신을 따르는 이들 중 소수에게만 자신의 고난 및 순교와 긴밀히 연대할 수 있게 하신다. 바로 여기서 제자의 삶은 예수 그리스도의 죽음과 매우 흡사한 모습임이 입증된다. 그리스도 때문에 공개적으로 치욕을 겪고, 그리스도 때문에 고난을 받고, 그리스도 때문에 죽을 때, 그리스도는 자신의 공동체 안에서 가시적으로 드러나신다. 그러나 세례에서 맞든, 순교에서 맞든, 고난도 같은 고난이요, 죽음도 같은 죽음이다. 바로 이것이 십자가에 달리신 분을 통해 새롭게 창조된 하나님의 형상이다.

사람이 되셔서 십자가에 달리신 분과 친교를 가지면서 자기 안에서 그분의 모습을 구체적으로 드러내는 사람은, **변모하셔서 부활하신 분**과 같이 된다. "우리는 또한 하늘에 속한 그분의 형상을 입을 것입니다."[고전 15:49] "우리도 그와 같이 될 것을 압니다. 그 때에 우리가 그를 참모습대로 뵙게 될 것이기 때문입니다."요일 3:2 십자가에 달리신 분의 형상도 그러하지만, 부활하신 분의 형상도 그것을 바라보는 이들을 변화시킬 것이다. 그리스도를 뵙는 사람은 그분의 형상 안으로 끌려 들어가서 그분의 모습과 같은 모습이 된다. 실로 그 사람은 신적인 형상을 비추는 거울이 된다. 이미 이 땅에 살고 있는 우리 안에는 예수 그리스도의 영광이 비치고 있을 것이다. 십자가에 달리신 분의 죽음의 모습, 곧 고통과 십자가 속에서는 이미 부활하신 분의 광채와 생명이 반짝이고 있을 것이다. 신적 형상으로 변모가 차츰 심화하여, 우리 안에 자리한 그리스도의 형상이 점점 더 뚜렷해지고 있을 것이다. 인식에서 인식으로, 명료함에서 명료함으로 진보가 이루어져, 하나님 아들의 형상과 점점 더 같게 될 것이다. "우리는 모두 너울을 벗어버리고, 주님의 영광을 바라봅니다. 이렇게 해서, 우리는 주님과 같은 모습으로 변화하여, 점점 더 큰 영광에 이르게 됩니다. 이것은 영이신 주님께서 하시는 일입니다."고후 3:18

　　바로 이것이 우리 마음속에서 이루어지는 예수 그리스도의 내주內住다. 예수 그리스도의 생애는 이 세상에서 아직 끝난 것이 아니다. 그리스도께서는 따르는 이들의 생활 속에서 계속 살아가신다. 이제는 우리가 기독교적인 생활을 하고 있다고 말할 것이 아니라, 예수 그리스도께서 우리 안에서 실제로 살고 계시다고 말해야 한다. "이제 살고 있는 것은 내가 아닙니다. 그리스도께서 내 안에서 살고 계십니다."갈 2:20 사람이 되셔서 십자가에 달리시고 변모되신 분께서 내 안에 들어오셔서 나의 삶을 사신다. "나에게는, 사는 것이 그리스도이시니."빌 1:21 그러나 그리스도뿐만 아니라 아버지께서도 나와 함께 사신다. 성령을 통해 아버지와 아들이 나와 함께 사신다. 거룩한 삼위일체 자체가 그리스도인 안에 보금자리를 치시고, 그를 채우시며, 그를 자신들의 형상으로 만드신다. 사람이 되셔서 십자가에 달리시고 변모하신 그리스도께서 개인들 안에서 모습을 드러내시는 까닭은, 그들이 그분의 몸인 교회의 지체들이기 때문이다. 교회는 사람이 되신 그리스도의 모습, 죽으신 그리스도의 모습, 부활하신 그리스도의 모습을 지니고 있다. 교회는 무엇보다도 예수 그리스도의 형상이다.엡 4:24, 골 3:10 교회의 모든 지체는 교회로 말미암아 그리스도의 형상이 된다. 우리는 그리스도의 몸 안에서 "그리스도처럼" 된다.

신약성서가 우리에게 "그리스도처럼"καθὼς Χριστός, 카토스 크리스토스 되라고 거듭 말하고 있음은 명백한 사실이다. 우리는 그리스도의 형상이 되었으므로 "그리스도처럼" 살아야 한다. 그리스도께서 우리가 본받을 "모범"이 되실 수 있는 이유는 우리가 이미 그리스도의 형상을 지니고 있기 때문이다. 그리스도께서 우리에게 남겨 놓으신 본을 우리가 따르고,[벧전 2:21] 그분께서 우리를 위해 목숨을 버리신 것과 같이,[요일 3:16] 우리가 우리의 형제를 위해 우리의 목숨을 버릴 수 있는 까닭은, 우리가 "그리스도께서 사신 것과 같이 마땅히 그렇게 살아가야"[요일 2:6] 하고, "그분께서 하신 것과 같이 하고",[요 13:15] "그분께서 사랑하신 것과 같이 사랑하고",[엡 5:2, 요 13:34, 15:12] "그분께서 용서하신 것과 같이 용서하고",[골 3:13] "그리스도 예수께서 보여주신 것과 같은 태도를 갖고 있기"[빌 2:5] 때문이다. 우리가 그분과 같이 될 수 있는 까닭은, 그분께서 우리와 같이 되셨기 때문이다. 우리가 "그리스도와 같이" 될 수 있는 까닭은, 우리가 그분과 같이 **되었기** 때문이다. 우리가 그리스도를 본받으며 살 수 있는 까닭은, 우리가 그리스도의 형상이 되었기 때문이다. 바로 여기서 실천이 실제로 이루어진다. 바로 여기서 그리스도를 단순하게 따르며 그리스도를 닮는 삶이 이루어진다. 바로 여기서 말씀에 대한 순전한 복종이 이루어진다. 나는 이제는 나 자신의 삶, 내가 지니고 있는 새 형상을 바라보지 않는다. 그것을 바라보려고 하는 순간, 나는 그것을 잃고 말 것이다. 내가 지니고 있는 새 형상은 예수 그리스도의 상을 비추는 거울일 뿐이다. 나는 예수 그리스도의 형상만을 뚫어지게 바라본다. 따르는 사람은 앞서가시는 분만을 바라본다. 그러나 사람이 되셔서 십자가에 달리시고 부활하신 분을 따르면서 그분의 형상을 지니는 사람은 마침내 "하나님을 본받는 사람"이 되라는 부르심을 받는다. 예수를 따르는 사람은 하나님을 본받는 사람이다. "그러므로 여러분은 사랑을 받는 자녀답게, 하나님을 본받는 사람이 되십시오."엡 5:1

1. *Dr. Martin Luthers Briefwechsel*. Bd. 3, bearbeitet und mit Erläuterung versehen von Ernst Ludwig Enders und fortgesetzt von Gustav Kawerau, Leipzig, 1889, 208, 118ff.

2. 타락한 인간이 자신의 능력으로 수행하는 도덕적 행위를 가리키며, 그가 친절하고 의로운 사람이 되어 자신의 사회적 의무들을 이행함으로써 동료들의 인정을 받는 것을 의미한다.—옮긴이

3. 이렇게 설명하는 주석의 근거는 ἄνοιγεν τὸ στόμα(아노이겐 토 스토마, 예수께서 입을 열어서)란 표현에 있다. 이것은 고대 교회의 주석에서 크게 주목받은 표현이다. 예수께서 말씀하시기 전에, 침묵의 순간들이 있었다.

4. 마태복음과 누가복음이 드러내는 대립 구조에는 성서적 근거가 전혀 없다. 마태복음은 누가복음의 독창적인 복의 선언을 영성화(靈性化)하는 데 관심이 없고, 누가복음은 "마음가짐"에만 관계되는 복을 정치화하는 데 관심이 없다. 누가복음은 궁핍을 복의 근거로 여기지 않고, 마태복음은 포기를 복의 근거로 여기지 않는다. 마음과 관련이 있든 정치와 관련이 있든, 두 복음서에서 궁핍과 포기는 예수의 부르심과 약속을 통해서만 정당성을 얻는다. 오직 예수만이 있는 모습 그대로의 사람에게 복을 선언하시고, 오직 예수만이 그들의 복의 근거가 된다. 가톨릭 주석은 클레멘트의 시대 이래로 가난의 덕을 찬양하게 하려고 했다. 그러면서 한편으로는 수도사의 자발적 가난(paupertas voluntaria, 파우페르타스 볼룬타리아)을 염두에 두고, 다른 한편으로는 그리스도를 위해 겪는 모든 자발적 가난을 염두에 두었다. 두 경우 다 잘못된 주석인데, 그 이유는 복의 근거를 예수의 부르심과 약속에서만 찾지 않고, 어떤 인간적인 태도에서 찾기 때문이다.

5. 율리아누스 황제는 그의 43번째 편지에서 다음과 같이 놀림조로 말했다. "내가 그리스도인들의 재산을 몰수하는 까닭은, 그들이 가난해야 하늘나라에 들어갈 수 있기 때문이다."

6. εἰρηνοποιοί(에이레노포이오이)는 이중적인 의미를 지니고 있다. 루터의 주해에 따르면, "friedfertig"(평화로운)도 수동적으로만 해석해선 안 된다. 영어 번역 "peacemaker"는 일방적이어서 갖가지 오해를 낳으며 기독교 행동주의의 빌미가 되고 말았다.

7. 호메로스, 『일리아스』(숲) 제9권 214행.—옮긴이

8. 다수의 사본이 εἰκῆ(에이케, 까닭 없이)를 첨가하여 예수께서 하신 말씀의 날카로움을 처음으로 신중하게 정정한다.

9. 히틀러와 제3제국의 충실한 시녀 "개신교 최고관리 위원회"의 법률상 수장이었던 프리드리히 베르너(Friedrich Werner) 박사는 1938년 4월 20일 다음과 같은 포고령을 내렸다. "총통과 국민과 제국에 변함없이 충성하는 사람만이 교회에 재직할 수 있음을 인정하는 취지에서 다음과 같이 포고한다. 영적 직책에……부름받은 이는 누구나 다음과 같은 서약을 통해 자신의 충성 의무를 분명히 확인해야 한다. '독일 제국과 독일 국민의 총통인 아돌프 히틀러에게 충성하고, 법률에 유의하고, 내 직책의 의무들을 성실히 이행할 것을 맹세합니다. 그러니 하나님은 나를 도우소서.'……이 포고령이 발효되기 전에……성직에 부름받은 이는……뒤늦게라도 충성 서약을 해야 한다.……충성 서약을 거부하는 이는 누구나 해고되어야 한다." 에버하르트 베트게, 『디트리히 본회퍼: 신학자-그리스도인-동시대인』(복 있는 사람), 850쪽 참조.—옮긴이

10. 요한복음 18:23을 증거로 내세워, 예수께서는 자신의 계명을 글자 그대로 이행하지 않으셨다고 주장하며 복종을 회피하는 것은 위험한 경거망동이다. 예수께서는 악을 악하다 하시되, 십자가에 달려 죽기까지 무방비 상태로 그것을 감내하신다.

나를
따르라

11. 예컨대 "너희는 세상의 소금이다……너희는 세상의 빛이다."—옮긴이

12. 본회퍼는 반성(Reflexion)을 신앙 행위의 위험 요소로 여겼다. 그는 『행위와 존재』에서 이렇게 말한다. "모든 반성은 파괴적이다. 신앙은 자기 자신에게 초점을 맞추어서는 안 된다. 신앙은 전적으로 그리스도에게 초점을 맞추어야 한다." DBW 2:89. 반성이 반복적으로 지속되면, 그리스도를 도외시할 수밖에 없다. 에버하르트 베트게, 『디트리히 본회퍼: 신학자-그리스도인-동시대인』(복 있는 사람), 236, 298, 338, 666쪽 참조.—옮긴이

13. 원제는 'Komm, Kinder, laßt uns gehen'(자녀들아, 어서 와서 가자꾸나)이다. 이 찬송가는 본회퍼가 핑켄발데 신학원 목사 후보생들에게 소개하고, 동 신학원 출신 수감자들에게 즐겨 부르게 한 찬송가다. 에버하르트 베트게, 『디트리히 본회퍼: 신학자-그리스도인-동시대인』(복 있는 사람), 630, 772쪽 참조.—옮긴이

14. 바울이 악덕 목록을 제시하면서 음행과 탐욕을 거듭 나란히 배치하고, 이 둘을 우상숭배라고 부른 것은 결코 우연이 아니다.

15. 이 대목에서 다음의 사실을 주목해야 할 것 같다. 말하자면 예수께서는 인간의 마음에서 그것이 필요로 하는 것, 곧 재물과 존경과 명예를 빼앗지 않으신다는 것이다. 오히려 예수께서는 인간에게 다른 대상들, 곧 하나님에게서 오는 영광(요 5:44), 십자가의 영예(갈 6:14), 하늘의 재물을 제시하신다.

16. 개역개정과 새번역은 ἁπλοῦς(하플루스)를 "성하다"로 읽고 있다.—옮긴이

17. 프랑스 여류 문필가 마담 드 스탈(Madame de Staël, 1766-1817)이 한 말이다.—옮긴이

18. 독일 루터교회 목사와 국가교회 소속 목사는 국가 공무원이다.—옮긴이

19. 존재론적 진술과 선포하는 증언을 혼동하는 것이야말로 모든 열광주의의 특징

이다. 이 열광주의는 그리스도께서 부활하시어 현존하신다는 명제를 존재론적으로 이해하여 성서의 통일성을 파괴한다. 이 명제에 공관복음서 기자들이 제시하는 것과 구별되는 예수 그리스도의 존재방식에 관한 진술이 담겨 있기 때문이다. 예수 그리스도께서 부활하시어 현존하신다는 것은 나름의 존재론적 의미를 지닌 독자적인 명제로서 다른 존재론적 진술보다 결정적인 진술로 사용될 수 있다. 이 명제는 신학적 원리가 된다. 이와 유사하게 모든 열광적 완전주의는 성화에 대한 성서의 진술들을 존재론적 진술로 오해해서 생겨난 것이라고 할 수 있다. 이 완전주의는 "그리스도 안에 머물러 있는 사람마다 죄를 짓지 않습니다"(요일 3:6)라는 진술을 사고의 존재론적 출발점으로 삼고, 동시에 성서 자체에서 떼어 내어, 독자적이고 경험 가능한 진리로 들어 올린다. 반면에 선포하는 증언은 이와 정반대의 성격을 지닌다. 말하자면 그리스도께서 부활하시어 현존하신다는 명제를 예외 없이 성서의 증언으로만 이해하고, 성서의 말씀으로만 참되게 이해하는 것이다. 나는 이 말씀을 믿는다. 이 말씀을 통하지 않고 이 진리에 접근할 수 있는 다른 길은 존재하지 않는다. 이 말씀은 바울이 선포하는 그리스도의 현존과 공관복음서 기자들이 선포하는 그리스도의 현존을 나에게 똑같이 증언한다. 따라서 어느 쪽으로 접근할 것인지는 말씀을 통해서만, 성서의 증언을 통해서만 결정된다. 물론 이것은 바울이 대상과 개념 군을 통해 공관복음서 기자들과 다르게 증언하고 있다는 사실을 부정하지 않는다. 하지만 바울의 증언과 공관복음서 기자들의 증언은 예외 없이 성서 전체의 맥락 속에서 이해된다. 이 모든 것은 엄밀한 정경 개념에서 유래한 선험적 인식일 뿐만 아니라, 각각의 개별적 사례도 이러한 성서 이해가 옳음을 입증한다. 따라서 이어지는 대목에서는 어떻게 바울이 따르리라는 개념을 자신의 증언 속에 수용하여 여러 개념으로 변조하고 진척시키는지를 설명하게 될 것이다.

20. 이미 예수께서는 자기 죽음을 세례라 부르시고, 제자들에게 이 죽음의 세례를 약속하셨다(막 10:39, 눅 12:50).

21. 슐라터(Schlatter)는 고린도전서 15:29을 순교의 세례와 관련짓는다.

22. 물론 요한의 세례는 그리스도의 세례로 갱신되어야 한다(행 19:5).

23. 이미 신약성서 시대에 유아세례를 추가 기입해야 한다고 주장하는 유명한 구절들에는 요일 2:12도 포함되는 것 같다. 이 구절들은 어린 자녀, 아버지, 젊은이를 두 차례 동일한 순서로 언급함으로써, 12절에 등장하는 어린 자녀들(τεκνία, 테크니아)을 공동체의 일반적인 명칭으로 이해하지 않고, 공동체 안에 실제로 존재하는 어린 자녀들로 이해할 수 있게 한다.

24. 에베소서 3:6도 구원의 선물인 말씀과 세례와 성찬을 에둘러 말한다.

25. ἐνδύσασθαι(엔뒤사스타이, 입으십시오)의 이미지에는 집과 의복의 표상이 들어있다. 고후 5:1을 이와 관련지어 해석해도 될 것이다. 여기서 ἐνδύσασθαι는 하늘로부터 오는 οἰκητήριον(오이케테리온, 집)과 연관된다. 이 οἰκητήριον(집)이 없는 사람은 벌거벗은 γυμνός(귐노스, 맨몸의) 상태가 되어, 하나님을 두려워할 수밖에 없다. 그는 맨몸 상태여서, 자신이 덧입혀지기를 갈망한다. 그러려면 하늘로부터 오는 οἰκητήριον(집)을 덧입어야 한다. 이 세상에서 교회라는 집을 "덧입는 것"은 바울이 동경하는 하늘의 교회를 입는 것과 상응하지 않을까? 땅에서든 하늘에서든, 우리가 덧입는 것은 하나의 교회, 하나님의 집, 신적 현존과 비호(庇護)의 공간이다. 땅에서든 하늘에서든, 우리를 감싸 보호하는 것은 그리스도의 몸이다.

26. 칭의와 성화.—옮긴이

27. 이 악덕 목록들의 기원은 마가복음 7:21-22에 등장하는 주님의 말씀일 것이다.

28. "그러나 나는 살아 있다고 신자는 말합니다. 나는 하나님 앞에서 살고, 하나님의 은혜를 힘입어 그분의 심판대 앞에서 살고 있습니다. 나는 그분의 은총, 그분의 빛, 그분의 사랑을 받으며 살고 있습니다. 나는 내 모든 죄에서 완전히 구원받았습니다. 채무 기록부에는 갚지 않거나 값을 치르지 않은 것이 더는 남아 있지 않습니다. 율법은 나에게 어떤 것도 요구하지 못합니다. 율법은 더는 나를 닦달하지 못합니다. 그것은 이제 나를 정죄하지 못합니다. 하나님께서 의로우시듯이, 나도 그분 앞에서 의롭습니다. 내 하나님께서 거룩하시듯이 나도 거룩하고, 하늘

에 계신 내 아버지께서 온전하시듯이 나도 온전합니다. 하나님의 완전한 호의가 나를 감싸고 있습니다. 그것은 내가 딛고 선 발판이자, 내가 숨는 은신처입니다. 하나님의 완전한 복과 그분의 완전한 안식이 나를 들어 올리고 떠받칩니다. 나는 그 속에서 숨 쉬고, 그 속에서 영원토록 평안을 누립니다. 나에게는 이제 죄가 없습니다. 나는 더는 죄를 짓지도 않습니다. 내 양심이 알고 있듯이, 나는 걷거나 서거나, 앉거나 눕거나, 깨어 있거나 잠들거나, 하나님의 길에 있으면서 그분의 뜻대로 행하고, 그분의 뜻에 딱 맞게 살아갑니다. 내가 생각하거나 말하는 것은 모두 하나님의 뜻에 따른 것입니다. 타향에 있든 본향에 있든, 내가 어딘가에 있는 것도 그분의 은혜로운 뜻에 따른 것입니다. 나는 일할 때나 쉴 때나 그분을 기쁘게 해드립니다. 나의 죄는 영원히 소멸되었고, 소멸되지 않을 새로운 죄는 더이상 짓지 않습니다. 나는 그분의 은혜 안에서 보호를 받으며 더는 죄를 짓지 않습니다. 어떤 죽음도 나를 더는 죽이지 못합니다. 나는 하나님의 모든 천사처럼 영원히 삽니다. 나의 하나님은 이제 내게 화를 내시거나 나를 책망하지 않으십니다. 나는 장차 있을 진노로부터 영원히 구원받았습니다. 악도 더는 나를 건드리지 못할 것이고, 세상도 나를 더는 함정에 빠뜨리지 못할 것입니다. 누가 우리를 하나님의 사랑에서 떼어 놓겠습니까? 하나님께서 이토록 우리를 위하시는데, 누가 우리를 거스르겠습니까?"(헤르만 프리드리히 콜브뤼게, H. F. Kohlbrüge)

29. 두 열쇠 권한은 '매는' 권한과 '푸는' 권한이다(마 16:19 참조).—옮긴이

30. 공동체가 실행하는 모든 징계는 언제나 자비에 이바지하는 데 초점을 맞추지만, 신약성서에는 이 모든 징계를 넘어서는 가장 무시무시한 형벌, 심지어 완고한 죄인을 사탄에게 넘겨주는 것마저 넘어서는 형벌이 등장한다. 그 형벌은 저주, 곧 아나테마(ἀνάθεμα, 예컨대 롬 9:3, 고전 12:3, 16:22, 갈 1:8)이다. 저주는 더는 구원이라는 목적과 결부되지 않는다. 저주는 신적 심판의 선취로서 등장한다. 저주에 상응하는 구약성서의 표현은 하나님을 부인하는 사람들에게 집행되는 "헤렘"(cherem)이다. 헤렘은 공동체로부터 최종적인 격리를 의미하며, 추방당한 자는 죽임을 당한다는 뜻이다. 이것은 다음의 두 가지 의미로 말한 것이다. 이를테면 공동체는 추방당한 자를 받아들여서도 안 되고, 추방을 해제해서도 안 된다는 것이다. 그런 까닭에 추방당한 자는 하나님께만 맡겨진다. 그러나 추방당한 자

는 저주를 받음과 동시에, 하나님께 넘겨진 까닭에 거룩하기도 하다. 그러나 그는 저주받은 자로서 하나님께만 속해 있는 까닭에, 공동체는 그를 구원하려는 의도를 더는 품을 수 없다. 로마서 9:3에서 증명하듯이, 아나테마는 구원으로부터 분리를 의미한다. 고린도전서 16:22에서 암시하듯이, 아나테마는 종말론과 관련이 있다. 갈라디아서 1:8 이하에서 말하듯이, 자신의 설교를 통해 복음 자체를 고의로 왜곡하는 사람은 저주를 받는다. 특정한 사람들에게 아나테마를 선고하는 유일한 구절이 거짓 교사들과 관련이 있다는 것은 결코 우연이 아니다. "교의(教義)는 하늘이고, 삶은 땅이다"(Doctrina est coelum, vita terra. 독트리나 에스트 첼룸, 비타 테라. 마르틴 루터).

31. **교의(教義) 징계**는 공동체의 징계와 다르다. 공동체의 징계가 참된 교의, 곧 권한의 올바른 사용에서 비롯된 것이라면, 교의 징계는 교의 자체의 오용에 맞서기 위한 것이다. 그릇된 교의는 공동체의 삶과 공동체의 징계를 철저히 해친다. 그런 까닭에 교의를 거스르는 죄가 처신으로 짓는 죄보다 훨씬 무겁다. 공동체로부터 복음을 빼앗는 자는 무제한의 유죄판결을 받아 마땅하다. 하지만 복음은 처신으로 죄를 짓는 사람을 위해 존재한다. 교의 징계는 무엇보다도 교회 안에서 교사의 직무를 맡은 이에게 해당된다. 이 모든 것의 전제는 다음과 같다. 이를테면 직무를 맡길 때는, "디닥티코스"(διδακτικός)라는 직무 담당자가 가르치기를 잘하고(딤전 3:2, 딤후 2:24, 딛 1:9), "다른 사람들을 또한 가르칠 수"(딤후 2:2) 있는지를 보증받고, 아무에게나 경솔하게 안수하지 않는 것이다. 그렇지 않으면 직무 담당자의 죄가 그를 임명한 사람에게 되돌아오기 때문이다(딤전 5:22). 그러므로 교의 징계는 어떤 이를 교사의 직무에 임명하기 전에 이미 시작된다. 여기서 공동체의 생과 사를 좌우하는 것은 최고의 양심이다. 그러나 교의 징계는 어떤 이를 교사의 직무에 임명하는 것으로 끝나지 않는다. 오히려 교사의 직무에 임명하는 순간, 교의 징계는 비로소 시작된다. 믿음직한 직무 담당자 디모데까지도 올바르고 유익한 교의를 수호하라는 훈계를 끊임없이 받는다. 그는 특히 성서 읽기를 권고받는다. 길을 잃을 위험이 크기 때문이다(딤후 3:10, 3:14, 4:2, 2:15, 딤전 4:13, 16, 딛 1:9, 3:8). 게다가 그는 모범적으로 처신하라는 훈계도 받는다. "그대 자신과 그대의 가르침을 살피십시오"(딤전 4:16, 행 20:28). 디모데는 절제하고, 겸손하고, 공평하고, 근면하라고 훈계받는 것을 부끄러워하지 않는다. 이

처럼 직무 담당자들을 대상으로 한 훈육은 공동체의 징계보다 앞선다. 직무 담당자의 임무는 자기 공동체 안에서 올바른 교의를 유포하고 모든 왜곡을 저지하는 것이다. 명백한 거짓 교의가 침투할 경우, 직무 담당자는 "다른 교훈을 가르치지 말라"고 명령해야 한다(딤전 1:3). 그는 교사의 직무를 맡은 사람이고 따라서 명령할 수 있는 사람이기 때문이다. 게다가 그는 말다툼을 삼가도록 경고하고 주의를 시켜야 한다(딤후 2:14). 어떤 사람이 거짓 교사로 드러나면, 그를 "한두 번 타일러야" 한다. 그래도 듣지 않으면, 그 이단자와 친교를 끊어야 한다(딛 3:10, 딤전 6:4). 그는 공동체를 타락시키는 사람이기 때문이다(딤후 3:6). "그리스도의 가르침 안에 머물러 있지 아니한 사람은 누구든지, 하나님을 모시고 있지 아니한 사람입니다"(요이 9). 그런 거짓 교사를 집에 맞아들이거나 그와 인사를 나누려고 해선 안 된다(요이 10). 적그리스도는 거짓 교사를 이용하여 나타난다. 처신을 잘못해서 죄를 지은 사람이 아니라, 거짓 교사만이 적그리스도라 불린다. 갈라디아서 1:9에 등장하는 아나테마 선고는 거짓 교사에게만 유효하다. 공동체의 징계와 교의 징계의 관계는 다음과 같다. 교의 징계 없는 공동체의 징계는 존재하지 않는다. 공동체의 징계와 무관한 교의 징계도 존재하지 않는다. 바울은 고린도 교회 사람들이 자만에 빠져 공동체의 징계권을 행사하지 않은 채 분열($\sigma\chi i\sigma\mu\alpha\tau\alpha$, 스키스마타)을 일으키려 한다고 질책한다(고전 5:2). 공동체 안에서 교의의 문제를 처신의 문제와 분리하는 것은 있을 수 없는 일이다.

32. 바울과 야고보가 차이를 드러내는 것은 다음과 같은 이유 때문이다. 야고보는 믿음을 겸손하게 하려고 그것에서 자기 자랑의 가능성을 제거하고, 바울은 행위를 겸손하게 하려고 그것에서 자기 자랑의 가능성을 제거한다. 야고보는 인간은 믿음으로만 의롭게 된다는 명제의 타당성을 논박하려 하지 않고, 믿는 사람에게 믿음 속에 안주할 위험에서 벗어나 복종의 행위를 하라고 지시하여, 그를 참으로 겸손한 사람이 되게 하려고 한다. 바울과 야고보, 둘 다 인간은 제힘으로 사는 것이 아니라 은혜로 산다는 사실을 중시한다.

성구

나를
따르라

나를
따르라

주제·인명

나를
따르라

나를
따르라

나를
따르라

나를
따르라

옮긴이의 글

지난해는 디트리히 본회퍼가 순교한 지 70주년이 되는 해였다. 이를 기념해 한국 신학계에서도 몇 차례의 학술 대회를 개최하고, 연극계에서는 기념 공연까지 한 것으로 알고 있다. 이에 보조를 맞추어 몇 가지를 기획하던 '복 있는 사람' 출판사에서 지난해 봄에 연락이 왔다. 디트리히 본회퍼의 역작이자 명저인 『나를 따르라』와 『옥중서신—저항과 복종』을 내려고 하는데 번역을 맡아 주었으면 좋겠다는 간곡한 부탁을 하였다. 솔직히 말하면, 나는 이미 과분하게도 본회퍼 전기를 세 권이나 번역한 상태여서, 그의 생애와 사상을 알리는 일은 그 정도면 충분하다고 생각하고 있었다. 타 출판사에서 본회퍼의 주요 작품들을 착착 번역하여 선집으로 선을 보인 상황이고, 게다가 『나를 따르라』는 이미 쟁쟁한 학자들의 이름을 역자로 달고 세 권이나 나와 있고, 『옥중서신』도 두 권이나 나와 있는 상황이어서 주저하는 마음이 더욱 컸다. 도대체 내가 무슨 수로 그분들의 역자로서의 명성을 넘을 것이며, 무슨 수로 기존의 번역본들을 능가하겠는가?

책 한 권이 세상 나들이를 할 때에는 웬만한 크기의 숲이 하나 사라진다고 한다. 아름드리나무들이 속수무책으로 베임을 당하는 것이다. 이제까지 창조영성을 등에 업고 살아오면서, 나무 심고 꽃 심어 가꾸는 즐거움에 푹 빠져 온 내가 아무 생각 없이 숲을 사라지게 할 수는 없지 않은가? 하나님의 발 받침대^{사 66:1}이자 "하나님의 몸"Sallie McFague, "the world as God's body"의 일부인 숲을 막무가내로 해치지 않으려면, 번역을 하더라도 꼭 필요한 책만 하리라는 나름의 기준을 세워 온 터라, 나는 출판사의 번역 의뢰를 받고 난색을 표했다. 하지만 출판사 대표는 나의 난색 표시에도 아랑곳하지 않고 집요한 설득 작전을 펼쳤다. "번역본은 여럿이어야 합니다. 이미 몇 권의 번역본이 나와 있기는 하지만 아쉬움이 없지 않고, 무엇보다도 독자들이 좀 더 쉽게 다가갈 수 있는 번역서가 있어야 하지 않겠어요? 때마침 본회퍼 전기를 번역·출간하면서 좀처럼 접하기 어려운 정보와 지식도 상당히 축적한 상태이니 좀 더 정밀하면서도 무난히 읽히는 번역본을 내 봅시다." 출판사 대표의 집요한 설득에 부득이 응하는 수밖에 다른 도리가 없었다.

  "원문에 충실하면서도 우리말 안내를 잘하는 것이 가장 좋은 번역이다. 독자들이 '이게 뭔 말이지? 무슨 말인지 도통 모르겠어'라고 하면서 책을 덮어 버리거나 집어던지게 하는 번역은 나쁜 번역이다." 소싯적에 두 해 동안 한국시단의 중견 시인을 글쓰기 스승으로 모시면서 한문류공부를 할 때, 스승께서 하신 말씀이다. 우리말로 옮기고자 하는 외국어와 그 나라의 문화와 원저자의 전공분야에도 일가견이 있어야 하지만, 무엇보다도 우리말에 대한 사랑이 지극해야 하며, 그러려면 우리말 사전을 늘 가까이하고, 시와 소설과 에세이를 꾸준히 다독하고, 인문학적 소양도 두루 쌓아야 한다는 내용을 곁들여 하신 말씀이었다. 그동안 스승의 말씀을 고이 갈무리하여 그대로 하려고 노력해 왔지만, 이번에는 더더욱 좋은 번역으로 독자들에게 다가가리라 다짐하며 번역에 착수했다.

  『나를 따르라』는 1937년에 카이저 출판사에서 나온 *Nachfolge*를, 『옥중서신―저항과 복종』은 1951년에 같은 출판사에서 나온 *Widerstand und Ergebung*을 텍스트로 삼아 지난해 초여름부터 올해 2월말까지 번역 작업을 진행했는데, 한여름 3주 동안은 사상 초유의 가마솥더위와 열대야, 그

리고 여름철에 집중된 나의 손님맞이가 겹치는 바람에, 번역
은 좀처럼 진척되지 못했다. 몸과 마음이 기진맥진했기 때문
이기도 하거니와, 난해한 대목을 만나서는 쉽게 건너뛰지 못
하고 그 대목이 풀릴 때까지 씨름하는 내 성벽 때문이기도 했
다. 그럼에도 날마다 번역에 쏟는 몇 시간의 힘, 그렇게 쌓이
고 또 쌓이는 하루하루의 힘을 믿고, 논틀길을 걷듯 조심조심
걸음을 떼고 또 떼며 좁고 험난한 오솔길을 막 통과하여, 원고
와 텍스트를 대조하며 복기復棋하는 지금, 내 마음은 오밀조밀
짜임새 있게 조성된 그윽하고 깊은 숲에 안겨, 그 숲을 이루는
갖가지 나무들, 온갖 갈맷빛 풀들과 갖은 형형색색 꽃들, 각가
지 기암괴석들, 걷는 이의 심한 갈증을 시원히 풀어 주는 옹달
샘과 졸졸거리는 계곡물, 벌과 나비와 새와 노루 등 각종 숨탄
것들, 이 모든 것이 발산하는 것들을 하나씩 하나씩 조심스레
들여다보고, 만져 보고, 귀여겨듣고, 냄새 맡아 보고, 맛을 보
는 듯, 충만한 기쁨으로 차오른다.

디트리히 본회퍼는 『나를 따르라』에서 "값싼 은혜는
우리 교회의 숙적宿敵이다. 오늘 우리의 투쟁은 값비싼 은혜를
얻기 위한 투쟁이다"라며, 예수 따르기가 실종된 기독교계 한

복판에 폭발력이 어마어마하게 큰 발언들을 투척한다. 잠시 그의 절절한 발언들을 읊조려 본다.

값싼 은혜란 투매投賣 상품인 은혜, 헐값에 팔리는 용서, 헐값에 팔리는 위로, 헐값에 팔리는 성찬, 교회의 무진장한 저장고에서 무분별한 손으로 거침없이 무한정 쏟아내는 은혜, 대가나 희생을 전혀 요구하지 않는 은혜를 의미한다. …… 값싼 은혜는 실로 우리 대다수에게 무자비했다. 그것은 그리스도께 이르는 길을 우리에게 열어 주지 않고 도리어 차단하기만 했다. 그것은 우리에게 예수를 따르라고 부르기는커녕 우리를 둔하게 만들어 불순종하게 했다. …… 은혜가 값비싼 것은 따르라고 부르기 때문이다. …… 은혜가 값비싼 까닭은 사람에게 예수 그리스도를 따르라는 멍에를 씌우기 때문이고, 그것이 은혜인 것은 예수께서 "내 멍에는 편하고 내 짐은 가볍다"마 11:30라고 말씀하시기 때문이다. …… 살아 계신 예수 그리스도가 없는 그리스도교는 따르기가 없는 그리스도교에 지나지 않고, 따르기가 없는 그리스도교는 언제나 예수 그리스도가 없는 그리스도교에 지나지 않는다. …… 세상이 지금보다 더 끔찍하게, 지금보다 더 절망적으로 기독교 세상이 된 적이 있었는가? …… 값싼 은혜는 우리

개신교회에 대단히 무자비했다.

은혜와 예수 따르기는 떼려야 뗄 수 없는 단짝이며, 그리스도인이 받는 은혜는 예수 따르기를 반드시 동반하는 값비싼 은혜여야 한다는 본회퍼의 이 힘찬 진술들은 오늘의 한국 개신교 상황에도 그대로 적용되는 것들임에 틀림없다. 한국 개신교는 "붕어빵 기독교" 같고, "겉으로는 예수님과 관련이 있는 듯하지만, 실제 그 속을 들여다보면 예수의 말씀과 뜻과 정신은 사라져 버린 기독교"라고 질타하는 신학자의 말도 들리고, 예수 따르기를 외면하고 추방한 채 성직주의와 성장제일주의, 승리주의와 번영신학, 교회사유화와 세습, 비민주적 의사결정에 골몰하는 한국 개신교계의 행태에 실망하여, 자신을 그리스도인으로 칭하면서도 더는 교회에 출석하지 않는 가나안 성도가 무려 100만이 넘는다는 조사 결과까지 나오고 있는 상황이기 때문이다.

어디서나 눈에 띄는 가시적 등불이 되기는커녕 됫박(물욕, 거물주의, 비윤리적 행태 등)으로 등불(예수 따르기)을 덮어 상 아래 둔 채마 5:15 참조 엄범부렁한 외형만을 추구하고 자랑하다가 세인의 웃음가마리가 되어 버린 한국 개신교! 그런 한국 개신교가 잃어버린 것을 되찾으려고 길을 찾아 나선다면 얼마나 좋을까! 디트리히 본회퍼는 한국 개신교를 향해 "그대가 잃어버린 것이 여기 있소"라며 『나를 따르라』를 불쑥 내민다. 그러고는 이렇게 말한다. "믿음에 이르는 길은 그리스도의 부르심에 대한 복종을 거친다. 걸음을 떼는 것이 필요하다. 그러지 않으면 예수의 부르심은 헛수고가 되고 만다." 그는 예수 따르기라는 거대한 숲에서 맞닥뜨릴지도 모를 미로와 오해와 착오를 하나하나 격파하고 누구도 무시하지 못할 통찰들을 피력하면서 차근차근 뒤따름의 오솔길을 안내한다. 그가 내민 『나를 따르라』를 때로는 책상 위에 펼쳐 놓고, 때로는 두 손에 받쳐 들고, 때로는 두 무릎 위에 올려놓고 지며리 읽으면서 그의 안내를 따라 예수를 실답게 따른다면, 우리는 예수 따르기 없이 값싼 은혜로 된 명목적 그리스도인에서 벗어나 정말로 예수를 따르는 실다운 그리스도인이 될 수 있지 않을까?

『옥중서신—저항과 복종』은 제목 그대로 디트리히 본회퍼가 프린츠-알브레히트-슈트라세 지하 유치장으로 이감되기 전인 1943년 4월 5일부터 1944년 10월 8일까지 1년 6개월 동안 베를린-테겔 군 교도소에서 보낸 편지들 가운데 부모에게 보낸 편지들, 본회퍼의 제자이자 벗인 에버하르트 베트게에게 보낸 편지들, 그 편지들에 동봉한 여러 편의 시와 구상들을 베트게가 뽑아 편집한 것이다.

1943년 7월, 베트게에게 보내는 편지에 함께 보낸 시 '나는 누구인가'에서 수감 생활을 하는 자신의 모습을 다음과 같이 애처롭게 묘사한다.

새장에 갇힌 새처럼 불안하고 그립고 병약한 나

목 졸린 사람처럼 숨을 쉬려고 버둥거리는 나

빛깔과 꽃, 새소리에 주리고

따스한 말과 따스한 인정에 목말라하는 나

방자함과 사소한 모욕에도 치를 떠는 나

좋은 일을 학수고대하며 서성거리는 나

멀리 있는 벗의 신변을 무력하게 걱정하는 나

기도에도, 생각에도, 일에도 지쳐 멍한 나

풀이 죽어 작별을 준비하는 나인데

그는 군 교도소의 폐쇄적 환경이 제공하는 심신의 부자유 속에서도 동료 수감자들에게는 "성에서 나오는 영주"처럼 "침착하고 쾌활하고 확고한" 모습을 보여주고, 간수들과는 "자유롭고 사근사근하고 밝은" 모습으로 대화하고, "늘 승리하는 사람처럼" "불행한 나날을" "한결같고 벙글거리고 당당" 하게 견딘다. 이로부터 다섯 달 뒤에 보낸 1943년 12월 15일자 편지에서는 신체적 부자유에는 어느 정도 익숙해졌지만 심리적 부담만은 여전히 떨쳐 버리지 못한 상태라고 기술한다.

자네에게 편지한 모든 것에도 불구하고 이곳이 얼마나 소름 끼치는 곳인지, 내가 밤늦게까지 얼마나 참기 힘든 인상들에 시달리는지, 그러한 것들을 극복하기 위해 얼마나 많은 찬송가 가사를 읊조리는지, 깨어나서는 어떻게 하나님 찬양 대신 한숨으로 하루를 시작하는지를 이야기하는 모습도 상상하네. 신체의 부자유에 익숙해지고, 심지어 몇 달씩 소위 신체가 없는 듯이 — 아주 잘 — 사는 반면, 심리적 부담에는 익숙해지지 않더군. 보고 듣는 것 때문에 몇 해는 더 늙는 것 같고, 세상이 메스껍고 짐스럽게 여겨질 때도 종종 있네. …… 나는 종종 다음과 같은 물음을 나 자신에게 던지곤 하네. 도대체 나는 누구인가? 이곳의 소름 끼치는 일들에 짓눌려 꿈틀거리며, 통탄할 불행을 겪는 사람인가? 아니면 자신을 채찍질하며 밖을 향해 (또는 자신을 마주하여) 평온한 자, 명랑한 자, 침착한 자인 척하고, 이것으로(이 연기로, 혹은 연기가 아닐 수도 있겠지?) 경탄을 자아내는 사람인가?

디트리히 본회퍼는 이처럼 과중한 심리적 부담을 안고서도 생필품 이야기, 음악 이야기, 담배 이야기 같은 지극히 사사로운 내용, 가족의 탄생과 세례와 혼례와 면회와 관련된 내용, 세계사적 사건들과 관련된 내용, 독서 및 문학 습작과 관련된 내용, 신학 연구와 사색 및 저술과 관련된 내용을 대가답게 심장深長하면서도 균형감 있는 시각으로 편지에 담아낸다. 모두 다 호기심과 흥미를 돋우는 진진한 내용이지만, 이 가운데서도 어엇이 읽어선 절대 안 될 것은 단연코 신학 연구와 사색 및 저술과 관련된 내용이 아닐까 싶다. 본회퍼는 테겔 군 교도소에서 사귄 호의적인 경비병들과 위생병들을 통해, 수사 책임자의 검열을 받지 않은 편지를 에버하르트 베트게와 줄기차게 주고받는 가운데 소위 "테겔 신학"이라 불리는 자신의 신학 사상을 활발히 전개한다. 그는 1944년 4월 30일자 편지에서 "그리스도는 오늘 우리에게 누구인가? …… 어찌해야 그리스도는 비종교인의 주님도 되실까?"를 묻고, 이어지는 편지들에서 영원히 잊히지 않을, 폭발력이 큰 개념들—"성년이 된 세상," "비종교적 해석," "예수, 타자를 위한 인간"—을 연이어 쏟아 낸다.

어마어마한 폭발력을 지닌 책을 불발탄이 되게 하는 번역, 엄정하지 못한 졸속 번역, 정밀하지 못한 우리말 안내가 되지 않으려고 노력하고, 무엇보다도 오역이 거의 없는 번역본을 선보이려고 고심했는데, 이 두 책 『나를 따르라』와 『옥중서신—저항과 복종』이 독자들에게는 어떤 모습으로 비칠지 자못 두려움이 앞선다. 아마도 정밀하지 못한 번역과 오역이 어딘가에는 있을 것이다. 그런 대목이 있다면 그것은 전적으로 역자의 잘못이다. 독자 여러분의 아량과 세심한 지적, 준엄한 질책을 구한다.

망설이고 주저하는 역자를 끝까지 설득해, 고전의 반열에 든 불후의 명저를 우리말로 안내할 수 있게 해주고, 아름다운 모습으로 만들어 준 '복 있는 사람' 출판사와 박종현 대표에게 머리 숙여 감사드린다. 그리고 부족한 역자와 함께 갈릴리교회를 하나님 나라의 모델하우스로 만들어 가려고 애쓰면서, 번역서가 나올 때마다 환호성 섞인 박수로 격려와 지지를

옮긴이의
글

아끼지 않는 교우들에게도 마음 깊이 감사드린다. 마지막으로 우리말로 옮기면서 밤을 새는 경우가 많았음에도 언제나 역자 곁에서 든든한 힘이 되어 준 아내 미현에게 미안한 마음과 더없이 고마운 마음을 함께 전한다.

2016년 여름, 여수 돌산 갈릴리 바닷가 비밀의 정원에서

김순현